DER LEHRERKREIS UM RUDOLF STEINER

DER LEHRERKREIS UM RUDOLF STEINER

IN DER ERSTEN WALDORFSCHULE
1919–1925

*Lebensbilder und Erinnerungen,
herausgegeben vom Lehrerkollegium der
Freien Waldorfschule Stuttgart–Uhlandshöhe
durch Gisbert Husemann und Johannes Tautz*

VERLAG FREIES GEISTESLEBEN

Einband: Uli Winkler
Zweite, erweiterte Auflage 1979
© 1977 Verlag Freies Geistesleben GmbH, Stuttgart
Satz: Hans Hawelka, Stuttgart
Druck: Greiser, Rastatt
ISBN 3 7725 0669 0

INHALT

DER LEHRERKREIS UM RUDOLF STEINER

Der vorliegende Sammelband enthält die Erinnerungen an den Lehrerkreis der ersten Waldorfschule in Stuttgart, der sich von 1919 bis 1925 um Rudolf Steiner als seinen Mittelpunkt gebildet hatte. Dieses von Rudolf Steiner geleitete Kollegium ist zu einem kulturpädagogischen Phänomen geworden, das kurz beschrieben sei.

Es waren ältere, vornehmlich aber jüngere Menschen, welche sich damals dem neuen Erziehungsideal zur Verfügung stellten. Sie kamen aus Berufen aller Art, Techniker, Wissenschaftler, Künstler, ein Offizier. Gesicherte Positionen wurden aufgegeben, um etwas ganz Neues zu beginnen. Und fünf Jahre eines Urbeginnes sind es, in die wir durch diesen Lehrerkreis hineinblicken.

Sie alle sahen in Rudolf Steiner ihren Lehrer, sie fingen von vorne an und ließen sich von ihm in die neue Aufgabe einführen.

Er gab ihnen zahlreiche Lehrkurse; er stand ihnen in Stuttgart in siebzig Lehrerkonferenzen zur Verfügung, wo organisatorische, fachliche und methodische Fragen erörtert wurden. Er gab seinen Rat für erzieherische Probleme bei einzelnen Kindern; denn er hatte die Sitzordnung der Klassen im Kopf, und nach dieser vermochte er sich jedes Kind, nach der Angabe des Lehrers, vor das innere Auge zu stellen. Nicht selten trat er unverhofft, aber immer erwünscht, während des Unterrichts in die Klasse ein, hörte aufmerksam zu, stellte an die Schüler Fragen, unterrichtete sogar für kurze Zeit und gab hinterher dem Lehrer Hinweise und Winke. Diese betrafen den Unterricht, die Methode und die Art des Lehrers, der zu sich selbst geführt wurde.

Rudolf Steiner war in der Tat nicht nur als Ideenspender der Leiter dieser seiner Schule, er war es vom Ganzen bis in die Einzelheiten, von der Lehrplangestaltung bis zu den Farben der Klassenzimmer. Er gestaltete die Lebenssubstanz für alle Beteiligten: Lehrer, Kinder und für viele Eltern.

Denken wir uns einmal in die Situation hinein: wir würden heute zu einer Veranstaltung gehen, wo wir seiner ansichtig würden, seine Worte hören könnten! Damals war er oft dabei, stand auf dem Podium im Saal, wie er nach der Zerstörung wieder aufgebaut worden ist. Die Kinder umringten ihn auf dem Schulhof, die Lehrer sehnten ihn herbei, sie waren seine oberste Schülerklasse.

7

Zu Ostern 1924 veranstalteten das Kollegium und der neu begründete Vorstand in Dornach gemeinsam eine öffentliche Erziehungstagung: Die Methodik des Lehrens und die Lebensbedingungen des Erziehens. Der Saal im Gustav-Siegle-Haus konnte die Zuhörer kaum fassen. Als damals Rudolf Steiner am Schluß den Inhalt seiner Lehrvorträge zu sechs Zeilen eines pädagogisch- meditativen Wahrspruches „metamorphosierte", wie er sagte, da wußten alle: gesprochen hatte einer, der für die erkannte Kulturpathologie zugleich die Heilerkenntnisse den Zuhörern mitgeben konnte; und diese selbst nahmen an der Heilung substantiell teil. Er hatte gesagt: Eine Erziehungskunst, die aus dem Geist des Menschen ihre Kraft zieht, baut Welten auf! ... „Im Menschen sich schauen, heißt Welten erbauen".

Die Zuhörer standen spontan auf, dankbarer Ausdruck und zugleich Symbol, wie sie sich zum Geist erhoben fühlten. Eine große Menschenmenge erlebte so, was den Lehrern im kleinen Kreise beschieden war.

Dann aber mußte aus den eigenen Erfahrungen die neue Unterrichtsmethode grundlegend dargestellt werden. Das ist im Verein mit denen, die nach Ostern 1925 in das Kollegium eintraten, in hohem Maße erreicht worden. Eine große Zahl von Büchern zeugt von durchgeführten Lebensaufgaben und von Forschersinn. Nach dem Tode Rudolf Steiners mußten sie die Schulführung selbständig übernehmen.

Der zur Prüfung bestellte Schulrat Hartlieb schrieb 1925 in seinem offiziellen Bericht an das Oberschulamt das Folgende:

„Wer mit der Waldorfschule Fühlung nimmt, der wird vom ersten Augenblick an sich dem Eindruck nicht verschließen können, daß ein *einzigartiges* Lehrerkollegium der Schule vorsteht. Vorbildlich erscheint mir die Verbundenheit der Lehrkräfte untereinander; einer dient dem andern in Liebe; jeder strahlt Kräfte aus, um wiederum Kräfte in sich aufzusaugen; fern ist dieser Lehrerschaft kleinliches Gezänke, Neid, Eifersucht. Wie die Theologen und Philologen von den Mathematikern und Naturwissenschaftlern, den Künstlern und Technikern sich einführen lassen in Rechnen, Geometrie, Naturgeschichte und Physik usw. nach der fachwissenschaftlichen und methodischen Seite und wie umgekehrt die Sprachgelehrten unter der Lehrerschaft den anderen Handreichung tun, und wie auf diese Weise alle zu einer Arbeits- und Lebensgemeinschaft verwachsen, das ist vorbildlich und verdient höchste Anerkennung."

Auf diese Schilderung trifft zu, was Friedrich Nietzsche ahnte: „Es wird eine Zeit kommen, da wird alles Erziehung sein, aber die Ersten müssen sich selber erziehen."

Jedoch, dieses Gemeinschaftswesen ist später auf die Probe gestellt,

das Bild ist getrübt worden. Da das Bild aber einmal gleichsam in ur-
bildlicher Form dagewesen ist, können wir es, ja wir sollten es immer
wieder suchen und sehen lernen. Das Urbild ist nicht zerstört worden.
Die Gemeinschaft als Form der Lebensgestaltung hat ihre Bilde-
kräfte auch in andere spätere Lehrerkollegien und in ganz andere
verwandte Gründungen hineingeschickt. In der Gegenwart leben nun
immer mehr Menschen einer jüngeren und älteren Generation, die
sich für ihre Berufsarbeit eine solche Lebensform erhoffen, wie sie
damals als Keimpunkt vorhanden war. Der erste Lehrerkreis kann
heute über seine engere Zielsetzung hinaus für jedwede Berufspraxis,
die im kollegialen Miteinander wirken will, als Leitbild erkannt
werden.

Das Wesen der Waldorfschule wird durch die Angehörigen dieses
Lehrerkollegiums in vielgestaltiger, individueller Art beantwortet.
„Wir lieben nur das Individuelle", „Memoiren, Bekenntnisse abge-
schiedener selbst unbedeutender Menschen machen uns deswegen
Freude" (Goethe). In den vorliegenden Lebensbildern erfahren wir,
wie unbewußt gegangene Wege zu bewußten individuellen Geistes-
schritten geworden sind. Und jedesmal erfahren wir über ihren Lehrer
einen lebendigen Zug, einen Ausspruch von ihm, der im Gestein des
Alltags aufblitzt und oft zum „edlen Geschick" geworden ist.

Die folgenden Äußerungen von Professor Dr. Moore (Michigan,
USA, bei der Internationalen Tagung für Präventive Medizin im
Herbst 1975 in Bad Nauheim) zeigen, daß die Grundidee der Pädagogik sich bewährt hat und der Keim unzerstört und wachstumsfähig
ist. Er führte aus, daß die Frühschule sich nicht bewährt habe; weder
hinsichtlich der Intelligenz noch hinsichtlich der sozialen (moralischen)
Einstellung. Ein Gesetz der Früheinschulung vor dem 7. oder 8. Lebensjahr sei nicht zu verantworten. Die Waldorfschule in Stuttgart
habe er bewundert, „in der wir die Kinder unter der warmherzigen
fachgemäßen Führung liebevoller Lehrer buchstäblich haben ‚haus-
halten' sehen. Sie haben gegärtnert, saubergemacht, gewaschen, Korn
gemahlen, Brot gebacken und Verantwortung, Verläßlichkeit, Ordnung u. ä. gelernt. Sie fühlten sich einbezogen in eine ‚umfangende
Atmosphäre'; und zeigten eine Umgänglichkeit, die aus gesunder
Selbstachtung erwächst und nicht aus der Unterwerfung unter die
Gebote Gleichaltriger."

So hat Moore 1975, nach fünfzig Jahren die Ergebnisse der Pädagogik wie an einem Fruchtbaum an den Zöglingen und Lehrern abgelesen. Die Idee aber, die der Pädagogik als menschenbildender Kunst
zugrunde liegt, ist die methodische Gestaltung der Natur dort, „wo

sie sich am heiligsten offenbart, im heranwachsenden Kinde" (Albert Steffen).

Heute sind die Lehrerkollegien inzwischen über einige Kontinente der Erde verteilt. Überall dort wird das Weisheitsgut lebendig, das in Mitteleuropa als pädagogische Hygiene zuerst ans Licht trat. Die individuellen Erinnerungen an die Urlehrer sind zum Bestandteil des Weisheitsgutes und sie selbst zu Vorbildern geworden. Sie sagen uns heute: Die Lehrerkollegien in aller Welt mögen sich selbst wieder als Vorbilder verstehen und zu Zentren der pädagogischen Hygiene gestalten, die die Gesetze des Leibes beachtet und schützt, den Rhythmus der Seele pflegt und die Formkraft des individuellen Geistes entwickelt und stärkt; denn die Welt muß neu gebaut werden.

Gisbert Husemann

DAS ERSTE JAHR
1919/20

Als die Freie Waldorfschule am 7. September 1919 in Stuttgart eröffnet wurde, gehörten dem Lehrerkollegium an: Rudolf Steiner als Leiter der Schule, Marie Steiner als „Leiterin der eurythmischen Abteilung", Emil Molt als „Protektor der Schule", Berta Molt als „Schulmutter" und zwölf Lehrer. Leonie von Mirbach, Johannes Geyer, Hannah Lang, Hertha Koegel, Caroline von Heydebrand, Friedrich Oehlschlegel, Rudolf Treichler, Walter Johannes Stein, E. A. Karl Stockmeyer, Herbert Hahn, Paul Baumann und Elisabeth Baumann waren die Mitglieder des Gründungskollegiums.

Aber schon nach kurzer Zeit gab es Veränderungen: Helene Rommel, Nora Stein, Eugen Kolisko, Karl Schubert, Elisabeth von Grunelius und Edith Röhrle traten in das Kollegium ein; Berta Molt begann zu unterrichten; Friedrich Oehlschlegel unternahm eine Reise nach Amerika und kehrte nicht an die Schule zurück.

11

LEONIE VON MIRBACH

Die erste Klasse im ersten Jahr der Stuttgarter Schule führen, war eine
Auszeichnung. Leonie von Mirbach empfand die Verantwortung, die
dem Lehrer der Schulanfänger zufällt. In der Jahresgeschichte ihrer
Klasse, die mit 34 Kindern begann und auf 41 anwuchs, schreibt sie:
„Wenn in der Freien Waldorfschule der Versuch gemacht werden soll,
den Unterricht in einer neuen Weise zu gestalten, dann beansprucht
naturgemäß die unterste Klasse einer solchen Lehranstalt ein besonderes Interesse. Denn sie übernimmt nicht wie die höheren Klassen
Kinder aller möglichen Schulgattungen, sondern hat ihre Zöglinge
mehr oder weniger unmittelbar aus der Hand der Eltern empfangen.
Dadurch besitzt die unterste Klasse zweifellos erhöhte Möglichkeiten
gegenüber den anderen Klassen der Schule."

Leonie von Mirbach betrat das Neuland der anthroposophischen
Pädagogik, deren Grundlagen Rudolf Steiner unmittelbar vor dem
Beginn der Waldorfschule dargestellt hatte, und entwickelte in dem
zweistündigen Hauptunterricht zum erstenmal das Schreiben- und
Lesenlernen aus dem Zeichnerisch-Malerischen; sie regte bei den Mal-
übungen an, aus der Farbe heraus die Form zu gestalten, und sie erzählte die Grimmschen Märchen mit einer inneren Gestik und Eindringlichkeit, die sich den Schülern ebenso eingeprägt hat wie der
gütige Ausdruck ihrer Augen. Gründlich durchdachte sie die Unterrichtsbeispiele, die Rudolf Steiner gegeben hatte, und machte sich
das methodische Vorgehen in seinen verschiedenen Stufen bewußt.
Sie begann mit den Vorarbeiten zu einem Lesebuch, das Caroline von
Heydebrand später herausgebracht hat. Wissenschaftliche Behutsamkeit, künstlerische Gestaltungskraft und Ehrfurcht vor der Individualität des Kindes waren Elemente ihres pädagogischen Wirkens.

Mit dem Eintritt in das 30. Lebensjahr kam Leonie von Mirbach
zur Waldorfschule. Sie war baltischer Herkunft, aber im ägyptischen
Alexandria geboren. Ihre Kindheit vom 3. bis 11. Lebensjahr verbrachte sie in Lettland im Umkreis von Riga. Dann erfolgte die Übersiedlung nach Tübingen, wo sie das Lyzeum besuchte und die Reife-
prüfung an der Oberrealschule für Jungen ablegte. Durch ein weitgespanntes Studium der Biologie und Philosophie, das sie in Tübingen,
München, Marburg und Halle betrieb, suchte sie Antwort auf ihre früh

13

erwachten Lebensfragen. In der Jugend hatte sie Wahrheits-Erkenntnis im religiösen Erleben gefunden und wieder verloren. Die wissenschaftlichen Studien brachten ihr Kenntnis der Einzelheiten, aber nicht Erkenntnis der tragenden Zusammenhänge. In München hoffte sie durch das künstlerische Erlebnis zum Wesensgrund vorzudringen, wobei sie viel, aber nicht das Erstrebte gewann.

In diesem Lebensaugenblick begegnete ihr die Anthroposophie. Später hat sie in einem Brief an Rudolf Steiner bekannt: „Nach und nach war mir das Vertrauen in Religion, Sittlichkeit, Wissenschaft und Kunst geschwunden. Ich hatte nichts mehr. Da lernte ich die Anthroposophie kennen und fand mich durch sie bejaht und fortgeführt. Ich fühlte mich in meinem tiefsten Wesen befruchtet und sah neue Wege vor mir." Sie wurde Mitglied der Anthroposophischen Gesellschaft und meldete sich zu dem Vortragszyklus an, der zusammen mit dem fünften Mysteriendrama für Mitte August 1914 in München angekündigt war, aber durch den Kriegsausbruch nicht zustande kam. Bis 1919 setzte sie, durch Krankheit mehrmals aufgehalten, ihr Studium in Halle fort. Als sie von der bevorstehenden Eröffnung der Waldorfschule hörte, fragte sie in einem langen Brief bei Rudolf Steiner an, ob eine Mitarbeit möglich sei. Sie erhielt die Einladung zu dem Vorbereitungskurs für die künftigen Waldorflehrer und sagte telegraphisch ihre Teilnahme zu, obwohl sie unmittelbar vor dem Abschlußexamen stand. Dann wurde ihr die Führung der ersten Klasse anvertraut. Aber aus gesundheitlichen Gründen mußte sie schon im Herbst 1921 das Unterrichten aufgeben.

Sie hat in den folgenden Jahrzehnten ihres langen Lebens viele Anstrengungen gemacht, die volle Arbeitskraft wieder zu erlangen. Für kurze Zeit konnte sie Vertretungen an der Waldorfschule in Kassel, wo sie ansässig war, und nach dem Kriege auch im Landschulheim Benefeld übernehmen. Im Privatunterricht und als Hauslehrerin setzte sie weiterhin ihre pädagogischen Fähigkeiten ein.

Die ereignisreichen Jahre von 1919 bis 1921 sind wie ein Brennpunkt in Leonie von Mirbachs Biographie. Damals eröffnete sich ihr die Zukunftsperspektive eines vom künstlerischen Geist getragenen Unterrichtes. Dieses Motiv, an dem sie ständig weiterarbeitete, hat ihrer Individualität Richtkraft verliehen.

Johannes Tautz

Leonie von Mirbach, meine erste Lehrerin, hat ihre Schüler mit viel Liebe unterrichtet. Sie modellierte mit uns, und ich erinnere mich, wie schwer es fiel, aus einer Kugel fünf Äste herauszukneten, ohne

14

daß sie abrissen, oder einen Würfel zu formen, der einfach nicht gleichmäßig werden wollte, und dann noch in jeder Fläche eine runde Vertiefung anzubringen.

Ich sehe noch die Bilder an der Wandtafel, die zu Buchstaben wurden: die Flamme zum F, der Mund zum M, die Welle zum W und vor allem das Dach, das wie eine Kuppel des ersten Goetheanums aussah, zum D. Am Ende des Hauptunterrichtes erzählte Fräulein von Mirbach Märchen. Später bemerkte ich, daß sie genau dem Wortlaut der Brüder Grimm folgte, obwohl sie frei sprach.

Wenn jemand in der Klasse rief „Fräu-lein", so sagte sie nur: „Ich habe einen Namen." Daran erinnerte auch sie sich, als sie schon fast achtzig Jahre alt war.

Wir hatten alte Schulbänke bekommen, die ursprünglich hell, nun aber arg verbraucht waren. So schmirgelten wir sie unter ihrer Obhut und bekamen Kuchen zum Lohn. Die Wichtigkeit dieser Schmirgelei und die Freude über das hell werdende Holz haben sich dem Gedächtnis eingeprägt.

Ein Höhepunkt war die Monatsfeier, die zuerst noch im Säulensaal des Altbaus stattfand. Dabei hatte ich einmal das Märchen vom Froschkönig zu erzählen, eine Sache, die nie wieder aufs Programm kam, weil sie viel zu lang war. Die Lehrerin stand seitwärts; sie trug ein lila getöntes Kleid und eine mehrzeilige Silberkette im Haar. Rudolf Steiner im schwarzen Rock saß mitten in der ersten Reihe und hörte mir ganz gemütlich zu. Nach der Monatsfeier kam er zu mir und sagte: „Gelt, Theodora, der Frosch war sehr häßlich!" Darüber hatte ich mich beim Erzählen nicht beruhigen können und hatte es viel zu oft gesagt.

Wenn ich in der überfüllten Straßenbahn meine Haarschleifen verloren hatte und mit aufgelöstem Haar in die Schule kam, nahm mich die Lehrerin auf den Schoß und flocht mir die Zöpfe. In einer Lebensluft, die von Wärme und Licht erfüllt war, gediehen die Kinder ihrer Klasse.

Theodora Rosa

JOHANNES GEYER

Johannes Geyer wurde als Sohn eines Berliner Kaufmanns und seiner streng religiösen Lebensgefährtin als ältester von drei Brüdern in Hamburg geboren. Sein Großvater, Heinrich Geyer, ist in die Geschichte der religiösen Pfadfinder eingegangen als Mitbegründer der Altapostolischen Kirche, in welcher der Enkel später nach sorgfältiger Einzelunterweisung und erst mit 18 Jahren die Einsegnung empfing, die der Konfirmation entspricht. Seit seinem dritten Lebensjahr hatte er den Wunsch, ein Priester oder gar ein „Engel" zu werden, was die Bezeichnung für die Bischöfe in jener Kirche war. Tatsächlich hat er dann auch das Theologiestudium erwählt, das er in Marburg, Kiel und Tübingen absolvierte.

Mit etwa 22 Jahren hatte er seine erste Begegnung mit Rudolf Steiner. Der Anschlag eines öffentlichen Vortrags über ein christologisches Thema zog ihn an. Gemeinsam mit einem Kommilitonen nahm er diesen Vortrag auf; jener blieb unberührt, Johannes Geyer aber wurde dadurch vom wesentlichsten Impuls seines Lebens ergriffen. Eine solche Tiefe des Christus-Verständnisses war ihm nie begegnet. Das blasse, rein menschliche Jesusbild, das ihm durch die damaligen Kapazitäten vermittelt war, verblaßte vollends davor.

Durch manche in Abständen von Jahren sich wiederholende Gespräche mit Rudolf Steiner, seinem Geisteslehrer, sah er sich in seinem tiefsten Impuls bestätigt, dem er zunächst — durch den Beistand Rudolf Steiners ermutigt — im Pfarramt der evangelischen Kirche dienen wollte. 1912 übernahm er das Amt eines Geistlichen am Friedhof in Hamburg-Ohlsdorf, das er sieben Jahre lang ausübte.

Soweit es die berufliche Beanspruchung erlaubte, hat er in dieser Zeit Vortragszyklen Rudolf Steiners in anderen Städten und Ländern besucht, so den Zyklus „Der Mensch im Lichte von Okkultismus, Theosophie und Philosophie", der 1912 in Oslo gehalten wurde.

Rudolf Steiner hat ihn damals in die „Esoterische Schule" aufgenommen und zu den „zeremoniellen Handlungen" eingeladen, von denen im „Lebensgang" die Rede ist. Entscheidende Hilfen für sein persönliches Leben verdankte er dieser Schicksalsgunst. Durch sein Amt war er von der Teilnahme am Kriegsdienst 1914 bis 1918 befreit. Dennoch erlebte er diese tiefeingreifende Zeit auf eine besondere

Weise, indem er über zweitausend Menschen in den Kriegsjahren das Geleit in die andere Welt zu geben hatte. Wie einen Ausgleich betrachtete er die pädagogische Tätigkeit, die den heranwachsenden Menschen in die Arbeitswelt einführt. Im Jahre 1919 war er daher ohne Zögern bereit, der Aufforderung Rudolf Steiners zu folgen, bei der Begründung der Waldorfschule in Stuttgart als Lehrer mitzuwirken. Diesen Ruf empfand er als eine Herausforderung seiner Persönlichkeit, wie wohl jeder dieser zwölf Lehrer des Urkollegiums, die aus den verschiedensten Berufen kamen. Zwei Klassenzüge hat er dann durch die Grundschuljahre geführt. Die Lebensfreundschaften mit den Kollegen Karl Schubert, Caroline von Heydebrand, Herbert Hahn, Martin Tittmann und Rudolf Treichler gehörten für ihn zum Kostbarsten seiner Biographie.

Während der Verbotszeit der Schule ist Johannes Geyer wieder im evangelischen Kirchendienst tätig gewesen. Seine in den Formen des vorigen Jahrhunderts erwachsene Religiosität und seine durch Anthroposophie vertiefte Gabe der seelsorgerischen Menschenführung machten ihm ein fruchtbares Wirken in diesem Bereich noch einmal möglich.

Auch zu Freimaurerkreisen fand er Zugang. Er tat diesen Schritt nach Rücksprache mit Rudolf Steiner, der ihm eine Art Auftrag für die Verkündigung dort mitgegeben hat. In zahlreichen Vorträgen wies er seine Logenbrüder auf die geistigen Ursprünge der Freimaurer-Symbolik hin, wodurch die niemals verleugnete Anthroposophie hohe Anerkennung gewonnen hat.

Murr bei Marbach am Neckar und Schwäbisch-Hall-Steinbach sind für je fünf Jahre (bis 1945) seine Hauptwirkungsstätten gewesen. Er wechselte wiederholte Male den Wohnort, bevor er für die drei letzten Jahre seines Lebens sich nochmals in Stuttgart niederließ. Am 21. Juli 1964 ging er nach dreitägigem Krankenlager in der Hochsommerglut der ausklingenden Johannizeit den Weg zurück zu den ihm vertrauten lebendigen Quellen, „aus denen Menschen ihr Dasein schöpfen".

Michaela Bachem

18

HANNAH LANG

Wie Hannah Lang an die Waldorfschule kam, erzählt Emil Molt in seiner Lebensbeschreibung: „Die Schwester eines meiner Bekannten hatte sich für die Waldorfschule gemeldet. Sie war von Beruf Lehrerin, hatte aber weder eine Ahnung von Anthroposophie noch von der Persönlichkeit Rudolf Steiners. Er sprach mit ihr vor Beginn des Kurses und lud sie ein, daran teilzunehmen." Hannah Lang war gebürtige Schwäbin, und Rudolf Steiner soll ihr noch am gleichen Tag, an dem sie vorgestellt wurde, gesagt haben: „Kommen Sie zu uns, dann haben wir wenigstens *eine* Schwäbin unter uns!" Sie wurde Lehrerin der dritten Klasse und war die einzige Schwäbin im Gründungskollegium, dessen Mitglieder sich aus allen Himmelsrichtungen zusammengefunden hatten.

Vom ersten Schultag erzählt sie im Jahresbericht ihrer Klasse: „Am 16. September 1919 stand ich zum ersten Male den Kindern der dritten Klasse gegenüber. Buben und Mädels standen dichtgedrängt um mich her und sahen mich erwartungsvoll an. Dann zogen wir in unsere Klasse ein. Tinte und Bänke gab es noch nicht, sondern einstweilen nur Stühle. Nun handelte es sich um ein Kennenlernen der Kinder; hängt doch gerade von einer ersten Schulstunde, in der sich Lehrerin und Schüler zum erstenmal gegenüberstehen, viel, eigentlich alles ab. Den inneren Anschluß an das Gemüt, das Herz und an die Seele der Kinder müssen wir in dieser Stunde finden. Die Kinder müssen Vertrauen zu uns fassen. Ich unterhielt mich mit meinen Schülern über die Waldorfschule, über ihre frühere Schule, warum sie in die Schule gehen und was sie in unserer Schule alles lernen dürfen. Mit Unterhaltung, Zeichnen und Malen, Singen von Liedern verging der Vormittag."

Sie hatte schon Unterrichtserfahrung in verschiedenen Stuttgarter Schulen erworben und besaß ein pädagogisches Naturtalent. Deshalb gelang es ihr auch, die bunt zusammengewürfelte Klasse, die am Ende des Schuljahres 46 Schüler zählte, immer ruhig zu halten. Das hat Rudolf Steiner in einer Lehrerkonferenz festgestellt und hinzugefügt: „Da kommen wir zu den Imponderabilien. Es ist nicht bloß wichtig, was der Lehrer tut, sondern was der Lehrer ist, wie er in der Seelenverfassung ist." Sie liebte die Kinder, nahm unmittelbar und frisch

ihre Anregungen auf, so daß ein lebendiges Geben und Nehmen entstand. Die chaotischen Willenskräfte ordnete sie, indem sie freiwillige Rechenaufgaben als Willensübungen einführte. Außer dem Hauptunterricht gab sie Englisch und Französisch in ihrer Klasse.

Hannah Lang stammte aus dem Pfarrhaus in Weilimdorf und war mit zehn älteren Geschwistern aufgewachsen. Wie sie dazu kam, Lehrerin zu werden, hing mit dem Weltkrieg zusammen. Ihre Ausbildung als Jugendleiterin berechtigte sie, in der Grundschule zu unterrichten, als die Lehrer ins Feld einrücken mußten. 1916 begann sie mit ihrer pädagogischen Tätigkeit. Aber dieser Lebensabschnitt dauerte nur kurze Zeit. Anfang 1921 heiratete sie und wurde Pfarrfrau in Nagold und später in Hedelfingen. Nun beanspruchten sie die Pflichten als Mutter; außerdem leitete sie die Frauenarbeit in der Gemeinde, was sie mit Geschick und heiterem Ernst besorgte.

In den letzten Lebensjahren und nach dem Tod ihres Mannes knüpfte sie das Band zur Waldorfschule wieder neu. Die Erinnerungen an das Gründungsjahr stiegen auf, und die Bedeutung des Erlebten teilte sich ihr mit. Das Schicksal hatte sie früh zu dem Höhepunkt geführt, der den Blick freigab für die vom Zeitgeist geforderte Aufgabe der Erziehungskunst. Dieser Aufgabe zu dienen, war Hannah Lang bereit.

Johannes Tautz

21

HERTHA KOEGEL

Am Vormittag des 7. September 1919 war die Einweihungsfeier der Waldorfschule im Stadtgartensaal; am Nachmittag dieses strahlenden Sonntags versammelte Rudolf Steiner die künftigen Waldorfschüler im Schulhof unter den Kastanienbäumen, teilte sie nach dem Alter ein und führte jedem Lehrer seine Kindergruppe zu. So empfing auch Hertha Koegel die Schüler ihrer vierten Klasse.

Für die Aufgabe, die sie zu erfüllen hatte, setzte sie alle Fähigkeiten ein. Sie gab außer dem Hauptunterricht Englisch und Französisch in ihrer Klasse und übernahm, von Rudolf Steiner aufgerufen, die Einführung in die Sonntagshandlung. Sie widmete sich den vielseitigen Pflichten einer Klassenführung — der Unterrichtsvorbereitung und Elternarbeit, dem Studium der Menschenkunde, den Gesprächen mit Schülern und Kollegen — so intensiv, daß für den Schlaf oft nur wenige Stunden blieben.

Ein Jahr lang konnte sie an der Waldorfschule mitarbeiten; aber in die Tätigkeit dieses Jahres, so scheint es, sind die Kräfte eingeflossen, die sie im Leben gesammelt hatte. Es ist, als ob sie insgeheim gewußt hätte: Diese Zeit ist das Ziel, in das mein Lebensweg einmündet, das Ziel, das ich mir auf einer anderen Ebene meines Seins gesetzt habe. Zu Beginn des zweiten Schuljahres erkrankte sie so schwer, daß sie ihre Arbeit in der Schule nicht mehr aufnehmen konnte. Am 23. März 1923 starb sie im 42. Lebensjahr.

Hertha Koegel stammte aus Berlin. Ihr Vater, der Geheime Baurat Dr. ing. h. c. Garbe, konstruierte als Reichsbahningenieur die erste mit überhitztem Dampf betriebene Lokomotive. Er hatte sich mit großer Energie vom Schlosserlehrling zu dieser Stellung emporgearbeitet. Bis ins hohe Alter hat er seiner Umgebung, besonders der Familie, den Stempel seiner Persönlichkeit aufgeprägt. Noch im Ruhestand beschäftigte er einen Stab von Ingenieuren und schrieb Bücher über Heißdampflokomotiven. Die Mutter, ein ruhiger zielbewußter Mensch von ausgeglichenem Wesen, besaß einen reichen Schatz deutscher Volksmärchen, aus dem sie ihre Kinder und später die Enkel täglich beschenkte. Hertha, die mittlere von drei Schwestern, war ein lebhaftes und aufgeschlossenes Kind. Sie setzte als einzige ihren Willen gegen den Vater durch: nach dem Abschluß des Lyzeums bestand sie auf einem künstlerischen Beruf, er hingegen auf einem bürgerlichen. Da keiner nachgab, legte sie zuerst das Lehrerinnenexamen ab, worauf er eine anschließende Ausbildung im Malen und Holzschnitzen duldete und finanzierte. Damals lernte sie ihren späteren Mann kennen. Der Student Martin Koegel mußte widerstrebend der Familie Garbe einen Anstandsbesuch machen. Bei dieser Gelegenheit sahen sich die beiden jungen Leute und wußten vom gleichen Augenblick an um ihr gemeinsames Schicksal. Auch hier behauptete sich die Tochter gegen ihren Vater und heiratete nach unbürgerlich kurzer Zeit.

In Florenz vervollständigte Martin Koegel seine Gesangsstudien. Er konnte einen hochbetagten Freund Verdis dazu bewegen, ihm Unterricht in den Besonderheiten der italienischen Gesangsschulung zu geben. Seine Frau malte während dieser Zeit, und gemeinsam studierten beide die Kunstschätze der Stadt. Hier kam auch ihre Tochter zur Welt.

Dann engagierte das Theater in Kassel Martin Koegel als lyrischen Tenor. Jetzt erfolgte die erste Berührung mit der Anthroposophie durch Dr. Ludwig Noll, einen Schüler Rudolf Steiners, der Hausarzt der Familie wurde. Er hat als Arzt und als Mensch Hertha Koegel einen tiefen Eindruck gemacht. Sie fand auch mehr Zeit für das künstlerische Arbeiten, seit ihre Mutter ständig in der Familie mitlebte. In Kassel wurde als zweites Kind ein Sohn geboren.

1912 folgte das Engagement Martin Koegels an das Theater in Basel. Zwei Jahre lebte die Familie dort. Währenddessen wurde am 20. September 1913 im nahen Dornach der Grundstein für das erste Goetheanum gelegt. Dr. Emil Grosheintz, der das Baugelände Rudolf Steiner zur Verfügung gestellt hatte, war der Zahnarzt der Familie.

Die Jahre in Kassel und in Basel waren eine erfüllte Zeit. Der rasche Aufstieg des Sängers und die unkonventionelle Lebensart seiner Frau, die ihre Pflichten im Haushalt mit ihren künstlerischen Studien und Arbeiten verbinden konnte, trugen viel dazu bei. Damals wurde das Grödener Tal in den Dolomiten für die Familie zu einer zweiten Heimat. Vom Frühling bis zum Herbst lebten alle dort außer dem Vater, der in den Theaterferien hinzukam. Dann wanderten die Eltern durch die helle Schönheit der Dolomiten-Bergwelt. In der übrigen Zeit arbeitete die Mutter in den Südtiroler Schnitzstuben, bis der Ausbruch des Weltkrieges diesen Lebensabschnitt beendete.

Das Engagement Martin Koegels an das Braunschweiger Theater führte die Familie in die Welfenstadt. Wie immer bei einem Ortswechsel fuhr Hertha Koegel voraus, um eine passende Wohnung zu suchen. Sie fand ein idyllisch gelegenes Haus mit großem Garten, das den vielfältigen Ansprüchen der Künstlerfamilie genügte. Alle äußeren

Bedingungen waren erfüllt, um das Familienleben harmonisch fortzusetzen. Aber eine folgenreiche Wendung trat ein, die Ehe wurde getrennt und geschieden. Hertha Koegel mußte das Haus aufgeben und lebte mit den Kindern in einer Stadtwohnung, bis sie 1917 nach München übersiedelte.

Sicherlich zogen die Liebe zur Kunst und die Liebe zu den Bergen Hertha Koegel nach München, aber dort fand sie das Milieu, in dem sie nach dem Präludium in Kassel und in Basel bewußt die Verbindung mit der Anthroposophie herstellen konnte. Äußerlich war das Leben arm geworden. Sie verdiente den Lebensunterhalt durch Schreiben gotischer Schriftsätze und Zeichnen von Miniaturen, während ihre Mutter den Haushalt versorgte. Aber ein innerer Reichtum entstand, als die Welt der Anthroposophie für sie aufging. Sie verkehrte im Hause Rudolf Treichlers der zum Gründungskollegium der Waldorfschule gehörte, und vermutlich erhielt sie auf diesem Wege die Einladung zum Vorbereitungskurs für die künftigen Waldorflehrer. Hertha Koegel war sich, wie einem Brief an die Mutter zu entnehmen ist, der historischen Bedeutung dieser Schulgründung bewußt, aber sie zweifelte, ob sie den Anforderungen gewachsen sei. Als die Berufung kam, ergriff sie die neue Aufgabe mit der Hingabe ihres ganzen Wesens.

Fritz Koegel

CAROLINE VON HEYDEBRAND

Caroline von Heydebrand wurde am 22. Dezember 1886 in Breslau geboren. Die Jahre der Kindheit und Jugend verbrachte sie in Breslau, Oppeln und Liegnitz, dem Grenzland Schlesien, in dem sich mitteleuropäische Geistigkeit und slawisch tingierte Seelenhaftigkeit durchdringen. Unvergeßlich blieben ihr die Gänge durch die schlesischen Wälder, wenn sie der Onkel anhielt, kein Wort zu sprechen, und sich das empfängliche Gemüt der Natur hingab.

In einem Kreis von neun Geschwistern wuchs Caroline als zweitälteste heran. Als sie vierzehn Jahre alt wurde, zog die Familie nach Osnabrück, wo der Vater das Amt des Regierungspräsidenten übernahm. Da er schon 1901 starb, kehrte die Mutter nach Schlesien zurück. Ihren Versuch, die Tochter in das gesellschaftliche Leben der Oberschicht einzuführen, mußte sie aufgeben und außerdem zugestehen, daß Caroline zu einem längeren Sprachstudium an den Genfersee ging und sich danach in Berlin auf das Abitur vorbereitete. 1910 nahm sie das Studium der Germanistik, Geschichte und Philosophie in München auf, das sie in Basel, Berlin und Rostock weiterführte.

Während des Münchner Semesters 1910 lernte sie Rudolf Steiner kennen. Diese Begegnung gab ihrem Leben und Arbeiten die Richtung, die sie konsequent verfolgte. Sie begleitete Rudolf Steiner auf Vortragsreisen, was eine hohe Schule der anthroposophischen Erkenntnis war, und erhielt von ihm den Hinweis, sich mit Novalis zu beschäftigen. Daraus erwuchs ihre Dissertation über „Die Lehrlinge zu Sais", jenes Werk des Novalis, das die Natur aus ihrem schöpferischen Grund als eine „neue Bibel" verstehen will und das am unmittelbarsten in die moderne Geisteswissenschaft hineinführt.

In Berlin wohnte sie im gleichen Haus wie Rudolf Steiner, was Anlaß zu wiederholten Begegnungen gab. Als sie wegen ihres jüngsten, stumm geborenen Bruders Rat suchte, erklärte Rudolf Steiner: es komme vor, daß schwächere Seelen den Ausblick auf ihr künftiges Erdenleben nicht ertrügen und davon einen Schock erhielten, der das Ich hindere, sich in gesunder Weise mit den anderen Wesensgliedern zu verbinden; das Kind solle liebevoll versorgt werden und so lange wie möglich in der Familie bleiben; was dann bis zu seinem Tod im 24. Lebensjahr geschah.

Caroline von Heydebrand nahm auch an den Mysterienspielen teil, zu denen sich die Mitglieder der Anthroposophischen Gesellschaft in München versammelten. 1913 stellte sie bei der Uraufführung des vierten Dramas einen der Gnomen dar, deren Bewegungssprache die damals neu geschöpfte Eurytmie war.

Schon in der Zeit, als sie Rudolf Steiner auf den Vortragsreisen begleitete, faßte sie insgeheim den Entschluß, eine neuartige Schule zu gründen. Eine tief wurzelnde Beziehung zum kindlichen Wesen suchte nach pädagogischer Betätigung. Als sie im Sommer 1919 von der bevorstehenden Schulgründung in Stuttgart hörte, schrieb sie am 2. Juni an E. A. Karl Stockmeyer: „Ich hatte immer den Wunsch, mich nach Beendigung der Studien nach besten Kräften der anthroposophischen Sache zu widmen." Dazu gab ihr nun Rudolf Steiner Gelegenheit, indem er sie in das Gründungskollegium der Waldorfschule berief. Sie hatte nie zuvor regelmäßig unterrichtet, dennoch erhielt sie die fünfte Klasse im Hauptunterricht und in den Fremdsprachen. Es war die größte Klasse mit 47 Schülern, deren Zahl im Lauf des Jahres auf mehr als 50 anwuchs. Obwohl die Lehrerin klein von Gestalt war und mit hoher Stimme sprach, gelang es ihrer pädagogischen Kunst, ihrer Willenskraft und der von Erkenntnis geleiteten Liebe zum Kind, die schwere Aufgabe zu meistern.

Zu den Unterrichtspflichten kam eine vielseitige Vortrags- und Herausgebertätigkeit, in der sie die Grundlagen der Waldorfpädagogik weiter ausbaute. Sie übernahm die Schriftleitung der Zeitschrift „Zur Pädagogik Rudolf Steiners" — später in „Erziehungskunst" umbenannt — und schrieb für das Eröffnungheft den richtungweisenden Aufsatz „Weltgeschichte, Seelenrätsel und Erzieherbildung". Sie veröffentlichte als Zeugnis einer vergessenen Lebenspädagogik die Briefe „Über praktische Kindererziehung" von Therese Schröer, der Mutter des Goetheforschers Karl Julius Schröer. Nachdem sie mit Rudolf Steiner die Gestaltung eines Lesebuchs für die ersten Klassen besprochen hatte, gab sie den Band „Der Sonne Licht" heraus. Er wird heute noch ebenso benutzt wie das biblische Lesebuch „Und Gott sprach . . .", das sie mit Ernst Uehli zusammengestellt hat. Als der Aufbau der Schule abgeschlossen war, legte sie die erste Übersicht über den Lehrplan vor. Diese Zusammenfassung, die den Lehrplan der Waldorfschule am Entwicklungsgang des Kindes abliest, wurde unentbehrlich. In den letzten Jahren arbeitete sie daran, ihre reif gewordene, menschenkundlich durchdrungene Erfahrung in Buchform mitzuteilen, aber Krankheit und frühzeitiger Tod verhinderten den Abschluß. Maria Röschl hat das Material unter dem Titel „Vom Seelenleben des

28

Kindes" aus dem Nachlaß heraugegeben. Was Rudolf Steiner über die Rednerin Caroline von Heydebrand gesagt hat — „Die pädagogische Sendung lebt in jedem ihrer Sätze" —, gilt auch für diese klassisch zu nennende Darstellung.

Auf dem Stuttgarter Kongreß vom 29. August bis 6. September 1921, in dem Rudolf Steiner vor 1700 Zuhörern über den anthroposophischen Erkenntnisweg sprach, hielt sie ein Referat „Gegen Experimentalpsychologie und -pädagogik". Sie schloß mit Worten, die wie ein Bekenntnis ihrer Erziehungskunst klingen: Eine Pädagogik ist nötig, die berücksichtigt, „was als Verborgenstes, Allerheiligstes unantastbar in jedem Menschen ruht ... und nur in künstlerischer Anschauung intuitiv, von innen her kommend erfaßt werden kann"; eine Pädagogik, die Menschen erzieht, „welche zu einem wahren Menschenverständnis und zu einer von Ehrfurcht getragenen, tatkräftigen Menschenbehandlung kommen werden."

Es war selbstverständlich, daß Caroline von Heydebrand im Lehrerseminar, das Rudolf Steiner schon hatte einrichten wollen, von Anfang an leitend mitgearbeitet hat. 1935 verließ sie die Schule, um in seminaristischen Übungen und durch Vorträge für die Ausbreitung der Pädagogik in Holland und England zu wirken. Im August 1938 besuchte sie vor der Abreise nach Deutschland, wo sie die Ferien verbringen wollte, eine Megalith-Kultstätte im Süden Englands. Auf dem Rückweg verpaßte sie einen Bus und mußte stundenlang zu Fuß gehen. Die Überanstrengung, eine akute Erkrankung und die Schwächung durch ein Herzleiden führten drei Tage nach der Ankunft in Gerswalde zu der Krise, der sie erlag. Sie starb am 23. August 1938 während einer stürmischen Gewitternacht im Kreise ihrer dortigen Freunde.

Caroline von Heydebrand hat seit dem Beginn der Waldorfschule für die Erneuerung der Pädagogik gewirkt. Sie war — nach Rudolf Steiners Worten — eine „geborene Pädagogin". Im geisteswissenschaftlichen Studium konnte sie schrittweise erwerben, was sie durch Geburt besaß. Ihr Lebenswerk gehört in das Fundament, auf dem die Waldorfschul-Pädagogik aufbaut.

Johannes Tautz

Caroline von Heydebrand war im 33. Lebensjahr, als Rudolf Steiner sie an die Waldorfschule berief. Hier fühlte sie sich ganz in ihrem Element, wenn ihr auch die pädagogische Tätigkeit manche Schwierigkeiten brachte, unter denen sie litt. Ihre kleine und zarte Gestalt und ihre Abneigung, äußerlich sich geltend zu machen, stellten sie vor schwere Prüfungen, als sie nun plötzlich einer großen, aus elfjährigen

Knaben und Mädchen gemischten Klasse gegenüberstand. Sie wußte sich jedoch durchzusetzen kraft ihres unbeugsamen Willens, vor allem aber dank ihrer von Liebe getragenen Fähigkeit, sich in die Entwicklung der Kindesnatur und das Werden der Persönlichkeit hineinzudenken und sie mit erzieherischen Mitteln zu leiten. Mit künstlerischer Phantasie, die von Erkenntnis genährt war, verstand sie den Lehrstoff so zu gestalten, daß er selbst zum Lehrmeister wurde durch die Wahrheit und Kraft seiner Bilder. Auch für uns Lehrer war es ein geistiger Genuß, ihr hier zu folgen.

Am stärksten berührte ihre Fähigkeit, anzuerkennen, was sie bei anderen sah, und ihre Bereitschaft, jederzeit dem Wirken eines Größeren Raum zu geben. Selbstlosigkeit des Willens, Feuer des Erkenntnisstrebens und Güte des Herzens vereinten sich in ihrem pädagogischen Handeln.

Fritz von Bothmer

Einmal war der Schulrat zur Inspektion in der Klasse. Die Schüler waren auffallend ordentlich und gaben nicht ohne vorheriges Fingerzeigen richtige Antworten, wie es sich für den Schulrat gehört. Als er das Klassenzimmer verlassen hatte, fragte die Lehrerin verwundert: „Was ist denn in euch gefahren, ihr wart ja so anständig?" Worauf sie zur Antwort bekam: „Aber, Fräulein Doktor, wir werden Sie doch nicht blamieren!" Rudolf Steiner hat diese Begebenheit in einem öffentlichen Vortrag erzählt, um die innere Beziehung des Lehrers zu seiner Klasse zu charakterisieren.

Was Caroline von Heydebrand in den Kinderseelen zu veranlagen verstand, ist an den von ihr verfaßten Spielen abzulesen. Welchen Eindruck mag es hinterlassen, wenn der Klassenchor im „Christophorusspiel" singt:

Wir wollen suchen den stärksten Herrn,
Wir wollen folgen dem hellsten Stern,
Wir wollen wirken das höchste Gut
In Ehrfurcht und in Diene-Mut.
Wir wollen dienen.

Solche Worte, in vielen Proben wiederholt, prägen sich dem Gemüt ein und verleihen dem Kinde Wachstumskräfte. Ihre Schüler bewahrten sich eine innere Frische in der geistigen Aufnahmefähigkeit. Mag sein, daß es manchem schwer fiel, sich rasch und fest ins Leben zu stellen; doch alle bekamen von ihrer Lehrerin eine geistige Antriebskraft eingepflanzt, die weiterhin wirksam blieb.

Bettina Mellinger

Am 7. August 1938 hat Caroline von Heydebrand ihren letzten Vortrag in Bangor in Wales gehalten, am 9. August gab sie noch einen Beitrag über Erziehung, vierzehn Tage später starb sie.

Als ich einen Tag nach Caroline von Heydebrand in Bangor zu sprechen hatte, beschrieb ich die pädagogische Tätigkeit und Eigenart einiger Lehrer der Waldorfschule und hob die Erziehungskunst im Unterricht von Caroline von Heydebrand hervor. Wenn man in ihrer Klasse hospitierte, konnte man die Stärke, Entschiedenheit und Richtungssicherheit bemerken, mit der sie die ihr anvertrauten Kinder auf die Gegenstände der näheren und weiteren Umgebung hinwies. Die jungen Menschen wurden unterrichtet und erzogen. Jeder erhielt, was in ihm bildsam weiterwirkte. Auch an schwächeren Schülern konnte man wahrnehmen, wie die menschenbildende Kraft ihrer Erziehungskunst ein gesundes Selbstbewußtsein anregte. Sie vermochte so zu unterweisen, daß die vorwärtsstrebenden Kräfte überall die Oberhand gewannen. Das höhere Wesen wollte sie in allen Schülern zur Entwicklung bringen.

Wer an ihren Seminarstunden teilnahm, erlebte einen pädagogischen Enthusiasmus, der aus der erkennenden Liebe zum Kind stammte. Er fand einen Menschen, der begabt war mit der Kraft des religiösen Wirkens, mit der Kunst des Meisters und mit der Liebe des Lehrers.

Karl Schubert

Caroline von Heydebrand sagte einmal zu mir: „Bei einem Mystiker des Mittelalters las ich, daß er vom Leibe als von einem Madensack redet. Das berührte mich tief. Denn ich fühle meinen eigenen Leib nie anders." Sie lebte im Geiste in einer feinen unkörperlichen Art. Das wurde nicht immer verstanden. Die Kinder, die sie unterrichtete, sehnten sich manchmal nach mehr Körper. Sie war ein pädagogischer Künstler, und die Kinder liebten sie. Aber manchmal war ihre Art für die Kinder zu viel, was zu gelegentlichen Disziplinschwierigkeiten führte.

Darüber äußerte sich Rudolf Steiner: „Ja, die Dr. Heydebrand hat eine feine dünne Stimme, und die Knaben fühlen, daß sie nicht genug in den Knochen verankert werden, und das macht die Schwierigkeit; es liegt nur an der Stimme."

Aber dies Unirdische, Seelenhauchartige war auch ihre Tugend. Eine Tugend, die sie zu Novalis hinzog, dem sie sich verwandt fühlte. Und etwas Novalisartiges lag auch in ihrem großzügigen Wesen.

Walter Johannes Stein

Caroline von Heydebrand hat an der Waldorfschule zweimal den Stufenweg des Klassenlehrers gemacht, eine Klasse durch die acht Jahre der „Kindesschule" zu führen. 1919 wurde ihr die fünfte Klasse übergeben, die sie bis zum achten Schuljahr führte. Dann leitete sie eine neue Klasse acht Jahre lang und zuletzt führte sie eine Kindergemeinschaft von der ersten bis zur vierten Klasse.

Der Septembertag 1919, an dem die neuen Waldorfschüler mit ihren Eltern zum erstenmal auf dem Schulgelände versammelt waren, steht mir noch deutlich vor Augen. Es wurden die künftigen Klassenkameraden zum erstenmal zusammengerufen und ihren Lehrern zugeteilt. Um die kleine zarte Gestalt der Lehrerin sammelte sich eine ansehnliche Zahl recht großer Buben und Mädchen, die sie nun zum Kreis-Spiel um sich ordnete. Am ersten Schultag, als die auseinanderstrebende Schar auf den Stühlen saß, mit denen man so leicht durchs Klassenzimmer rutschen konnte, fuhr die Lehrerin fort, uns in die zusammenschließende Ordnung zu fügen, indem sie die Bilder der griechischen Götter und Helden darstellte und dann die Ornamente der Tempelfriese zeichnen ließ. Seit diesem Tag blieb der Eindruck einer klaren Zielsicherheit, aus der die Lehrerin liebevoll wirkte.

Ihr Wesensreichtum, der uns später zum Bewußtsein kam, lebte sich pädagogisch bildend vor uns dar. Neben der Eindringlichkeit, mit der sie die Ereignisse der Kulturgeschichte erfaßte, dem Nuancenreichtum, der mitschwang, wenn sie eine Sage erzählte oder uns zum Malen anleitete, ein Gedicht für die Klasse einführte oder einen Spruch für den einzelnen erläuterte, stand die Innigkeit, mit der sie das Leben der Natur schilderte.

Später im Waldorfseminar erlebte ich, wie die Teilnehmer sich bemühten, das aufgegebene Thema in Form einer Geschichte zu behandeln, um der abstrakten Darstellung zu entgehen. Dabei kamen nur moralisierende Fabeln zustande. Nun entwickelte Caroline von Heydebrand als Beispiel eine Geschichte, die sie an den verschiedenen Erscheinungsformen von Rottanne und Weißtanne abgelesen hatte. Aus der Beobachtung der Zweighaltung, der Nadelstellung, der Zapfenform, des Standorts ergaben sich einprägsame Bilder von zwei verschiedenen Baumwesen. Es war Naturgeschichte in kindgemäßer Form, aber durch die schlichten Wirklichkeitsbilder schimmerten die Gesetze des Werdens, so daß plötzlich zu verstehen war, wie auf solche Art moralisch gewirkt werden kann, ohne zu moralisieren.

Aus solcher Naturverbundenheit, aus dem Wahrnehmen der Gestalt und Gesten erwuchsen die Unterrichtsepochen der Tierkunde, der Gesteins- und Pflanzenkunde, der Wetter- und Sternkunde. Wenn wir wochenlang in dieser Sphäre lebten, wurde die eigene Beobachtungsfreude geweckt.

Die Lehrerin regte an, daß wir unsere Naturbeobachtungen während der Sommerferien in Hefte aufschrieben. Einige taten das mit großem Eifer, wohl keinem ist die Liebe zur Natur wieder ganz verlorengegangen. Nachdem sie unsere Hefte gelesen hatte, schenkte sie jedem Verfasser zwei Theaterkarten. Davon durfte er die eine in der Klasse weiterverschenken. So pflegte sie auch den menschlichen Zusammenhalt zwischen den Schülern.

Unsere Klasse hatte sich 1919 aus sozial widerstrebenden Elementen gebildet. Es gab darin Mitschüler, die von ihren ehemaligen Kameraden verfaßte Flugzettel gegen die Lehrer mitbrachten und die mißtrauisch nach Zurücksetzungen suchen sollten, und andere, die von Gymnasien und Töchterschulen her nur ein intellektuelles Üben gewöhnt waren und über die Hemmung durch ihre neuen Mitschüler ungeduldig wurden. Daraus entstand anfänglich eine Schwierigkeit.

Die Lehrerin fand die Lösung, indem sie mit Geduld nach dem menschlichen Wert jedes einzelnen suchte und ihn in der Klasse zur Geltung brachte. Die künstlerischen und praktischen Gaben konnten sich neben den intellektuellen betätigen. Eingehend stellte sie alles dar, was mit der technischen Umwelt bekannt machte, und übte uns in Geschäftsbriefen und im kaufmännischen Rechnen. Sie wußte uns so zu lenken, daß wir lernten, einander zu geben und voneinander zu nehmen. In der achten Klasse kam es dazu, daß die Schüler, die in die Oberstufe aufstiegen, mit ihren Kameraden, die abgingen und die von sich aus nicht hervorgetreten wären, eine Weihnachtsfeier gestalteten. So fand sich der erste Klassenzug von Caroline von Heydebrand als eine der geschlossensten Waldorfklassen zusammen.

Dora Kimmich

FRIEDRICH OEHLSCHLEGEL

Der Deutschamerikaner Friedrich Oehlschlegel war Lehrer an amerikanischen Schulen und zuletzt Lektor für Englisch an der Universität Marburg. Dort erreichte ihn die Aufforderung, an der Waldorfschule mitzuarbeiten. Er nahm an den Vorbereitungskursen teil, die der Schulgründung vorausgingen. Dann wurde er Klassenlehrer und zusammen mit Herbert Hahn von Rudolf Steiner als Lehrer des Freien Religionsunterrichtes eingesetzt.

Zu Hahn und Walter Johannes Stein ergaben sich schon während des Kurses persönliche Beziehungen. Die Konstellation war ungewöhnlich: ein Deutschamerikaner, der Baltendeutsche Hahn und Stein als Sohn eines ungarischen Vaters und einer österreichischen Mutter fanden sich zu einem „Freundschaftsbund zu dritt" zusammen, wie Hahn in seinen Lebenserinnerungen erzählt.

Nachdem der Freie Religionsunterricht begonnen hatte, empfanden die Eltern dieser Schüler das Bedürfnis nach einem Gedankenaustausch mit den beiden Lehrern. Ein Elternabend fand statt, bei dem vor allem Emil Molt, der Schulgründer, den Wunsch nach einer Vertiefung und Aktivierung dieses Unterrichtes vorbrachte.

Am Ende wurden die Lehrer gebeten, die Einrichtung einer „Sonntagmorgen-Andacht" für die Kinder des Freien Religionsunterrichtes zu erwägen und dazu den Rat Rudolf Steiners einzuholen. In der Weihnachtszeit fand sich die Gelegenheit zu jener denkwürdigen Unterredung, deren Verlauf Hahn festgehalten hat. „Rudolf Steiner hörte zunächst in der für ihn so charakteristischen gütig-geduldigen und die Unbefangenheit fördernden Art zu. Als aber die Sprache auf die Einbeziehung der Eurythmie in die Sonntags-Andacht kam (was die beiden Lehrer im Hinblick auf die Wochensprüche des Seelenkalenders erwogen hatten), unterbrach er uns lebhaft. ,Eurythmie' — rief er mit akzentuiertem Erstaunen aus —, ,aber das ist ja doch eine weltliche Kunst!' Und nach einer Pause fügte er hinzu: ,Sollte Eurythmie für so etwas in Frage kommen, so müßte ich schon eine besondere kultische Form von Eurythmie geben.' Wir trugen nun nur noch weniges vor, und bald entstand eine längere Pause. Auf einmal rief Rudolf Steiner so, daß jedes Wort aus seinem ganzen Wesen heraus betont war: ,Das muß dann schon ein Kultus sein!' " Dann erläuterte er eindringlich, was seine Einsetzung zu bedeuten habe. Wenige Tage später übergab er den beiden das Blatt mit dem Wortlaut der Sonntagshandlung und der dazugehörigen Eingangsmeditation für die am Altar Handelnden.

Ein neues kultisches Wirken wurde inauguriert, und in seinen Anfang sollten Hahn und Oehlschlegel gestellt werden. „Dann aber erfolgte", wie Hahn schreibt, „ein stark fühlbarer Einbruch dadurch, daß Oehlschlegel sich ganz überraschend entschloß, Urlaub von der Waldorfschule zu nehmen, um in die Vereinigten Staaten zu fahren. Dort wollte er für die Verbreitung der Grundideen der sozialen Dreigliederung wirken." Nun mußte Hahn den Religionsunterricht von Oehlschlegel übernehmen und auch die Sonntagshandlung, die am 1. Februar 1920 zum ersten Mal gefeiert wurde, alleine halten.

Während der Überfahrt im Februar 1920 übersetzte Oehlschlegel „Die Kernpunkte der sozialen Frage" von Rudolf Steiner ins Englische. Diese Darstellung sollte der geplanten Arbeit als Grundlage dienen. Aber es traten unüberwindliche Schwierigkeiten auf, über die er sich in seinen Mitteilungen an Molt und Stein nicht näher ausläßt; nur der Verbundenheit mit den Kollegen und seinen Schülern, deren Briefe ihn rühren, gibt er bewegten Ausdruck. Dann brach die Krankheit aus, deren Folgen ein Wiederaufnehmen der pädagogischen Tätigkeit nicht mehr zuließen. Am 17. Juni 1921 zeigte er schriftlich seine Rückkehr an. Am 20. Juli 1923 schrieb er Rudolf Steiner von seiner Absicht, wiederum nach Amerika zu reisen und die anthroposophischen Grundschriften ins Englische zu übersetzen.

Seitdem blieben die Nachrichten aus. Die Lebensspuren haben sich verloren. Schwer lösbare Fragen gibt das Schicksal auf, das Friedrich Oehlschlegel an den Vorgängen der Schulgründung beteiligt hat und dann durch eine selbstgewählte Aufgabe aus dem ersten Lehrerkreis wieder entfernte.

Johannes Tautz

Friedrich Oehlschlegel unterrichtete von September bis Weihnachten 1919 an der Stuttgarter Schule als Lehrer der sechsten Klasse. Wenn auch das Zusammenleben mit dem Klassenlehrer nur kurze Zeit dauerte, so haben sich doch charakteristische Züge seines Wirkens dem Gedächtnis des Elfjährigen eingeprägt.

Die Bilder vom Schulanfang sind unvergessen. Die Schüler aus unserer Klasse kamen aus allen Schichten der Bevölkerung und hatten Volksschulen, Realschulen oder Gymnasien besucht. Viele waren Arbeiterkinder, deren Väter in der Waldorf-Astoria-Zigarettenfabrik beschäftigt waren. Wir saßen am ersten Schultag, weil wir noch keine

Bänke hatten, auf den Stühlen, die aus dem ehemaligen Restaurant Uhlandshöhe stammten, und warteten. Die Mädchen, rasch Kontakt findend, tauschten ihre Neuigkeiten aus, die Buben, wesentlich reservierter, beschränkten sich darauf, die Kostbarkeiten zu besichtigen, die der Nachbar aus der Hosentasche holte. Das Fremdsein und die etwas bange Erwartung des Kommenden dämpften die Stimmung. Doch das Schicksal begründete, noch bevor die Stunde angefangen hatte, durch das Nebeneinandersitzen manche Freundschaft, die das Leben hindurch währte. Als sich die Tür öffnete, verstummte das Gemurmel, und eine gespannte, fast unnatürliche Ruhe senkte sich über die Klasse. Friedrich Oehlschlegel stand vor der Tafel, fing den erwartungsvollen Blick der auf ihn gerichteten Kinderaugen ein und antwortete darauf mit einem freundlichen Lächeln und dem kräftigen Gruß „Guten Morgen, liebe Kinder!" Hatte er uns wirklich „liebe Kinder" genannt? Wir waren allenfalls an ein knappes „Guten Morgen" gewöhnt, das nur selten von einem Lächeln begleitet war.

Nun stand unser Klassenlehrer vor uns: schlank, mit rötlich-blondem Haar, blauen Augen, die uns freundlich hinter goldumränderten Brillengläsern anschauten; er trug einen blauen Anzug und eine leuchtende, einfarbige Krawatte. Die Antwort auf so viel uns zuströmende Menschlichkeit war, daß ihm alle Kinderherzen zuflogen. Und das blieb so.

Die zweite Überraschung folgte; der Unterricht fing nicht mit amo, amas, amat ... oder ähnlichem Drill an, sondern mit dem Morgenspruch:

Ich schaue in die Welt,
in der die Sonne leuchtet,
in der die Sterne funkeln ...

Den Spruch vom Wirken des Gottesgeistes in der Welt und im Menschen lernten wir dadurch, daß wir ihn Friedrich Oehlschlegel nachsprachen.

Nach dem Morgenspruch sangen wir. Auch das überraschte uns, kannten wir doch das Singen nur als Pflichtübung in den dafür angesetzten Stunden. Friedrich Oehlschlegel vereinigte unsere Stimmen zu einem Klang, in dem sich jeder mit dem anderen verbunden fühlte. Wir haben wohl später nie mehr mit solcher Inbrunst gesungen wie in den ersten Monaten unserer Waldorfschulzeit mit unserem Klassenlehrer. Besonders beliebt war ein Lied, in dem ein Echo auf die Grundmelodie antwortete. An unser Klassenzimmer schloß sich ein Kämmerchen an, in dem das Echo in Gestalt von vier bis fünf Kindern postiert wurde. Das Echo zu singen oder den durch die Tür gedämpften Klang zu hören, faszinierte uns immer aufs Neue.

Friedrich Oehlschlegel verstand es auch, uns zu dramatischen Szenen anzuregen, in denen sich z. B. ein Stadt- und ein Landkind gegenübertraten und sich erzählten, wie sie lebten. Da war von schwerer Feldarbeit die Rede, vom Kartoffellesen, Stallmisten und Kühehüten, aber auch von unserem bequemen Leben, dem Sprachenlernen, Klavierspielen, Malen usw. Ganz still wurde es, wenn er selbst in der Geographie von Fahrten nach Archangelsk oder zum Aralsee berichtete. Er nahm uns gleichsam auf die Reise mit und stellte uns die ferne Gegend vor Augen, zeigte die Lebensweise des fremden Volkes und malte ein Bild seines Charakters.

So wuchsen wir zu einer Klassengemeinschaft zusammen. Soziale Gegensätze gab es nicht mehr. Wir lernten unsere Verschiedenheit kennen und schätzen. Und im Mittelpunkt dieser Gemeinschaft, sie lenkend und fördernd, stand Friedrich Oehlschlegel, der uns in seiner Warmherzigkeit und Güte ein Vorbild war und ist.

Fritz Koegel

RUDOLF TREICHLER

Rudolf Treichler hat ein Alter von 90 Jahren erreicht. Die Glück-
wünsche seiner ehemaligen Kollegen zum 89. Geburtstag erwiderte
er noch mit „Gegengrüßen" und mit der Versicherung, daß er den
„ihm möglichen Anteil am Wirken und Weben der Waldorfschule und
ihrer Vertreter" nehme, wozu auch das Bemühen um die Niederschrift
seiner Erinnerungen an Rudolf Steiner gehöre, die ihm „lebendiger
seien denn je". Die autobiographische Darstellung, „Wege und Umwege
zu Rudolf Steiner" benannt, reicht bis zur Schließung der Stuttgarter
Schule im Jahre 1938 und wurde in den letzten Lebenstagen abgeschlossen. Sie besitzt dokumentarischen Wert, weil Rudolf Treichler
zum Gründungskollegium der ersten Waldorfschule gehört. Wie sein
Freund Herbert Hahn hatte er das seltene Schicksal, das Leben der
Waldorfschule von Anfang an bis in die jüngsten Entwicklungsphasen
hinein zu begleiten und mit seinen Talenten zu beschenken. Rudolf
Treichler gehört zu den Begünstigten, die von Rudolf Steiner 1919 in
das Urkollegium der ersten zwölf Lehrer berufen worden sind. Gemeinsam mit E. A. Karl Stockmeyer übernahm er die Führung der
7. und 8. Klasse, dazu Sprachunterricht in Französisch, Latein und
Griechisch. Den ehemaligen Schülern, den Hospitanten und Besuchern
sind die dramatische und temperamentvolle Klassenführung ebenso im
Gedächtnis geblieben wie die Intensität und Plastik seines Erzählstils,
wenn er die Bilder der germanischen Mythologie oder der griechischen
Geschichte entwarf. Die Virtuosität seiner Sprachbeherrschung und
die im fremdsprachlichen Unterricht der Mittelstufe notwendige San-
guinik erzeugten Lernwilligkeit und setzten Fähigkeiten frei, zumal
seine Klassen auch regelmäßig in den Monatsfeiern auftraten und die
im Unterricht gelernten Balladen dramatisch vorführten.

Die Tätigkeit als Waldorflehrer fing im 37. Lebensjahr an, in der
Lebensmitte, über der das Wort steht: Media vita in morte sumus: In
der Lebensmitte gehen wir durch den Tod. In der ersten Lebenshälfte
hat sich der Mensch mit der Welt auseinandergesetzt, nunmehr beginnt
die Welt sich mit ihm und seiner Lebensleistung auseinanderzusetzen.
Die Zeit der Selbstprüfung kündigt sich an. Daran hat es in dieser Biographie nicht gefehlt, denn hinter dem herzhaften, liebenswürdigen

Humor stand der Lebensernst, der sich in dem Wort Christian Morgensterns ausspricht:

„Ihr anderen werdet sicherer immerdar,
Ich werde fragender von Jahr zu Jahr."

Das Leben Rudolf Treichlers begann in dem kaiserlichen Vorkriegs-Wien, in einer „Welt von Gestern", wie sie Stefan Zweig gezeichnet hat. Der Knabe wuchs heran, als Rudolf Steiner seine Begegnung mit Karl Julius Schröer, mit den Zisterzienser-Professoren und den literarischen Zirkeln Wiens hatte. Er kam zur Schule, als die Tragödie von Mayerling geschah. Wegen seiner körperlichen Zartheit beschlossen die Eltern, ihn aufs Land zu schicken. So verbrachte er die Jahre von 1891 bis 1895 in Schnepfenthal, einer damals berühmten Erziehungsanstalt bei Gotha, wo die Mutter beheimatet war. Die Trennung vom Elternhaus fiel ihm schwer, aber die kulturreiche Landschaft um Weimar und Jena, Erfurt, Gotha und Eisenach, wo Goethe und Schiller, Wieland und Herder, Fichte, Schelling und Hegel gewirkt hatten, rührten die tieferen Seelenschichten des Knaben an und weckten ein geistiges Heimatgefühl. Die Gymnasialzeit schloß er in Wien, schon sehr bewußt in der geschichtlichen Spannung des preußisch-protestantischen und österreichisch-katholischen Elements lebend, mit der Matura 1902 ab. Es folgte ein Studium der Germanistik und Romanistik, das er in Wien, Bern und Heidelberg absolvierte und mit einer Dissertation über den Schicksalsdramatiker Adolf Müllner beendete. In Bern hatte er den Menschen kennengelernt, mit dem er sein Leben teilen wollte und der seit der Eheschließung im Jahre 1907 die zahlreichen Umzüge einer wechselvollen Berufslaufbahn zu bewerkstelligen half. Rudolf Treichler paßte nicht in den staatlichen Schulbetrieb hinein, wie er 1919 an Emil Molt schrieb, als er sich um die Mitarbeit an der Waldorfschule bewarb. Ihn drängte es nach einer Menschenschule, in der ein moralischer Kontakt die Grundlage pädagogischen Wirkens ist. Deshalb fristete er zwölf Jahre lang sein Leben als „Privatlehrer" und als Erzieher in Privathäusern und pädagogischen Instituten. Er wollte sich nicht in den Lehrbetrieb einer staatlichen Anstalt und in eine Beamtenexistenz hineindrängen lassen. Es spielten auch „künstlerische Absichten" mit, wie er in seinem Bewerbungsschreiben erklärte, letztlich der Wille, das Feld einer „Erziehungskunst" zu betreten, auf dem er später zur Meisterschaft gelangte.

Die Lebenslinie Rudolf Treichlers kreuzte den Weg Rudolf Steiners im Jahre 1909. Seine weltanschaulichen und religiösen Fragestellungen hatten ihn nach den Büchern von H. P. Blavatsky und Annie Besant greifen lassen und schließlich zu Rudolf Steiners Grundschrift „Theosophie" geführt. Nun folgte er der Einladung eines Bekannten, Oskar Grosheintz, an Rudolf Steiners Vortragszyklus über das Lukas-Evangelium in Basel teilzunehmen. Es war September 1909 und Rudolf Treichler im 27. Lebensjahr, in einer Phase, in der die naturgegebenen Entwicklungsantriebe versiegen und die bewußte Selbstbildung anfängt. Nach einem in den Zyklus eingeschobenen öffentlichen Vortrag Rudolf Steiners über „Die Rätsel in Goethes Faust" wurde er dem Redner vorgestellt und ein Gespräch vereinbart. In dessen Verlauf erhielt er den Rat, sich mit der Faust-Dichtung zu beschäftigen und die geistigen Hintergründe für dieses Werk im Leben Goethes aufzusuchen.

Die Situation war zeichenhaft: Rudolf Treichler, Teilnehmer am zweiten Zyklus in der Reihe der Evangelienauslegungen, in dem Rudolf Steiner die Substanz der christlichen Einweihung den Hörern ins Bewußtsein hob, wird auf das Faust-Thema, auf den Grundmythos der Neuzeit verwiesen: die Auseinandersetzung von Faust und Mephisto, die Rudolf Steiner das „Fundament für die Zukunfts-Pädagogik" genannt hat (20. November 1914).

Zehn Jahre später war Rudolf Treichler Waldorflehrer in Stuttgart. Die ausgedehnte Literatur- und Geschichtskenntnis befähigte ihn, die Schülerbibliothek aufzubauen. Darüber hat er in der Zeitschrift „Erziehungskunst" berichtet: „Schon im ersten Jahre der alten Waldorfschule war ich an Rudolf Steiner herangetreten mit der Frage, ob eine Schülerbibliothek eingerichtet werden sollte, und mit der Bitte, uns bei der Aufstellung einer solchen behilflich zu sein. Rudolf Steiner sagte sofort zu, und ein anderer Lehrer und ich machten uns auf zum ersten Einkauf. Als wir mit einer ersten Sammlung von etwa hundert Bänden, die wir nach bestem Wissen ausgewählt, wieder erschienen und sie bei einer Konferenz vorlegten, nahm Rudolf Steiner jedes Buch einzeln in die Hand und prüfte es kurz auf Inhalt und Ausstattung. Bald lagen zwei Stöße vor ihm, ein kleiner von vielleicht 25 bis 30 und ein doppelt so großer von etwa 60 bis 70 Bänden. Auf den kleineren Stoß zeigte er und sagte: ‚Die sind gut, die sind zu gebrauchen!' Die anderen also nicht!"

Aus der Verbundenheit mit dem Bildungsgut, das in der Schülerbibliothek gesammelt war, erwuchs eine schriftstellerische Tätigkeit: seine „Niklaus-Legende", seine Nacherzählungen des „Guten Gerhard" und der Faustsage, seine Herausgabe und Kommentierung des Goetheschen Märchens, seine Klassenspiele und auch die Rätseldichtungen.

Die Liebe zu den Oberuferer Weihnachtsspielen deutet auf den Wurzelgrund seines Lebens und pädagogischen Wirkens. Es ist das Verdienst

Rudolf Treichlers, daß das Christgeburt- und Dreikönigsspiel 1921 zum erstenmal in Stuttgart im Saal der Anthroposophischen Gesellschaft aufgeführt wurde. Den Besuchern der Spiele ist seine Darstellung des Hirten Stichl, die er jahrelang übernahm, unvergeßlich geblieben. Stichl, der Leichtsinnige, der die Sorge um die Herde nicht zu ernst nimmt und über den spottet, der sich und den Alltag überschätzt, erfährt das Wunder der Wandlung. In der Szene der Anbetung findet er am wenigsten Worte und schließt mit der Bitte: „ . . . hiemit ich mich in deinen Schutz befilch." Ein demütiges Staunen ist in seiner Seele erwacht. Das Staunen-Können wahrer Hirtengesinnung lebte in diesem liebenswerten Österreicher, der durch seinen sprühenden Humor auch die Schwerblütigen mitreißen konnte.

Johannes Tautz

Das Leben von Rudolf Treichler ist für unsere Zeit symptomatisch. Drei Epochen haben es geformt: Von der Geburt bis zum 27. Lebensjahr war es ein Suchen nach Beruf und Standort. Dann kam im September 1909 die schicksalgestaltende Begegnung mit Rudolf Steiner. In der dritten Lebenszeit, vom 37. Lebensjahr an, begann wie eine Krönung des bewegten Daseins seine Tätigkeit als Waldorflehrer.

Dazu hatten drei Kulturströmungen auf ihn gewirkt: die österreichisch-thüringische Polarität der elterlichen Herkunft und das Element des mitteleuropäischen Westens, das ihm während des Studiums in Bern und Heidelberg begegnet ist. In Bern traf er die Schweizer Studentin Ella Rickli. Sie wurde seine Lebensgefährtin, die ihm nach einundsechzigjähriger Ehe im Jahre 1968 über die Schwelle des Todes vorangegangen ist. Ihre Seele vermochte die gemeinsamen Lebensfreuden und -leiden mit musikalisch-dichterischer Aura zu umgeben. Zu zweit wurde die Wanderung von Ort zu Ort in der Suche nach dem Geistesziel fortgesetzt, bis sich durch Rudolf Steiner die Lebensaufgabe fand. „Es war der richtige Anruf an mich zur richtigen Zeit." Sechzehn Jahre hindurch begegnet der Schüler dem Geisteslehrer: „Jahrelang mußte ich mich bemühen, um mich ‚ins Freie' zu kämpfen . . . Es überkam mich wie ein leiser warmer Strom . . . ich fühlte stärker denn je einen Frieden, den ich noch nicht erlebt hatte."

Die Seelenfrucht fing an zu reifen; das Charmante des Österreichers wurde wesentlich; das Fabulierende des thüringischen Erbes fand eine Aufgabe, und die Keime der anthroposophischen Weisheit entfalteten sich in den Früchten der Lebenswirksamkeit. In München erlebten die Jungvermählten die Uraufführungen der Mysteriendramen und die ersten Eurythmie-Darbietungen. Dazu formten die Begegnungen mit Margareta und Christian Morgenstern, Michael Bauer, Sophie Stinde, Gräfin Kalckreuth, Leo Frobenius, Dr. Peipers, Fräulein May, A. W. Sellin und dem Grafen Lerchenfeld ein Kaleidoskop von Kultureindrücken, wie sie damals nur in München möglich waren. Oft und lebendig erzählte Rudolf Treichler von damals, von dem Zusammentreffen mit Ernst Uehli und Albert Steffen. Zahllose Gespräche prägten in ihm aus dem Anekdotischen und aus dem Geistesstreben der verschiedenen Persönlichkeiten ein plastisches Charakterbild der Individualitäten.

1919 erkannte er sogleich die Weltbedeutung der Idee der Dreigliederung; alle anderen Systeme erschienen ihm „wie stehengebliebene, einseitige Traditionen und Illusionen".

Dann wurde er von Rudolf Steiner in das erste Kollegium der Waldorfschule berufen. Dort blieb er tätig, auch während der zweiten Schulphase nach 1945, solange die Kräfte reichten.

Wer Rudolf Treichler begegnet ist, erlebte die Neigungen und die Talente seines weitgespannten Weltinteresses. Er traf einen Menschen, der sich als Schüler der „Esoterischen Schule" dem Geiste verpflichtet und die Kraft der Wandlung erfahren hatte.

Hanns Scheck

Die Adventszeit brachte regelmäßig das Weihnachtsspiel, das Dr. Treichler für seine Klasse dichtete. So entstand eine Folge von Spielen besonderer Art. Der Stoff war jeweils unserer letzten Geschichtsepoche entnommen, und dementsprechend verwandelte sich die Szenerie von Jahr zu Jahr. Wer als Zuschauer unsere Weihnachtsfeier miterlebte, dem bot sich das folgende Bild: Nach einem von der ganzen Klasse gesprochenen Gedicht oder einem gemeinsam gesungenen Lied begann das Spiel. Im Mittelpunkt des Geschehens thronte die heilige Familie, von Engeln umgeben. Aus einem sich langsam nahenden Zuge menschlicher Gestalten lösten sich einzelne heraus, traten vor das Kind in der Krippe und erzählten in kurzen Versen, wer sie waren und welche Taten sie vollbracht hatten. Die Antwort wurde von Maria und Joseph, vom Engel Gabriel und im letzten Weihnachtsspiel auch von Michael gesprochen: Worte der Gerechtigkeit, der Gnade und Versöhnung. Denn nicht nur Helden und Könige, Heilige und Weise nahten sich der Wiege des Erlösers, sondern zugleich mit ihnen Schuldbeladene, Frevler und Verführer, die beim Anblick des Kindes ihre Taten bereuten. Dann endete die dramatische Szene mit den verkündenden Worten der Engel. Zum Abschluß rezitierte und sang die ganze Klasse.

In diese Kinderspiele war etwas vom Geheimnis der menschlichen Wandlung durch die wiederholten Erdenleben hineinverwoben und künstlerisch mit dem Weihnachtsgeschehen verknüpft. Auf diese Weise senkte sich in die Kinderseelen ein Keim, der dem erkennenden Bewußtsein entgegenwachsen konnte.

Ursula Bäuerle

Dr. Treichler im Klassenzimmer: das knisterte vor Spannung, sprühte oder schlug ein — mit Humor oder mitunter auch sich entladendem Zorn. Die große schlanke Gestalt, die hellblauen Augen, das silberne Haar, das er mit typischer Geste aus der Stirn strich: so schien er keineswegs ein würdig-väterlicher Klassenlehrer. Sobald er da war, lud sich die Atmosphäre auf. Er dämpfte zwar unsere Mittelklassen-Wildheit, konnte aber gleichzeitig die Gemüter anregen oder sogar erregen. Das lag an der dramatischen Art seiner Gestik, an seiner Beziehung und Liebe zur Sprache. Es waren die Mittel, die er handhabte und die sich dem Gedächtnis unverlierbar eingeprägt haben.

Selbstverständlich verfaßte er die Zeugnissprüche selbst. Zwei Beispiele seien angeführt:

Blick nur auf Baldur und liebe den Lichten
Und heg ihn im Herzen vor der häßlichen Hel.

Webe, Penelope gleich, in Geduld und Treue und Starkmut,
Klug des Lebens Geweb', kunstvoll zum Kunstwerke einst.

Der intensiven Sprachpflege war der erste Teil des Hauptunterrichts gewidmet. Die Sprachübungen Rudolf Steiners waren uns bereits in der dritten Klasse geläufig. Ein Gedicht — und wir lernten immer eins — wurde sprachlich und dramatisch so vorgelebt, daß es tiefe Eindrücke hinterließ. Als Viertklässler erlebt zu haben, wie Dr. Treichler rezitierte: „Zur Rechten sieht man wie zur Linken Einen halben Türken herniedersinken", haftet bis zum Lebensende. Wenn wir den Text des Gedichtes kannten, erschien Fräulein Laemmert und übte es mit uns für die Monatsfeier. Für Morgensterns Strophen „Kätzchen, ihr der Weide" oder Uhlands Ballade „Der blinde König" oder französische Verse kleideten uns Fräulein Boerner und Fräulein Christern nach Dr. Treichlers Vorschlägen in die entsprechenden Kostüme.

Wenn wir im Unterricht an unseren Epochenheften arbeiteten, wußte man nie, wo Dr. Treichler gerade war, eigentlich überall zugleich. Man war immer gewärtig, daß er neben einem auftauchte, ins Heft schaute und etwas fand, was ihm gefiel oder auch mißfiel.

Das Erzählen am Ende des Unterrichts begann gewöhnlich damit, daß er sich auf eine der vorderen Bänke setzte. Aber dort blieb er nicht lange. Die Gesten, deren es bedurfte, um die Weltenesche Yggdrasil, die Götterversammlung in Walhall, den Tod Baldurs, den Kampf mit dem Fenriswolf vorzuführen, brauchten ebenso Platz wie die Vergegenwärtigung des brennenden Troja oder des heimkehrenden Odysseus. Die Darstellung der Geschichte nahm Dr. Treichler immer wieder zum Anlaß, auf die Zeitsituation hinzuweisen und von Rudolf Steiner zu erzählen. Das geschah mit tiefem Ernst. Die Einzelheiten verstanden wir oft nicht recht, aber die Gewißheit von der Überlegenheit dieses Geistes teilte sich uns mit. Und diese Sicherheit trugen wir hinaus, als Graf Bothmer die Schließung der Schule vornehmen mußte.

Sonna Kürzdörfer

E. A. KARL STOCKMEYER

E. A. Karl Stockmeyer hat von den allerersten Anfängen an beim Aufbau der Stuttgarter Waldorfschule mitgewirkt. Am 16. Januar 1919 schrieb ihm Emil Molt, daß er sich für eine Erneuerung des Schulwesens im Sinne der sozialen Dreigliederung einsetzen wolle und eine Konferenz mit den führenden Schulmännern Württembergs plane. Als das Vorhaben scheiterte, entschloß sich Molt, eine Schule für die Kinder der Arbeiter und Angestellten der von ihm geleiteten Waldorf-Astoria Zigarettenfabrik zu gründen. Dazu erbat er am 11. April 1919 telefonisch die Hilfe Stockmeyers. In diesem Zeitpunkt wollte er ihm auch die Schulleitung übertragen. Stockmeyer zeichnete in seinem Antwortbrief vom 13. April die Grundlinien der künftigen Schulgestalt auf: „Die geplante Schule ist ein Keim für eine wirkliche Einheitsschule ... Die Finanzierung wird sich auf Stiftungen aufbauen müssen. Schulgeld entspräche nicht recht dem Sinn unserer Bestrebungen. An seine Stelle könnte eine Art Selbstbesteuerung der Elterngemeinschaft treten ... Die Schule selbst als Korporation der Lehrer d. h. als eine Korporation der geistigen Arbeit muß die gesamte Verwaltung und den Betrieb, auch die Finanzverwaltung, selbst in Händen haben und sich dafür ihre Organe als Vertrauensträger schaffen. Ein Elternbeirat soll da sein, durch den die Wünsche der Eltern ihre Vertretung finden. Als Vertreter der Elterngemeinschaft soll er Einblick in den Schulbetrieb und in die Verwaltung haben ... Schulordnung, Lehrplan und innerer Betrieb bis zur Didaktik sollen von den Gesichtspunkten der Geisteswissenschaft aus bestimmt werden. Es muß aber alles Sektenmäßige vermieden werden ... So muß die Schule, dem Wesen des Geisteslebens entsprechend, sich innere Flüssigkeit bewahren ... Auf diese Weise kann sich die Schule durch innere Gediegenheit und Beweglichkeit das Vertrauen der Öffentlichkeit erringen, und so kann aus dem gelegten Keim etwas Größeres werden."

In dem nun beginnenden Prozeß der Schulgründung, der nicht länger als viereinhalb Monate dauerte, fiel Stockmeyer eine entscheidende Rolle zu. Rudolf Steiner, Emil Molt und die beiden Lehrer E. A. Stockmeyer und Herbert Hahn standen im Brennpunkt der Ereignisse. Zusammen mit Hahn nahm er an der denkwürdigen Betriebsratssitzung vom 23. April teil, in der Molt im Namen seines

Betriebsrats den Entschluß zur Gründung der Schule aussprach und Rudolf Steiner um deren Leitung bat. Zwei Tage später fand die erste Unterredung über die neue Schule statt. Rudolf Steiner ging zunächst auf die Fragen Hahns ein, der in der Arbeiterbildungsschule der Waldorf-Astoria unterrichtete, und entwickelte dann, zu Stockmeyer gewandt, einen ersten skizzenhaften Plan für die zu gründende Schule, der allerdings von ihrem später verwirklichten Aufbau abwich. So war daran gedacht, jeweils zwei Jahrgänge in einer Klasse zu unterrichten, weil Molt nur mit 150 Schülern rechnete. Stockmeyer glaubte sich dafür nicht geeignet und war — nach seinen eigenen Worten — „eigentlich sehr geneigt, die Mitarbeit an dieser Schule abzulehnen." Erst Rudolf Steiners persönliche Aufforderung, sich doch dieser Schule anzunehmen, bewog ihn zu dem Entschluß, „die Aufgabe, diese Schule einzurichten, anzunehmen." Er arbeitete dann auf Bitten Molts das neue Schulkonzept aus, das der Behörde vorgelegt werden sollte. Am 13. Mai war er Zeuge des Gesprächs, das Rudolf Steiner, von Molt begleitet, mit dem Kultminister über die Schulgründung führte. Als die amtliche Genehmigung eintraf, kaufte Molt das Restaurant Uhlandshöhe, das er für Schulzwecke umbauen ließ.

Schon im Dezember 1918, unmittelbar nach Kriegsende, hatte Stockmeyer eine Flugschrift über den Neubau des deutschen Erziehungswesens herausgebracht, deren ergänzte Fassung unter dem Titel „Die Freiheit als Ziel der Erziehung" bereits im Februar 1919 nachfolgte. Darin formuliert er mit Hinweis auf „Die Philosophie der Freiheit" von Rudolf Steiner: „Die Freiheit ist das rein menschliche Ziel der Erziehung." Ihr habe „das System der deutschen Gesamtschule" zu dienen, die als eine höhere Volksschule geplant war. Mit gesteigerter Aufmerksamkeit hörte er nun die drei Vorträge Rudolf Steiners über Volkspädagogik, die auf eine Neuorientierung des Erziehungswesens in einem freien Geistesleben zielten. Zum ersten Mal wurde hier die Idee der Freien Schule als soziale Forderung der Gegenwart entwickelt, die dann als „einheitliche Volks- und höhere Schule" durch die Initiative Molts in Erscheinung trat.

Ende Mai begannen die Gespräche mit Rudolf Steiner über die Bildung des Lehrerkollegiums für die zu gründende Schule. Stockmeyer bekam den Rat, „auf die Reise zu gehen wie ein Theaterdirektor, der sein Ensemble zusammensucht." Am 15. Juli berichtete er Rudolf Steiner vom Ergebnis seiner dreiwöchigen Rundreise. Das vorläufige Kollegium wurde zusammengestellt und dann zum Lehrerkurs eingeladen, in dessen Verlauf sich entschied, wer mitarbeiten konnte. Es waren schließlich zwölf Lehrer, als deren Vertreter Stockmeyer beim

Festakt der Schuleröffnung am 7. September sprechen durfte. Der „grenzenlose Enthusiasmus aller Beteiligten" hatte, wie Stockmeyer in seiner Lebensrückschau bemerkt, die Gründung der Schule ermöglicht.

Als die Waldorfschule begann, war Stockmeyer 33 Jahre alt. Er wirkte — nach der Schilderung Hahns — wie ein „geistiger Souverän", mit dem nicht leicht Kontakt zu gewinnen war trotz der „gütig-ernsten Substanz" seines Wesens. Sein Lebensgang scheint wie eine Vorbereitung für die Aufgabe der Erziehungskunst. Als Sohn des Malers Karl W. H. Stockmeyer am 7. Juni 1886 in Karlsruhe geboren, verbrachte er mit seinen beiden Schwestern die frühe Kindheit in Malsch. Dort, an den Ausläufern des Schwarzwaldes und am Rande der warmen und obstreichen Rheinebene, hatte sich der Vater ein Haus in den Wald gebaut, und der Wald, die Wiesen und Gärten, von zwei Gebirgsbächen durchflossen, waren die idyllische Umwelt der Geschwister. Im Winter 1890 wohnte die Familie in der Nähe von Neapel, wo der Vater an einem großen Gemälde arbeitete, und vier Jahre später folgte der Umzug nach Lippe, in die Heimat der Eltern, weil eine Ziegelei zu übernehmen war. Auch dort lebten die Kinder in ländlicher Umgebung. Die Stationen der Schulzeit waren Malsch, Brake in Lippe, Detmold und seit 1898 Karlsruhe. Der Schulweg von Malsch nach Karlsruhe war beschwerlich, vor allem im Winter und bei schlechter Witterung. Die Geschwister verließen um halb sechs Uhr das Waldhaus, gingen eine gute halbe Stunde zur Bahn und muß-ten sich dann in den vollbesetzten Arbeiterzug nach Karlsruhe drän-gen. Frühestens um halb vier Uhr kamen sie zurück. Im Jahr der Abi-turvorbereitung zog Stockmeyer zu Verwandten nach Karlsruhe, um sich den weiten Schulweg zu sparen. Seine Gastgeber, ein geistig interessiertes junges Ehepaar, beschlossen damals, eine Loge der Theo-sophischen Gesellschaft zu gründen, und annoncierten in den Zeitun-gen, um Interessenten zu finden. Als sich einige meldeten, wurde die Gründung mit sieben Mitgliedern vorbereitet und Rudolf Steiner zur Einweihung des Zweiges eingeladen. Bei dieser Gelegenheit sprach er im engeren Kreise am 25. November 1904 über „Die Wahrheit der Theosophie und ihre Bedeutung für den Menschen". Der Vortrag war für den jungen Stockmeyer entscheidend. Er hatte schon durch seine ältere Schwester von Theosophie gehört; aber die indisch ge-färbte Lehre, die vor Rudolf Steiners Auftreten herrschte, konnte er mit seinem naturwissenschaftlich gerichteten Bildungswillen und einem an Kant sich schulenden Erkenntnistrieb nicht in Einklang bringen. Nun erfuhr der Neunzehnjährige durch die Darstellung Rudolf Steiners, daß „Naturerkenntnis mit Geistesanschauung zu vereinigen" ist, und bekennt, daß „Lebensbestimmung" von diesem Vortrag ausging.

Im Frühjahr 1905 hatte er die zweite Begegnung mit Rudolf Steiner, die seinen Blick auf neue mathematische Problemstellungen lenkte. Zu dieser Zeit fing er an, die „Philosophie der Freiheit" zu studieren, in der Rudolf Steiner die Beobachtung des Denkens zum Ausgangspunkt seiner Philosophie und der auf ihr gegründeten Geisteswissenschaft macht. Stockmeyer schreibt: „Ich versuchte, Boden des Erkennens zu finden, verbot mir, zu den anthroposophischen Begriffen hinüberzuschielen, wollte warten, bis sich durch die Stärke der erkenntnistheoretisch erarbeiteten Begriffe die Ansatzpunkte für die anthroposophischen Begriffe finden möchten." „Die Philosophie der Freiheit" als Erfahrungswissenschaft wurde ihm zum Lebensquell.

Im Herbst 1905 bezog er mit seiner älteren Schwester die Universität Heidelberg und begann ein enzyklopädisch angelegtes Studium der Mathematik, Physik, Chemie, Geologie, Botanik und Philosophie, in das er später noch Astronomie, vergleichende Anatomie und Architektur einbezog. In dem Mathematiker Moritz Cantor und dem Philosophen Wilhelm Windelband fand er bedeutende Lehrer. Wie seine Schwester suchte er Anschluß an die Heidelberger Loge (wie die theosophischen Arbeitskreise damals hießen), wurde aber nicht zugelassen, weil er noch nicht 21 Jahre alt war. Jedoch hörte er die öffentlichen und internen Vorträge Rudolf Steiners und war auch zugegen, wenn der Redner nach dem Vortrag „immer sehr aufgeräumt" auf die Fragen der Mitglieder einging.

1907 trat er in die damals noch theosophische Gesellschaft ein, um mit seinen Eltern und Geschwistern an dem Kongreß in München teilzunehmen. Rudolf Steiner war der Veranstalter und Gestalter, der für die Tagung eine künstlerische Umgebung schuf. Er ließ den Kongreßsaal mit rotem Stoff verkleiden und mit den Bildern okkulter Siegel und Säulen ausstatten, die nach seinen Entwürfen gemalt waren. Vor dem Podium standen die Büsten von Fichte, Schelling und Hegel. 600 Teilnehmer und Delegierte aus Europa und Übersee hatten sich versammelt, an ihrer Spitze die Präsidentin Annie Besant. Durch sie und Rudolf Steiner waren zwei Welten vertreten, deren Gegensätzlichkeit zur Trennung führen mußte.

Stockmeyer fühlte sich durch alles, was er aufnahm, im Innersten berührt. Die Nachwirkungen des Kongresses brachten eine neue Entwicklung in Gang. Angesichts der auf große Bretter gemalten Motive der späteren Goetheanum-Säulen erlebte er die „Forderung, sich einen gebauten Raum hinzuzudenken, in dem die Säulen als tragende Elemente eingegliedert wären und die Siegel als Bilder den Blick in ein unräumlich-geistiges Leben lenkten." Einundzwanzigjährig war er an einem Knotenpunkt seiner Biographie angelangt. Bei einer geologischen Alpenexkursion geriet er in Lebensgefahr, als ein Absturz in die Reuß-Schlucht drohte. Im Herbst 1907 wurde er Mitglied der „Esoterischen Schule". Die damalige Gesellschaft hatte nach Stockmeyers Bericht „viel Enthusiasmus und noch viel Indisches. Sie war wie eine große Familie. Sie hatte nur Erkenntnisbedürfnisse, noch keine sozialen Pläne, kaum soziale Probleme. Die Anhänger Steiners nahmen das Faktische mit dem Gedächtnis auf. Carl Unger bearbeitete die faktischen Lehren mit einer sehr subtilen Gedankenkunst: Hermeneutik. Ich suchte die Erkenntnisse der Geisteswissenschaft so vorzustellen, daß sie sich in den Geistesraum der „Philosophie der Freiheit" hineinstellen."

In diesem Zeitpunkt setzte er seine Studien in München fort. Das Hauptinteresse galt nun der Architektur. Anregungen empfing er durch den Kreis bedeutender Mitglieder, die in München, dem künstlerischen Zentrum der Bewegung, ansässig waren. Die Vorträge Rudolf Steiners erlebte er wie ein „Versetztsein in eine andere Welt". Einzelfragen an ihn zu richten, lehnte er aus seinem Verständnis der „Philosophie der Freiheit" ab, denn er empfand es als „selbstverständliche Pflicht, sich die Antwort selber zu erarbeiten". Nachdem er sich gründlich mit den Siegeln und Säulen beschäftigt und sich malend und plastizierend an ihren Motiven versucht hatte, zeigte er im Frühjahr 1908 Rudolf Steiner seine Arbeiten und stellte dann im Sommer die entscheidende Frage nach der Architektur, die zu den Säulen gehört. Rudolf Steiner ging sogleich darauf ein und zeichnete in wenigen Strichen auf, „wie die sieben Säulen in zwei von Westen nach Osten verlaufenden Reihen einen elliptischen Raum umschließen und eine Kuppel in Form eines dreiachsigen Ellipsoids tragen sollten". Beim Durchdenken dieser Angaben wurde Stockmeyer klar, daß ihre Verwirklichung bedeutende Schwierigkeiten mit sich bringen würde. Schon die Konstruktionsberechnungen und Zeichnungen für den Kuppelbau beanspruchten eine Arbeitszeit von Monaten. Der für die Ideen seiner Kinder immer entflammte Vater Stockmeyer griff den Plan auf, und mit seiner Hilfe wurde ein Modellbau im Waldesdickicht unweit des eigenen Hauses in Malsch begonnen. Rudolf Steiner nahm im Frühjahr 1909 die Grundsteinlegung vor, während der Ostervollmond aufging. Stockmeyer empfand den Bau wie den unterirdischen Tempel in Goethes Märchen von der grünen Schlange und der schönen Lilie. Was der Münchner Kongreß angeregt hatte, fand durch den Modellbau von Malsch eine erste Ausgestaltung, durch den Kryptaraum des Stuttgarter Zweighauses eine Fortsetzung und im Bau des ersten Goetheanums seine Vollendung. Nur der Modellbau von Malsch steht noch.

1909 entschloß sich Stockmeyer zum Lehramtsexamen, das er zwei Jahre später ablegte. Danach war er kurze Zeit an einer Privatschule in Madgeburg tätig. Nebenher stellte er die Berechnungen für das komplizierte Saalgewölbe des Stuttgarter Baues an. Dann trat er als Lehrer für Mathematik und Naturwissenschaft in den badischen Schuldienst ein, unterrichtete in Karlsruhe, wurde an das Lehrerseminar berufen und bei Ausbruch des Krieges nach Pforzheim versetzt. In den folgenden Jahren wandte er sich dem Studium Hegels zu und veröffentlichte die philosophischen Aufsätze, die 1921 in erweiterter Form unter dem Titel „Vom Gedankenkampf um die Wirklichkeit" erschienen sind. In der „Vorbemerkung" präzisiert er seine Stellung zu Rudolf Steiner folgendermaßen: „Der viele Jahre dauernden Beschäftigung mit seiner Philosophie und Geisteswissenschaft danke ich die Fähigkeit der freien Urteilsbildung auf dem philosophischen Felde".

Als Rudolf Steiner nach Kriegsende für die Dreigliederung des sozialen Organismus eintrat, was für viele der alten Mitglieder schwer begreiflich und für alle überraschend war, zählte Stockmeyer zu den ersten Mitarbeitern. Vor der Eröffnung der Waldorfschule gab er seine Lehrtätigkeit in Mannheim auf, um den mathematischen und naturwissenschaftlichen Unterricht in den oberen Klassen der Waldorfschule zu übernehmen. Außerdem wurde er Verwalter der Schule, der auch im Schulhaus wohnte. 1920 half er, den Schulverein aufzubauen, der für die wirtschaftliche Sicherung der Schule und die Verbreitung der Pädagogik sorgte. Gleichfalls wirkte er mit, als die Einrichtung der Sonntagshandlung vorbereitet wurde. Er kannte die Bedeutung von Ritualien, da er in den Vorkriegsjahren an dem symbolischen Kult teilgenommen hatte, von dem Rudolf Steiner in seiner Selbstbiographie berichtet. Durch die Vielfalt seiner Tätigkeiten gehört Stockmeyer zu denen, die das Gesamtgefüge der Waldorfschule ausgearbeitet haben.

Nachdem die Schule geschlossen war, besorgte er die Abwicklung, löste die Sammlungen auf und stellte ein Schularchiv zusammen.Dann besuchte er die Ortsgruppen des Waldorfschulvereins in Deutschland, regte die pädagogische Arbeit an und hielt Vorträge für die Mitglieder. Während des Krieges wurde er Mathematiklehrer am Zinzendorf-Gymnasium in Königsfeld.

Als im Jahre 1945 die Ausbreitung der pädagogischen Bewegung einsetzte, griff der Sechzigjährige gestaltend in die Entwicklung ein.

Er förderte eine Schulgründung in Heidelberg, die jedoch nicht zustande kam, und bereitete die Gründung der Freiburger Schule vor, an deren Aufbau er bis 1952 beteiligt war. In den folgenden Jahren schuf er seine „Quellensammlung für die Arbeit der Lehrerkollegien", die umfassende Darstellung über „Rudolf Steiners Lehrplan für die Waldorfschulen". Stockmeyer sah den Lehrer von zwei Gefahren bedroht: „Der einen verfallen wir, wenn wir uns sklavisch an den Wortlaut der Angaben Rudolf Steiners binden, weil wir nicht sehen, daß er manches aus den sich dauernd wandelnden Zeitbedingtheiten heraus gesagt hat, was unter anderen Bedingungen anders zu machen wäre, der anderen verfallen wir, wenn wir nicht sehen, daß hinter allem Zeitbedingten die große Idee als ein Bleibendes — für unser heutiges Dasein Bleibendes — steht, die zu erkennen wir alle unsere Geistes- und Seelenkräfte aufrufen müssen, und die in allen aus den Zeitbedingungen heraus notwendigen Wandlungen doch erhalten bleiben muß, die Idee der Waldorfschule". Diesen Gefahren ist zu begegnen, wenn der Lehrer zwei Aufgaben ergreift: „Sorgfältiges meditatives Studium der Menschenkunde einerseits, Studium der unzähligen Einzelangaben andererseits". So kann der lebendige Lehrplan hervortreten und der geistige Bauplan der Waldorfschule freigelegt werden.

In Malsch, wohin er sich zurückgezogen hatte, ist er im 77. Lebensjahr am Dreikönigstag 1963 verstorben.

E. A. Stockmeyer hat sich mit einem Zentralmotiv der anthroposophischen Bewegung verbunden. Nach dem Münchner Kongreß von 1907, der die Entwicklung einer geistgeschöpften Kunst impulsierte, erklärte Rudolf Steiner am 12. Juni 1907: „Die Theosophie (Anthroposophie) kann man auch bauen: man kann sie bauen in der Architektonik, in der Erziehung und in der sozialen Frage." In allen drei Künsten, der Architektur, der Menschenbildung und der Kunst des sozialen Zusammenklangs, hat Stockmeyer als einer der ersten unter den Mitarbeitern Rudolf Steiners baumeisterlich gewirkt. Solchen Bauwillen, der seinem Leben die Richtung gab, wollte er auch in seinen Schülern anregen, als er ihnen bei der 1938 erzwungenen Schließung der Waldorfschule zurief: „Es wartet die Welt der Physik und der Technik auf das künstlerisch durchwärmte Denken, damit auch sie einmal werden kann ein Abbild des Menschen und des menschlichen Zusammenlebens."

Johannes Tautz

Je länger ich über Stockmeyers Darinnenstehen in unserer Arbeit nachgesonnen hatte, umso deutlicher ist mir bewußt geworden: Das

Wichtigste sind nicht die einzelnen Taten dieses Mannes, so unschätzbar sie als Leistungen waren; wichtiger ist, was er Kraft seines Wesens
und Charakters zum Aufbau der Waldorfschule beigetragen hat.

Gewiß hat es Rudolf Steiner freudig begrüßt, daß E. A. Karl Stockmeyer schon in der Geburtsphase der Waldorfschule in Stuttgart erschien, um sich ganz in den Dienst des neuen Erziehungsideals zu stellen.
Stockmeyer kam nicht, um sich von einer plötzlich aufgebrochenen
Strömung mittragen zu lassen. Auf einsamen Posten hatte er sich in
strenger Erkenntnisarbeit und gründlicher Erforschung der Zeiten-
krise zu dem Entschluß durchgerungen, am Bau eines neuen Fundaments für das Schulwesen Hand anzulegen. Nur in dem, was er sich
selbst an geistiger Freiheit errungen hatte, fand er eine Orientierung
in den Wirren der Zeit. So war er schon bei der Suche nach einer auf
Begründung dieser Freiheit zielenden Pädagogik, als ihn Emil Molt
nach Stuttgart rief. Ich konnte dann an seiner Seite miterleben, wie
er jede Einzelheit der Schulgründung freudig begrüßte und bejahte.

E. A. Karl Stockmeyer hat entscheidend mitgewirkt beim Aufbau
des ersten Schulorganismus einer Freien Waldorfschule. Das war eine
Aufgabe, die nicht im Handumdrehen gelöst werden konnte, sondern
viele Jahre beanspruchte. Sie erforderte auf der einen Seite Überschau
und Kontinuität, auf der anderen die Fähigkeit, rasch aus der Situation
heraus umzudenken. Außer der ihm eigenen mathematischen Klarheit
brachte Stockmeyer gerade für diese Arbeit etwas mit, das nicht leicht
zu beschreiben ist. Man könnte es vielleicht den Sinn für eine architektonische Schönheit nennen, ein Augenmaß für harmonischen Aufbau,
für gut bemessene und in das Ganze eingeordnete Proportionen.

Ein Interesse für das Kosmische lag von Jugend an bei ihm vor und
verband sich mit astronomischen Problemen. Aufschlußreich war, daß
er die Sprache philosophisch an dem Zipfel packte, wo sie am meisten
ins Kosmische hineinragt, nämlich bei den Funktionswörtern, die wir
Vorwörter und Bindewörter nennen. Von der denkerischen Seite her
wurde er auf deren kategorialen Charakter geführt, der sich mir als
Phänomen am spielenden Kinde offenbart hatte.

Was wir als Mitglieder des ersten Waldorfschulkollegiums an Stockmeyer vor allem schätzten, war die Selbständigkeit und Unbefangenheit, mit der er Rudolf Steiner gegenübertrat. Sie zeigte sich in den
Konferenzen bis in seine äußere Haltung, wenn er mit auf die Hand
gestütztem Kinn dasaß und sorgfältig wägend jedes Wort verarbeitete, das Rudolf Steiner sprach. Nicht selten führte ihn dieses intensive
Überdenken dazu, um nähere Erläuterung zu bitten oder weitere Fragen zu stellen. Wo immer ich Rudolf Steiner begegnet bin, habe ich

wahrgenommen, daß ihn eine solche selbständig prüfende Haltung geradezu beglückte.

Man konnte die Wesensart von Stockmeyer als ein starkes In-sich-selbst-Ruhen, als ein tiefes In-sich-Verankertsein erleben. Daraus werden manche Äußerungen seines Wesens verständlich, an die man sich gerne erinnert.

So konnte er rückhaltlos bewundern, was andere geleistet hatten. Er, der bemüht war, alles aus dem Quell der Individualität zu prägen, begrüßte auch jede Äußerung, die des gleichen Ursprungs war. Er war begeistert für Ichwertigkeit, wo immer er sie fand, und freute sich besonders am Antipodischen. Dann saß er da mit leuchtenden, gleichsam hörenden Augen. Und einen fast kindlichen Ausdruck bekamen diese Augen, wenn sie sich an dem ergötzten, was unerwartet auftritt: einem im Vorübergehen ausgetauschten Scherz, einer Andeutung von improvisierter Geselligkeit, einer materiell unbedeutenden Gabe.

Als wir ihm das letzte Geleit gaben, stand es plötzlich vor unseren Seelen: nicht zufällig ist dieser Mann am Dreikönigstag in die geistige Welt abberufen worden. Die Könige bringen dem Christkind Geschenke. So fragten wir uns: Welches der drei Köngsgeschenke mag eine Persönlichkeit wie diese mitnehmen? Die Antwort lautete: Gold. Denn sein Wesen, das durch ein dienendes, arbeitsreiches und schöpferisches Leben sich entfaltet hat, war lauter wie Gold. Vom Gold des Erkenntnisschatzes hatte er viel mitgebracht, junges Gold der Menschlichkeit trug er mit hinauf.

Herbert Hahn

E. A. Karl Stockmeyer hat sein Leben in freier Nachfolge Rudolf Steiners aufgebaut. Wir danken ihm vorbildliche Leistungen, die ihn als einen schöpferischen Schüler der Geisteswissenschaft ausweisen.

Der Modellbau in Malsch, den er zusammen mit seinem Vater gestaltet hat, ist ein Kleinod der anthroposophischen Bewegung. Wer ihn kennengelernt hat, wird immer wieder dorthin wallfahren. Er erlebt in diesem von Säulen getragenen Kuppelbau die Geburt eines neuen Baustils. Um das äußerlich unscheinbare Gebände weht die Stimmung der frühchristlichen und frühromanischen Bauten: die Frühe eines neuen Baustils. Als Vorläufer des ersten Goetheanums und nachdem der Kryptaraum in der Landhausstraße in Stuttgart zerstört ist, hat der Modellbau eine unschätzbare Bedeutung.

In den ereignisreichen Jahren 1918 und 1919 trat Stockmeyer mit Schriften zur Erneuerung des deutschen Schulwesens hervor. Ich konnte ihn damals, als er in Mannheim Mathematik und Physik lehrte und im Froebelseminar Weltanschauungunterricht gab, oft zum Unterricht gehen: die hohe Gestalt mit bärtigem Haupt, an einen orientalischen König erinnernd, immer von Gedanken umgeben. Er hat, seit die Planung der Waldorfschule begann, etwas tief Eigenes ins Werk hineingebracht und in langer Verwaltungstätigkeit am geistigen Gebäude der Schule mitgestaltet.

Stockmeyer ist in der Erziehungskunst ein Baumeister gewesen, der seinen Abschnitt mit souveräner Kraft ausgearbeitet hat. Das mathematisch-physikalische Gebiet, die Technologie, das Feldmessen, sind von ihm so aufgebaut worden, daß wir heute noch auf seinen Leistungen stehen. Dabei handelt es sich nicht um Ergebnisse, die veralten können, sondern um Haltung, Gliederung und Methode, die Vorbild bleiben. Hier ist ein Stoffgebiet so behandelt, daß es zum lebendigen Schulungsmittel des jungen Menschen wird.

Auch auf dem Gebiet der Philosophie und Erkenntnistheorie hat er Grundlegendes geleistet und die Fähigkeit überlegener Urteilsbildung bewiesen.

In den Ruhejahren ist seine Zukunftsgabe an uns entstanden, die umfangreiche Arbeit über „Rudolf Steiners Lehrplan für die Waldorfschulen". Er hat bis zuletzt dem Urimpuls der Freien Schule gedient.

Etwas Ehrfurchtgebietendes war zeitlebens um ihn. Damit kontrastierte in einem eigenartigen Reiz die Kindlichkeit, die aus seinen Augen schaute und menschlich so tief berührte. Eine liebenswerte Bescheidenheit und Zartheit umgab die Gestalt, deren baumeisterliche Größe in der Rückschau immer stärker hervortritt.

Ernst Weißert

Unter Herrn Stockmeyers Leitung lernten wir auf dem Schulhof, Land zu vermessen. Die Kastanienbäume, das neue und das alte Schulhaus, die beiden Baracken und schließlich der Zaun erschienen auf unseren Skizzen und später auf den exakten Zeichnungen. „Immer laut zählen!" tönt mir noch in den Ohren. Die Aufforderung bezog sich auf das Vermessen mit den fünf Meter langen Meßlatten. Aber wir waren die letzte Klasse, die den Unterricht im Feldmessen auf dem Schulhof absolvierte. Mit den folgenden Jahrgängen zog Herr Stockmeyer aufs Randecker Maar. Damit war eine Neuerung eingeführt, die sich als richtungsweisend für weitere Bereiche zeigen sollte. Ich ahnte etwas von der Tragweite dieses Schrittes und wollte darüber im Rundbrief der ehemaligen Waldorfschüler schreiben. Herr Stockmeyer besprach dann mit mir die Probleme der Vermessung im freien Gelände mit rührender Sorgfalt und verhaltenem Humor.

Die Idee, bestimmte Aufgaben des Lehrplans aus den Räumlichkeiten der Schule in den weiteren Umkreis zu verlegen, hat sich in der Waldorfschulbewegung fruchtbar ausgewirkt. Die heutigen Schulpraktika der Oberklassen in der Land- und Forstwirtschaft, in der Industrie und anderen sozialen Bereichen haben letztlich ihre Wurzel in dem Entschluß, die Feldmeß-Epoche am Randecker Maar zu geben.

Hans L. Büchenbacher

WALTER JOHANNES STEIN

In den Tagebüchern von Walter Johannes Stein findet sich unter dem Datum vom 5. Februar 1919 die folgende Eintragung: „Zürich 12 Uhr Hotel Bauer, Paradeplatz, Unterredung mit Dr. Steiner... Dr. sagt mir: Zur Initiation ausbilden. Wenn A gesagt, würde auch B gesagt." Zu diesem Zeitpunkt, drei Monate nach Kriegsende, hielt Rudolf Steiner in Zürich die grundlegenden Vorträge über die Kernpunkte der sozialen Frage , die er für die Drucklegung bearbeitet hat. Stein befand sich auf der Durchreise nach Wien, wo er Unterschriften für den Aufruf „An das deutsche Volk und an die Kulturwelt" sammelte. Er hatte gerade das 28. Lebensjahr erreicht und bereitet sich auf das Rigorosum vor, indem er „Die Rätsel der Philosophie" studierte und Vortragszyklen las. Die Prüfung bestand er mit „vierfacher Auszeichnung", obwohl er sich zur gleichen Zeit als Redner in Wien und Stuttgart enthusiastisch für den neuen Sozialimpuls der Dreigliederung einsetzte. Auf die Frage Rudolf Steiners, ob er nach Berlin gehen wolle, antwortet er: „Ich bin völlig entwurzelt, ich nehme jeden Posten an" (2. Mai 1919). Das war seine Bilanz, bevor die Lebenserfüllung begann.

Schon die ersten vier Jahrsiebte dieser Biographie kündigen Ungewöhnliches an. Im Wien der K. u. K. Monarchie begann Walter Johannes Stein am 6. Februar 1891 als Sohn eines ungarischen Rechtsanwalts und einer österreichischen Mutter seinen Lebensweg. Zusammen mit einem älteren Bruder absolvierte er das Schottengymnasium, das von Benediktinern geleitet war. Der künftige Mathematiker und Physiker mußte wegen ungenügender Leistungen in Mathematik die dritte Gymnasialklasse wiederholen. Auf diese Art wurde er Klassenkamerad des um zwei Jahre jüngeren Eugen Kolisko, dem er in beständiger Freundschaft verbunden blieb.

Im Sommer 1911 unternahm er — zwischen Schulabschluß und Militärdienst — eine Reise nach Deutschland, die ihn zweimal nach Stuttgart führte. Dort betrat er nichtsahnend die Stätte seiner künftigen Berufstätigkeit, das Restaurant Uhlandshöhe, das Emil Molt nach dem Kriege zur ersten Waldorfschule umbauen ließ.

Im Jahre 1912 fand Stein auf dem Schreibtisch seiner Mutter das Buch aufgeschlagen, das in der Sprache des modernen Bewußtseins „das verborgene Wissen vom Gral" erneuert. Der Blick des 21jährigen Physik-Studenten fiel zuerst auf die Bemerkungen Rudolf Steiners in der Vorrede zur „Geheimwissenschaft", die sich auf das Wärmeproblem beziehen. Darin erklärt der Verfasser, daß sich seine hellseherischen Beobachtungen im Einklang mit der gegenwärtigen Naturwissenschaft befänden, was auszuführen allerdings umfangreiche Darstellungen beanspruchen würde. Dieser Hinweis auf das Nicht-Gesagte veranlaßte Stein acht Jahre später, um die Ergänzung zu bitten, worauf Rudolf Steiner mit dem Wärmekurs antwortete, dem zweiten naturwissenschaftlichen Kurs, der 1920 gehalten wurde. Die Gelegenheit zur persönlichen Begegnung ergab sich, als Rudolf Steiner am 19. und 20. Januar 1913 in Wien Vorträge hielt. Die Themen zogen Stein an: „Die übersinnlichen Welten und das Wesen des Menschen" und „Geisteswissenschaft und Naturwissenschaft in ihrem Verhältnis zu den Lebensrätseln". Was Stein während des ersten Vortrags erfuhr, hat er in einem Aufsatz geschildert, dem er die Überschrift gab: „Rudolf Steiner als Tröster." „Ich fühlte es als ein Nach-Hause-Kommen. Ich könnte auch sagen: Rudolf Steiner erlebte man wie ein Zu-sich-selber-kommen, aber nicht, wie man schon war, sondern wie man eigentlich werden sollte, vielleicht in unendlichen Zukünften. Vielleicht erst am Ende aller Entwicklung, aber — er brachte einen zu sich. Man war versucht zu denken: Du bist Ich, wie ich werden soll, aber ich bin nicht Du, weil ich weder die Liebe noch die Erkenntnis habe, die Du schon hast ... Rudolf Steiner ging heraus aus seinem Leib, während er sprach, wurde eins mit jedem, der da war, eins mit jedes einzelnen Zieldasein, und aus all dem sprach er. Und dieses Einssein mit allen und gerade darin das wahre Liebende und verstehende Eigensein zu leben, das schien so ganz Christ-durchdrungen zu sein ... So wurde mir die Begegnung mit Rudolf Steiner zu einer konkreten Begegnung mit dem christlichen Prinzip. Da war er, der wahre Christuskünder, der sich hineingeopfert hatte in das naturwissenschaftliche Zeitalter, damit sogar die, welche in Physik und Mathematik lebten, den Christus finden sollten."

Zu jener Zeit war es üblich, daß die Hörer schriftliche Fragen an den Redner stellten. So erbat Stein, mit dem Zusammenhang von menschlicher Sprache und Vernunft beschäftigt, Auskunft darüber, welches Vermögen in der Entwicklung früher aufgetreten sei. Die Antwort enttäuschte ihn, da Rudolf Steiner die parallele Entwicklung von Sprechen und Denken beim Kinde beschrieb, nicht aber ausführte, wie sich beide im Werdegang der Menschheit zueinander verhielten. Stein berichtet von dem Seelenkonflikt, den er in sich aufsteigen fühlte, ehe die überraschende Wendung erfolgte: „Da war Rudolf Steiner, der Hellseher, der alle Welten kennt und alle Wesen. Es kann nicht sein, daß er die Intention meiner Frage nicht kennt. Es waren nur Sekunden. Aber für mich waren es weltenlange Zeiten. Dr. Steiner nahm den Zettel noch einmal auf. Er hielt ihn in der Hand. Er sagte: diese Frage hat noch einen anderen Aspekt. Ich möchte dem Fragesteller auch noch vom Gesichtspunkt der Weltentwicklung antworten. Auch von diesem Gesichtspunkt geht Sprache und Vernunftbildung parallel. Wie das Kind denken, sprechen gehen lernt, bevor es zum vollen Selbstbewußtsein erwacht, so auch die Menschheit, die wandernd sprechen lernte und auf Grund dessen Vernunft erlangte, ehe sie zur vollen Individualisierung kam. — Ich hatte viel mehr empfangen als die Antwort auf meine Frage. Ich wußte, daß Rudolf Steiner im Herzen lesen kann." Wie im Traum ging Stein auf den Redner zu und erklärte: „Ich möchte Ihr Schüler werden. Was soll ich studieren? Ich möchte den philosophischen Doktor machen." Rudolf Steiner erwiderte: „Gehen Sie denselben Weg, den ich gegangen bin. Ich ging von Fichte aus und ergänzte ihn durch Aristoteles. Fichte hat den Erkenntnisakt am vollkommensten erkannt. Aber er hat für diesen Akt keinen konkreten Erkenntnisinhalt. Die Fülle der Welt wird ihm zum Nicht-Ich. Aristoteles liefert diese Fülle. Er ist auch Naturbetrachter." Darauf Stein: „Was soll ich mir als Ziel des Philosophierens setzen?" Rudolf Steiner antwortete: „Schaffen Sie eine Erkentnistheorie der spirituellen Erkenntnis. Studieren Sie zu diesem Zweck Locke und Berkeley." So kam die Dissertation zustande, in der Stein die anthroposophische Anschauung in das Gesamtbild der Philosophie einordnete. Sie erschien 1921 als Buch unter dem Titel „Die moderne naturwissenschaftliche Vorstellungsart und die Weltanschauung Goethes, wie sie Rudolf Steiner vertritt", eine Schrift, die für eine Darstellung der Anthroposophie als Wissenschaft fundamentale Bedeutung hat.

Bemerkenswert ist der Anteil, den Rudolf Steiner am Fortgang dieser Studie genommen hat. Als der Artillerieoffizier Stein den ersten Fronturlaub bekam, ergab sich die Gelegenheit, seine Arbeit mit Rudolf Steiner in Berlin durchzusprechen. Es war der dramatische Sommer des Jahres 1917, als die „Memoranden" entstanden, jener Appell Rudolf Steiners an die politische Führung der Mittelmächte, sich zu einem geist- und wirklichkeitsgemäßen Handeln zu entschließen. Stein erbot sich, das für den Kabinettchef Kaiser Karls bestimmte Exemplar nach Wien zu befördern, und erhielt Kenntnis von dem Inhalt des vertraulichen Dokuments. Auf diese Weise erfuhr er durch Rudolf Steiner, was in den „Memoranden" zum ersten Mal skizziert ist: die Grundzüge der neuen Sozialerkenntnis, die er später mit kämpferischem Mut ausgebreitet hat.

Stein war ein unermüdlicher Fragesteller; und als er wieder einen Fragenkatalog an Rudolf Steiner geschickt hatte, traf anstelle einer Briefantwort die Aufforderung ein, als Gast an den Lehrerkursen teilzunehmen, die der Eröffnung der ersten Waldorfschule vorangingen. Das fünfte Jahrsiebt hatte begonnen, in dem Steins Lebensbogen kulminiert. Seine Eintragungen ins Tagebuch lassen erkennen, daß er mit wachem Geist beobachtete, was Rudolf Steiner durch die Schulgründung spirituell inaugurierte. Eine Gruppe sollte sich konstituieren, die zum Träger eines michaelischen Erziehungsimpulses bestimmt war. Ein gemeinsames Wirken aus freier Initiative und brüderlicher Gesinnung mußte entstehen, damit „der gute Geist" eingreifen konnte, der, von Rudolf Steiner angerufen, „die Menschheit führen soll zu der höheren Stufe der Entwicklung in Unterricht und Erziehung."

Die Entscheidung über Steins pädagogische Mitarbeit fiel erst am 7. September, dem Tag der festlichen Schuleröffnung, als ihn Rudolf Steiner aufforderte, nicht nach Wien zurückzukehren, sondern sich für Vertretungen bereitzuhalten. „Wir werden Sie hier mehrfach als Aushilfe brauchen. Zunächst für Fräulein von Mirbach." So begann Steins Unterrichtspraxis in der zweiten und ersten Klasse, bevor er im Wechsel mit E. A. Karl Stockmeyer die siebte und achte Klasse übernahm. Im Gründungskollegium, das Rudolf Steiner leitete, war er das zwölfte Mitglied geworden. Am 25. November notierte er im Tagebuch: „Gespräch (mit Hahn und Oehlschlegel) über uns zwölf." Von dieser schicksalhaften Konstellation hatte Rudolf Steiner in einer der ersten Lehrerkonferenzen gesprochen: „Selbst in einer solchen Weise, daß Sie sich hier zusammenfinden z. B. in einem Lehrerkollegium, ist ein erfülltes Karma. Man findet sich zusammen, weil man sich gesucht hat."

Als die Oberstufe angegliedert wurde, erhielt Stein den Auftrag, Literatur und Geschichte zu unterrichten. Rudolf Steiner setzte also den Mathematiker und Physiker „fachfremd" ein. Gemäß dem Lehrplan der elften Klasse war die Gralssuche Parzivals am Leitfaden der Wolframschen Dichtung zu behandeln und die Metamorphose dieses Themas bis in die Gegenwart aufzusuchen. Die Angabe machte Rudolf Steiner in der Konferenz vom 21. Juni 1922. Dann folgte am 9. Dezember 1922 der Hinweis auf „das Esoterische der Grals- und Artussage" und im Januar 1923 — nach dem Goetheanum-Brand — Steins erste Parzivalepoche in der ersten 11. Klasse. In dieser Zeit erschien Rudolf Steiner zu dem folgenreichen Unterrichtsbesuch, über den ein doppelter Bericht vorliegt: in dem Band über das neunte Jahrhundert „Weltgeschichte im Lichte des Heiligen Gral" (1928) von Walter Johannes Stein und in dem Buch „Erlebte Pädagogik" (1968) von Rudolf Grosse, der damals Schüler der 11. Klasse war. Sein Zweifel an der historischen Wirklichkeit Parzivals veranlaßte Rudolf Steiner zu der Feststellung, daß die Grals- und Parzivalereignisse im 8. und 9. Jahrhundert stattgefunden haben.

Dieser Besuch führte zu einem Erkenntnisdurchbruch und setzte eine innere Entwicklung in Gang: Stein empfing die entscheidenden Aufschlüsse über die Datierung der Gralsvorgänge und für die Methode der Gralssuche. Herkunft und Wesen der Gralsimpulse wurden ihm deutlich. Sie entstammen dem Geist- oder Nachtbewußtsein, in dessen Sphäre die Begegnung mit den Gralshütern geschieht — den „erlesenen Toten", wie sie Rudolf Steiner nennt — und teilen sich dann dem Tagbewußtsein als Weckrufe in Gestalt von Initiativen mit. Der Erkenntnis folgte das Erlebnis in der Vorosterzeit des nächsten Jahres. Das Tagebuch beschränkt sich auf die Angabe der äußeren Situation: „Sonntag 9. März 1924, 10.30 Uhr Schubert hielt die Handlung, Laemmert sang."

Was sich abgespielt hat, während Stein an der kultischen Handlung im Säulensaal der Waldorfschule teilnahm, schildert das Gralsbuch an zentraler Stelle. Als der Einsiedler Trevrizent in der Karwoche Parzival unterweist, zeigt er die todüberwindende Macht des Grals am Beispiel des Phoenix, der sich aus der eigenen Asche erhebt. Das Bild veranschaulicht das Stirb und Werde, die Erfahrung der Wiedergeburt.

Die weiteren Etappen hält das Tagebuch fest. Am 27. April fand ein Gespräch mit Rudolf Steiner über das Vorgefallene statt. Er gab Stein eine Meditation, die sich auf die Kosmosverbundenheit des menschlichen Wesens bezieht. Klärung brachten auch die „Chymischen Schriften" des Rosenkreuzers Basilius Valentinus. Zwei Bildtafeln daraus, die den Austritt aus dem Leibe und die vier Stufen des Erkenntnisweges imaginativ darstellen, hat Stein in seinem Gralsbuch reproduziert, weil sie das Erlebte abbilden. Erreicht war der dritte Grad, den Basilius Valentinus „Schwan" nennt. Die vorangegangenen Stufen seien, wie Rudolf Steiner erklärte, durch Studium absolviert. Wer den dritten Grad erlangt, stimmt den „Schwanengesang" an und muß dem Irdischen absterben. Ihm wird die Harmonie der Sphären, das göttliche Wort inspirativ zugänglich. Er schließt sich dem Schwanenorden an, dessen Mitglieder fähig sind, die Wirksamkeit der Gralshüter aus dem Totenreich in die Welt der Lebenden zu lenken. So setzte Rudolf Steiner seine Gralsunterweisung fort, die für den Geistesschüler Stein mit dem Unterrichtsbesuch in der Parzivalepoche begonnen hatte.

Der seelische Stationenweg ging weiter. Am 27. Juni 1924 notierte
Stein: „Rückschau in vergangene Inkarnation". Er sprach sich darüber
mit Rudolf Steiner aus und hielt als Ergebnis der Unterredung die
Maxime fest: „Nicht bloß das Erlebnis (des Übersinnlichen) immer
wieder erleben, sich damit beschäftigen, das Erlebnis verdeutlichen
und vertiefen in der Meditation, sondern alles, was das Leben außer
der Meditation bringt, damit in Verbindung setzen. Nicht deuten, sondern anschauen. Mit dem Anschauen leben." Stein ging daran, die Trag-
fähigkeit des Geschauten im Leben zu erproben. Die Eintragung vom
14. September führt das Motiv weiter aus: „Übersinnliche Erlebnisse
muß man am Leben verifizieren. Dadurch bewahrt man sich vor Phan-
tastik. Man erkennt das Geschaute im Leben wieder. Aber die Dinge
metamorphosieren sich!"

Immer stärker hellte sich für die innere Wahrnehmung Steins die
untergründige Verwandtschaft des 9. und 20. Jahrhunderts auf. Die
Geburt der Geisteswissenschaft und der Triumph des Materialismus in
der Gegenwart erschienen wie das Gegenbild der Gralsenthüllung im
9. Jahrhundert und der gleichzeitigen Geistverleugnung durch das öku-
menische Konzil von 869, das die Trichotomie, die Dreigliederung des
Menschen nach Leib, Seele und Geist, verurteilt hat. Das 9. Jahrhundert offenbarte sich als die Wurzelschicht für die zeitgeschichtlichen
Vorgänge der erlebten Gegenwart, als der karmische Entstehungs-
grund für die Ereignisse des 20. Jahrhunderts. Aus dieser Einsicht
schrieb Stein den programmatischen Aufsatz über „Weltgeschichte und
Waldorfschule", der in der ersten Selbstdarstellung der Waldorfschule
1927 gedruckt ist. „Was im 8. bis 9. Jahrhundert noch gepflegt wurde,
der Geist, den die Welt zu verleugnen anfing, der in der Sage als Erzählung vom Grale lebt, in der Historie aber ausgelöscht ward durch
das Konzil von 869, der strahlt heute zu allen Menschen, die Geistsu-
cher sein wollen, Sucher des Geistes, der heilt, der gesund macht, weil
er der einende Geist des „Allgemein-Menschlichen" ist." „Die Waldorfschule hat eine historische Sendung ... Freiheit strahlt diese Schule ...
Diese Freiheit führt zum Gebrauch der Geisteskräfte im weitesten
Sinne. Der Geist aber will in die Welt, und die Aufgabe unserer Schule
ist, ihm den Weg zu bereiten."

Die „leuchtende, feurige Wahrheit" von Wiederverkörperung und
Schicksal wurde dem Geistesschüler Stein zum Schlüssel für das Verständnis der Geschichte. Er lebte aus einer selbsterfahrenen Gewißheit
der Schicksalsforschung, deren Ergebnisse Rudolf Steiner seit der Weihnachtstagung rückhaltlos und methodisch mitzuteilen begonnen hatte:
„Wir tragen herein aus früheren Erdenleben in dieses jetzige die Er-

64

gebnisse der früheren Erdenleben." „Die Geschichte löst sich auf, wenn man das Karma ernstnimmt, in Menschentaten, in Menschenlebensströmungen aus fernen Vergangenheiten in die Gegenwart herein, in die Zukunft hinüber." (12. August 1924) Unter der Geistesführerschaft des Lehrers suchte der Schüler Sicherheit über seine Ich-Vergangenheit und fand seine geschichtliche Teilhabe an der Epoche Alexanders des Großen, dem Jahrhundert der Gralsereignisse und dem Zeitalter der Entdeckungen.

Mit dem Tode Rudolf Steiners trat eine tiefe Zäsur ein. Die helfende und richtungsweisende Schicksalsführung zog sich zurück, der 34jährige Stein mußte aus den Kräften der eigenen Persönlichkeit zu entfalten versuchen, was er empfangen hatte. Eine weitausgreifende Vortragstätigkeit entstand. Der Redner Stein konnte die Säle füllen und sein Publkum mitreißen, wenn er — immer in lebhafter Auseinandersetzung mit den aktuellen Geschehnissen — über „Das Gold in Geschichte und Gegenwart" vortrug oder in zeitperspektivischer Vertiefung die Frage erörterte „Was ist der Westen dem Osten schuldig?" Die Einführungskurse, die er aus einer umfassenden Kenntnis der Geisteswissenschaften hielt, legten die Willenskräfte der Teilnehmer frei. Von seinen historischen Darstellungen, der Analyse zeitgeschichtlicher Ereignisse, seinem kühnen Eintreten für die Anthroposophie gingen begeisternde Wirkungen aus.

Neben solchen sich steigernden Aktivitäten setzte er die impulsierende Unterrichtsarbeit fort, die — wie seine ehemaligen Schüler berichten — tiefe Spuren in den aufnahmebereiten Seelen hinterlassen hat. Dazu trat als weitere Aufgabe die innere Verpflichtung, am Organismus der Anthroposophischen Gesellschaft mitzugestalten. Seit 1925 nahm ihre Entwicklung einen Verlauf, zu dem auch Stein, der sich selbst als den „Tatenschnellen" charakterisierte, in einem schicksalschweren Ausmaß beigetragen hat.

Sieben Jahre nach Rudolf Steiners Hingang verließ Stein die Waldorfschule und das schon vom völkischen Terror bedrohte Deutschland. Sein Weg führte ihn über Holland nach England. In London entfaltete er eine vielseitige Tätigkeit als Berater in ökonomischen Fragen, als Redakteur der Zeitschrift „Present Age", als Heilpraktiker (der sich selber scherzhaft als „Quacksalber" vorstellte), als Redner, der an die 300 Vorträge im Jahre hielt. Seine Lebenskreise erweiterten sich. Er traf mit Atatürk, dem Begründer der modernen Türkei, zusammen, hatte eine Begegnung mit Gandhi, dem er die englische Ausgabe der „Kernpunkte der sozialen Frage" überreichte, und knüpfte Beziehungen zum belgischen Königshaus.

Nach dem Krieg wurde es still um ihn. Die Besucher erlebten sein Eremitendasein in der Weltstadt. Unvergessen ist die Stimmung jener Gespräche, als die Großstadtkulisse versank und die Zeiten der Vergangenheit auftauchten, in denen er sich beheimatet fühlte.

Er starb am 7. Juli 1957 in London, dreiunddreißig Jahre nach dem seelischen Umschwung, der 1924 im Alter von dreiunddreißig Jahren eingetreten war. Diese umwandelnde Erfahrung bildet den Mittelpunkt seiner Biographie. Sie fällt mit den Ereignissen zusammen, die der Weihnachtstagung gefolgt sind, als Rudolf Steiner an die Einrichtung der Freien Hochschule ging.

Da entwarf Stein folgenden Brief: „Ich empfinde mich stehend an der Pforte des heiligen Ortes, der dazu dienen soll, von jetzt ab in alle Erdenzukunft Menschenseelen zu den Höhen zu leiten, Göttertaten in den Tiefen zu vollführen. — Ich bitte um die Aufnahme in diese Stätte. Ich verspreche, indem ich dies bitte, daß ich, soweit mir bewußt ist, mit reinem Denken und reinem Willen eintrete..." Er hatte mit dem Herzen gehört, was Rudolf Steiner in dem Eröffnungsvortrag zur Weihnachtstagung aussprach: daß ein Michaelruf ergangen sei und die anthroposophische Bewegung die Seele eines jeden einzelnen zu der „vorläufig letzten Offenbarung" hinführen möchte, die sich in die Worte kleiden läßt: „Ja, das bin ich als Mensch, als geistgewollter Mensch auf Erden, als gottgewollter Mensch im Weltall". Er suchte die neue Mysterienstätte, in der Zwiesprache mit dem Michaelischen Zeitgeist gehalten wird, wo die Methoden bewußter Selbstbildung zu üben sind, von der Kräfte sozialer Erneuerung ausgehen. Seine Mitwirkung in der Waldorfschule war ihm eine Zeit der Vorbereitung und wie die Ableistung seines Noviziats.

Walter Johannes Stein gehört zu den Pionieren der Geisteswissenschaft, deren Verdienst Rudolf Steiner in seinem Bericht über den Haager anthroposophisch-wissenschaftlichen Kursus 1922 gewürdigt hat. Der Leser glaubt einen väterlichen Ton aus den Worten herauszuhören, mit denen die Charakteristik Steins abschließt: „Sie sind als junger Mann wie selbstverständlich in die Anthroposophie hineingewachsen. Sie werden in der Zukunft noch gerade deshalb, weil Sie so vieles beherrschen und so denkbeweglich bearbeiten, vor schweren persönlichen Erkenntnisaufgaben stehen. Aber Sie können es dazu bringen, zu Ihrem Vielen dann auch noch das Schönste Ihren Zuhörern zu geben: Ihren ganzen eigenen Menschen." Die schweren Aufgaben blieben Stein nicht erspart. Sie wurden ihm zu den Schicksalsprüfungen, deren Frucht die Erkenntnisreife ist. Wer von ihr berührt wurde, fand sich im Willen gestärkt, im Fühlen erwärmt und im Denken belebt: in seiner ganzen Entwicklung bereichert. Und dafür wird er dem Helfer und Freund lebenslange Dankbarkeit bewahren.

Johannes Tautz

Einer der aktivsten und zugleich der schweigsamsten Teilnehmer des so denkwürdigen pädagogischen Augustkursus von Rudolf Steiner war mein Nachbar zur Rechten — Walter Johannes Stein.

Seine Schweigsamkeit war aber nur erzwungen, und sie war trotz allem merkwürdig aktiv. Sie beruhte nämlich darauf, daß Rudolf Steiner ihn zunächst nicht aus seinen schier unersetzlichen Dreigliederungs-Aktivitäten in Österreich herausreißen wollte. Stein war daher nur als Hospitant, als Hörer zugelassen worden. Und ehrfurchtsvoll, wie er von je alles aufnahm, was von Rudolf Steiner ausging, hielt er sich streng an die eingegangene Bedingung.

Aber *wie* hörte dieser Mann! In der Art, wie sich die Gedankengänge Rudolf Steiners in seinen Gesichtszügen, seinen Augen, ja sogar in seinen Schulterbewegungen spiegelten, lag mehr Beredtheit als in breiten Ausführungen mancher anderer.

Seiner Aufmerksamkeit gab Stein noch einen anderen Nachdruck. Während der ganzen Zeit hielt er in seiner Linken einen kleinen beinernen graugelben Winkel, wie man ihn zu geometrischen Zeichnungen gebraucht. Diesen setzte er alle paar Minuten an, und man hörte richtig, mit wieviel Inbrunst er einzelne Notizen unterstrich.

Es blieb nicht aus, daß bei so viel Feuer die Funken zu mir hinübersprangen. Schon bald entwickelte sich in den Pausen ein lebhaftes Gespräch, in das nach kurzer Zeit auch der Deutschamerikaner Friedrich Oehlschlegel hineinsprang. So entstand schon während der Zeit des Kursus ein kleiner Freundschaftsbund zu dritt, aus dem Oehlschlegel aus Gründen persönlicher Art leider schon nach kurzer Zeit ausschied, als er Deutschland verließ.

Herbert Hahn

Im Jahr 1926 nahm ich zeitweilig an dem Fachunterricht teil, den Walter Johannes Stein an der Stuttgarter Eurythmieschule gab. Seine Darstellung hinterließ bleibende Eindrücke. Wir erlebten die Kämpfe zwischen Wolfram von Eschenbach und dem Zauberer aus dem Ungarland, den der bedrängte Heinrich von Ofterdingen zur Hilfe ruft. Der Sängerkrieg auf der Wartburg wurde lebendig, auch in der Tragik Heinrichs, der durch die Mithilfe Klingsors siegen will.

Dann wurden wir mit dem Naturwissen der Rosenkreuzer und

Alchymisten bekannt. Stein knüpfte an das Werk des Basilius Valentinus an, und wir lernten das Gedicht DE PRIMA MATERIA LAPIDIS PHILOSOPHICI in seinem Traktat „Vom gr. Stein der uralten Weisen" kennen, das durch seine Imaginationskraft erfrischend wirkt. Stein zeigte, wie die Lebensprozesse, welche die Natur im Pflanzenwachstum durch Verwandlung des Kohlenstoffs bewirkt, ein Grundthema der Alchymisten waren. Würde der Mensch, der Sauerstoff verbraucht und Kohlenstoff ausatmet, wie die Pflanze verfahren und Kohlenstoff umwandeln, dann erschlösse sich ihm das Geheimnis vom Stein der Weisen. So wurde uns der Beginn des Gedichtes von Basilius begreiflich:

> Ein Stein wird gefunden, ist nicht teuer,
> Aus dem zeucht man ein flüchtig Feuer,
> Davon der Stein selbst ist gemacht,
> Von Weiß und Rot zusammen bracht.

Wir kamen zu dem Ergebnis, daß die Alchymisten die aristotelische Naturerkenntnis besaßen und sie um die christliche Erfahrung vom Abendmahlsgeschehen bereicherten.

An der Sage von Flore und Blancheflur wurde sichtbar, daß die Läuterung des Menschentums im Bilde der Pflanze erscheint und der Adel reiner Menschlichkeit als Blüte sich darstellt. Das Leitmotiv klang wieder auf, daß der Mensch in Bewußtheit erstreben muß, was die Pflanze in Unbewußtheit zur Anschauung bringt.

Walter Johannes Stein konnte seine Schüler mit solcher Wärme und Hingabe unterrichten, daß sich Kerngedanken bildeten, die dem Leben Richtkraft gaben.

Gerlind Zaiser

An einem drückend heißen Sommernachmittag fuhren Dr. Stein und ich mit der Straßenbahn zur Waldorfschule. Durch den Mittelgang des Anhängers konnte ich Dr. Stein auf der hinteren Plattform des Motorwagens stehen sehen. Auf der Strecke, die steil ansteigt, hielt die Tram unvermittelt. Man hörte Geschrei und Peitschenknallen. Als ich mich aus dem offenen Anhänger beugte, sah ich einen mit Pflastersteinen beladenen Pferdewagen quer auf den Schienen stehen. Um das unruhige Pferd bemühten sich der Fuhrmann und einige an dieser Stelle mit Pflasterarbeiten beschäftigte Handwerker. Aber weder Schläge noch gütliches Zureden brachte das in Schweiß gebadete und schäumende Pferd von der Stelle. Ein Fahrgast nach dem andern verließ die Straßenbahn und vergrößerte den schon dichten Ring der

Zuschauer. Noch stand Dr. Stein scheinbar unberührt von all dem am gleichen Platz. Plötzlich straffte sich seine Gestalt, und er stieg aus. Dies war für mich der Anlaß, auch auszusteigen. Dr. Stein trat zum Pferd, nahm es am Halfter, das ihm bereitwillig vom Fuhrmann überlassen wurde, streichelte es und sprach einige Worte. Sofort beruhigte sich das zitternde Tier, und Dr. Stein führte es mit dem beladenen Wagen so weit zur Seite, daß die Straßenbahn weiterfahren konnte. Alles das spielte sich schnell und mit großer Selbstverständlichkeit ab. Ohne sich umzublicken oder ein Wort mit den noch staunenden Zuschauern zu wechseln, setzte Dr. Stein seinen Weg zu Fuß zur Waldorfschule fort.

Heinz-Dietrich Rudolph

HERBERT HAHN

Als Herbert Hahn im hohen Norden der Mitternachtssonne ansichtig wurde, tauchten in seiner Erinnerung wie traumhaft die drei Worte auf „Erfüllungspforten findet flügeloffen ..." Das Licht- und Farbenspiel der Sonne um Mitternacht erweckte den Eindruck einer offenen Pforte, eines goldenen Tores, und dem Betrachter wurde die Nähe der im Geist vorangegangenen Freunde fühlbar. Ihm war, als stünden die „unsichtbar Gewordenen ... dort an der Schwelle", die Freunde Walter Johannes Stein, Karl Schubert, Caroline von Heydebrand, Christoph Boy und die anderen, die dem sich vergrößernden Kollegium angehören. Das Zusammenleben mit ihnen und mit Rudolf Steiner, dem Lehrer und Leiter des Kollegiums, war ihm zu einer Seelenübung des Willens geworden.

1946 kehrte Hahn an die Stuttgarter Schule zurück, die er 1919 mitbegründet hatte, und wirkte dort bis zu seinem Lebensende an der Sommersonnenwende 1970. Im Rückblick auf die gemeinsame Wegstrecke während der zweiten Schulphase tritt immer deutlicher hervor, daß Hahn die Rolle eines Boten für die Nachgeborenen übernommen hat. Boten — so hat er es in seiner Biographie geschildert — sind die Lebensweisen, die Antwort geben, wo Fragen „richtig brennen und darum leuchten wie ein Licht." Er war ein Bote dessen, was er von Rudolf Steiner empfangen hatte, und erfüllte die selbstgewählte Aufgabe: mitzuhelfen, daß die ursprünglich stets klaren Ausgangspunkte in der Klarheit erhalten blieben oder, wenn nötig, in die Klarheit zurückgeführt wurden.

Herbert Hahn stammte aus dem baltischen Pernau, wo er als fünftes Kind des Stadtgärtners am 5. Mai 1890 zur Welt kam. Die von Esten, Deutschen und einer dünnen russischen Oberschicht bewohnte Stadt erzog zur Vielsprachigkeit. So beschloß der sprachbegabte Maturant, seine Lebensfragen durch ein Studium der Sprachen und der Philosophie zu klären. Von der Landesuniversität Dorpat gelangte er nach Heidelberg, wo er zum erstenmal Rudolf Steiner vortragen hörte.

Latente Unzufriedenheit mit dem Bestehenden und eine halb bewußte Opposition trieben Hahn in die Kreise der Lebensreformer. Dort erfuhr er von Rudolf Steiner als einem Zeitgenossen, der über den Kern einer auf das Äußere sich beschränkenden Lebensreform Entscheidendes zu sagen habe. Deshalb wollte er an dem angekündigten Vortrag teilnehmen. Nun reichte der gemietete Saal für die zahlreichen Besucher nicht aus, so daß sie mit ihren Stühlen in die Vorhalle umziehen mußten. Diesen Zug beobachtete mit gütigem Lächeln in den tiefernsten Augen ein abseits stehender Mann. Als Hahn seiner ansichtig wurde, hörte er eine innere Stimme sagen, daß es hier und an diesem Abend nicht zwei Menschen von so ungewöhnlicher Art und — was sich blitzartig mitteilte — von so menschlicher Art geben könne. Beim ersten Anblick erschien ihm Rudolf Steiner als der menschlichste Mensch.

Der Vortrag am 21. Januar 1909 handelte von „Goethes geheimer Offenbarung." Es war das Thema, mit dem Rudolf Steiner seine anthroposophische Wirksamkeit in Berlin eingeleitet hatte. An Goethes Mysterienmärchen von der grünen Schlange und der schönen Lilie anknüpfend, sprach er über die moderne Erkenntnisforderung, eine Brücke zwischen der Welt der Sinne und der Welt des Geistes zu bauen. Das traf auf die innersten Lebensmotive des neunzehnjährigen Zuhörers auf, der in dem Zeitpunkt seiner Biographie stand, wo sich ein Fenster in die Welt des Geistes auftut. Aus dieser Welt erreichte ihn der Ruf: „Es ist an der Zeit!" Ehe Hahn den Vortragsraum verließ, kaufte er am Büchertisch Rudolf Steiners esoterische Betrachtung über das Vaterunser.

Der Auftakt seiner Lebensbegegnung mit Rudolf Steiner war ein Weckruf. Aber das Aufwachen brauchte Zeit, östliche Menschen gehen langsam in den Tag. Auf Heidelberg folgte das Pariser Semester, auf Paris die dramatische Italienfahrt, die Hahn die Bekanntschaft mit Maxim Gorki brachte. Von ihm hörte er — als Gruß für die russischen Studenten — das Wort „Lernet zu lernen", das Rudolf Steiner später wörtlich wiederholte und das er selbst an seinem 80. Geburtstag den Lehrern und Schülern zugerufen hat.

1911 setzte Hahn in Berlin seine Studien fort. Er mietete sich in einem Hause ein, dessen Bewohner seit Jahren mit der Geisteswissenschaft vertraut waren. In diesem Lebensaugenblick griff er zu Rudolf Steiners Betrachtung über das Vaterunser, die er zwar immer im Reisegepäck mitgeführt, aber nicht gelesen hatte. Während er nun Satz für Satz aufnahm, wurde ihm in einer „Art tieferen Erkennens, das über das logische Begreifen hinausging", zur unmittelbaren Gewißheit: das ist wahr.

Hahn war 21 Jahre alt, als er mit dem Studium der anthroposophischen Grundschriften begann. Hinzu kam, was er durch die Teilnahme an Rudolf Steiners Vorträgen und in persönlichen Gesprächen empfangen konnte. Drei Gespräche vom Anfang des Jahres 1912 hatten schicksalhafte Bedeutung. Sie lenkten — nach Hahns Bekenntnis — „in ein zunächst noch sehr chaotisches Wollen die Richtkräfte, die von einem bisher nicht gekannten inneren Kompaß ausgingen." Vom zweiten Gespräch an und später in jeder Unterredung erhielt er Aufschlüsse über das Wesen des Wortes und das Wesen der Sprache im allgemeinen wie auch der lebenden Sprachen als Spiegel der Volksseelen. In dem Gespräch, das sich an den damals erstmalig erschienenen „Seelenkalender" anschloß, gab Rudolf Steiner den für Hahns „inneren und äußeren Lebensweg entscheidenden Hinweis". Die Orientierung betraf das Geheimnis des Ich und die geistigen Schöpferkräfte, die es auskristallisiert haben und die auch in der deutschen Sprachenentwicklung als Formkräfte wirksam sind. Jetzt war der Punkt gefunden, von dem aus sich viel gewinnen läßt; „denn es ging ja um nicht mehr und nicht weniger — als um den lebendigen Ich-Punkt."

Die nächste Stufe in der Lebensbegegnung mit Rudolf Steiner wurde im Jahre 1916 erreicht. In der Zwischenzeit hatte er, um seinen Studienabschluß zu finanzieren, einen Lehrauftrag für Französisch an einer Privatschule in Mariupol am Asowschen Meer übernommen. In diesem „arm gewordenen Hintergemach des Griechentums" überkam ihn die Sehnsucht nach der deutschen Sprache. Er wollte deutschen Sprachunterricht geben, mußte sich aber für die neue Aufgabe erst durch Ablegung einer Prüfung in Moskau qualifizieren. Nachdem er sie bestanden hatte, fuhr er nach Deutschland, um seine Promotion zu betreiben. Noch vor dem Grenzübertritt hörte er im Zug die Nachricht von der Ermordung des Thronfolgerpaares in Sarajevo. Im zweiten Kriegsjahr wurde er als Sanitätssoldat und Militär-Dolmetscher eingezogen. Da erfuhr er, daß Rudolf Steiner im Februar 1916 Vorträge in Kassel halten würde. Weil er in der Nähe stationiert war, konnte er Urlaub nehmen, den Mitglieder- und den öffentlichen Vortrag besuchen und im persönlichen Gespräch Rudolf Steiners Rat für seine Berufspläne erbitten. Das Lehrertum, aus dem Blickwinkel seiner Jugenderfahrung und einer kurzen Unterrichtspraxis gesehen, zog ihn wenig an; deshalb wollte er seine Sprachkenntnisse als Dolmetscher verwerten und die freie Zeit für wissenschaftliche und literarische Arbeiten nutzen. Aber Rudolf Steiner wies in eine andere Richtung und erklärte, daß nach dem Kriege eine wechselseitige Wertschätzung der Völker und ihrer Eigenarten durch einen neuartigen Sprachunterricht zu begründen sei, der den jungen Menschen mit „sprachlichen Valeurs" bekannt mache. Dadurch eröffne sich ein Zugang zu jener „intimen, von Sprache zu Sprache sich abwandelnden Bilderwelt im Wort oder hinter dem Wort, die über das bloß Begreifliche hinausgeht." In diesem Sinne zu wirken, könne einmal Hahns Aufgabe werden. Zunächst enttäuscht, weil er seinen Lebenstraum zerrinnen sah, erkannte Hahn in einem plötzlichen Aufwachen sein neues Ziel und ging, sobald es die Verhältnisse erlaubten, energisch darauf zu.

Das Jahr 1919 führte Hahn auf den Gipfel seiner Biographie. Er bewarb sich nach Kriegsende um eine Anstellung als Lehrer, erhielt eine Zusage von Stuttgart, scheiterte aber am Formalismus der Schulbehörde. In diesem Augenblick forderte ihn Emil Molt auf, in der Waldorf Astoria-Zigarettenfabrik eine Arbeiterbildungsschule aufzubauen. Auf dem Gelände der Fabrik traf Hahn — das erstemal wieder seit Kassel — mit Rudolf Steiner zusammen, der gar nicht überrascht schien und ihn mit den Worten begrüßte: „Nun, da sind Sie ja!"

Dann wurde er Zeuge des ersten Arbeitervortrages, den Rudolf Steiner in der Werkhalle der Waldorf-Astoria hielt. Die 800 Zuhörer, in der Mehrzahl Frauen und Mädchen, folgten mit steigender Bewegung der Rede, die eindringlich die „proletarischen Forderungen und deren künftige praktische Verwirklichung" auseinandersetzte. Die Szene war malerisch, denn durch die zwanglose Sitzordnung, bei der die jüngsten Teilnehmer auf den an der hinteren Wand hoch aufgestapelten Tabakballen Platz genommen hatten, erschien das Ganze „wie eine Lagerburg aus älteren Zeiten". Von nun an stand der 29jährige Hahn im Brennpunkt jener geschichtlich bedeutsamen Unternehmungen, die eine Veränderung der Gesellschaft durch die Dreigliederung ihrer Bereiche herbeiführen sollten. Damals keimten die Einsichten, die er in seiner Ansprache zur 50-Jahr-Feier der Stuttgarter Schule wie ein Vermächtnis vorgetragen hat: „Die Freiheit haben wir im sozialen Sinne auszubauen. Die Freiheit ist unser Erstgeburtsrecht, das wir nicht um ein Linsengericht verkaufen dürfen: um Erleichterungen, die angeboten werden, wenn wir in Kompromisse und Anpassungen willigen, in denen unser Wesen verleugnet und verraten wird."

Zwei Tage nach dem Vortrag vor den Arbeitern der Waldorf-Astoria fand das Gründungsgespräch statt, an dem Rudolf Steiner, Molt, Hahn und Stockmeyer teilgenommen haben. In dieser ersten „Lehrerkonferenz", die Hahn das Quellengespräch nannte, entwarf Rudolf Steiner ein Bild der neuen Schule. Dann trat das Unwahrscheinliche ein, daß durch eine außergewöhnliche Willensanstrengung im Zusammenklang vieler Kräfte nach einer Vorbereitungszeit von viereinhalb Monaten die Waldorfschule mit acht Klassen ihre Arbeit beginnen konnte. Hahn wurde Lehrer für Französisch in der ersten Klasse und für den Freien Religionsunterricht.

74

Wenn Emil Molt den Tag der festlichen Schuleröffnung, den 7. September 1919, als Höhepunkt seines Lebens ansah, so erscheint der 21. August 1919, der Tag, an dem Rudolf Steiner am Anfang des Vorbereitungskurses für die künftigen Waldorflehrer die Schulgründung als einen „Festes-Akt der Weltenordnung" vollzog, wie der Gipfel im Leben Hahns. Über dieses Ereignis hat er im Schlußkapitel seiner Autobiographie „Das Fundament der Waldorfpädagogik" berichtet.

In der Weihnachtszeit desselben Jahres kam es zu jenem folgenreichen Gespräch, von dem Hahn immer wieder erzählt hat. Bei einem Elternabend am 3. November war die Frage aufgetaucht, ob für die Schüler des Freien Religionsunterrichtes eine Sonntagmorgen-Andacht eingerichtet werden könne, um „aus einer bloßen Unterweisung zu einer religiösen Konzentration, einer religiösen Übung zu führen". Dieses Anliegen trugen Hahn und Oehlschlegel, die Lehrer des Freien Religionsunterrichtes, Rudolf Steiner am 21. Dezember vor und baten um seinen Rat. Daraufhin übergab er ihnen noch vor Neujahr das Ritual der Sonntagshandlung. Am 1. Februar 1920 begann das neue kultische Handeln. Da Oehlschlegel nach Amerika abgereist war, fiel Hahn — wie es Rudolf Frieling ausgedrückt hat — das welthistorische Privileg zu, „als erster diesen heiligen Bereich betreten zu dürfen".

Einen dramatischen Verlauf nahm das Jahr 1922. Auf dem Haager wissenschaftlichen Kursus und dem Wiener West-Ost-Kongreß, glanzvollen Darstellungen der Anthroposophie in der Öffentlichkeit, konnte Hahn seine ersten Forschungsergebnisse als Sprachwissenschaftler vortragen. Damals hatte der 32jährige Waldorflehrer Gelegenheit, die Charakteristik seines „Lebensprogramms" durch Rudolf Steiner in der Wochenschrift „Das Goetheanum" zu lesen. Als im Mai der Anschlag auf Rudolf Steiner nach einem Vortrag in München erfolgte, gehörte Hahn zu denen, die mit ihrem Leibe den Redner schützten und die Angreifer hinderten, die Tür zum Künstlerzimmer aufzusprengen. In der Silvesternacht brannte das Goetheanum ab. Hahn, soeben aus Stuttgart eingetroffen und von der Unglücksnachricht überrascht, begegnete im Morgengrauen des 1. Januar 1923 Rudolf Steiner an der Ruine des Baues und hörte, wie dieser nach dem unersetzlichen Verlust nur die Worte hervorbrachte: „Zehn Jahre Arbeit . . ."

Aus der Biographie Hahns hebt sich das fünfte Jahrsiebt heraus. Zwischen dem 28. und 35. Lebensjahr kulminierte seine Zusammenarbeit mit Rudolf Steiner, als die Dreigliederungsbewegung entstand und die erste Waldorfschule gegründet wurde. Mit dem Tod Rudolf Steiners trat die Zäsur ein. Der „Eigenrat" der Lehrer mußte wirksam werden. Doch erlebten die Besucher der Stuttgarter Schule noch Jahre später einen Abglanz der Zeit, in der Rudolf Steiner die Schule geleitet hatte. Impulsiert von den Geistgeschenken der Anthroposophie, gab Hahn von 1926 bis 1931 zwei verschiedene, doch miteinander verbundene Kurse: „Der eine bezog sich auf die Psychologie der europäischen Völker. Der andere hatte die Vorbereitung einer ‚Biographik‘ zum Gegenstand." Damals wurde angelegt, was im Alterswerk der letzten Jahrzehnte ausreifte.

Von 1931 bis 1939 war Hahn Lehrer an der Freien Schule in Den Haag. In die krisenreiche Lebenszeit seiner vierziger Jahre fiel eine Reise ins Heilige Land, die auf sein und anderer Teilnehmer Drängen hin — entgegen der ursprünglichen Absicht des Reiseleiters Emil Bock — auch Damaskus mit einbezog. Noch im letzten holländischen Jahr kamen die Schiller-Studien zu einem vorläufigen Abschluß. Der Wirbel des zweiten Weltkrieges erfaßte Hahn von 1943 bis 1945 und verschlug ihn nach Holland, Frankreich, Rußland und Italien. Dann endete die Odyssee in amerikanischer Gefangenschaft.

Nun begann, was in diesem Lebenslauf wie ein Wunder erscheint: Eine neue, zweite Lebenswoge setzte an, die in spiegelbildlicher Entsprechung zur ersten verläuft. Die Figur der Biographie wird sichtbar. Nach einer Zeit der Vorbereitung, einem Lebensauftakt von 29 Jahren, schäumt die Lebenswoge steil empor in den Jahren mit Rudolf Steiner, die als Jahrzehnte gerechnet werden könnten. Dann verebbt die Woge in den Wirren der Kriegskatastrophe. Was danach eintritt, ist die Gnade eines zweiten Anfangs seit der Wiedereröffnung der ersten Waldorfschule. Während der Aufbauphase, die bis zum Tode von Erich Schwebsch im Jahre 1953 reicht, blieb Hahn (nachdem er zuerst einige Monate an der neugegründeten Waldorfschule in Tübingen unterrichtet hatte) in der Haltung eines Wartenden, auf den seine Aufgabe zukommt. Immer weiter spannte sich der Bogen seiner Tätigkeit und seiner Studien, bis er ganz Europa umfaßte und die Grundlagen seines Monumentalwerkes „Vom Genius Europas" erarbeitet waren, das den „Förderern eines schöpferischen Friedens" gewidmet ist. Im hohen Alter erreichte Hahn den zweiten Gipfel seiner Biographie. Damals begann er so eindringlich auf das Fundament der Waldorfpädagogik hinzuweisen, daß die Weggenossen seiner zweiten Lebensspanne gleichsam zu Augenzeugen von Rudolf Steiners baumeisterlichem Wirken im Beginn der Waldorfschule werden konnten. Hahn erschien als der Bote des Meisters, der zu überbringen hat, was sich auf den Freien Religionsunterricht und seine kultischen Handlungen bezieht, und was die Grundsteinlegung der Waldorfschule betrifft, die sich am 21. August 1919 im blauen Zimmer des Stuttgarter Zweighauses ereignet hat. An diesem Donnerstagvormittag hat Rudolf Steiner kraft seiner Vollmacht den Anschluß des jungen pädagogischen Werkes und seiner durch das Schicksal zusammengeführten Träger an die Geistwelt vollzogen, aus der Erkenntnis handelnd, daß ein fruchtbares Wirken für die Zukunft nur aus dem Zusammenhang mit den Geistmächten entstehen kann. Auf den Weg zum Ursprung wollte Hahn hinweisen, damit die Zielrichtung nicht verfehlt wird.

Es klingt wie ein Versprechen, womit er seine Autobiographie abschließt: „Der Tod schafft uns in den Freunden, die er unseren Leibesaugen entzieht, lauter unsichtbare Reisekameraden. Es sind Kameraden, die helfen wollen und unerwartet helfen können, wenn wir nur ihnen unsere Hand nicht entziehen."

Johannes Tautz

Herbert Hahn kam 1931 als Lehrer an die Freie Schule in Den Haag. Als erstes erlebten wir staunend die Tatsache, daß er bald nach seiner Ankunft einen öffentlichen Vortrag auf Holländisch hielt, ohne Fehler und ohne fremden Akzent. Die Jahre von 1933 bis 1939 sind für mich und viele junge Freunde in Zeist unvergeßlich, besonders die Sonntagmorgenstunden, wenn nach der kultischen Handlung im Institut „oben auf der Uhlandshöhe" (im Zimmer von Maria Uhland auf der oberen Etage) sich eine kleine Gruppe bei einem sorgfältig gekochten Kaffee zum Gespräch zusammensetzte. Hahn hatte die Gabe, Menschen, die er gekannt, vor Augen zu zaubern, als ob sie im Kreise anwesend wären.

Er schilderte uns Rudolf Steiner so plastisch, daß mancher von uns sich sagen mußte: Ich bin Rudolf Steiner im Leibe nicht begegnet, aber jetzt kann ich behaupten: Ich war dabei, als er die Waldorfschule gründete und seine Gespräche im Lehrerkollegium und im Dreißigerkreis der Dreigliederungsjahre führte.

Wenn Hahn über Rudolf Steiner sprach, dann veränderten sich Stimme und Gesicht, und Rudolf Steiner war unter uns. Daher muß ich, wenn ich Hahns gedenke, von seinen Begegnungen mit Rudolf Steiner berichten, die sich mir wie eigene Erinnerungen eingeprägt haben.

Als Rudolf Steiner im Frühjahr 1919 Hahn als ersten „Sozialfürsorgearbeiter" in der Waldorf-Astoria-Fabrik empfohlen hatte, bereitete er den jungen Mann auf seine zu übernehmende Arbeit vor. Dabei fand folgende Szene statt:

Rudolf Steiner zu Hahn: Sie werden im Kreise der Arbeiter gewisse Erfahrungen machen, worauf ich Sie vorbereiten möchte. Wenn Sie in

den Betrieb hineingehen und menschlich-soziale Beziehungen anknüp-
fen wollen, dann kann etwa das Folgende passieren: Ein tüchtiger und
gewissenhafter Abteilungsleiter überdenkt abends seine Pflichten für
den folgenden Tag. Er notiert sich alles, was erledigt werden muß, und
kommt am Schluß zu dem Arbeiter Müller. Dessen Frau liegt im Krankenhaus. Er vermerkt: bei Müller fragen, wie es seiner Frau geht.

Am nächsten Tag liest er seine Liste durch und bei der Notiz: Müller
nach Frau fragen, geht er in die Werkstatt zu Müller. Der arbeitet an
seiner Drehbank, und in dem Moment, als der Chef neben ihm steht
und nach der Frau fragt, fällt eine Schraube herunter, Müller bückt
sich, sucht die Schraube und läßt den Chef stehen. Dieser zuckt die
Achseln, geht weiter und denkt: Nun verhalte ich mich sozial, aber
der andere beachtet meine Anteilnahme überhaupt nicht; Arbeiter
kann man nicht verstehen, soziale Verhältnisse werden von ihnen nicht
gesucht. —

Stellen Sie sich nun einen anderen Chef vor: er überdenkt die
Pflichten des nächsten Tages. Da taucht plötzlich das Gesicht Müllers
vor ihm auf, bleich, sorgenvoll. Er denkt: dessen Frau liegt schon lange
im Krankenhaus, jeder weiß, daß es hoffnungslos ist, was könnte man
dem Manne überhaupt sagen, das keine Phrase ist? — Mit dieser Frage
schläft er ein.

Am nächsten Tag geht er durch die Werkstatt. Er sieht Müller, und
dieser sieht ihn; scheu wendet der Chef sich ab und macht einen Bogen
um ihn. Dem Mann aber wird's warm ums Herz, und er ist dankbar,
daß kein Wort gesprochen wurde.

Was ist hier geschehen? Sehen Sie, Sie werden das Leben nicht verstehen, wenn Sie nicht damit rechnen, daß die Beziehungen zwischen
Menschen nicht aus dem „Tagbewußtsein", sondern aus dem „Nachtbewußtsein" entstehen. In der Nacht sind wir alle ein offenes Buch
füreinander, wir wissen, was wirklich in dem anderen Menschen vorgeht. Beim Aufwachen vergessen wir das im Wachbewußtsein. Im
schlafenden Willensleben aber bleibt das Wissen von den wahren Intentionen des anderen.

Als der erste Chef sein pflichtgemäßes Beileid aussprach, kam es aus
dem Unterbewußten des Arbeiters herauf: Lügner, Lügner!, was sich
bei ihm als Abwehr äußerte. — Bei diesem ‚Lügner, Lügner!' machte
Rudolf Steiner, wie Hahn zeigte, jedesmal mit beiden Händen eine
Bewegung vom Zwerchfell aufwärts.

Solche Bilder prägen sich ein und können für das weitere Leben eine
Grundlage für das soziale Handeln bilden. Dann wird auch verständlich, warum der Lehrer vor dem Einschlafen die Bilder seiner Kinder —

anschauend, fragend — mit in den Schlaf hineinnehmen soll. Die wahre Antwort steigt dann im Tagesverlauf als Abwehr oder Herzenswärme in den Kindern auf.

Noch zwei Bilder aus der Dreigliederungsarbeit: Eine lange Sitzung, worin viele Tätige sich über die Weiterführung der Arbeit beraten. Es war drei Uhr nachts geworden. Rudolf Steiner hatte lange schweigend und sorgenvoll die Besprechungen mitangehört. Plötzlich sagte er: „Ja, meine Herren, Sie *wollen* ja gar nicht!" Allgemeine Proteste: „Was haben wir nicht alles getan, was wird noch alles geschehen!" Rudolf Steiner: „Ja, Sie haben viel getan, aber Sie *wollen* nicht!"

Ein anderes Mal sagte Rudolf Steiner wieder nach langen Besprechungen: „Ja, meine Herren, Sie glauben doch nicht, wenn die Dreigliederung in Württemberg eingeführt würde, daß dann jeder Minister und jeder Bürgermeister ein Anthroposoph sein muß? Das glauben Sie doch nicht, meine Herren!" Und als ein betretenes Schweigen auftrat, fügte er hinzu: „Es geht darum, daß wir vernünftige soziale Ideen in die Welt hineinsetzen, und diese werden dann ihre eigenen Schicksalswege finden." Lange besprachen wir mit Hahn den Sinn dieser Bemerkung; er wies darauf hin, daß soziale Taten nur dann in die Zukunft wirken, wenn sie selbstlos in die Welt hineingeopfert würden. In uns soll das Vertrauen leben, daß jedes Opfer, jeder Gedanke, den wir in die Welt hineinschenken, ohne selber dafür nach Erfolg zu fragen, freie Schicksalswege öffnen können und ihre Wirkungen in Zusammenhängen haben werden, die für uns undurchschaubar sind.

Hahn war selbstlos genug, seine großen Gaben gerecht zu gebrauchen, und einer jüngeren Generation den Menschen Rudolf Steiner darzustellen, den er im Herzen trug. In den späteren Jahren sagte er mir einmal: Als Rudolf Steiner noch unter uns war, da war jeder von uns über sein eigenes Wesen erhoben und konnte Dinge tun, die aus höheren Kräften als dem gegenwärtigen Ich stammen.

Der Glanz des überpersönlichen Arbeitens war etwas, das Herbert Hahn nie ganz verloren hat und das er in den dreißiger Jahren der nachfolgenden Generation übergab. Die Jüngeren haben dieses Geschenk erhalten als das Kostbarste, das man von einem Mitmenschen als Wegzehrung empfangen kann.

Bernard C. J. Lievegoed

Herbert Hahn brachte einen Kulturimpuls nach Holland. Zusammen mit Zeylmans van Emmichoven, mit Pieter de Haan und anderen Freunden hielt er regelmäßig Kurse über Völkerkunde. Ein internationaler Kongreß über diese Thematik fand starke Beachtung. Schillers „Ästhetische Briefe" wurden damals übersetzt und kommentiert. Eine neue Zeitschrift (Vrije opvoedkunst) konnte entstehen. Herbert Hahn gehörte zu den ersten Mitarbeitern. Die deutschen Klassiker wurden wieder lebendig. Man kann sagen, daß in diesen Jahren Herbert Hahn im holländischen Sprachgebiet inspirierend gewirkt hat.

Als Kollege in der Schule war er zurückhaltend, humorvoll, immer bereit, auf das einzugehen, was die anderen vorbrachten. Er hatte ein Gedächtnis, das nicht nur die Äußerungen, sondern auch die Mimik und Gebärden Rudolf Steiners bewahrte. In schwierigen oder heiteren Situationen konnte er Aussagen Rudolf Steiners anführen. Wenn wir auf diese Jahre zurückblicken, ist es, als ob Rudolf Steiner selber durch ihn zu uns gesprochen hätte.

Einmal geschah es, daß einer der Lehrer mit cholerischem Temperament eine Donnerrede hielt. Mit einer Häufung von Superlativen wurde herausgeschmettert, wie man es hätte einrichten sollen. Als der Betreffende ausgedonnert hatte, sagte Hahn, der damals Leiter der Konferenz war, mit Seelenruhe: „Das war wohl sehr wichtig, was Sie bemerkt haben. Aber ich habe doch nicht alles verstanden. Bitte, sagen Sie es noch einmal." Damit waren Schärfe und Aggression weggenommen, und das Wesentliche konnte besprochen werden.

Entscheidend waren seine Hilfe und Mitarbeit im Religionsunterricht. Den Schülern ist unvergeßlich, wie die große Gestalt Hahns mit der segnenden Gebärde vor dem Altare stand.

Hahn hatte eine weite Seele. Seine geographischen Erfahrungen reichten vom Nordkap bis Sizilien, von England bis ins Innere Rußlands. Die nüchternen Holländer sagten scherzhaft: Dr. Hahn hat nicht nur eine weite, er hat auch eine „russische" Seele. Er besaß ein russisches Raum- und Zeitbewußtsein. Entfernungen spielten keine Rolle. Er konnte in Zeist wohnen, im Haag Unterricht erteilen und in Amsterdam Vorträge halten. Auch sein Zeitgefühl war anders. Verabredete man sich um halb vier zum „Holländischen Tee", dann telefonierte er gegen halb fünf: leider sei etwas dazwischen gekommen, aber er sei unterwegs und werde mit Sicherheit kommen. Und er kam auch, nur zu einer anderen Zeit als geplant.

Er hatte im guten Sinne die Fähigkeit, das Leben zu „genießen". Wäre es denkbar, daß jemand das „Aroma" einer italienischen Landschaft, der englischen Bäume, der holländischen Polders so lebendig hätte schildern können, wenn er nicht alles in intensiver Weise „genossen" hätte? Wenn man um eine Unterredung bat, sagte er: „Gerne, treffen wir uns im Café." Er kannte die Kaffeehäuser und Gaststätten und wußte, welche Gerichte es dort gab. Er war auch mit dem Per-

sonal bekannt. Es schien, als hätten die Kellner ein persönliches Verhältnis zu ihm. Er „genoß" nicht nur die Mahlzeiten, sondern auch
die Menschen und ihr Verhalten, die ganze Atmosphäre.

In seinen letzten Lebensjahren hatten wir regelmäßig Gelegenheit,
während der pädagogischen Sommertagung Herbert Hahn zu besuchen und ein holländisches „kopje koffie" zu trinken. Die Gespräche
waren lebhaft, voller Humor, und führten in spirituelle Tiefen. Dann
leuchteten seine Augen auf. Wenn man etwas ausgesprochen hatte,
konnte es geschehen, daß er einem beide Hände entgegenstreckte und
sagte: „Ich danke Dir, daß Du das gesagt hast, das ist mir sehr wichtig,
ich danke Dir." Und jedes Mal, wenn er uns zur Tür begleitete und
mit beiden Händen nachwinkte, sagte er: „Danke, daß Ihr gekommen
seid."

Immer deutlicher lernte man diesen Wesenszug von Herbert Hahn
kennen: die Dankbarkeit für alles, was auf ihn zukam. Er war dankbar für die Sinneseindrücke, für die Gespräche, für die kleinen und
großen Geschenke, ja, es war wohl so, daß er das ganze Leben als das
Geschenk eines göttlichen Vaters empfand. Ehrfurcht und Dankbarkeit
sprachen aus seiner Haltung. Es hat uns tief berührt, als Hahn einmal
sagte: „Das ist nicht die wahre Dankbarkeit, wenn man — nach Empfang eines Geschenkes oder einer Guttat — das Bedürfnis hat, dem
Geber ein vielleicht gleichwertiges Geschenk zurückzugeben. Wahre
Dankbarkeit ist, die Seele durch das Geschenk zu erweitern und aus
dieser reicheren Seele für andere Menschen und für die Welt mehr zu
leisten." — In diesem Sinne hat er selbst die Dankbarkeit „gelebt".
In seinen Büchern, in den Vorträgen, in Gesprächen und Gedanken
hat er weitergeschenkt, was er in Dankbarkeit erhalten hat.

Nicht nur Ehrfurcht und Dankbarkeit waren Grundzüge seines
Wesens. Von Rudolf Steiner zum Religionslehrer berufen, erwachte
in ihm immer stärker die Liebe zum „Sohne". Daher konnte er bis in
die letzten Tage seines Lebens der Berater der Religionslehrer und
vieler Besucher aus der Schulbewegung sein.

Den dritten Grundzug seiner Seele empfand man, wenn er über
den Willen sprach. „Wollen: das ist der Entschluß, den Schulungsweg
zu gehen." Man hatte die Gewißheit: da lebt ein Mensch, der als Le-
benspflicht auf sich genommen hat, den Weg zu suchen, um sich mit
dem Geiste zu verbinden.

War es ein Zufall, wie bei der Kremationsfeier die Bahre aufgestellt
war? Hinter der mit Rosen bedeckten Bahre ein lebensgroßes Mosaik
des auferstandenen Christus, die Arme ausbreitend mit segnender
Gebärde! Da sah ich die Gebärde, die Herbert Hahn selbst in Demut

ausführte, wenn er während der Sonntagshandlung am Altar stand und den Segen des Gottes-Geistes für die Kinder erflehte. So folgte ihm unter diesem Bilde das Auge in seine geistige Heimat.

Jan van Wettum

Herbert Hahn ist in einer schicksalhaften Weise mit der Eingliederung des Religionsunterrichtes und der Kultushandlungen in das Leben der Waldorfschule durch Rudolf Steiner verbunden. Er wurde so zum Zeugen eines bedeutsamen religionsgeschichtlichen Vorganges. Es will uns scheinen, als habe sich diese ihm zugefallene Aufgabe schon in seiner Kindheit und Jugendzeit vorbereitet. Bereits in frühen Lebensjahren sind zwei dafür wichtige Grundmotive erkennbar: seine Urbeziehung zum Wort und zur Sprache sowie sein Urverhältnis zur Religion. Diese beiden Motive haben sich bei ihm von Anfang an in bedeutsamer Weise verwoben.

Herbert Hahn ist im Baltikum geboren, in Estland, wo damals in russischer Sprache unterrichtet wurde. Lediglich der Religionsunterricht konnte in der deutschen Sprache gehalten werden. Schon durch das Sprachelement waren die religiösen Unterweisungen für ihn vertraut und heimatlich.

Das Jugendleben von Hahn war in vielfältige religiöse Sitten und Gebräuche eingebettet. Tief beeindruckte den Knaben der Gang durch die verschneite Stadt zum Mitternachtsgottesdienst am Heiligen Abend. Im Gottesdienst war es nicht so sehr der Inhalt der Weihnachtsverkündigung, der ihn bewegte. Vielmehr berührte ihn der metallische Klang in der Stimme des Geistlichen, die ihn wie Glockenton anmutete. Schon in seiner Kindheit erwachte der Sinn für das Wesenhafte des Wortes, das im Lautklang lebt. Es ist, als habe sich schon damals ein Organ für das Erfassen des Logos gebildet und ihn für seine spätere Aufgabe vorbereitet. Aus dem Geist des Goethe-Wortes, die Hausfrömmigkeit zur Weltfrömmigkeit zu erweitern, plante Hahn seine Zukunftswege. Es schwebte ihm ein Studium vor, das seinen Mitabiturienten als phantastisch erschien. Er wollte „Chemie des Kosmos" studieren. Ferne Ahnungen müssen damals in sein Gemüt hineingeleuchtet haben, die er mit nüchternen Worten nicht zu beschreiben vermochte.

Bewegend ist ein Gespräch, das er als Student mit seiner Mutter über die Religion führte. Als er ihr seine Weltanschauung entwickelte, erwiderte sie, das sei Philosophie und nicht Religion. Nachdem er ihr von einem inneren Erlebnis sprach, durch das er die Gewißheit von der Gegenwärtigkeit einer göttlichen Macht, die im Schicksal waltet, erfahren habe, frug ihn die Mutter, ob er auch Christus als den Herrn des Schicksals erkenne. Im Innersten war er von dem Ernst dieser Frage, die er verneinen mußte, berührt. Er gab der Mutter die Hand und versprach, sich zu äußern, sobald er Gewißheit habe. Wir wissen nicht, ob er dieses Versprechen einlösen konnte. Doch war diese Frage in den geistigen Raum seines Lebens hineingestellt. In unbeirrbarer Sicherheit ging der Gefragte seinen Weg. Im Studium der Sprachen suchte er nicht nur den Schatz seines äußeren Wissens zu vergrößern; er fühlte sich vielmehr gedrängt, die Spuren des Logos zu finden. Die Begegnung des Studenten mit Rudolf Steiner und der Anthroposophie ließ ihn die sein späteres Leben beherrschende Antwort erringen.

Herbert Hahn war ein Riese an Erinnerungskraft. Ohne die Mächtigkeit seines Erinnerungsvermögens hätte er sein geschichtliches und sprachkundliches Werk über den „Genius Europas" und sein letztes autobiographisches Buch „Der Weg, der mich führte" nicht schreiben können. Diese ausgeprägte Erinnerungsfähigkeit stellte er nicht nur in den Dienst seines produktiven Schaffens. Er vermochte sie auch zu einem Geistorgan zu bilden. Erinnern konnte in seinen Seelentiefen zum Geist-Erinnern werden und dann jene Transparenz für das Erfahren einer höheren Wirklichkeit und für das Hereinwirken der Ursprungswelt erhalten, in welcher die Kultushandlungen ihren Quellort haben.

Durch die elementare Kraft seiner Erinnerungsgabe, durch die Urbeziehung zum Wort und durch die Verbindung mit der gegenwärtig wirkenden Christuskraft war Herbert Hahn für die religionsgeschichtliche Aufgabe prädestiniert, die er schicksalhaft zu erfüllen hatte. In vielen Konferenzen und Besprechungen, die er auch mit den Religionslehrern und Pfarrern der Christengemeinschaft hatte, trat er als der unvergeßliche erste Zeuge der Willensziele auf, die sich im Religionsunterricht und in der Kultushandlung für die Kinder darleben. Mit einem Schillerschen Enthusiasmus und zugleich mit verantwortungsvoller Genauigkeit konnte er die Urgestalt der Kultushandlung und die Intentionen des Religionsunterrichtes beschreiben. Was er in diesen Besprechungen gab, kann nur mit den Empfindungen größter Dankbarkeit erwidert werden. Der volltönende, warm-kräftige Klang seiner Stimme bleibt unvergessen.

Erwin Schühle

PAUL BAUMANN

Am 7. September 1919, dem Tag der Schuleröffnung, wurde die Eheschließung von Paul Baumann und Elisabeth Dollfus gefeiert. Es war wie eine „Vermählung der Künste", der Musik und Eurythmie, erinnert sich Herbert Hahn, der an der Festlichkeit teilnahm. Rudolf Steiner hatte den kompositorisch begabten Musiker und die junge Eurythmistin in das Gründungskollegium berufen, weil er durch die erzieherische Wirkung künstlerischer Übungen eine Willenskultur anregen wollte, die gestaltend in das Leben eingreift. So fiel den beiden Künstlern die Aufgabe zu, aus den Einsichten der „Allgemeinen Menschenkunde" erstmals die Elemente der musikalischen und eurythmischen Bildung auszuarbeiten.

Paul Baumann ging auf die Lebensmitte zu, als er Waldorflehrer wurde. Im badischen Oberrotweil am 18. Juli 1887 geboren, verlebte er nach dem frühen Tod seines Vaters die Knabenjahre bei den Großeltern in Mosbach. Gern erzählte er von seiner glücklichen Kindheit auf dem Lande. Einen fühlbaren Einschnitt brachte der Übergang ins Schulalter. Er besuchte das Gymnasium in Straßburg und wohnte im Hause seines Stiefvaters, der ein strenger Herr war und als Berufsoffizier das Leben der Familie oft erschwerte. Unter diesem Druck litt der Knabe, in dessen Gemüt eine schöpferische Welt heranwuchs. Die letzten Schuljahre brachte er in Karlsruhe zu, wo er das Abitur ablegte. Dann absolvierte er den Militärdienst in Freiburg und nahm sein Universitätsstudium auf, das er 1907 in Paris weiterführte. Von Hause aus sollte er Philosophie studieren, hatte sich auch dafür eingeschrieben, aber sein ganzes Wesen verlangte nach Poesie und Musik. Manche Gedichte zeugen noch von dieser Zeit. Er liebte Paris und die Atmosphäre der Metropole. Einundzwanzigjährig entschloß er sich zum Musikstudium in Karlsruhe, das er 1910 in München an der Akademie der Tonkunst mit dem Abschlußexamen beendete.

Schon früher hatte er durch seinen Freund E. A. Karl Stockmeyer von Rudolf Steiner gehört und dessen Vorträge besucht. In München, dem Zentrum anthroposophischen Lebens, in dem seit 1910 die Mysteriendramen uraufgeführt wurden, beteiligte er sich an den von Rudolf Steiner geleiteten Veranstaltungen und verkehrte im Hause der Zweigleiterin Gräfin Kalkreuth.

Von 1911 bis 1914 war er als Solorepetitor und Kapellmeister mit verschiedenen Theatern in Deutschland auf Tournee. Bei Kriegsausbruch mußte er als Offiziersstellvertreter sogleich einrücken und geriet nach einer Verwundung bei den Kämpfen im Elsaß in französische Gefangenschaft. Es folgte eine mühsame Zeit in französischen Gefängnissen, bevor er 1916 in die Schweiz abgeschoben wurde. Dort blieb er als Internierter bis zum Ende des Krieges und lebte dann in Zürich, wo er wieder mit anthroposophischen Kreisen in Verbindung trat. Er gab Musikstunden und begleitete in den Eurythmiestunden von Elisabeth Dollfus, die 1918 als eine der ersten Eurythmistinnen in Zürich Kurse gab. Die beiden verlobten sich und wurden im Sommer 1919 von Rudolf Steiner nach Stuttgart in das Urkollegium der Waldorfschule gerufen.

Die nun folgende Epoche in Stuttgart, die achtzehn Jahre währte, ist die Kernphase im Leben Paul Baumanns. Eine vielseitige Lehrtätigkeit begann. Zunächst war der gesamte Musikunterricht einzurichten. „Musik gehört in den Organismus der Schule wie Herz und Atmungsorgane in den Körper des Menschen", schrieb er in dem ersten Bericht über seine neue Aufgabe. Für den Unterricht schuf er die berühmt gewordenen Liederkompositionen, außerdem eine Reihe instrumentaler Musikstücke. Des weiteren hatte er im Anfang Turnunterricht zu geben und die von Rudolf Steiner angeregte Unterweisung über „Lebenstakt und Lebensgewohnheiten." Die Aufgabe dieses sogenannten Anstandsunterrichts löste er, indem er eine Art Kulturgeschichte der Höflichkeit behandelte und dadurch der zunächst vorhandenen Disziplinlosigkeit entgegenwirkte. Dann wurde er in den Kreis der Religionslehrer gebeten. Mit Hingabe widmete er sich dieser Tätigkeit, bis die politischen Machthaber 1935 den Freien Religionsunterricht verboten. Zudem übernahm er den französischen Unterricht in mehreren Klassen.

Das Vertrauen seiner Kollegen berief ihn in den ersten Verwaltungsrat und bestellte ihn auch zum „Schulleiter", als eine solche Nominierung nach 1933 von der Behörde verlangt wurde.

Der Aufbau der Waldorfschule mit Rudolf Steiner, die Grundsteinlegung des neuen Erziehungswerkes forderte den Lehrern alle Kräfte ab und hob sie über sich selbst empor. Der Tod Rudolf Steiners war eine tiefe Zäsur. Auseinandersetzungen begannen, die ihren Ursprung nicht im Lehrerkollegium hatten. Paul Baumann trug schwer an solchen Entwicklungen.

In das Jahr 1935 fällt eine Reise nach Spanisch-Marokko und Südspanien. Die eindrücklichen Berichte in der Zeitschrift „Erziehungskunst" zeigen, daß die Begegnung mit dem spanisch-maurischen Kulturkreis tiefe Schichten seines Wesens angerührt hat. „Wie eine farbig leuchtende, rätselvolle Kindheitserinnerung" erschien ihm diese Welt, in die er sich durch „eine Art Andacht" zurückversetzte.

1937, ein Jahr vor dem Verbot der Waldorfschule, verließ Paul Baumann mit seiner Familie Deutschland. Er wollte eine pädagogisch-anthroposophische Arbeit in Paris aufbauen, was aber durch den Kriegsbeginn vereitelt wurde. Die folgenden Jahre bis 1957 hielt er sich in Dornach auf. Er versenkte sich in das Reich der Kindheitskräfte, um die dort ausgebreiteten „Schätze weisheitsvoller Erkenntnis", zu sammeln. Was er fand, schrieb er nieder in der dichterisch empfundenen Darstellung „Das Kind spricht", die 1946 erschienen ist. Ein Jahr darauf verlor er seine schon lange schwer erkrankte Lebensgefährtin.

Seit 1957 wohnte er bei seiner Tochter in dem heilpädagogischen Heim in Féchy unweit vom Genfersee. Dort starb er am 15. Dezember 1964 im Alter von 78 Jahren. Die Zurückgezogenheit im letzten Lebensdrittel, die fast eremitenhafte Züge annahm, war wie ein tiefes Atemholen, um die Aufgaben vorzubereiten, die in einem künftigen Dasein zu lösen sind.

Christine Baumann

Unter den zwölf ersten Lehrern, die zum Ur-Kollegium der Freien Waldorfschule gehörten, war Paul Baumann einer der markantesten. Ich erlebte ihn zum erstenmal, als er zur Zeit der unserer Schulgründung vorangehenden Dreigliederungsbewegung in einer Versammlung als Diskussionsredner auftrat. Er sprach nicht lange, aber was er sagte, war klar, geschliffen, ins Ziel treffend. Als er vom Podium zurücktrat, hatte ich den Eindruck: der ist wie ein Ritter, der auf einem etwas eigenwilligen Rößlein dahergeritten kommt und eine Damaszenerklinge gezogen hat. Das Sausen dieser Klinge meinte man noch in der Luft zu spüren, als die Worte des Redners verhallt waren.

Während des grundlegenden Kursus über „Allgemeine Menschenkunde", mit dem Rudolf Steiner im August 1919 die Waldorfschul-Pädagogik zur Geburt brachte, war Paul Baumann einer meiner beiden Tischnachbarn. So hatte ich Gelegenheit wahrzunehmen, wie er jedes Wort, das Rudolf Steiner sprach, mit innerer Aktivität aufnahm. Er verarbeitete das Dargebrachte offenbar mit großer Selbständigkeit. In der Art, wie sich Rudolf Steiner an ihn wandte, konnte man seine Wertschätzung erkennen, in der auch die Freude mitklang, daß hier eine bedeutende Künstler-Persönlichkeit sich zum Beginn des neuen Zeitenwerkes dazugefunden hatte. Paul Baumann war Musiker und war von Rudolf Steiner ausersehen worden, der erste Musiklehrer der Waldorfschule zu werden.

Als am 7. September 1919 die Eröffnungsfeier der Waldorfschule im Stadtgartensaal stattfand, gab Paul Baumann den Auftakt. Er setzte sich an den Flügel und spielte das C-Dur-Präludium aus J. S. Bachs „Wohltemperiertem Klavier". Diese hell, gleichsam aus den Höhen herunterrieselnden Töne, in so völlig objektiver, fast leise zurückhaltenden Art gespielt, gaben dem Hörer den Eindruck: du darfst dabei sein und belauschen, wie eine Quelle aufspringt.

Für den Aufbau der Waldorfschule war entscheidend, daß mit Paul Baumann seine junge Gattin Elisabeth Baumann-Dollfus zum Kollegium dazugekommen war. Die scharf konturierte, gelegentlich auch martial-kämpferische Art ihres Mannes wurde von ihr in einer merkurisch-anmutigen Weise ergänzt. Beide Persönlichkeiten standen ganz in der künstlerischen Sphäre, denn Elisabeth Baumann war als erste Eurythmie-Lehrerin berufen worden. Ich weiß, daß Rudolf Steiner froh darüber war, daß das Schicksal zwei einander so glücklich ergänzende Persönlichkeiten der werdenden Freien Waldorfschule zugeführt hatte.

In den ersten Jahren der Schule war keine künstlerische Veranstaltung, keine Monatsfeier denkbar, auf der nicht eines der wie aus dem Gründungsquell der Schule mitgeborenen Baumann-Lieder erklungen wäre. Mit allen Bildern der Aufbauzeit sind diese Lieder unlöslich verbunden. Sie sind von einer knospenhaft-aufbrechenden Bildkraft.

Ein volksliedhaft Beschwingtes, Mit- und Weitertragendes ist in ihnen spürbar, aber auch ein Hymnisches im neuzeitlichen Sinn. Man erlebt die eine Seite in dem unerschöpflichen Ur-Waldorflied „Ich bin die Mutter Sonne", die andere ergreifend in der Komposition „Wundervoller Hain der Nacht". Gewiß stammen beide Texte nicht zufällig von Christian Morgenstern. In diesen Liedern ist etwas, das sich noch nicht vollendet hat, das weit über sich hinausweist.

Dieses noch weit über das Erreichte Hinausweisende wurde überhaupt zum Charakteristikum der Biographie Paul Baumanns. Ich hörte Rudolf Steiner einmal aussprechen: „Bei gewissen Menschen, die ich in das Lehrerkollegium der Waldorfschule berufen habe, kam es mir gar nicht auf mehr oder weniger greifbare Erfolge an. Es kam mir nur darauf an, daß sie überhaupt da waren und vor den Kindern standen."

Die Zeiten nach dem Tode von Rudolf Steiner haben — besonders durch die in Mitteleuropa sich regenden reaktionären Kräfte — Paul Baumann vor harte innere und äußere Lebensproben gestellt. Als wir 1945 eine Renaissance der Waldorfschule erlebten, hatte sich in ihm

zu vieles schon wieder in den Knospenzustand zurückgezogen, als daß
er noch aktiv hätte mitmachen können oder wollen.

Ich weiß aus dem während der letzten Jahre gepflegten Kontakt, wie
sehr er sich mit den Urimpulsen von 1919 verbunden fühlte. Als ich
ihn im Oktober 1964 in Féchy am Genfer See aufsuchen durfte, erlebte
ich dieses „in aller Knospenhaftigkeit Verbundene". Er sprach ruhig
und heiter darüber, daß er nun bald abberufen werde. Er sprach aber
so über den Tod, daß ich wieder jenen Eindruck des Ritterlichen hatte,
der mir 1919 bei der ersten Begegnung gekommen war. Man meinte
die Worte zu hören: „Trutz Tod, kumm her, ich fürcht dich nit!"

Herbert Hahn

Paul Baumann war der Schöpfer der „Lieder der Waldorfschule", die
in vier Heften erschienen sind. In seinen Kompositionen hat er die
Anregung Rudolf Steiners aufgenommen, den Text sprechgesanglich zu
behandeln und den Schluß melodisch ausklingen zu lassen. Am bekann-
testen wurde die Vertonung von Christian Morgensterns Lied „Ich bin
die Mutter Sonne", das bei den Zusammenkünften ehemaliger Schüler
gerne gesungen wird. Hier knüpft Baumann an den Gregorianischen
Gesang an, eine Stufe der musikalischen Entwicklung, die das Kind in
seinem eigenen Werdegang wiederholt. Rudolf Steiner sagte von der
Vertonung, daß in ihr Quintenstimmung lebt. Für die Oberklassen
komponierte er eine Reihe von Chor- und Kunstliedern. Außerdem
schuf er instrumentale Werke, die von begabten Schülern aufgeführt
wurden, und die Melodien zu Kinderversen, die er selbst oder Elisabeth
Baumann schrieben.

Als in der Michaelizeit 1920 die Eröffnung der ersten Hochschulkurse im Kuppelraum des Goetheanums stattfand und Rudolf Steiner
vor tausend Zuhörern die moderne Geisteswissenschaft als Synthese
von Wissenschaft, Kunst und Religion darstellte, hielt Baumann drei
Vorträge über „Musik und eurythmische Erziehungskunst". Er sprach
aus dem Bewußtsein, daß in der gegenwärtigen Zeitenwende eine Kunst
nötig sei, in welcher der Geist lebt. Richard Wagner habe sie in seinem
„Kunstwerk der Zukunft" erahnt. Ein Umschwung des musikalischen
Erlebens kündige sich im Auftreten der Versuche an, das Tonsystem
in verschiedener Art zu erweitern. An die Vorträge schloß sich eine
Fragenbeantwortung an, in der Rudolf Steiner feststellt, daß Baumann
„in einer ausgezeichneten Art" den Wandel des Musikverständnisses
charakterisiert habe.

Rudolf Steiner schätzte Baumann als Lehrer und gab ihm manche pädagogische Hinweise, z. B. auf den Gegensatz des Männlichen und Weiblichen in der Behandlung der Gesangstimme einzugehen, was „außerordentlich entgegenwirken würde dem heute stark auftretenden falschen Sexualempfinden" (22. September 1920). Schon in der Seminarbesprechung vom 22. August 1919 hatte Baumann über die Behandlung der Temperamente vom musikalischen Standpunkt und im Zusammenhang mit den vier Evangelien Wesentliches ausgeführt. Aufschlußreich ist sein Beitrag über „Musikalische Erziehung" im Hinblick auf die Quintenstimmung, den er 1927 in der Wochenschrift „Das Goetheanum" veröffentlicht hat. Darin findet sich die Bemerkung, daß „künstlerisch wirkende, nicht mechanische Auffassung" vom Waldorflehrer verlangt sei. So verstand er den Sinn des pädagogischen Handelns.

Baumann hatte eine musikalische und eine poetische Begabung. Manchmal schien die poetische fast stärker hervorzutreten. Seine Beziehung zur französischen Sprache war ebenso ausgeprägt wie sein Streben nach geisteswissenschaftlicher Erkenntnis und religiöser Vertiefung. Die zurückhaltende Art des hochgewachsenen, beinahe zart wirkenden Mannes, der mit leichtem, beschwingtem Schritt einherging, konnte zunächst den persönlichen Austausch erschweren. Aber sein wahrhaftiges, charaktervolles Wesen erzeugte Vertrauen und begründete Verbindungen, die Freunde und Schüler hoch zu schätzen wußten.

Eugenie Haueisen

Frühling 1925. Das neue Schuljahr in der Freien Waldorfschule begann nach den Osterferien. Die Trauerstimmung um den Tod Rudolf Steiners lag noch über dem Gelände und zugleich die Frühlingsfrische eines Neubeginns, trotz des Ernstes, der sich in den Gesichtszügen der Lehrer ausprägte. Festlich wurden die neuen Schüler im großen Eurythmiesaal empfangen. Man konnte fühlen, daß hier das Ziel erreicht ist, nach welchem man in vorangegangenen Schulwechseln unbewußt gesucht hatte: geistige Heimat auf Erden.

Die Rätselfragen und Erkenntniszweifel des jungen Menschen um die Bewahrung eines Kinderglaubens reiften zu dem selbstständig gefaßten Entschluß, konsequent in diese neu erschlossene Geisteswelt der Waldorfschul-Erziehung einzutauchen und den Freien Religionsunterricht mit seinem kultischen Wurzelgrund zu wählen. So fanden sich drei Neuankömmlinge mit Paul Baumann zusammen, der neben den Musik- und Gesangsstunden in dieser Klasse den Freien Religionsunterricht gab. Herr Baumann ging mit uns an einem Frühlingstag die

Anhöhe von Stuttgart hinauf. Er bereitete uns auf das Erlebnis einer modernen religiösen Jugenderziehung vor. Keine Glaubensinhalte, keine Belehrungen, keine „Moral". In kühler, fast trockener Nüchternheit vorsichtiges Hinweisen auf die Seelenquellen einer Geist-Erfahrung, die jedem Menschen in Freiheit zugänglich ist, die den jungen Menschen zu eigener Entscheidung aufruft.

Wie soll man da beginnen? Es öffnete sich in den zurückhaltenden Unterweisungen unseres Lehrers ein Weg ins eigene Innere, in jene Tiefen, in welche sich die Seele hinabsenkt, wenn es ihr gelingt, die Eindrücke der Sinne und die Erinnerungswelt zum Schweigen zu bringen. Diese sachlichen Hinweise wurden als der Beginn einer Selbsterziehung zu religiöser Wirklichkeit empfunden.

So konnte man in der Begegnung mit Paul Baumann von einer heilignüchternen Sachlichkeit berührt werden, wenn er die Wege des Menschen zur Geisteswelt aus der Fragestimmung des jugendlichen Lebensalters beschrieb, und dann ein solches Thema in Aufsatzform von den Schülern behandeln ließ; wenn er in einfachster Form die Wahrnehmungsmöglichkeiten früherer Kulturepochen für die göttliche Welt, für die Welt der Toten erläuterte und den Sinn zu öffnen versuchte für das helfende Weiterwirken des verehrten und tief betrauerten Geisteslehrers der Schule.

Die großen Gestalten des Menschheitswerdens erstanden in den Bildern der Geschichte und der religiösen Überlieferungen vor den Seelen der Schüler, an deren Verstehen hohe Ansprüche gestellt wurden. So konnten einem an dem Studium des Lebens von Augustinus und seiner „Konfessionen" die Seelenkämpfe und das Leiden am Erkenntniszweifel wie ein Spiegelbild eignen Ringens vor Augen stehen. Die Welt der Bhagavad Gita und der Paulusbriefe kam den Schülern nahe. Ebenso wurde der Blick auf die Wandlungen des Seelischen im Naturgeschehen des Jahreslaufes gelenkt.

Und dann betrat man in feierlicher Erwartung den Raum der Sonntagshandlung. Man sah vor dem Altar mit den sieben Leuchtern und dem Christusbild von Leonardo da Vinci den Lehrer stehen und sich an die Herzen der mitfeiernden Kinder wenden. Wieder hört man die Stimme von Paul Baumann mit sachlichem, fast hartem Ton und sieht den kühl-klaren Blick der graublauen Augen auf der Kinderschar ruhen. Mit Staunen und innerlichem Glücksgefühl stimmte man in die eigenartige Melodik des Liedes ein, das während der Feier ertönte.

Paul Baumann ist der Komponist unserer Waldorflieder. Jetzt versteht man noch eine tiefere Wesensseite unseres Religions- und Musiklehrers. Welche überraschende Tonfolge führt die mitfühlende Seele in

ein Schwellenreich, wo Musik fast in Sprache überzugehen scheint, wo
der nächste Ton immer anders liegt als das gewohnheitsmäßige Melo-
diengehör erwartet, wo man sich anstrengen muß, die Chromatik zu
greifen, den nächsten Halbtonschritt nicht zu verfehlen und wo man
am Ende einer Strophe sich aufschwingen darf in eine frei dahinströ-
mende Kadenz.

Tief prägten sich auch die Texte dieser Lieder in das junge Gemüt
und bewahrten bis in späte Lebensjahre ihre seelenbildende Macht. So
etwa Albert Steffens Gedicht „Ich geh durch rote Äcker . . .“, wo wir
den Auferstandenen erahnen in der Brotbereitung, in der Wachstums-
fülle der Erde, in der Wandlung der Jahreszeit. Das wird zum herben
Klang in der Komposition Paul Baumanns. Es erweckt Gefühle der
Ehrfurcht einer zukünftigen Religiosität in den jungen Seelen. Ebenso
tief erlebte man die Worte aus Fausts Himmelfahrt „Steigt hinan zu
höherm Kreise, Wachset immer unvermerkt . . .“ In den Liedschöpfun-
gen Paul Baumanns wird eine neue Musikalität aus dem dichterischen
Wort geboren.

Die Erzieherpersönlichkeit Paul Baumanns begegnete dem Schüler
mit der Überzeugungskraft der Zurückhaltung, die Freiheit verleiht
und doch als Vorbild wirkt.

Hedwig Greiner-Vogel

ELISABETH BAUMANN

Elisabeth Baumanns Eltern waren der Chemiker Walter Dollfus und Marguerite Dollfus-Gerber. In Basel, wo sie am 16. Juli 1895 geboren wurde, verbrachte sie ihre frühe Kindheit, bis die Familie nach Hoechst am Main übersiedelte. Nach dem Tod des Vaters lebte die Mutter mit Tochter und Sohn einige Jahre in Clarens am Genfer See. Da sie der theosophischen Richtung nahe stand, wurde sie bald mit Rudolf Steiner bekannt. Dies änderte völlig das Leben der kleinen Familie, denn nunmehr erfolgte der Umzug nach München, der Anschluß an den Kreis um Rudolf Steiner und die Teilnahme an einigen seiner Vortragsreisen.

Elisabeth Dollfus beteiligte sich bald an den künstlerischen Veranstaltungen dieses Kreises, spielte in Schurés Drama „Die Kinder des Lucifer" und in den Mysteriendramen mit, wo sie und ihr Bruder schon 1910 als Kinder der Sophia auftraten. Als ihre Mutter einmal Rudolf Steiner fragte, ob die siebzehnjährige Tochter auch den einen oder anderen Vortrag besuchen dürfe, gab er zur Antwort: „Ja, die Elisabeth kann in die Vorträge kommen."

Im Sommer 1913 erschien Lory Smits mit einer kleinen Gruppe junger Mitglieder in München. Sie hatte die ersten Anweisungen Rudolf Steiners zur Eurythmie erhalten und mit ihren Schülern ausgearbeitet. Nun sollte die junge Bewegungskunst in das vierte Mysteriendrama eingefügt werden, um die Geistwesen darzustellen. Außerdem war ein Kurs in Eurythmie angekündigt worden. Davon erfuhr Elisabeth Dollfus und begeisterte sich sogleich an der neuen Kunst. Sie schreibt in ihren „Erinnerungen": „Dem heutigen Menschen, der mit Selbstverständlichkeit und ohne besondere innere und äußere Schwierigkeiten sich die Eurythmie zueigen macht, die ihm in Laienkursen oder in Eurythmieschulen als zusammenhängendes Ganzes geboten wird, ergänzt durch künstlerische Darbietungen, wird es vielleicht schwer werden, die Empfindung, die Stimmung nachzufühlen, mit der die Teilnehmer damals diesen Einzug einer neuen Kunst in das Kulturleben in ehrfürchtigem Staunen miterlebten."

Nach dem Zyklus der Mysteriendramen fand die erste Eurythmie-Aufführung für die in München versammelten Mitglieder am 28. August, dem Geburtstag Goethes, statt. Elisabeth Dollfus, die zu den

93

Mitwirkenden gehörte, berichtet davon: „Keinerlei äußere Hilfsmittel wie Beleuchtung, mannigfaltig farbige Schleier und Gewänder, ohne die man sich heute eine Aufführung nicht mehr vorstellen kann, unterstützten damals die Wirkung. Alles spielte sich im nüchternen Nachmittagslicht ab auf dem schmucklosen, nur durch einige grüne Lorbeerbäume abgeschlossenen Orchesterpodium. Wir trugen schlichte weiße, ziemlich lange Gewänder, von einer seidenen Kordel gehalten. Die Intensität des inneren Miterlebens, des Mitschwingens in Laut und Form kam so unmittelbar durch die Bewegung zum Ausdruck."

In den einführenden Worten vor dieser Aufführung sagte Rudolf Steiner, daß die Eurythmie als ästhetisches, pädagogisch-didaktisches und hygienisches Element in Erscheinung trete. Elisabeth Dollfus wurde in allen Gebieten der Eurythmie tätig: als Kunsteurythmistin auf der Bühne, als Eurythmielehrerin für Kinder und Erwachsene und als Heileurythmistin. Ihr Lebensweg verband sich mit der Entwicklung der Eurythmie. Sie nahm an dem Winterkurs in Düsseldorf teil, zu dem sich eine erste internationale Eurythmiegruppe zusammengefunden hatte. An den Wochenenden kam Edith Röhrle hinzu, die später ihre Kollegin an der Waldorfschule wurde. Höhepunkt dieser von Morgenstimmung überglänzten Arbeit mit Lory Smits war die zweite Eurythmie-Aufführung, die im Dezember 1913 in Köln stattfand. Im Mittelpunkt des Programms stand die Gruppendarstellung des lukanischen Weihnachtsevangeliums. Im nächsten Jahr übernahm Elisabeth Dollfus die Ausbildungsarbeit, da Lory Smits in Berlin Eurythmiekurse zu geben hatte.

Als der Krieg ausbrach, wurde die zentrale anthroposophische Arbeit nach Dornach verlegt. Deshalb zogen Mutter und Tochter Dollfus dorthin und beteiligten sich an den Arbeiten um das entstehende Goetheanum. Elisabeth Dollfus bildete sich weiter in der eurythmischen Kunst aus, wirkte auf der Bühne mit und gab Kurse. Als sie 1918 in Zürich einen Eurythmiekurs hielt, führte Roman Boos einen jungen Pianisten, Paul Baumann, als Klavierspieler ein. Die jungen Künstler fanden im anthroposophischen Streben und durch die eurythmisch-musikalische Arbeit zusammen. Sie hatten die Ehe beschlossen, als beide von Rudolf Steiner an die zu eröffnende Waldorfschule berufen wurden, was sie freudig annahmen. Am Tag der Schuleinweihung fand im Hause von Emil Molt die Hochzeitsfeier statt, an der Rudolf und Marie Steiner und die befreundeten Lehrer des Gründungskollegiums teilnahmen.

Elisabeth Baumann war die erste und zunächst einzige Eurythmielehrerin. Außer in den verschiedenen Schulklassen unterrichtete sie auch in der von Karl Schubert geführten Hilfsklasse Eurythmie. Daraus entstand eine Zusammenarbeit, die Schubert später „ein Fest des Menschenseins" genannt hat. Da die behinderten Kinder unmittelbar die eurythmischen Elemente ergreifen konnten, empfand die Lehrerin das Bedürfnis, „das hygienische, das heilende Element der Eurythmie zu suchen und zu erfassen." Nach einem Gedanken- und Erfahrungsaustausch mit der Eurythmistin Erna Wolfram entschlossen sich beide, Rudolf Steiner um Anweisungen für eine solche Heileurythmie zu bitten. Darauf hielt er im Rahmen des zweiten Ärztekurses Vorträge über Heileurythmie, zu denen die Eurythmistinnen eingeladen wurden. Elisabeth Baumann wandte die Heileurythmie sogleich in der Waldorfschule an. Sie schreibt: „Meistens waren es Fälle, bei denen wir persönlichen Anweisungen Rudolf Steiners folgen konnten, andere ergaben sich auf Grund einer im Zusammenarbeiten von Arzt und Lehrer gestellten Diagnose." Der Kreis der Patienten vergrößerte sich rasch, und Elisabeth Baumann begann, andere Eurythmistinnen in das neue Arbeitsgebiet einzuführen.

In den Weihnachtsspielen der Lehrerschaft verkörperte sie die Gestalt der Maria. Das Bild des heiligen Paares — Ernst Uehli als Josef — hat sich den Waldorfschülern eingeprägt. 1937, ein Jahr vor der Schließung der Waldorfschule, verließ die Familie Baumann Stuttgart und nahm ihren Wohnsitz in Dornach. Seitdem widmete sich Elisabeth Baumann ausschließlich der Heileurythmie. Ihr Versuch, eine therapeutische Arbeit in Paris aufzubauen, der von Ita Wegman gefördert wurde, fand durch den zweiten Weltkrieg ein jähes Ende. Mit einer kleinen Gruppe von Ärzten und Heileurythmistinnen begann nun in Basel und Umgebung eine rege Tätigkeit, die sie bis zum Ausbruch ihres schweren Leidens fortführte. Auf dem Krankenlager entstanden noch ihre „Beiträge zum Heileurythmiekurs", die nach ihrem Tode veröffentlicht wurden. Fast drei Jahre lang — bis zum 12. Februar 1947 — währte die qualvolle Leidenszeit.

Bei ihrem Tode schrieb Albert Steffen an Paul Baumann: „Obschon wir, meine Frau und ich, wußten, wie unsäglich Ihre liebe Lebensgefährtin litt und daß sie seit langem todesnah war, hat uns doch die heute erhaltene Nachricht von ihrem Hinscheiden in tiefster Seele erschüttert. Wir versetzen uns zu Ihnen und zu ihrer Tochter und geben Ihnen beiden die Hände. Es sind jetzt dreißig Jahre, seit wir die anmutig-würdige Eurythmistin in München kennenlernten. Wir nahmen bei ihr Kurse. Ihr Bild — einer Engelsgestalt aus dem Trecento gleich — schwebt mir noch heute in Jugendschöne vor dem Auge. Die äußere Schönheit wurde durch die innere, im Leiden errungene verklärt. Ihr Wesen war schenkende Tugend, heilende Kraft. So wirkt sie fort, so hilft sie eine schönere Welt als die gegenwärtige vorzubereiten."

In einem ihrer Gedichte aus der letzten Lebenszeit findet sich die Strophe, die wie ein Vermächtnis ihres eurythmischen Wirkens scheint:

> Die Laute sind des Heilands sichtbar Zeichen,
> Vergeßt es nicht! In jeder Lautgeberde
> Wird Fleisch das Wort und strömt durch euch zur Erde
> Und kann mit Heileswirkung sie erreichen.

Christine Baumann

> „ . . . Zu einem neuen, lichten Tag
> Erwacht mein froher Geist.
> Er höret jener Stimme Klang,
> die ihm die Zukunft weist.
> Und meine Seele weitet sich
> im Gang von Nacht zum Tag,
> von Schmerzensleib zum Lichtesgeist
> schwingt hell ihr Flügelschlag."

Vor zwei Jahren erhielt ich von Elisabeth Baumann diese Zeilen, die mich tief ergriffen und rührten. Ich mußte oft in Gedanken ihr Martyrium miterleben, das mit so vorbildlicher Kraft und Geduld getragen wurde. Eine unserer lieblichsten und anmutigsten Eurythmistinnen, hat sie unserer Bühnenkunst zur Zierde gereicht und zum Durchbruch geholfen. Sie hat aber ihre größte Bedeutung in der Lehrtätigkeit gehabt. Und diese Lehrtätigkeit führte sie zugleich immer mehr dem Samariter-Gedanken entgegen. Sie wollte heilen und helfen und trat an Dr. Steiner heran mit der Bitte, auf dem eurythmischen Felde ihr neue Quellen der Heilkunst zu eröffnen. So geschah es. Dr. Steiner gab immer, wenn er um neue Hilfe gebeten wurde. Es entstand die Heileurythmie. Die Waldorfschule mit den vielen Hunderten von geschwächten Kindern, den Opfern des ersten Weltkrieges und der damaligen Hungersnot, bot ein weites Betätigungsfeld für die neue Heilpraxis. Vom Geiste her war uns durch Dr. Steiner dieser neue Kraftquell gegeben; und Elisabeth Baumann war darin unermüdlich. Sie war die erste ausübende Vertreterin dieser Heilkunst. Bald wurde sie zur Lehrerin auch auf diesem Gebiete; viele suchten ihren Unterricht auf. Als die Waldorfschule geschlossen werden mußte, eröffnete sich

ihr ein neues Arbeitsfeld innerhalb der anthroposophischen Heilinsti-
tute in Paris; doch war noch alles im Werden.

Es kam der zweite Weltkrieg, der sie hier in der Schweiz überraschte. Hier endete — still und ergeben — ein dem Dienste der
Menschheit liebevoll und tatkräftig zugewendetes Leben.

Blickt man auf den durch diese lange Krankheit bewirkten Leidensweg, so will es scheinen, als ob Sprossen des Seins betreten wurden, die
wir sonst erst nach dem Tode zu erklimmen haben; sie leuchten schon
im Licht des Christusgeistes.

Marie Steiner

Wer im Eurythmieunterricht von Elisabeth Baumann hospitierte,
konnte sie als eine apollinische Gestalt erleben. Eine lichte, klare Luft
wehte um sie und belebte die Kinder im eurythmischen Reigen. Die
Atmosphäre im Raum erhellte sich, die Kinder waren wie „blank-
geputzt."

Elisabeth Baumann wurde bei Begründung der Waldorfschule als
erste Eurythmistin von Rudolf Steiner in das Kollegium berufen. Ihr
war der Auftrag gegeben, die Eurythmie in die Pädagogik einzuführen.
„Es kam dann eine neue Epoche im Werden der Eurythmie", schreibt
sie selbst, „als Rudolf Steiner im Jahre 1919 sie als pädagogisch-didaktisches Element dem Lehrplan der Waldorfschule eingliederte. Seelische
und leibliche Wachstumskräfte, Aufbaukräfte werden durch das erzieherische Wirken der Eurythmie gefördert. Rudolf Steiner betonte
jedoch immer wieder, daß es sich nicht darum handeln könne, eine
besondere Erziehungs-Eurythmie von der künstlerischen Eurythmie
abzusondern; denn ihre erzieherische Wirksamkeit wird sich erst voll
entfalten, wenn die pädagogischen Formen, in denen sie an die Kinder
herangebracht wird, ganz aus dem Erleben des Künstlerischen der
Eurythmie gewonnen werden."

Versucht man dem pädagogischen Wirken von Elisabeth Baumann
nachzugehen, so erstaunt man, mit welcher Selbstverständlichkeit sie
das neue Gebiet erschlossen hat. Schon in den „Seminarbesprechungen", den seminaristischen Übungen Rudolf Steiners mit den ersten
Waldorflehrern, wußte sie die gestellte Aufgabe — wie schwächer
begabten Schülern zu helfen ist — eurythmisch zu lösen. Sie hatte die
Fähigkeit, aus ihrer Verbundenheit mit der eurythmischen Kunst und
in der einfühlsamen Hingabe an das Wesen des heranwachsenden Menschen jedem Kinde das zu geben, was ihm heilsam war.

Noch im Jahre 1919 wurde Nora Stein und Ostern 1920 Edith Röhrle als Eurythmistinnen an die Schule berufen. Ein Dreiklang in vollen, ausschwingenden Tönen durchdrang die eurythmische Arbeit. Apollo, Dionysos und ein verbindender Merkur ließen eine fruchtbare künstlerische Wirksamkeit entstehen.

Schon früh hat Elisabeth Baumann in den Zeitschriften über die Erfahrungen berichtet, die sie im Eurythmieunterricht an der Waldorfschule gewonnen hatte. Es war ihr ein Bedürfnis, die pädagogischen Aufgaben, die dem Eurythmielehrer gestellt sind, erkenntnismäßig zu durchdringen. Ein Wort von ihr mag bezeugen, welche menschenkundlichen Einsichten für ihr Wirken leitend waren: „Eurythmie ist so voll und ganz aus dem Bedürfnis und aus der Sehnsucht des modernen Menschen heraus entstanden, daß sie ihm Begleiterin sein kann durchs ganze Leben hindurch, mitschwingend bis in die feinsten Tiefen des individuellen Seelenlebens und diese anknüpfend, durch das Instrument des bewegten Menschenleibes, an vorgeburtliches und nachtodliches Dasein."

Elise Schulz

HELENE ROMMEL

Helene Rommel war die erste Handarbeitslehrerin der Freien Waldorfschule. Mit siebzig Jahren unterrichtete sie noch, mit achtzig arbeitete sie mit kleineren Gruppen von Kindern in der Karl Schubert-Schule und nahm an den Konferenzen teil, ratend, mitgestaltend und in energischer Treue zu dem Auftrag, den sie 1919 von Rudolf Steiner empfangen hatte. Das Motto aus dem Jugendkurs, das dem Buch Hedwig Haucks „Handarbeit und Kunstgewerbe, Angaben von Rudolf Steiner" vorangestellt ist, war auch ein Leitfaden ihres Wirkens und Lebens: „Diejenigen Menschen werden niemals ein Vollmenschliches in sich aufnehmen, das sie wappnet gegenüber den Anforderungen des Lebens, die nicht gelernt haben, durchzugehen durch die Schönheit und sich durch die Schönheit die Wahrheit zu erobern."

Ihr Leben mündete früh in die anthroposophische Bewegung, ihre Biographie verschmolz mit dem Werden, Untergehen und Wiedererstehen der Waldorfschule. Die Kindheit verlebte sie in Aalen im Kreise mehrerer Geschwister, unter ihnen der geliebte Bruder Erwin, der spätere Generalfeldmarschall. Die Tradition schwäbischen Beamtentums ordnete die Kinderzeit, der Vater war zuletzt Direktor der Oberrealschule. An den Schwierigkeiten, damals als Frau einen Beruf zu finden, erwachte ihr Suchen nach anderen Zielen und Maßstäben, als das Zeitalter geben konnte. Entscheidende Jugenderlebnisse in Weimar wiesen die Achtzehnjährige auf den Weg der Kunst. Die Kunstgewerbeschule in Stuttgart, die heutige Akademie der Künste, zeigte ihr nicht die Richtung in das Pädagogische, sondern führte sie weiter in die künstlerische Ausbildung. Auch ihre spätere Handarbeitskolleginnen an der Waldorfschule gingen diesen Weg aus der Kunst zur Erziehungskunst. Erst als ihr Blick während des Weltkrieges durch die Anthroposophie geöffnet wurde für den Niedergang der Kultur und sie in Rudolf Steiners Werk die Ansätze zu einer kulturellen Erneuerung erblickte, konnte der Ruf an die eben begründete Waldorfschule sie erreichen.

In ihrer Bescheidenheit fühlte sie sich der Aufgabe, die dort ihrer wartete, nicht gewachsen. Galt es doch, ein Fach mit künstlerischem Atem zu erfüllen und menschenkundlich aufzubauen, das so leicht dem Hausbackenen verfallen kann: Handarbeit. Mit beispielhafter Pflichterfüllung und zäher Energie ging sie an diese Arbeit. Bald stand ihr die bedeutende Persönlichkeit von Hedwig Hauck zur Seite, deren Buch ein Standardwerk nicht nur der Handarbeit geworden ist. Seine Neuauflage wurde zu einer Lebensaufgabe für Helene Rommel. Ihr ist zu verdanken, daß nach der ersten Auflage im Jahre 1937, von der nur wenige Exemplare durch das Verbot und die Ausbombung des Verlages erhalten blieben, 1961 ein Neudruck zustande kam.

Es ging Helene Rommel darum, die Arbeit selbst — in der Treue zu Rudolf Steiners Angaben — für die Kinder zu einem Bildungsweg zu machen. Die Gesetze des Künstlerischen und die in den Fingerspitzen entstehende Intelligenz — wenn sich das Schöne und das Sinnvolle miteinander verbinden — sollten Lebensbegleiter des heranwachsenden Menschen werden. Wenn man Kinder so führt, dann arbeitet man daran, ihre Sinnesorgane zu beleben und ihre Lebensprozesse zu durchseelen. Unermüdliche Hingabe an das pädagogische Wirken, durch gewissenhafte Tätigkeit statt durch Reden zu leiten: so lebt ihr Bild in der Erinnerung der Schülergenerationen fort. Rudolf Steiner schloß einen Vortrag über das entstehende Goetheanum mit Worten, die zusammenfassen, was das Streben Helene Rommels in ihrem Lehrersein war:

„Du läßt dir beschwingen deiner Hände,
deiner Seele Arbeitskraft
durch das, was als Geist in dir arbeiten mag."

Helmut von Kügelgen

BERTA MOLT

In der Schwarzwaldstadt Calw an der Nagold wurde Berta Heldmaier
am 14. Juli 1876 geboren. Sie wuchs dort zwischen zwei Schwestern
auf. Das eng umhütete Leben zwischen Kirche, Schule und Elternhaus
wurde nur selten ausgeweitet durch Wanderungen zu den Walddörfern
oder durch Fahrten zur Landeshauptstadt. Der Vater war ein erfinderi-
scher Handwerksmeister, die Mutter zog ihre Tochter zur Hilfe in der
Hutmacherei heran, wo genaue Nadelarbeit und wechselnde Form-
gebung verlangt werden. Diese Anstrengung beeinträchtigte die Gesundheit Bertas. Stiller als ihre Schwestern und zum Lesen und Träu-
men geneigt, war die in Frömmigkeit Erzogene doch vom Zeitgeist des
Zweifels berührt.

Zwischen Weihnachten und Silvester 1894 begegnete ihr auf einem
Schützenfest Emil Molt. Der angehende Kaufmann führte ein arbeit-
sames Leben und nutzte die knappe Freizeit zum Wandern und Turnen.
Während seiner Auslandslehrzeit in Griechenland haben sich die beiden in einem stenographischen Briefwechsel ihre Lebensansichten und
Lebenshoffnungen mitgeteilt. 1899 heirateten sie und zogen nach Stuttgart. Ihr Haus lag mitten zwischen der bald zu gründenden Fabrik
und der künftigen Waldorfschule. Nach sieben Jahren wurde der Sohn
Walter geboren, dem Berta Molt eine sorgsame Mutter war. Neben
dem vorwärtsdrängenden Mann wirkte sie fast scheu in ihrer Zurückhaltung. Dennoch nahm sie starken Anteil an seinen vielseitigen Unternehmungen, lebte die dramatische Entwicklung der Firma mit und
wurde eine Zeitlang auch zur Buchhaltung herangezogen. Sie half beim
Aufbau der sozialen Einrichtungen in der Waldorffabrik, schaltete
sich ein, wenn Mitarbeiter in Not gerieten, und pflegte die Gastfreundschaft mit den Geschäftspartnern und -teilhabern.

Die Sehnsucht nach dem Süden trieb Emil Molt in seinen mittleren
Jahren nach Italien, Griechenland oder in die Alpen, wo er die nötige
Erholung fand. Er war ein anregender Reiseführer mit lebhafter Freude an der Geographie. Bei den wichtigen Kreuzungspunkten mußte er
sich stets klarwerden, welches Tal sich eröffnete. Dann brachte er die
Landschaft in Verbindung mit den geschichtlichen Gestalten, die denselben Weg genommen hatten. Berta Molt, die es zwar eher nach Norden gezogen hätte, studierte die entsprechenden Biographien und las

daraus vor. So lebte die Reisegesellschaft eine Weile mit dem Staufer Friedrich II., mit Jürg Jenatsch und Garibaldi.

In gleichgestimmter Hingabe nahmen Berta und Emil Molt die Anthroposophie auf. Schon 1904 hörten sie einen Vortrag Rudolf Steiners im Stuttgarter Bürgermuseum. Sie waren sich einig in dem Vertrauen, das dabei in ihnen erwachte. Berta Molt besuchte danach einen Einführungskurs in die Anthroposophie, den Adolf Arenson und Carl Unger hielten, und teilte ihre Begeisterung ihrem Manne mit. Als Geschäftsmann, der eine große Arbeitslast zu bewältigen hatte, hielt er sich vorerst zurück, aber 1906 entschlossen sich beide zur Mitgliedschaft in der damals noch Theosophischen Gesellschaft. Trotz der Arbeitsfülle fanden sie nun Zeit für das Studium der Geisteswissenschaft und zur Teilnahme an Vortragszyklen Rudolf Steiners und den Münchner Aufführungen der Mysteriendramen.

Aus Gesundheitsgründen hielt sich Berta Molt 1914 einige Monate in Dornach auf, wo Rudolf Steiner die Bauarbeiten am ersten Goetheanum leitete. In dieser Zeit schrieb sie an ihre Schwester: „Die Arbeit am Bau schreitet rüstig fort. Ich schnitze nun auch wieder täglich zwei Stunden. Im Anfang wollte es nicht gehen, aber die letzten Tage ging es immer leichter. Nachmittags kneten wir Plastilin für Modelle vor, die der Doktor selber macht. Es ist eine ganz eigenartige Kunst, etwas ganz Neues, diese Formen."

Das Suchen Emil Molts hatte zunächst der Gedankenzucht im Berufsleben gegolten. Dann führte ihn ein Impuls der Berufsarbeit vom anthroposophischen Studium zur sozialen Verwirklichung. An den Lebensproblemen der Arbeiterschaft erkannte er, daß die Lösung in einer erneuerten Erziehung liege. Aus dieser Einsicht entsprang die Frage an Rudolf Steiner, die zur Gründung der Waldorfschule führte.

Auf Einladung von Rudolf Steiner nahmen Emil und Berta Molt als Kollegiumsmitglieder an dem Lehrerkurs teil, welcher der Eröffnung der Schule voranging. Nach dem öffentlichen Festakt am Schulgründungstag versammelten sich Rudolf und Marie Steiner und die zwölf Lehrer des Urkollegiums zu einem gemeinsamen Essen im Hause Molt. Es war zugleich ein Hochzeitsmahl, da an diesem Tage die Eheschliessung des Musiklehrers Paul Baumann mit der Schuleurythmistin Elisabeth Dollfus gefeiert wurde. Emil Molt berichtet in seinen Lebenserinnerungen: „Kaum hatten wir die Suppe gegessen, da wurde Rudolf Steiner nachdenklich, klopfte ans Glas und hielt eine wunderbare Rede ... Er sprach von meiner Frau und mir, daß hier zum Lichte die Wärme komme." Dazu findet sich eine Ergänzung in den Lebenserinnerungen von Paula Dreher, der Schwester Berta Molts: „Wir hörten

Rudolf Steiner sagen, daß Emil Molt wohl nicht den Mut zu dieser großen Tat der Schulgründung gefunden hätte, wenn nicht seine ihm gleichgestimmte Frau Berta ihn mit ihrer Liebefähigkeit unterstützt und ermutigt hätte."

Bald wurde die „Schulmutter" zur täglichen Mithilfe herangezogen. Für einige Jahre übernahm sie einen Teil des Handarbeitsunterrichts gemeinsam mit Helene Rommel, die durch ihre Vermittlung Rudolf Steiner vorgestellt und von ihm berufen worden war. Großzügig unterstützte sie die Drucklegung des Buches „Handarbeit und Kunstgewerbe" von Hedwig Hauck, das 1937 in reicher Ausstattung erschienen ist.

Als die Oberklassen der Schule heranwuchsen, fügte Rudolf Steiner das Buchbinden dem Handarbeitsunterricht ein. Er sagte dazu: „Ich würde es als eine Sünde betrachten gegen die Menschenwesenheit, wenn bei uns in der Waldorfschule nicht in einem bestimmten Zeitpunkte, der eben der Menschennatur abgelesen wird, der Handarbeitsunterricht auch das Buchbinden ... aufnehmen würde. Die Dinge gehören dazu, wenn man ein ganzer Mensch werden soll."

Die Pioniere dieses Unterrichts wurden Berta Molt und Olga Leinhas. Zunächst mußten sie eine Lehre durchmachen. Ein Meister der Kunstgewerbeschule brachte sie in einer abgekürzten, aber intensiven und vielfältigen Lehrzeit bis zur Meisterschaft. Im Erdgeschoß des Hauses Molt wurde eine Werkstatt mit handwerksgerechtem Material und Werkzeug eingerichtet. Die Hauptarbeit aber geschah in der Schulwerkstatt, wo Presse, Heftfaden und Leimtopf, Farbnäpfe für Vorsatzpapier und Deckelentwurf zur Hand waren. In dieser Werkstatt entstanden die vier Ledereinbände für die Mysteriendramen, die Rudolf Steiner als letztes Geburtstagsgeschenk seiner Waldorfschüler am 27. Februar 1925 erreichten.

Eine Aufgabe, die Berta Molt mit Hingabe erfüllte, war die Einführung der Kinder in die Sonntagshandlung. In einem weißen Wollkleid, mit gegürteter Stola, stand sie gemeinsam mit Helene Rommel oder Olga Leinhas und Edith Röhrle am Eingang des Säulensaales, um die Kinder zu empfangen und am Ende der Handlung zu entlassen. Im Säulensaal fand auch die Feier der Silberhochzeit von Emil und Berta Molt statt. Rudolf Steiner war zugegen, als Rittelmeyer das erneuerte Trauritual vollzog.

Berta Molt hatte ein großes Hauswesen zu leiten, das ihr ordnendes Gepräge trug. An dem gepflegten vegetarischen Tisch saßen zu Anfang der Waldorfschulzeit immer anthroposophische Studenten als Dauergäste der Familie. In großzügiger Gastfreundschaft wurden Rudolf und Marie Steiner, Eliza von Moltke, Albert Steffen, Hermann Hesse und andere Besucher empfangen. Als der Bau eines eigenen Hauses erwogen wurde, beschlossen Emil und Berta Molt, Zimmer für Waldorfschulpensionäre einzurichten. Seitdem lebten immer zwei oder drei Waldorfschüler gemeinsam mit dem Sohn und dem Pflegesohn Felix Goll in der Familie.

In den Anstrengungen und Krisen der Dreigliederungszeit war Berta Molt — in der Stille mittragend — wieder an der Seite ihres Mannes. Sie mag nicht immer mit seiner Handlungsweise übereingestimmt haben, aber er konnte sich auf ihre Treue zu seinem Streben verlassen. Sie nahm auch die wachsenden Sorgen um den Bestand der Firma auf sich, deren Stillegung 1929 durch die Konkurrenz erzwungen worden ist.

Der aufsteigenden Entwicklung der Waldorfschule folgte seit 1933 die Bedrohung ihrer Existenz durch die politischen Ereignisse. Auch in dieser Phase hat sich Emil Molt schützend eingesetzt. Für Berta Molt kam die wachsende Sorge um die Gesundheit ihres Mannes hinzu. Sie übernahm die Pflege in Zeiten scheinbarer Besserung und schwerer Rückfälle, bis der Tod bald nach seinem sechzigsten Geburtstag dem Leiden ein Ende machte.

Drei Jahre überlebte Berta Molt ihren Mann. Sie mußte die Schliessung der Waldorfschule durch die nationalsozialistischen Machthaber miterleben, aber ihr Vertrauen auf die Zukunftskraft der Schulidee war unerschüttert. Sie blieb dem Kollegium verbunden, widmete sich ordnend und bewahrend der von Emil Molt unvollendet hinterlassenen Lebensbeschreibung und verbreitete die Kapitel über die Jugendzeit und über die Gründung der Waldorfschule in Privatdrucken.

Im Sommer 1939, als der Krieg bevorstand, erreichte ihre Krankheit das Endstadium. Sie starb am 20. August, ohne von der Drohung der aufziehenden Katastrophen noch berührt zu werden.

Dora Kimmich

NORA STEIN — VON BADITZ

Den Freunden der Waldorfschulbewegung ist Nora von Baditz unter dem Namen bekannt, den sie während ihrer langjährigen Wirksamkeit an der Freien Waldorfschule Stuttgart-Uhlandshöhe trug: Nora Stein. In einem Leben, das reich an Prüfungen und Krisen war, hat sich ihre immer kraftvoller entfaltende Individualität weitgehend von allem frei gemacht, was sie durch Geburt ererbt hatte. Und dennoch sind ihr die großen Geschenke, welche die Heimat mitgeben konnte, während des ganzen Lebens wesenseigen geblieben. Ihr Heimatland war Ungarn, und sie empfing von diesem Lande drei Gaben: die herzhafte Ursprünglichkeit, das tiefe, melancholisch verschleierte Ruhen in sich selbst, die von mächtigen Feuerkräften durchpulste Bewegung.

Das Element der Ursprünglichkeit wurde in ihrer Jugend dadurch gefördert, daß sie die Sommer fast immer auf dem Lande verbringen durfte inmitten einer zugleich herben und aromatischen Natur, daß sie säen lernte und auch mit der Pflege der schwer zu zügelnden Pferde fertig wurde. Sie nahm gern in sich auf, was ihr die Heimatsprache in den eigenartigen Volksliedern zu sagen hatte. Hie und da wirbelte und stampfte sie wohl auch mit in den feurigen Volkstänzen, die sie nicht genug bewundern konnte.

In den Berufsträumen schwankte sie in der Wahl zwischen Drama und Tanz. Andere, nicht minder mächtige Lebensfaktoren, sollten dafür sorgen, daß diese Motive umgewandelt wurden.

Das Ursprüngliche, Dramatische, willenshaft Wuchtige behielt Nora von Baditz aber zeit ihres Lebens bei. Es äußerte sich auch in ihrer deutschen Sprache, die sie von ihrer österreichischen Mutter früh erlernt, später aber zu ihrer eigentlichen Umgangs- und Lebenssprache gemacht hatte. Gern suchte sie den Kontakt und die Freundschaft zu solchen Menschen auf, die aus erster Hand dachten, fühlten und wollten.

Das Ruhen in sich selbst hatte, neben der zweifellos auch vorhandenen melancholischen Note, das Element eines geistinnigen Suchens, das einem so unvergänglich in unsere Geschichte eingegangenen Ungarnkind eigen war — der nachmaligen Elisabeth von Thüringen. Dieses Suchen führte sie in Wien an die anthroposophischen Lebenskreise heran und weiter nach Dornach, wo sie in jene an fruchtbaren

Impulsen so reiche Epoche hineingeriet, in der das erste Goetheanum entstand.

Das feurige Element scheint ihre ersten Sympathien gelenkt zu haben, als sie sich mit dem jungen Österreicher Dr. Friedrich Stein verlobte. Dieser großzügige, noble Mann charakterisierte sich durch eine einzige Tat, als er sich im ersten Weltkrieg, um dem anstürmenden Gegner keinen Vorteil zu überlassen, in der Festung Przemysl mit seiner Batterie in die Luft sprengte. Fritz Stein war damals österreichischer Offizier.

Nora von Baditz faßte es später so auf, als sei es dieser jugendliche Held selber gewesen, der, wie aus der geistigen Welt heraus wirkend, ihre Hand in die seines Bruders Walter Johannes Stein legte. Und wenn auch in abgewandelter Art wurde diese Hand auch hier mit dem Element des Großzügigen und Feurigen verbunden. Nora von Baditz hat an der Seite von Walter Johannes Stein eine bedeutungsvolle Zeit ihres Lebens verbracht.

Was Nora von Baditz an Zukunftsgedanken im Hinblick auf einen Beruf gehegt hatte, verdichtete sich, als sie sich entschloß, Eurythmistin zu werden. Ihre Ausbildung erhielt sie in Dornach, aber das reichste Betätigungsfeld fand sie in Stuttgart, als Rudolf Steiner ihr einen Teil des Eurythmieunterrichts an der Freien Waldorfschule anvertraute. An der im Aufbau begriffenen Schule wirkte sie in jenen goldenen Jahren, als diese Schule, man kann sagen, fast von Monat zu Monat durch die Anwesenheit und den Rat von Rudolf Steiner gefördert wurde. Unter seinen Augen konnte Nora Stein, zusammen mit ihren Kolleginnen, der pädagogischen Eurythmie zur Geburt verhelfen.

Ihre Tätigkeit als Lehrerin war glücklich und fruchtbar. Die Talente, die zu dem „moralischen Kontakt" mit den Schülern führten, hat sie sich zum Teil schon durch die Geburt mitgebracht, zum Teil aber auch im persönlichen Bildungsgang erworben. Das Ursprüngliche, Naturfrische gab ihr, neben einem phantasievollen Einfühlungsvermögen, das wünschenswerte Verhältnis zu den unteren Klassen. Den aufsteigenden Jahrgängen imponierte sie durch die Abwechslung zwischen Ernst und Humor sowie durch eine zielbewußte Führung. Sie meisterte den Unterricht auch in Klassen von mehr als fünfzig Kindern, weil die Schüler spürten, daß sie vorankamen und daß sich etwas aufbaute. Auf der Oberstufe gewann sie die Schüler durch ein großzügiges Verständnis und durch ihr Streben nach zeitgemäßer Bildung.

Alle Erfahrungen, die sie im Umgang mit den Klassen gewann, teilten sich als ein erfrischendes Element in den Lehrerkonferenzen und im Umgang mit den Kollegen mit. Selten stellte sie irgendetwas

systematisch dar. Sie wirkte vielmehr durch den Hinweis auf Phänomene, deren Bedeutung ihr blitzartig aufgegangen war. Von solchen
Hinweisen sprangen zündende Funken auf die Kollegen über. Hie
und da mußte man ihr etwas ernüchternd entgegentreten. Das wußte
sie aber mit Humor aufzunehmen, und so wirkten selbst kritische
Auseinandersetzungen verbindend. Unschätzbar war ihre Verbundenheit mit den Grundimpulsen der Waldorfschule, so wie Rudolf Steiner
diese in seiner Menschenkunde und in den Motiven der sozialen Dreigliederung entwickelt hatte. Diese Verbundenheit war ein so natür-
liches Wesenselement von Nora von Baditz, daß sie ohne sie gar nicht
hätte sein können noch sein wollen.

Das Schicksal hat sie — noch vor dem Verbot der Waldorfschule —
vor schwere Prüfungen gestellt. Es riß sie bald vom eigenen Heim
und vom festen Tätigkeitsfeld los. Wo immer sie aber wirkte, in England, in der Schweiz, in Holland: sie nahm lebendig die Fragen und
Anforderungen auf, die ihr entgegenkamen. Als eurythmische Künstlerin und als Waldorfpädagogin wirkte sie schöpferisch weiter aus
ureigenen Impulsen, wie sie aus Leid und Freud, ich-stark erfaßt, erwachsen waren.

In Arbeitspausen, die sie gern in den Bergen verbrachte, beschäftigte
sie sich mit literarischen Aufgaben und Motiven, die sie in einer eigen-
geprägten, innerlich erlauschten Sprache zu gestalten wußte.

Nora von Baditz ist im Laufe ihres Lebens über die Voraussetzungen
ihrer Jugend hinausgewachsen. Es geschah durch intensive Arbeit an
sich selbst und durch nicht minder intensive Arbeit im Dienste von
anderen. Ein geradezu heilig gehaltener Hang zum Ursprünglichen,
quellhaft sich Äußernden ist ihr von den Kinderjahren her treu geblieben. Er gab ihr in den letzten Lebensjahren den Wunsch ein, die
nordeuropäischen Länder kennenzulernen, die Ursprüngliches aufbe-
wahrt haben, das für die Zukunft viel bedeuten könnte. Diese Nord-
sehnsucht hat sich in ihrem Leben nicht mehr erfüllt.

Aber das Schicksal führte sie in den Jahren ihrer letzten schweren
Krankheit in ein Gebiet, wo sie geistig doch auf der Wanderung zu
den gesuchten hellen Kräften des Nordens war, nach Irland. Dort
wurde sie, stark erfüllt von Zukunftsimpulsen, aus diesem Leben abge-
rufen. Sie starb, so sonderbar das klingt, als eine von schwerer Krankheit schon wieder Genesene. Wir erfuhren, daß sie kurz vor ihrem
Tode noch geäußert habe, wie glücklich sie sei, in einer so verheißungs-
voll reinen Natur gesund geworden zu sein.

Herbert Hahn

Wer sich bei Nora von Baditz eurythmisch ausbilden ließ, erlebte sie als eine viel fordernde, aber auch viel gebende Lehrerin. Eine „kosmische Weite" entstand in dem großzügig angelegten Unterricht. Schöpferisch in ihrer Art, den Anfänger zu führen, besaß sie die Gabe, künstlerische Fähigkeiten zu wecken und zu steigern.

Charakteristisch war der zurückgehaltene Wuchs ihrer Gestalt. Jede Individualität bereitet sich die ihr angemessene Leiblichkeit vor. Seit Generationen waren die Väter große schlanke Ungarn und die Mütter kleine zierliche Wienerinnen. Dadurch wirkte die Konstitution von Nora von Baditz „zusammengestaucht", wie Rudolf Steiner sagte. Man hatte den Eindruck, daß sie eigentlich größer sein müßte, als sie ihrer Erscheinung nach war.

Sie wuchs auf dem ländlichen Besitz ihres Vaters in Ungarn auf. Dort lernte sie von einem alten Kutscher, einem Felix-Balde-Typ, vieles über Tiere und Pflanzen kennen und auch mit Pferd und Wagen umgehen.

Die frühe Bekanntschaft mit Rudolf Steiners Schriften brachte Schwierigkeiten. Die Mutter berichtete dem Beichtvater von der Lektüre ihrer Tochter und bekam den Rat, die Bücher wegzunehmen. Darauf versteckte Nora die Schriften unter der Matratze. Stürmisch nahm sie Übungen aus dem Schulungsbuch „Wie erlangt man Erkenntnisse der höheren Welten?" auf und klagte schon nach einer Woche, daß sie noch nicht hellsichtig sei. Die persönliche Begegnung mit Rudolf Steiner fand vor dem Kriege in Wien statt. Nora erinnerte sich, daß er in einem kleinen Kreise vor Anthroposophen sprach. Hinter ihm hing ein Rosenkreuz, das er während des Vortrags von der Wand nahm und mit ausgestreckten Armen vor sich hielt, während Nora seinen Blick auf sich ruhen fühlte. Danach ging sie zu ihm und fragte, ob sie Mitglied der Anthroposophischen Gesellschaft werden könne, aber nicht in Wien. Unter den älteren Mitgliedern fühlte sich die modisch elegante Nora von Baditz nicht wohl. Rudolf Steiner lächelte und sagte: „Ist Ihnen Berlin weit genug weg?" und nahm sie in den Berliner Zweig auf.

Ihre Eurythmie-Ausbildung erhielt sie in Dornach. Sie war besonders begabt in der Darstellung von Humoresken und übte neben der regulären Ausbildung täglich viele Stunden für sich. So gab ihr Rudolf Steiner immer neue Aufgaben, denn die Eurythmie-Aufführungen, die jeden Sonntag stattfanden, endeten fast immer mit Humoresken von Christian Morgenstern. Nora erzählte, daß sie oft verzweifelt geweint habe, bevor es ihr nach langem Üben gelungen sei, die charakteristischen Gebärden zu finden.

Im Dezember 1919 berief sie Rudolf Steiner an die Waldorfschule, wo sie mit ihrer Kollegin Elisabeth Baumann die pädagogische Eurythmie ausarbeiten sollte. Danach kam es zu folgendem Gespräch mit Rudolf Steiner. Nora von Baditz: „Aber, Herr Doktor, ich weiß gar nicht, wie man Kinder unterrichtet. Wie kann ich das lernen?" Rudolf Steiner: „Da gehen Sie zu Dr. Schubert in die Hilfsklasse — so etwa für einen Monat — da lernen Sie alles, was Sie brauchen." Nora von Baditz schweigt verwundert und ungläubig. Rudolf Steiner: „Ja, Sie haben recht gehört, zu Dr. Schubert in die Hilfsklasse. Aber Sie müssen darauf gefaßt sein, daß Dr. Schubert im Unterricht plötzlich sehr laut wird. Das tut er, weil er dadurch die Iche der Kinder heranholt, die oft schlecht inkarniert sind. Dann müssen Sie nicht erschrecken."

Nach der Hospitation, wobei der angekündigte Schreck nicht ausblieb, begann ihre Unterrichtstätigkeit. Der Auftakt war dramatisch. Sie machte Stabübungen mit Elf- und Zwölfjährigen. Da fing einer an mit „Fallenlassen", die anderen machten mit, und ein Höllenlärm brach los. Die Lehrerin stand hilflos dazwischen. Plötzlich ging die Türe auf — Dr. Stein, der Ehemann und Kollege, erschien, der im Vorbeigehen den Lärm gehört hatte, erfaßte den ersten besten Jungen am Kragen, hob ihn hoch, trug ihn hinaus und setzte ihn vor der Türe ab. Die Klasse erstarrte vor Schreck. Das Spiel wiederholte sich nie mehr. Es ging das Wort um: man darf „ihr" nichts tun, dann kommt sofort „er". Nach diesem Vorfall wurde ihr Unterricht bekannt durch seine formende Kraft und künstlerische Originalität.

Bis 1933 wirkte sie an der Stuttgarter Schule. Dann folgten schicksalsschwere Jahre, die sie nach England und in die Schweiz führten. Nach dem Kriege war sie zunächst in Brissago tätig und gab einer Gruppe von Rote-Kreuz-Kindern aus dem zerbombten Rotterdam, elf- bis vierzehnjährigen „Rowdies" aus der Hafengegend, Eurythmiestunden. Nach kürzester Zeit erreichte sie durch ihren Unterricht und ihren Humor eine sichtbare „Vermenschlichung".

Seit 1956 arbeitete sie an der Freien Schule in Den Haag mit dem Lehrerkollegium zusammen. Erst als die Krankheit sie körperlich behinderte, mußte sie ihre impulsierende Tätigkeit aufgeben.

1929 hatte sie die verdienstvolle Legendensammlung „Aus Michaels Wirken" veröffentlicht. Darin heißt es: „Das neue Zeitalter möchte, die Gabe der Besonnenheit bewahrend, in diese Besonnenheit den Enthusiasmus ergießen, durch den allein eine Geisteskenntnis gewonnen werden kann." Um die Verbindung von Besonnenheit und Enthusiasmus hat sich Nora von Baditz lebenslang bemüht.

Erica Muller

EUGEN KOLISKO

Eugen Kolisko wurde am 21. März 1893 in Wien geboren; er starb am 29. November 1939 in London. Sein Elternhaus und die Wiener medizinische Schule waren eine Umgebung, die sich ihm einprägte und aus der er sich herauslösen und verselbständigen mußte. Der Vater, Hofrat Dr. Alexander Kolisko (1857—1918), war Professor der pathologischen Anatomie an der Wiener Universität; die Mutter Amalie Kolisko, geb. Freiin von Eschenburg, war Pianistin. Der sieben Jahre ältere Bruder Fritz starb als junger Mann an einem Sarkom wie der Vater. Eugen Kolisko litt als Kind jahrelang an einer chronisch-eitrigen Knochenerkrankung, mehrere operative Eingriffe waren nötig mit langen Zeiten der Bettruhe. Schließlich konnte Professor Fränkel den linken Arm nur dadurch retten, daß er das Ellenbogengelenk resezierte. Erst mit 22 Jahren machte Kolisko eine Masernerkrankung durch.

Durch das Elternhaus, in dem Gelehrte und Künstler aus- und eingingen, öffnete sich eine weite und reiche Umgebung für die Entwicklung des Knaben. Wissenschaft und Kunst wirkten als prägende Kräfte auf ihn, in dessen geistiger Entwicklung sich daraus später das goethesche Lebensmotiv gestalten sollte, nämlich beide mit „Ernst und Fleiß" zu verbinden.

Zunächst aber wurde der Weg Eugen Koliskos ganz von der Wiener medizinischen Schule bestimmt, die in einigen ihrer Repräsentanten skizziert sei.

Die Wiener Schule

Ein großes Kollegium von Reformatoren hatte sich auf nahezu allen Fachgebieten der Medizin gebildet, gewillt, die neue Medizin auf dem naturwissenschaftlichen Fundament zu errichten, nachdem Ernst Freiherr von Feuchtersleben (1806—1849) für die grundlegende Studienreform mit Lehr- und Lernfreiheit eingetreten war.

Im Mittelpunkt dieses Kollegiums stand Carl Freiherr von Rokitansky (1804—1878); er erhob die Pathologie zum obligaten Lehrfach und gab ein dreibändiges Handbuch der Pathologie heraus. Er wußte noch etwas vom Flüssigkeitsorganismus des Menschen; später unterlag er der Zellenlehre Rudolf Virchows. Heute ist seine Krasenlehre wieder mehr in Geltung. Sein Nachfolger war einer seiner Schüler,

Professor Kundrat, welcher der Vorgänger war von Alexander Kolisko. Der Vater von Eugen Kolisko hatte also die Lehrkanzel Rokitanskys erhalten.

Theodor Billroth (1829—1894) ging aus der gleichen Schule hervor. Er machte als Reformator der Chirurgie die erste Magenresektion. Die Präparate sind heute noch in Wien zu sehen.

Joseph Skoda (1805—1881) reformierte die innere Medizin, indem er die Klinik auf eine anatomisch-physikalische Grundlage stellte. Sein bedeutendster Schüler war Johann von Oppolzer (1808—1871); ein anderer Schüler war Eugen Kolisko (1811—1884), er war der Großvater von Eugen Kolisko.

Der Reformator der medizinischen Chemie war Ernst Ludwig (1842—1915). Er begründete die Chemische Schule in der medizinischen Fakultät. Das Verhältnis, das seine Schüler zu ihm hatten, ist typisch für alle die Schülerkreise der damaligen Zeit der Wiener Schule: sie schwärmten für ihren Lehrer.

Noch unter Ludwig fing Eugen Kolisko, der Sohn von Alexander Kolisko, 1913 mit der Chemie an. Das medizinisch-chemische Institut war im zweiten Stock der pathologischen Anatomie untergebracht. Unten arbeitete der Vater, oben sein Sohn. So hat Eugen Kolisko seinem Vater oft bei Leichenöffnungen zugeschaut, im Studentenkreis und später. Er brachte es hierin selbst zur Fertigkeit. Ja, in Stuttgart hat er einmal eine Leiche seziert, um eine fragwürdige Diagnose richtigzustellen. Man sieht den skeptischen pathologischen Anatomen aus Wien!

Joseph Hyrtl (1810—1894) war die Kapazität in der Anatomie. Außer Exaktheit zeichneten ihn historisches Wissen in seinem Fachbereich und eine brillante Redegabe aus. Rudolf Steiner erzählt in seinem Lebensgang, daß Hyrtl für den Lebensunterhalt Fercher von Steinwands sorgte; er nennt ihn einen bedeutenden Anatomen. An Hyrtls Darstellung des Gehirnwassers knüpfte er häufig an und führte sie weiter in die geisteswissenschaftliche Richtung. Hyrtl war auch vergleichender Anatom; daher war er vom Plan und der Gesetzmäßigkeit der Evolution überzeugt. Die „Idee des Lebens" schöpfte er aus dieser „philosophischen Wissenschaft", wie er die vergleichende Anatomie genannt hat. Eine Rektoratsrede, in der er sich gegen „die materialistische Weltanschauung unserer Zeit" wandte, fand Ablehnung. Einsam und verbittert ist er gestorben.

Den Physiologen und Kriminalanthropologen Moritz Benedikt (1835—1920) hat Rudolf Steiner mehrfach erwähnt. Er galt als das enfant terrible der Fakultät (Erna Lesky), weil er gegen Dogmen polemisierte. Auch er bekannte sich — wie Hyrtl — trotz aller Mechanik zu einem höheren Prinzip des Lebens wie der Pathologe E. von Rindfleisch in Würzburg und der Physiologe G. von Bunge in Basel. Es waren die sogenannten Neovitalisten, eine Strömung, die sich in der Folge gegen die Übermacht der technisch-materiellen Methoden im 20. Jahrhundert nicht halten konnte.

Joseph Breuer (1842—1925) lehnte einen Lehrstuhl, der ihm angetragen wurde, aus Bescheidenheit ab und betrieb bedeutende Forschungen zu Hause. Die berühmten Kollegen waren seine Patienten. Breuer war der Arzt der Familie Specht, und dort sind sich Rudolf Steiner und Breuer begegnet. Breuer und Benedikt waren Schüler von Oppolzer. Durch die genannten und sehr viele andere Mediziner wurde die Wiener Medizin zur „Weltmedizin". Aus der ganzen Welt kamen die Studierenden, in alle Welt hinaus gingen die in Wien ausgebildeten Ärzte und nahmen die Lehrstühle ein. Als Rudolf Steiner einmal den therapeutischen Nihilismus der Wiener Schule besprach, sagte er nebenbei, daß er ja in seiner Jugend mit dieser Schule aufgewachsen sei. Sein Privatschüler Otto Specht hatte später als Medizinstudent bei Ludwig medizinische Chemie und bei Alexander Kolisko pathologische Demonstrationen belegt.

Alexander Kolisko hat die gerichtliche Medizin mitbegründet. Infolgedessen hatte er, als 1889 die Leiche des Kronprinzen Rudolf zu untersuchen war, das gerichtliche Gutachten mit zu unterschreiben. Er wollte aber mit seiner Unterschrift nicht, dem Wunsche des Hofes folgend, einen vorgetäuschten Unglücksfall bestätigen, sondern nur das, was objektiv als Selbstmord vorlag, unterschreiben. Rudolf Steiner kam im Vortrag vom 27. April 1924 darauf zu sprechen, daß unter dem Ärztekollegium damals „einer der mutigsten Wiener Ärzte" gewesen sei. Gemeint war Alexander Kolisko.

Bedeutsam erscheint für die Wiener Schule schließlich die Zeit vom letzten Drittel des 19. und ersten Drittel des 20. Jahrhunderts. Die ersten Jahrzehnte des neuen standen stark unter den Nachwirkungen des alten Jahrhunderts, der Blütezeit jener Schule. Der Mensch mit seinem individuellen Schicksal steht unter den Wirkungen des Zeitenschicksals, das allgemeiner Natur ist. In diesen „generellen Karmawirkungen" sprechen im 20. Jahrhundert noch diejenigen weiter mit, die vormals auf den Kathedern standen, wie die Du Bois-Reymonds, Helmholtzens, Haeckels, *in der Medizin die Oppolzers,* Billroths und so weiter" (Rudolf Steiner am 4. Juli 1924). Es sind also die Hauptrepräsentanten der Wiener Schule, welche in den Lehrern Eugen Koliskos im 20. Jahrhundert wie Schattenbilder nachwirkten.

Mit dem Großvater Eugen Kolisko blicken wir auf die erste Glanz-
zeit der Wiener Schule; Alexander Kolisko, der Vater, gehört zu der
Phase des zweiten Höhepunktes mit ihren unmittelbaren Nachwirkungen, die bis in das erste Drittel des 20. Jahrhunderts hineinreichen.
Mit Eugen Kolisko, dem Sohn und Enkel, erleben wir die Wende und
den individuellen Durchbruch zur Anthroposophie. Diese drei Generationen bilden in ihrer Abfolge ein historisches Phänomen. Wir können erwarten, daß diese Konstellation zu besonderen Situationen führt
— innerlich und äußerlich.

Eugen Kolisko kam seiner Umgebung mit ihren großen Möglichkeiten mit Lerneifer und Wißbegier entgegen. Er teilte sich den Tag ein,
so daß Schule, Klavierübungen, eigenes Lesestudium und Pausen zu
ihrem Recht kamen. Er war ein sehr guter Schüler, alle Examina bestand er mit den besten Noten.

Am 29. November 1910, 17 Jahre alt, machte er die folgende Ein-
tragung in sein Tagebuch: „Habe mich heute entschlossen, Philosophie
zu studieren, und zwar mit Chemie bzw. Zoologie oder Botanik als
Hauptfach, zugleich als philosophischer Hörer oder als außerordent-
licher an der Medizinischen Sezierübungen zu hören, im 8. Semester
Doktorat, im selben Semester 1. Rigorosum, 9. bis 15. Semester zweiter
Studienabschnitt, alles in allem etwa 7 Jahre." 29 Jahre nach dieser
Eintragung auf den Tag genau starb er.

Nach dem Maturum mit 18 Jahren studierte er Medizin und promovierte 1917, 24 Jahre alt; sein Vater war der Dekan der medizinischen Fakultät. Er wurde dann angestellt am Institut für angewandte
Medizin der Universität Wien und war Sachverständiger und Dozent
für medizinische Chemie. Die Anstellung galt bis 1921.

Die Schicksalswende

Mit 21 Jahren, im April 1914, hörte er die ersten Vorträge Rudolf
Steiners in Wien: „Inneres Wesen des Menschen und Leben zwischen
Tod und neuer Geburt". Jeder Vortrag schließt mit einem der Rosen-
kreuzersprüche. Er wurde am 3. 4. 1914 Mitglied der Anthroposophischen Gesellschaft. Seit der Gymnasialzeit war er mit dem zwei Jahre
älteren W. J. Stein befreundet und in ständigem Kontakt mit ihm. Stein
kam 1919 nach Stuttgart zum ersten Lehrerkurs, Kolisko folgte 1920;
mehrere dringende Telegramme, um ihn dazu zu bewegen, waren an
ihn gelangt. Der Entschluß fiel Kolisko nicht leicht. Seine Familie war
gegen den in ihren Augen sozialen Abstieg und gab ihn verloren. Als ich
1941 einen Verwandten, den Dirigenten Alexander Kolisko, in Wien
auf Eugen Kolisko anzusprechen versuchte, stieß ich auf eine abweisen-

de Haltung. Seit 1913 hatte er die familiär bedingte Laufbahn ange-
strebt, in Wien, in Graz, in einer Poliklinik, als chirurgischer Assistent
und schon selbständiger Operateur in einem Lazarett (1917), war Ge-
richtschemiker des Landgerichtes und Dozent für Chemiker und Mediziner „mit ausgesprochenem Lehrtalent" laut Zeugnis seines Chefs.
Wie konnte einer das sichere Ziel einer Wiener Lehrkanzel aufgeben?

Im März 1920 sprach Kolisko während des zweiten naturwissenschaftlichen Kurses in Stuttgart über hypothesenfreie Chemie. Rudolf
Steiner äußerte sich sehr zufrieden. Am Ende des Kurses sprach er die
Hoffnung aus, daß sich aus den Teilnehmern eine neue Akademie
an der Waldorfschule bilden werde, denn von nirgendwoher sonst
könne die Befruchtung der Wissenschaften ausgehen. In dieser Hinsicht
wurden noch genannt Hermann von Baravalle, Ernst Blümel und
Alexander Strakosch.

Die Aufgabe bestand darin, mit neuen Ideen das vorliegende Alte
sehen zu lernen, wie es Goethe vorgelebt hatte, nicht aber die anthroposophische Lehre einfach über Herkömmliches unverwandelt darüber
zu stülpen.

In erster Linie mag Rudolf Steiner dabei die Persönlichkeit Eugen
Koliskos im Auge gehabt haben. Erst viel später erfuhr ich, daß Kolisko
tatsächlich die persönliche Aufgabe gestellt bekam, die Wissenschaften
durch neue Ideen zu befruchten. In der Zeit, als Kolisko als Schularzt
und Fachlehrer an der Stuttgarter Waldorfschule wirkte (1920 bis
1934), haben seine Kollegen seine Hilfen dankbar aufgenommen, sogar
ein Sprachlehrer hat es für sich bestätigt. Die ärztlichen Kollegen in
Stuttgart und die, die ihn 1920 bei dem ersten medizinischen Zyklus
Rudolf Steiners erlebten, konnten ihn nur staunend bewundern. Was
tags zuvor an gänzlich neuen Aspekten vor sie hingetreten war: Kolisko
konnte es ihnen am nächsten Tag erklären. Ein damaliger Kollege
schrieb bei Koliskos Tode 1939: „Der Goetheanismus schien ihm ange-
boren zu sein." Kolisko hatte sich mit Goethe auseinandergesetzt und
dessen Methode intensiv erarbeitet.

Außer dem Unterricht in Englisch und Naturkunde hielt er öffentliche Vorträge und gab Kurse. Seine Themen betrafen die Zoologie,
die Dreigliederung des Menschen; er gab chemische Experimentalkurse
und solche in Botanik, außerdem Kurse über allgemeine Naturwissenschaft und Evolutionslehre. Er sprach später über große Gestalten der
Geschichte und geschichtliche Epochen. In der englischen Geschichte
war er ebenso zu Hause wie in der französischen, deutschen und amerikanischen.

Aber im Hintergrunde lag dieses Wien; die eingeprägten generellen

Karmawirkungen des 19. Jahrhunderts klangen noch nach. Nicht umsonst hatte er sieben Lehrjahre an dieser weltberühmten Schule so erfolgreich verbracht. Seit ebenso langer Zeit aber war dieses Verhältnis nicht ganz geklärt. Mit 21 Jahren hatte er an den Vater geschrieben, „daß eine Vermaterialisierung der geistigen Prinzipien" zur Begründung dieser Institute geführt habe. Er war sich demnach während der ganzen Zeit seiner Ausbildung bewußt, in welcher Lage er sich befand. Innerlich stand er von vorneherein als Anthroposoph in einem Gegensatz zu seiner Umgebung an der Universität, in welche er hineingeboren war. Es war eine Art von Mißverhältnis, wie es biologisch die Individualität gegenüber ihrem physischen Leib als einem durch die Eltern vererbten Modell vorfindet.

1922 drängte dieser Gegensatz an den Tag und zur Entscheidung. Nicht als Kritiker der alten, sondern als Lehrer der „neuen Akademie" trat er während des West-Ost Kongresses vor die Wiener Ärztegesellschaft hin und sprach über „Neue Wege in der Pathologie und Therapie durch Anthroposophie". Die Kollegen des Vaters, wie Haberda, Paltauf, Eiselsberg (der große Chirurg), Julius Bauer und viele andere Persönlichkeiten mit Namen von Rang und Klang, dazu die eigenen Kollegen, Assistenten und Dozenten, an 500 Personen waren versammelt. Es gehörte Mut zu diesem Schritt.

„Ich glaube, daß ein besserer Vortrag nicht zu halten war . . . Trotzdem kam es zum Krach. Die Leute tobten, gingen, schlugen die Türen zu, machten Zwischenrufe, lachten, und ich sprach durch all das Chaos eine volle Stunde mit der größten Aufbietung von Energie . . . . Es war der größte Skandal, der in der medizinischen Welt Wiens seit Menschengedenken vorgekommen sein mag . . ." (aus einem Brief an Lili Kolisko).

Nichts kann diesen Feuergeist besser schildern. Kolisko war der Typus des Idealisten. Nicht umsonst wurde er im Sternbild des Widders geboren. Als er mir die Geschichte 1935 erzählte, war sein Fazit: „Die Meute war los." Ein lieber Freund des Vaters, der bereits erwähnte Professor Fränkel, war wie gebrochen.

Die Blutsbande zu Wien und seiner Medizin war er mit einem Schlage los. Von höherer Warte aus gesehen, mußte er darum aufs Podium; nur als öffentlicher Bekenner und Verfechter der neuen Lehre konnte er die Fäden endgültig zerschneiden. Nun war der Abschied leicht.

Die neue Aufgabe

Als Zögling der Wiener Schule hatte er von einer alten Lehrkanzel

120

aus neue Ideen seinen früheren Lehrern und Kollegen mitzuteilen gewagt. Zugleich hatte er auch zu den nachwirkenden Schatten des 19. Jahrhunderts gesprochen. Durch sein öffentliches Auftreten an diesem Ort ließ sein persönliches Schicksal die Diskrepanz zwischen Tradition und völliger Umgestaltung dieser Tradition eklatant hervortreten, so daß das Mißverhältnis eine historische Dimension bekam. Während sein Publikum sich wie im Fieber wehrte, konnte er eine Haut abwerfen und Raum für den eigenen freien Flügelschlag gewinnen. Die meist unpersönlich erscheinende Umwälzung zweier Zeitalter war für Eugen Kolisko zur persönlichen Herzenssache geworden. Darin liegt die historische Bedeutung und das Schöpferische dieser Szene von 1922. Koliskos Herkunft und dieser Vortrag stellten ihn zwischen zwei Zeitalter. Sein äußeres Scheitern zeigt seine innere mutvolle Größe. In Kolisko wirkten Unbedingtheit, Enthusiasmus und Selbständigkeit. Er ließ sogleich den Vortrag drucken. Es finden sich darin charakteristische Sätze z. B.: „Wir haben eine ausgebildete Anatomie, Physiologie und Pathologie, aber wir brauchen *leitende Ideen,* welche das gewaltige Tatsachenmaterial von großen Gesichtspunkten aus umfassen können ... Auf der anderen Seite muß eine *phänomenologische Chemie, Botanik und Zoologie* ausgebildet werden, die zu einem wirklichen Verständnis der Heilmittel führt". In den fachwissenschaftlichen Veranstaltungen des Kongresses könne man darüber Näheres hören. Der Abschluß des Vortrages lautete: „Die großen Errungenschaften der Pathologie sind da. Gelingt es uns, sie eine neue Sprache sprechen zu lassen, dann können wir den Weg finden zu neuen therapeutischen Gesichtspunkten in der Medizin".

Der ganze Vortrag ist das Dokument einer werdenden Medizin auf dem Weg zum Geiste. Mit dem gleichen Selbstvertrauen, das er sich in der Schule der Wissenschaft erworben hatte, erarbeitete er sich die Geisteswissenschaft und trat für sie ein. Mit Chemie hatte er angefangen. Bei der Eröffnung des ersten Goetheanums hielt er drei Vorträge darüber (Oktober 1920). Später verfaßte er eine kleine Schrift über den Chemieunterricht. Mit der Verbrennung fängt sie an. Ja, Feuer war sein Element, so wie Mut seine Charakterstärke. In Eugen Kolisko wurde das Wissen des 19. Jahrhunderts wie Erz umgeschmolzen und vergeistigt in die Weisheit des 20. Jahrhunderts, die er mit geläuterten Keimen bereichert hat.

Gerhard Ott veröffentlichte zwei Bände „Grundriß der Chemie". Ott spricht es dankenswert klar aus, daß er durch die Eindrücke und Gedanken seines früheren Lehrers Eugen Kolisko dazu angeregt worden sei, und er bekennt, daß er es als eine Verpflichtung angesehen habe, an die damaligen Entwürfe seines Lehrers anzuknüpfen und sie zu einem Ganzen auszubauen. Solche Einstellung muß auch den Unbeteiligten befriedigen.

Für den Unterricht in der Zoologie bekam Kolisko von Rudolf Steiner das System des Tierreiches in zwölf Gruppen. 1930 erschien ein Aufsatz darüber in „Gäa-Sophia", dem Jahrbuch der naturwissenschaftlichen Sektion am Goetheanum. Nach kurzem Überblick über das in der Wissenschaft Vorgefundene stellt Kolisko fest, daß eine Zwölfheit sich daraus nie hätte ergeben können. Er nimmt dann eine sinngemäße Veränderung des üblichen Stammbaumes vor und gelangt so zu einer zunächst zahlenmäßigen Übereinstimmung der neuen mit der alten Gliederung des tierischen Stammbaumes. Jetzt werden die Gruppen zum Kreise geordnet, und damit ist ein umfassender Ausgangspunkt auch schon bildlich gewonnen. Danach folgt dann die Beschreibung jeder Gruppe so, daß sie trotz vieler Details den Bezug zum Ganzen wahrt. Er geht vom Ganzen in die Teile. Vieles bleibt Skizze und Notiz, etwas Endgültiges kann das nicht sein. Darin gerade liegt das Anregende für weitere Arbeiten.

Auch Friedrich Kipp hat empfangene Anregungen ausgebaut. Kipp wendet den wissenschaftlichen Phänomenalismus, die Methode Koliskos, für alle Gebiete an, die er bearbeitet hat: Höherentwicklung und Menschwerdung, ornithologische und geologische Fragen, das periodische System der Elemente und Evolutionsprobleme.

In seiner schulärztlichen Tätigkeit bekam Kolisko Ratschläge und Hinweise Rudolf Steiners, so oft er ihn darum bat. Die Bilder, welche er sich von den Kindern machte, flossen dann in die Arbeit der Lehrerkonferenzen. Er sah ein neunjähriges Mädchen, das viel träumte. Er untersuchte es und sagte zu der Mutter, die es mir Jahrzehnte später berichtete: Sie wird, wenn sie die Wahl hat, immer den schwereren Weg wählen. „Und genau so ist es gekommen", sagte die Mutter. Wie man es bei großen Ärzten und Forschern kennt, so hatte sich auch bei ihm ein Intuitionsorgan aus ärztlicher Erfahrung entwickelt. In diesem Falle betraf es, über die Medizin hinausgehend, das ganze Schicksal.

1935 und 1936 leitete er als Arzt das Sanatorium Burghalde. Diese kurze Tätigkeit wurde zum Keimpunkt, woraus sich das Paracelsushaus in Unterlengenhardt entfaltet hat. Damals wurde auch ein gemeinnütziger Klinikverein Burghalde ins Auge gefaßt, der 1952 aber erst begründet, 1954 in den „Verein zur Förderung eines erweiterten Heilwesens" umbenannt worden ist und heute noch besteht.

Außer den zahlreichen Vorträgen auf öffentlichen und internen Tagungen aller Berufsgruppen und der Anthroposophischen Gesellschaft sei hier an die Vorträge erinnert, die für die Stuttgarter Ärzte während zweier Semester 1933/34 von ihm gehalten wurden, zuerst über die pflanzlichen, danach über die metallischen und mineralischen Heilmittel. Darunter haben die von ihm entworfenen Metallbilder sich wohl am meisten den Zuhörern eingeprägt. Vieles von dem, was Kolisko damals vorbrachte, ist Allgemeingut der anthroposophischen Ärzte geworden, ohne daß immer bekannt ist, aus welcher Quelle diese Ideen und Bilder geflossen sind. Besonders die Pharmazeuten der Weleda konnte er als Chemiker beraten.

Valborg Werbeck-Svärdström veröffentlichte 1938 die „Schule der Stimmenthüllung". Sie schrieb in der Einleitung: „Ganz besonders dankbar bin ich ihm (Eugen Kolisko) aber für den Beitrag zu diesem Buche. Denn obwohl diese ganze Darstellung hauptsächlich auf das künstlerische Erleben und Erarbeiten eines richtigen Singens zugeschnitten ist, kann das lebendige Bild von dieser Schule . . . nur vervollständigt werden, wenn man sowohl die geisteswissenschaftlich-physiologischen Grundlagen als auch die Ausblicke auf die therapeutischen Möglichkeiten berücksichtigt. Aus diesem Grunde begrüße ich außerordentlich dankbar und erfreut das von ihm verfaßte Nachwort".

So sind Anregungen von ihm wie von einem „Brunnen mit vielen Röhren" ausgeströmt, an denen neues Wissen zu schöpfen war. Wie kann ein Mensch der Forschung und Wissenschaft nicht nur Spezialist, sondern mehr als das sein? Eine Antwort gab Kolisko schon als Gymnasiast. Er faßte den Vorsatz, bei irgendeiner geschichtlichen Jahreszahl alles zu wissen, was sich zu dieser Zeit in der Weltgeschichte aller Länder vollzogen hatte, und dem Gedächtnis einzuprägen. Er führte es durch, und so erschien er denn auch dem Freunde Stein als der, der vielseitig gebildet ist und alles weiß. Er war aber noch ein Jüngling. Diese Übung wurde dann zum Gerüst seiner frappierenden Geschichtskenntnisse. Aber vor allem war es die selbstgefaßte Methode, über das Ich von innen her in das Wesen der Menschheit einzudringen. Über die Naturwissenschaften führte der Weg von außen an das Wesenhafte heran. Durch das künstlerische Element der Musik waren beide Wege wie in der Atmung verbunden. Kolisko spielte sehr gut Klavier, was wenige seiner Mitmenschen wußten.

Als Herausgeber des Sammelbandes mit den Hochschulvorträgen zur Eröffnung des ersten Goetheanums 1920 schrieb Kolisko, wer die Hochschulkurse „mitgemacht hat, weiß, daß im Gegensatz zur Spezialisierung des heutigen Wissenschaftsbetriebes eine *Universalität* der Wissenschaft wieder heraufkommt". Er selbst war dafür ein lebendiges Beispiel. Sein Ingenium wollte das Höchste, und daher suchte er das Ganze. In jedem seiner zahlreichen Aufsätze ist dieser Bezug zu einem Ganzen vorhanden, bis in die Buchbesprechungen, die er für die Zeitschriften machte. Was er den Wissenschaften leisten sollte, war in ihm selbst vollzogen. Kolisko war gleichsam von dem Bilde einer neuen goetheanistischen Universitas umgeben, in der sich Natur und Kunst gefunden haben. Die Idee einer neuen Hochschule, die dies verwirklichen sollte, lag seit 1920 immer in seiner Seele.

Es sei hier von dem Vortrag im August 1930 auf dem Kamp de Stakenberg berichtet. Ein historisches Panorama eröffnete die Ausführungen. Von Haeckel und Nietzsche sprach er, wie die Welträtsel Haeckels vom Jahre 1899 unerfüllt und unbeantwortet geblieben waren; da war Nietzsche, der 1900 wie ein Opfer seiner Zeit umnachtet starb, der auch mit dem Herzen erlebte, was die anderen intellektuell erledigten. So wie Haeckels Lehre sich in Goethes Geist vollendet, so können die erschütternden Fragen Nietzsches durch Rudolf Steiner auf den Weg zum Geiste führen. Die Naturreiche, die Dreigliederung, erläutert an der Pathologie, schilderte er, um am Schluß als Krönung von der Wissenschaft über die Kunst zur Religion zu führen. Anfang und Ende faßten sich an.

Seine weiche Mundart gewann ihm Sympathie, 900 Zuhörer gaben ungeteilten Beifall, weil sie verstehend befriedigt waren. Der Wiener Zögling war ein großer Lehrer der Geisteswissenschaft geworden. Er stand da, klein von Statur, bewegte sich ebenso gelassen hin und her, wie er frei in seinem Vortragsinhalt war. Die linke Hand hängte er manchmal mit dem Daumen zur Entlastung des Armes in die Tasche. Den Kopf trug er etwas angehoben, aus der Nähe sah man in seine blauen Augen, aus denen ein Urverstehen sprach.

Kolisko war geschult am Wissen Haeckels, und er erlebte die wissenschaftlichen Fragen, wie Nietzsche die seinen, mit dem Herzen. Das machte ihn zum Repräsentanten zwischen dem dunklen und dem lichten Zeitalter, das Gleichgewicht suchend. Daher wirkte er mehr durch das, was er war, als durch das, was er wußte. Das machte ihn auch zum Lehrer in der Klasse, und darin bestand seine Wirkung auf die Schüler. Sie liebten seine bloße Anwesenheit, und er genoß ihr Vertrauen. In der Klasse machte er, wie auch in Vorträgen, seine humvorvollen Sprüche, die auch tiefsinnig sein konnten.

Die Sprache des Schicksals

Sucht man in der Geschichte nach einem Vorgang, der seinen Fall beleuchten könnte und der etwas ausspricht, was wir nur durch vergleichende Spiegelung gewinnen können, dann kommt uns die Schilderung zu Hilfe, die Rudolf Steiner von dem neunten Jahrhundert in den „Rätseln der Philosophie" gegeben hat: Im 9. Jahrhundert hat das alt gewordene, erschöpfte Griechentum, das im Neuplatonismus kurz auflebte, „einen Verjüngungsprozeß des geistigen Lebens" durchgemacht. „Die errungenen Geisteskräfte können sich nur weiter entfalten, wenn sie in junge natürliche Menschheitskräfte eingepflanzt werden." Der damalige Gegensatz von erschöpfter Lebenskraft und sich fortpflanzender Geisteskraft wurde an der Wende des 19. und 20. Jahrhunderts zu einem Gegensatz der freien Individualität im Kampfe mit einer überreifen altgewordenen Umgebung. Damals konnten sich die führenden Geister innerlich auf religiöse Inhalte stützen (Gralssage u. a.); Kolisko konnte nur dem denkenden Selbstbewußtsein vertrauen. Mit Selbstbewußtsein stellte er sich in der Medizin dem alten Jahrhundert. Innerlich lebte er in der Hingabe an die Anthroposophie. Der biologische Kampf des Kindes mit dem Vererbungsmodell gewinnt unter solchem Vergleich schicksalhafte Sprache und geistige Bedeutung. Nach Überwindung der Krankheitskrise zeigten sich die Früchte. Er wuchs geistig über den Vererbungskampf hinaus, sprengte auch das Umgebungsmodell seiner Schule in Wien, gewann die Freiheit, und alles sprang aus ihm in jugendlicher Frische hervor. Die auferlegte Krankheit erscheint als die pathologische Vorübung, um eine ganze Epoche zu verdauen. Das ideelle Gegenstück war der andere Kolisko, der Lehrer einer größeren Epoche, der Schüler eines größeren Meisters als der Lehrer von Wien. Sie finden die Entwicklung und Gestalt dieses Schülers ihren Standort in der Geschichte der Geisteswissenschaft, in der anthroposophischen Bewegung: so kann er erst „eingeschätzt" werden (s. S. 247).

Kolisko wurde am 21. März zum Frühlingsanfang geboren! Zu einer Zeit, wenn die Wärme in die Wintererde eindringt, dazu bestimmt, aus ihr den Frühling hervorzulocken. An jedem Gegenstand, den Kolisko recht zu betrachten die Ruhe fand, entzündete sich die fortdauernde Aufbruchsstimmung in ein neues Zeitalter. Eine vom Kosmos eingeprägte Fähigkeit, die Materie mit dem Geist ins Gleichgewicht zu setzen, pulsierte in diesem Herzen, so wie Nacht und Tag sich an seinem Geburtstag die Waage halten. Und diese Stimmung verbreitete sich als der menschliche Zauber, der von ihm ausgehen konnte, wo immer er erschien.

Das Hypomochlion lag im 21. Jahr; vorher war das Lebenspendel nach der Vergangenheit ausgeschlagen, von da an wurde es von der Zukunft ergriffen und dann immer mehr fortgerissen. Jedoch, der geistige Umkreis, den diese Seele aufzunehmen, die Aufgaben, die sie zu bewältigen hatte, waren für den zarten Körper zu groß und zu viele. Es resultierte eine verzehrende Rastlosigkeit und ein schlafversäumendes Tempo. In kaum fünfzehn Jahre drängte sich seine immense Arbeitsleistung hinein. Reibungen mit der Umgebung sind nur zu verständlich, ebenso Niedergeschlagenheit und Erschöpfung.

Als ich Kolisko dann in der Stuttgarter Schule ablösen sollte, stand er vor dem Ende seiner, vor mir lag der Anfang meiner Arbeit. Er war an der schwersten Strecke seines Lebens angekommen. Mit allen Lebensnerven war er mit seiner Arbeit verwurzelt. Der Abgang rüttelte an diesen Wurzeln. Der Abschluß in Stuttgart barg den seines Lebens schon in sich; nach genau fünf Jahren war es zu Ende.

Die Schwierigkeiten in der Führung der Anthroposophischen Gesellschaft nach dem Tode Rudolf Steiners berührten Kolisko tief. Er erlebte die Gesellschaftskrisen nicht als Zuschauer, er war, ebenso wie als Erkenner, als mitfühlender, mitverantwortlicher Träger der Sache angesprochen; daher nahm er Stellung und kam in eine solche Lage in der Gesellschaft und im Kollegium, daß er die Schule 1934/35 verlassen mußte.

Die Tätigkeit in der Burghalde war nur eine vorübergehende Lösung. Im Mai 1936 ging er nach England. Ihn trieb es, wie vorher in Stuttgart, nun dort die Verwirklichung der Hochschulidee zu versuchen. Ein erfolgversprechender Anfang schlug in einen Mißerfolg um. Er mußte erkennen, daß die Schwierigkeiten, die sich in Deutschland ergeben hatten, in England die gleichen waren. Zudem waren Persönlichkeiten gestorben, mit denen er gerechnet hatte. Der Boden war ihm entzogen.

Sein Tod kam vorzeitig und ereilte ihn unterwegs in der Eisenbahn. Im Abteil eines Wagens wurde er in der Nähe von London tot aufgefunden. Die Obduktion ergab einen Herzschlag. Kolisko war erst 46 Jahre alt. Drei Tage vorher hatte er einen Traum: er ging durch einen langen finsteren Gang, „und als ich endlich herauskam, da stand Dr. Steiner vor mir und streckte mir die Hände entgegen. Ich war so voll Freude, daß ich ihm einfach um den Hals fiel . . . " In diesem Traumbild wurde Koliskos Leben besiegelt. Und wurde nicht zugleich das nächste Erdenleben enthüllt?

Als junger Mensch erglühte Kolisko für den Geist, er brachte viel mit, als er durch die Anthroposophie sich selber fand; er zog eine leuchtende Spur wie ein Meteor und verschwand. Sein Leben war ein Entwurf, zur Ernte blieb keine Zeit. Die Zukunft wird lehren, was dieser Geist der Welt noch zu sagen hat.

Gisbert Husemann

Mit unserem Freund Kolisko ist ein Mensch durch die Pforte des Todes gegangen, dessen persönliches Schicksal aufs engste mit der fortschrittlichen Entwicklung des Geisteslebens verbunden ist. Große Hoffnungen setzte Rudolf Steiner auf diesen Schüler. Er sah in ihm eine derjenigen Persönlichkeiten, die durch ihre Begabung und ihr eingehendes Studium der Naturwissenschaften die Möglichkeiten hatte, in diese die geisteswissenschaftlichen Erkenntnisse hineinzutragen. Wie oft hatte ich Gelegenheit, von Dr. Steiner persönlich zu hören, wie sehr er Koliskos Fähigkeiten schätze, als Arzt die Kinder in der Waldorfschule richtig zu verstehen und zu behandeln, und des öfteren hörte ich Dr. Steiner mit Befriedigung aussprechen, wie es Koliskos gelungen sei, in schwierigen Momenten, in denen es darauf ankam, schnell zu handeln, das Richtige zu treffen.

Für die Menschen hatte er das größte Interesse, hauptsächlich wenn sie krank waren. Er konnte dann mit unendlicher Geduld sich in den einzelnen vertiefen und auch die Möglichkeit haben, ihm zu helfen. Er war dadurch ein guter und von den Patienten sehr geliebter Arzt.

Seine Arbeit dehnte sich auf die gesamten geisteswissenschaftlichen Bestrebungen aus, an denen er mit seiner ganzen Seele hing. Als die großen Vorträge von Dr. Steiner über Thomas von Aquin und Albertus Magnus gegeben wurden, konnte man empfinden, daß Kolisko zu denjenigen gehörte, für die Rudolf Steiner in erster Linie sprach. Er wußte, daß er von ihm verstanden werden konnte, deshalb war auch eine der Aufgaben, die er Kolisko persönlich gab, sich mit Thomas von Aquin zu beschäftigen.

Die große Tragik in Thomas von Aquin war, daß er trotz wunderbarer Denktechnik nicht die Glaubensinhalte mit seinem Denken durchdringen konnte und die Kluft zwischen Denken und Glauben nicht zu überbrücken vermochte. So starb Thomas mit der Frage: Wie trägt man die Christologie in sein Denken herein? Wie kann man mit seinem Denken den Christus verstehen? Und da das die große Frage ist, mit der sich unsere Gegenwart auseinanderzusetzen hat, wurden auch die Denker in der geisteswissenschaftlichen Bewegung Rudolf Steiners auf dieses Problem aufmerksam gemacht. Und diese Frage war insbesondere auch dasjenige Herzensproblem, mit dem sich eine Persönlichkeit wie Kolisko aufs intensivste auseinanderzusetzen hatte. Dieses Problem gab eigentlich, wenn man zurückschaut, dem ganzen Leben und Streben Koliskos seine besondere Färbung. Die zwei Welten Denken und Glauben klafften bei ihm zunächst auch noch auseinander. Rudolf Steiner konnte durch seine Vorträge über Thomas von Aquin auf das Intensivste auf diese Probleme eingehen, und durch sein Buch „Die

Philosophie der Freiheit" hat er die Wege gewiesen, die Kluft zwischen Denken und Glauben zu überbrücken. Kolisko wurde hierin sein wahrer Schüler.

Als dann weiterhin Rudolf Steiner seine gewaltigen Vorträge über die Schule von Chartres gab und die großen Zusammenhänge mit den Lehren Platos enthüllte, war es wiederum Kolisko, der insbesondere von diesen Vorträgen einen starken Eindruck bekam. Man konnte erleben, wie nahe ihm die Ideenwelt stand, die Plato entwickelte und die in der Schule von Chartres wieder zum Aufblühen gekommen war. So geschah es eines Tages nach dem Schlusse eines solchen Vortrages, daß Kolisko aufs tiefste bewegt Rudolf Steiner entgegenging, um ihm für die wunderbaren Anregungen zu danken. Auch Rudolf Steiner war in diesem Momente sichtlich ergriffen. Das kam darin zum Ausdruck, daß er beide Hände Koliskos ergriff, sie herzlich schüttelte und ihm dabei liebevoll und froh in die Augen schaute. Nachträglich sagte er mir, die Augenzeugin dieser Begegnung war, wie sehr es ihn gefreut habe, daß Kolisko in seiner Seele so entzündet worden sei durch den Inhalt dieser Vorträge. Dadurch ist es auch zu verstehen, daß Kolisko in der Folgezeit immer wieder angezogen wurde, den Ort Chartres mit seiner wunderbaren Kathedrale zu besuchen. Und wie sehr ihn durch sein ganzes weiteres Leben die Zusammenhänge mit dem Platonismus und seinen Fortsetzungen beschäftigt haben, bezeugt sein großes Interesse, das er für die Schriften von Dionysius dem Areopagiten hatte, die merkwürdigerweise erst 600 Jahre nach dessen Tode in den neuplatonischen Schulen als die Schriften des Pseudo-Dionysios bekannt geworden sind und dort als Lehrgut gegolten haben. Später im 9. Jahrhundert wurden diese von Scotus Erigena wieder entdeckt und übersetzt. Man wird wohl sagen können, daß das Bestreben Koliskos, die Naturwissenschaft aus der materialistischen Umklammerung zu befreien, mit den Impulsen, die von diesen beiden Menschen kommen, zusammenhängt. Dieses Streben ist in den vielen Vorträgen, die Kolisko gehalten hat, herausgekommen, auch in seinen schriftlichen Arbeiten.

Andererseits konnte ihn wieder eine Gestalt wie Baco von Verulam, in dem der Arabismus und Materialismus einen Vertreter gefunden hat, außerordentlich beschäftigen.

Im Hinschauen auf diese Impulse im Innern seiner Seele kann man es auch gut verstehen, daß sein Weg für die letzten Jahre seines Lebens nach England geführt hat, und man kann auch seine Sympathien für Schottland und Irland verstehen.

Sein großes Seelenformat ließ ihn überall und doch auch wieder nirgends ganz zu Hause sein. Kurz vor seinem Tode drängte es ihn noch zu einer Orientierungsreise nach Amerika. Zurückgekehrt war er voll neuer Aktivität. So kam sein plötzliches Hinscheiden ganz unerwartet für alle seine Freunde. Man empfindet aber, daß ein nicht genügendes Sichauswirkenkönnen seiner Seele in ihrem physischen Dasein zu diesem frühen Tod geführt haben mag. Kolisko machte den Eindruck eines Menschen, der mächtige Zukunftspläne in sich trug, die aber in der Gegenwart sich noch nicht ausleben konnten. Für die medizinische Arbeit war sein Weggang ein großer Verlust, denn auch auf diesem Gebiete geisteswissenschaftlichen Strebens waren große Hoffnungen auf ihn gesetzt und vieles, was in seinen Möglichkeiten lag auf diesem Gebiet, war noch nicht zu einem Ende gekommen.

Ein Freund, der Kolisko auf dem Totenbette sah, schrieb mir von seinen Empfindungen. Mächtig groß schien ihm der Kopf des Toten, winzig dagegen der Leib, wie zurückgebildet schon. Dieser Freund empfand es wie eine Geistgeburt, die da stattfand, und er erlebte, wie dieser Tod nur als Übergang zu neuem Leben zu betrachten ist.

Ita Wegman

1920 — noch während des ersten Schuljahres — kam Eugen Kolisko nach Stuttgart, um den Unterricht als Klassenlehrer und Sprachlehrer zu übernehmen. Er trat an die Stelle von Friedrich Oehlschlegel, der sich zu einer Studienreise nach Amerika beurlaubt hatte. Kolisko gehörte zu jenen Lehrern der Schule, die in der Blütezeit der Schule unter der Leitung Rudolf Steiners dieser das wesentliche Gepräge gegeben haben. Es war eine bedeutende Zeit für jeden, der an der Schule war als Lehrer wie auch als Schüler. Es war aber auch eine bedeutende Zeit vom Gesichtspunkte der Entwicklung der Menschheit. Zur großen geistigen Wirksamkeit und Ausstrahlung, zum „Gnadenglanz" der Waldorfschule hat Kolisko als Lehrer und Schularzt unendlich viel beigetragen.

Er lebte nur für die Schule und für die Bewegung, die von Dr. Steiner die Richtung bekam. Er war tätig in den Sitzungen der verschiedenen Gruppen, die sich mit der Vertiefung des geistigen Lebens beschäftigten; er arbeitete in den Zusammenkünften der Ärzte, und spät abends war er noch fleißig, oft bis drei oder vier Uhr früh, um sich für die Schule vorzubereiten. In freudiger Seelenstimmung betrat er die Klasse mit einem Stoß Bücher unter dem Arm. Immer hatte er etwas mitgebracht, um es den Schülern zu zeigen. Wenn er sprach, ging er hin und her, blieb auch zuweilen stehen und war ganz in der Sache, die er zu erklären hatte. Ein Schüler der obersten Klasse erzählte, daß sich alle um ihn herum drängten, um ihm nahe zu sein. Man konnte nicht nahe genug sein, um das von seiner warmen Menschlichkeit durchströmte Wissen aufzunehmen.

Da er auch in den verschiedenen Gebieten der Medizin bewandert war und alles, was von Dr. Steiner ausging, gerne tat, hat er sich dazu bereitgefunden, die Wirksamkeit eines Heilmittels gegen Maul- und Klauenseuche auf einem Landgut auszuprobieren. Fast ein ganzes Jahr hat er so fern von der Schule auf einem Landgut zugebracht und nach Ablauf dieser Zeit die Arbeit an der Schule wieder aufgenommen.

Seine Tätigkeit erstreckte sich nicht nur auf das Unterrichtliche als Klassenlehrer und Lehrer für Chemie, Anthropologie und Hygiene, sondern auch auf eine unterweisende Arbeit mit den Lehrern. Fast alle, die in den unteren Klassen Chemie zu lehren hatten, holten sich die Grundlagen für ihre Arbeit bei Dr. Kolisko. Ein anderes Gebiet, auf dem er mit den Lehrern als anregender Rater sich betätigt hat, war die pädagogische Medizin. Da wurden die Klassen und einzelne Kinder besprochen und der Aufbau des Menschen im Sinne der geistig erhellten Menschenkunde studiert. Es war jedesmal ein Ereignis, wenn er die Zusammenhänge zwischen Mensch und Welt aufzeigte, das Weltenall heranzog, um die Zelle zu verstehen, und die Zelle anschauen ließ, um das Weltall zu verstehen. Er pflegte dabei auf den Ausspruch Goethes hinzuweisen: „Mikroskope und Fernröhre verwirren eigentlich den reinen Menschensinn." Er ließ den Menschen als eine Symphonie des Tierreiches und als eine Zusammenfassung der Erd- und Weltgeschichte erkennen. Er baute auf den Grundtatsachen der Anthroposophie auf, und sein Verdienst bestand darin, daß er eine Zusammenschau der Naturwissenschaft, Medizin und Anthroposophie entwickeln konnte.

In den Ausschußsitzungen, in welchen die gesamte anthroposophische Arbeit behandelt wurde, war Kolisko ein initiativer Mitberater, auf dessen Stimme Dr. Steiner gerne hörte. Bei seiner Tätigkeit als Schrift-leiter ließ er sich von seinem historischen Weitblick impulsieren; er wollte die Zeitschrift „Die Drei" zu einem Weltorgan des freien Geistes-lebens machen, das die getrennten Gebiete von Wissenschaft, Kunst und Religion in höherer Einheit verbinden sollte.

Einen Höhepunkt der anthroposophischen Tätigkeit erreichte Kolis-kos Leben in der Zeit des Wiener West-Ost-Kongresses, der haupt-sächlich von ihm organisiert worden war. In Dornach war er ein gern gesehener Gast bei allen Tagungen, an welchen er immer auch als Vor-tragender teilnahm. Er liebte den Bau des Goetheanums und erlebte dessen Zerstörung in der Silvesternacht 1922/23 wie den Verlust eines nahestehenden Wesens. Es kam dann in der Weihnachtszeit, gleichsam wie eine Auferstehung des irdischen Goetheanums, die Weihnachtstagung 1923/24, in der Dr. Steiner die Führung der Allgemeinen Anthroposophischen Gesellschaft übernahm und eine Urgründung vollzog, die der Anfang einer die Menschheit ergreifenden Erwekkung sein sollte. Das Denken, Fühlen und Wollen der Menschen sollte auf die Zukunftsmöglichkeiten hingewiesen und durch die Darstellung der Geistesgeschichte aufgezeigt werden, was der heutige Mensch bestimmten Persönlichkeiten und Kulturen verdankt. Die Summe der menschheitlichen Entwicklungsanstrengung wurde gezogen; die Menschheitsseele hielt den Atem an und besann sich selbst. So ähnlich hat Kolisko die Weihnachtstagung als ein menschheitlich Lebendiges erlebt, das sich als Anregungskraft allen Menschen mitteilen wollte. Was Aristoteles geleistet, was Alexander der Große erstrebt hat, was der heilige Thomas als Gedankenschulung gewollt hat, alles schien sich zu vereinigen, um in dem Anregungsimpuls der Weihnachtstagung zu gipfeln, der ein Aufruf an die Menschheitsseele war, im Wesen der Erkenntnis zu erwachen und den einst verlorenen Faden der Ariadne wieder aufzunehmen, um so aus dem Labyrinth herauszufinden und den Weg der Mitte zwischen Versuchungen und Verlockungen durch die Kraft des Christus gestärkt einzuschlagen. Den verheißungsvollen Anfang hat Kolisko innig begrüßt und sich mit seiner ganzen Kraft für die Einhaltung dieses Weges der Weihnachtstagung eingesetzt.

Nach dem Tode Rudolf Steiners stellten sich die Schwierigkeiten ein. Kolisko kämpfte, solange er konnte, für das Beibehalten der von Dr. Steiner in der Weihnachtstagung aufgestellten Kompetenzen und Einrichtungen.

Im Leben der Schule versuchte er alles zu tun, um die Ausdehnung der Schule zu erreichen, er wollte auch einen Weltschulverein zustandebringen, doch traten ihm solche Hemmnisse in den Weg, daß er von diesem Plan absehen mußte. Als er für seine Absichten und Arbeitsideale im Rahmen der deutschen Landesgesellschaft nicht mehr Raum hatte, sah er sich genötigt, zusammen mit anderen Freunden die Anthroposophische Arbeitsgemeinschaft zu gründen, in welcher er seine Arbeit bis zum Jahre 1934 fortsetzen konnte. Auch in der Schule wurde es für ihn schwer. Er verließ sie und gründete, nachdem er kurze Zeit das Sanatorium Burghalde geleitet hatte, in London die Schule für Geisteswissenschaft, welche dazu dienen sollte, Einblicke in die Kräfte und Ziele der die Menschheitsentwicklung führenden Geistwelt zu geben. Er wollte dadurch erreichen, daß die einstige Einheit von Kunst, Wissenschaft und Religion als eine zum Menschsein gehörende

Ganzheit wieder entstehe. Er sagte: Was dem Geiste nach richtig in jedem Augenblicke für die Fortentwicklung der Menschheit geschehen muß, das ist Anthroposophie.

Sein Ideal war es, daß in einer solchen Schule für Geisteswissenschaft junge Menschen durch Studium und künstlerische Tätigkeit ein Weltbild sich erwerben würden, das ihnen die Möglichkeit gab, die in ihnen veranlagten Geisteskeime zu entfalten und im Sinne des fortschreitenden Geistes der Menschheit zu wirken. Es war ein menschheitlicher Impuls, der ihn zu dieser Gründung veranlaßt hat, wie er überhaupt dem Fortgang der Menschheit und nicht sich selber dienen wollte. Von London aus machte er Besuche in Holland, wo er im Haag an der Freien Schule für Lehrer und Eltern hygienisch-pädagogische Vorträge hielt, die durch seinen sprühenden Geist und durch seinen Humor freudige Zustimmung und Dankbarkeit erweckten.

Im dankbar liebenden Erinnern wird seine menschliche Erscheinung wieder lebendig. Eine bescheidene und vornehme Haltung verbarg sich in der verhaltenen Würde, mit der er nichts an sich herankommen ließ, was ihn verletzen konnte. Man konnte mit ihm nicht rechten, denn er war so empfindlich, als ob er mit seinem Herzorgan bis an die Haut hin ein feines Wahrnehmungsgefühl gehabt hätte. Man kam mit ihm am besten zusammen im Objektiven. Mit warmer Teilnahme verstand er zuzuhören, wenn man in seiner Gegenwart zu sprechen hatte. Alles, was spontan entstand, fand bei ihm begeisterten Widerhall. Seine Sprache hatte den österreichischen Tonfall, manchmal konnte er auch in die Mundart verfallen, wenn er etwas herzlich oder deutlich sagen wollte. Der österreichische Klang kam besonders warm zum Ausdruck, wenn er als Titus und Crispus in den Weihnachtsspielen mitwirkte.

Er war ein Kämpfer für das Licht, eine der Seelen, die Michael verehren und mit ihm für den Menschheitsfortschritt sich einsetzen. Sein Eifer für die Belebung der im Menschentum veranlagten Zukunftskräfte läßt die Erwartung aussprechen, daß seine Menschenkraft nicht ungenützt bleiben, sondern den Geisteszielen dienen wird, zu denen wir alle mit ihm streben.

Karl Schubert

KARL SCHUBERT

Karl Walter Schubert wurde am 25. November 1889 geboren, er starb am 3. Februar 1949 in Stuttgart. Seine Heimat war Wien, die Hauptstadt der Donaumonarchie. Der Vater, Angestellter an der österreich-ungarischen Bank, hatte nach dem Tode seiner Frau wieder geheiratet, und Karl war das zweite Kind aus dieser Ehe. Bis zur dritten Schulklasse finden wir den Knaben in Wien. Er ging gern zur Kirche und sang tüchtig mit. Die Erlebnisse des kirchlich-religiösen Lebens setzten sich zu Hause in den Spielen fort. Die Kinder bauten einen Altar, und jeder mochte am liebsten die Rolle des Priesters übernehmen. Karl mußte aber gegenüber den älteren Brüdern zurücktreten. Später wurde er Chorknabe und sang Solomessen, weil er mit seiner musikalischen Stimme die Solo-Partien sicher treffen konnte. Einen Spielkameraden, welcher, da er nicht mitsang, Ministrant war, hat er um dieses Amt beneidet.

Im zehnten Jahre des Knaben wurde der Vater nach Klagenfurt versetzt. Nun begann im Kreise der Kinder ein frohes Naturerleben mit Baden, Schwimmen, Rudern auf dem Wörther See, mit Bergbesteigungen in Begleitung des Vaters, mit Eislaufen im Winter. Die Ferien verbrachte der Knabe bei den Großeltern im Böhmischen. „Dort", so schreibt er selbst, „führte ich mit dem Hirten die Kühe und Schweine auf die Weide und sprang auf den Wiesen und im Walde herum. Es machte auf mich tiefen Eindruck, wie der Hirt mit der Peitsche knallen konnte. Wenn er nämlich die Kühe auf die Weide trieb, schnalzte und knallte er bloß mit der Peitsche; der Schall des Knalles war aber so stark, wenigstens mir kam es so vor, daß man es weit und breit hören konnte. Die Kühe kamen von selbst aus den Ställen heraus und schlossen sich dem Zuge an. Ich war draußen auf der Weide gar nicht furchtsam, ging durch sumpfige Wiesen hindurch und fühlte mich geborgen. Vor den Zigeunern hatte ich aber Angst". Einmal begegnete er einer Schar im Walde und verkroch sich erschreckt hinter einem dicken Baum; man hatte gesagt, sie würden Kinder stehlen. Während dieser Ferienaufenthalte lernte er die tschechische Sprache kennen.

Dieses frohe Jugendleben brach plötzlich ab. Schubert selbst wußte dafür keinen Grund anzugeben, und so können wir hier nur einen geheimnisvollen Schritt seiner Entwicklung ahnen. Ein starkes tech-

nisches Interesse erwachte in ihm. Die Dampflokomotive, das Telefon, der Schiffbau beschäftigten den heranwachsenden Knaben. Außerdem begann er, Jakob Böhme zu lesen. Während dieser Epoche vom zehnten bis vierzehnten Jahre hatte er auch einem zwei bis drei Jahre jüngeren Kameraden Nachhilfeunterricht zu geben. Schilderungen, die Schubert später von diesem Jungen gab, ließen deutlich werden, daß es sich um ein anormales Kind gehandelt hat. Er brachte ihn bis zur Gymnasialreife. Viele Jahre später übergab ihm Rudolf Steiner die Klasse der Schwachbegabten, aus der dann die sogenannte Hilfsklasse entstand.

Als in Klagenfurt ein theosophischer Redner, Edwin Böhme, auftrat, machte der Vater seinen Lieblingssohn Karl auf diese Vorträge aufmerksam. So kam es, daß er bereits mit vierzehn Jahren theosophische Vorträge besuchte. Dabei ergab sich, daß ein Mensch in sein Leben eintrat, der jahrelang für ihn Bedeutung gewann. Guido Ratzmann war dreißig Jahre älter und bekleidete das Amt eines leitenden Ingenieurs an der österreichischen Eisenbahn. Ratzmann war Theosoph und nahm sich liebevoll des jungen Schubert an. Er wurde sein Freund und späterer Gönner.

Im Jahre 1906 hörte Ratzmann in München einen Vortrag von Rudolf Steiner. Der Eindruck war so bestimmend, daß sie nun zusammen Vorträge Rudolf Steiners studierten. Schubert war inzwischen siebzehn Jahre alt. 1908 wurde in Klagenfurt ein Zweig gegründet und Rudolf Steiner zum Vortrag eingeladen. Karl Schubert erhielt den Auftrag, den Redner und Marie von Sivers am Bahnhof abzuholen. Bei dieser ersten Begegnung war er neunzehnjährig. Drei Vorträge wurden damals gehalten: Siegfried und Die Götterdämmerung; Praktische Ausbildung des Denkens; Der Weisheitskern der Religionen. Man kann sich denken, daß der letzte Vortrag unseren Freund besonders interessierte und innerlich bewegte. War er doch inzwischen in Zweifel religiöser Art geraten, die ihn der konfessionellen Tradition entfremdeten. Wenn auch der Vortrag die Zweifel nicht sogleich beseitigte, so war doch in die Seele ein neuer Keim versenkt, welcher im Laufe der Jahre heranwachsen konnte. Dies hat Karl Schubert später in seinen Vorträgen, wenn er über die Begegnungen mit dem Lehrer sprach, oft betont. In London (1909) seien ihm beim Studium der Religionen mit der Erinnerung an die Inhalte des Klagenfurter Vortrages zwei Dinge immer klarer geworden: „das Wesen des Christus" und „die zentrale Stellung des Christentums in der Weltgeschichte".

Das Studium, bei dem er von seinem Gönner unterstützt wurde, bestand in Sprachwissenschaft und Philosophie und führte ihn außer nach Wien und London auch zweimal nach Paris. 1916 absolvierte er das Doktorexamen mit einer Arbeit über Friedrich Rückert; in der mündlichen Prüfung hatte er die Frage nach Goethes Beziehungen zum Okkultismus zu beantworten.

Während der Studienjahre wurde Karl Schubert durch innere Krisen geführt. Bedeutungsvoll scheint das Frühjahr 1910 gewesen zu sein, als sich der Einundzwanzigjährige in London mit religiösen und philosophischen Fragen wissenschaftlich auseinandersetzte. Zwar beklagt er sich auch über den „Wust der Wissenschaften" und empört sich über den in Jahrhunderten aufgehäuften Staub der Bibliotheken; aber das innere Erlebnis wiegt schwerer, in seiner Seele lebte tiefe Erkenntnissehnsucht:

„Wer wird den düstern Schleier lüften,
Der meiner Augen Licht verbirgt?
Wann werd' ich jene Kraft erkennen,
Die tief in jedem Wesen wirkt?
. . . . .
O Wolke hebe dich von hinnen, ´
Laß sehen mich das heil'ge Licht!"
(5. 2. 1910, Cliffe)

In der Abschiedsstimmung von England erlebt die Seele etwas wie die Lüftung des Schleiers:

„Letzter Tag in Cliffe und London. So schön war der Tag . . . Ich sehe nicht die äußeren Eigenschaften der Dinge . . ., sondern ich sehe das Herz aller Dinge, das was wirklich existiert. Ich sehe das Seiende, den Geist, den ich in mir sehe und fühle und der selbst in mir fühlt und schreibt." (7. 3. 1910)

Als eine besondere Hilfe empfand er, daß er sich das Buch „Wie erlangt man Erkenntnisse der höheren Welten?" erarbeitet hatte, indem er Satz für Satz aus dem Englischen übersetzte.

Was er nach der Rückkehr in Klagenfurt aufzeichnete, deutet auf die Geburt des Ich in ihrem stufenweisen Ringen zwischen Licht und Finsternis:

„Todesengel mit der Feuerfackel,
Willst du leuchten mir ins Paradies!
Todesengel führe mich von hinnen,
Führ mich ein ins heilige Paradies.
Einmal noch will ich hinuntertauchen
In den Strudel dieser Welt,
Will des Geistes Feueratem hauchen
Und erwecken diese Welt."
(20. 3. 1910)

Und wie befreiend klingen schließlich die Sätze: „Die umschaffende Kraft dringt aus der großen Kraftquelle des Kosmos in lebendige Wesenheit ein, sie, die als erste die Erde erschuf und mit ihr uns alle. Dich preise ich, mein Licht, Frühlingskraft und Gottesatem." (6. 5. 1910 Wien)

Dann vermag die frei gewordene Individualität sich selbst die innere Richtung zu geben, die Wanderjahre der Seele beginnen. Nach der Abschrift von Schillers Gedicht „Der Pilgrim" heißt es:

„Mein Herz erfüllt vom Kampf zwischen Leidenschaft und dem höheren Streben ... Die Blumen des Feldes weisen mir die Wege ihrer Reinheit. Der Mensch ist durchflossen von rotem Blut, das er sich schwer erwerben mußte mit der Aufopferung seiner Keuschheit. Doch mein heiliger Wille will das Blut reinigen, daß es so rein werde, wie der Saft der roten Rose, die sich am Kreuze findet." (Wien 10. 6. 1910)

Nach zwei Jahren ist die Eintragung, die diesen Faden weiterspinnt, kurz und meditativ:

„Was mir unbekannt, soll ich lernen und daran mich kräftigen im Dienen den Mächten!" (22. 9. 1912)

Wie mit einem michaelischen Jubelruf kündigt sich das ewige Wesen an:

„Ich folge dir, ferner klingender Ruf,
Führe mich hinein zum Lenker der Erde,
Berühre feurig mein Herz, und
Flügel wachsen mir, zu steigen in Höhen."
(Wien 19. 5. 1913)

Das der Welt neu geborene Ich ahnt seine Bestimmung. Am Neu-Jahrstag 1914 heißt es:

„Aufsteigen sehe ich eine neue Zeit, eine neue Aufgabe soll mir gegeben werden. Heiliger Geist, erleuchte mich, um sie auch zu erfüllen." (Wien 1. 1. 1914)

Fünf Jahre später wurde die Waldorfschule in Stuttgart gegründet, an der er ein paar Monate nach ihrer Eröffnung seine Lebensaufgabe fand.

1911 hatte Schubert zum ersten Male bei der Aufführung von Weihnachtsspielen in Wien mitgewirkt, 1914 auch bei den Spielen vor Verwundeten in einem Wiener Lazarett. Ein Jahr später rückte er mit einem österreichisch-polnischen Regiment ins Feld und lernte im Verlauf des Krieges die polnische Sprache. Beim Abschied sagte ihm Rudolf Steiner: „Nehmen Sie die ‚Geheimwissenschaft' mit und denken Sie an mich." Die Bibel, die „Geheimwissenschaft" und Novalis nahm er mit und studierte darin während der zweijährigen russischen Gefangenschaft. In Rußland lernte er wiederum die Sprache, so daß er als Dolmetscher dienen konnte. Zu Weihnachten wurden unter den Mitgefangenen des Lagers mit verteilten Rollen die Oberuferer Spiele gelesen. 1918 zurückgekehrt, empfand er mit aller Klarheit seine Berufung zum Lehrer. Er schrieb aber an Emil Molt wegen einer Anstellung in der Zigarettenfabrik.

Schubert kam am 20. Februar 1920 nach Stuttgart und wurde nach Absolvierung einer französischen und englischen Sprachstunde als Lehrer angenommen. Damit begann seine Tätigkeit innerhalb der Waldorfschule, als Redner in der Anthroposophischen Gesellschaft und sein Mitwirken bei den Aufführungen der Weihnachtsspiele für die Kinder der Schule. Generationen von Schülern hat er sich in seinen Rollen unauslöschlich eingeprägt.

Eine Woche vor seinem Tode hielt er in Schweinfurt zwei Vorträge, zu denen er seit langem eingeladen war. Seine Themen waren „Die Erziehung im Elternhaus" und „Vom Lebenswerk Rudolf Steiners". Als er am Samstag, den 29. Januar, zurückgekehrt war, ging er am Sonntag, wie so oft, zur Schule, um bei der kultischen Handlung für die Kinder mitzuwirken. Auf dem Wege befiel ihn ein Unwohlsein, das ihn zwang umzukehren. Da der Arzt wegen bedrohlicher Symptome an die Notwendigkeit eines chirurgischen Eingriffs dachte, wurde er in ein Krankenhaus gebracht. Jedoch konnte die Operation nicht gemacht werden, weil sich sein Zustand unaufhaltsam verschlechterte. Er verschied nach viertägiger Krankheit.

Wenn wir uns fragen, was für ein Wesen aus diesen Lebenstatsachen und Erinnerungen zu uns spricht, dann stehen zuerst vor dem inneren Auge zwei Szenen aus der Zeit vor dem siebenten Lebensjahre. Beide zeigen uns das Kind im Gotteshause. Es singt laut, mit der vollen Inbrunst kindlicher Hingabe. Einer nebenstehenden Dame wird es zu viel, sie bedeutet ihm, er möge sich mäßigen. Kinder mit einer so kräftigen Stimme sind gewiß nicht blutarm. Karl Schubert gehörte nicht zu den Bläßlingen. Der Eisenprozeß in ihm wirkte stark. Er hatte die Fähigkeit zu Blitz, Donner und Sonnenschein. Ein anderes Mal kniet das Kind am Altar, die Händchen hebend, betet es voll Innigkeit. Wieder tritt eine Dame hinzu, jetzt aber mit der Bitte, für sie mitzubeten. Zwei Bilder, die etwas vom Wesen unseres Freundes aussprechen. Das eine offenbart Kraft und Stärke schon im Kinde. Wenn wir uns seines späteren Wirkens erinnern, so stand es wahrlich im Dienste des Michael-Geistes, der das kosmische Eisen im Menschen als Willensfeuer entzündet. Mit dem anderen Bilde nehmen wir die Kraft demütigen Knieens

wahr. Stärke und ehrfürchtige Demut waren in ihm verbunden. Damit
mag zusammenhängen, daß er Gegensätze, wo sie sich zeigten, schwer
ertrug, sondern stets zu vermitteln suchte.

Sein Verhältnis zur Sprache verdient eine nähere Betrachtung. 1913
schreibt er in sein Tagebuch:

„Geisteswissenschaft ist ein Priesteropfer der Zeit. Iphigenie. Der
Mensch tritt in seine eigentliche Sphäre, wo er selbst handeln und
denken kann. In der Sinnenwelt ist ihm ein Körper geliehen, in der
Sprachwelt wirkte etwas, was er selbst ist, ohne Körper.“ Das war
Schubert selbst: Sein Wesen, seine Stärke, die sich in der Sprache und
in der Energie seines Fühlens verkörpert hatten. Am 8. April 1948
sprach er in Stuttgart während einer Lehrtagung sonntagmorgens
über ein Thema, das ihm lag: Der weltpädagogische Impuls der
Anthroposophie. Wie vor seinem Vortrag bei der Schließung der
Waldorfschule am 30. März 1938 bat er mich, mit ihm in das Arztzimmer zu gehen, wo er sich Verschiedenes verabreichen ließ. Der Saal
war voll, die Zuhörer warteten. „Sie müssen hinauf“, sagte ich. „Ge-
hens mit mir“, sagte er. Ich mußte ihn bis hinter den Vorhang begleiten. „Mit der Faust hierher“, sagte er und zeigte auf seinen Nacken;
nicht sanft und symbolisch, regelrechte Stöße mußte ich ihm jetzt verabreichen, er wollte es spüren; Faustschläge sollten wie Zündhölzer
seine Rede anzünden.

Schubert sprach dann von der Gestalt seines Lehrers, schilderte dessen starke „geistig-muskulöse Hände“. „Sie waren so“, sagte er, „daß
man den Eindruck empfing, diese Hände hätten aus dem Ton den
Adam machen können, diese Hände hielten den Faden, der durch die
ganze Weltgeschichte geht.“ Man muß sich seine gedrungene Gestalt,
seine kräftigen Gebärden, die Akzentuierung der mächtigen Stimme
vorstellen, und unser Freund steht leibhaftig, Geist verkündend, vor
uns. Plastische Motive liebte er besonders. Das Haupt des Zeus im
Gegensatz zum faunischen Element! Die von unten nach oben aus-
holenden Gebärden seiner Arme, die er bei Schilderung des Faunischen
machte, waren dergestalt, daß man dabei Schlangen zischen zu hören
meinte. Im Flusse der Rede tauchten originelle, nie gehörte Wortbil-
dungen auf, die man verderben würde, wollte man sie aufschreiben.
Schubert bereitete sich für seine Vorträge mit großer Anstrengung
vor, und das gerade ist der Grund, warum ihm Schöpfungen der augen-
blicklichen Geistesgegenwart so meisterhaft gelangen. Dabei konnte
man den Eindruck einer in sich bewegten plastischen Spracharchitektur
bekommen, die er mit dem Sinkenlassen und Auftürmen seiner monu-
mentalen Satzgefüge tönend erstehen ließ. Die Werkzeuge „Hammer“

und „Meißel" wurden dabei in bildhafter Weise nicht selten gebraucht. Stil und Überzeugungskraft wirkten nicht bloß über den Verstand, sondern unmittelbar. Sie veränderten in dem Zuhörer Atmung und Blutkreislauf; er sah wie durch einen geöffneten Vorhang in geistige Wirklichkeit und wurde unversehens zum inneren Zuschauer eines wogenden Meeres von Imaginationen, die er sprechend gestaltete, denn sein Geist stand dem lebendigen Sprachquell nahe, aus der Substanz der Wahrheit vermochte Schubert seine Rede zu schöpfen. Sie hatte etwas von kosmischer Urgewalt.

Viele Menschen, denen Karl Schubert begegnet ist, haben erfahren, wieviel Vertrauen er in die Wandlungskräfte des anderen hatte und wie er es jedem von uns ohne Ausnahme entgegenbrachte. In ihm selbst hatten sich Wandlungen vollzogen, und so wandte er sich an das im Menschen, was darauf antwortet. Aus dem Händeheben des Kindes waren Segenskräfte geworden, die nun jede Begegnung mit Karl Schubert erfüllten. Man konnte sie erleben als die Entbindungskraft für den eigenen Stern, den sein liebevolles Auge suchte. Daher gibt es wohl nicht oft noch einmal einen Menschen, der so voll anerkennen konnte, dem Aburteilen sichtlich Schmerzen bereitete, so daß er sich dagegen wehrte. Fühlte er sich doch dadurch mitgetroffen und vom Höheren abgeschnitten. Die Kraft, Menschen zu verbinden, auf das Positive ihres Wesens mehr als auf anderes hinzuhören, Gegensätze auszugleichen, Mißverständnisse zu erklären, lebte stark in seiner Seele und brachte sein gefühlsstarkes Herz zum Überfließen. Immer wieder finden wir am Ende der Eintragungen im Tagebuch die Worte, mit denen er den Tag beschließt: „Friede allen Wesen."

Stärke und überfließendes Herz machten sein Menschentum aus. Sie befähigten Schubert zum heilenden Erzieher. Man mußte ihn lieb haben, da er einen selbst mit so viel Herzkraft beschenkte. Bezeichnend und unvergeßlich war es, wenn er im persönlichen Gespräch, seitwärts gewandt, mit geneigtem Kopf, plötzlich wie zu sich selber sagte: „Ex abundantia cordis os loquitur."

Auf dem Totenlager hatte sich das Gesicht wie zu neuer Tätigkeit gestrafft, die Züge waren um viele Jahre verjüngt. Das Antlitz strahlte Größe aus. Über den entschlafenen Augen webte eine anmutige Zartheit — wie hatten sie das Ästhetische genießen können! Erhaben leuchtete die Stirn — hatte er nicht im Leben, wessen er fähig war, oft versteckt? Der Mund, sanft geschlossen, erschien wie der eines Dichters. Welch ein Gegensatz dann die Hände, sie waren zu Händchen geworden und von einem Rosenkranz umschlungen. Sie hatten sich im Leben oft gefaltet und viel Liebe erwiesen.

Die bisherigen Schilderungen zeigen etwas, das wie voll aufgegangenes Menschenwesen ist; zum Schluß sei noch eine Frage angeführt, die sich der inneren Betrachtung ergibt.

Das technische Interesse wurde im heranwachsenden Jüngling so stark, daß er beim Beginn des Studiums Physik als Hauptfach wählen wollte. Damals wurde ihm wegen der Überfüllung dieses Lehrfaches abgeraten. Dennoch blieb sein Interesse für Erfindungen und technische Errungenschaften lebendig. Es dehnte sich sogar auf chemische und astronomische Erkenntnisse aus. Hier liegt ein Rätsel verborgen, dessen Lösung wir uns vielleicht nähern, wenn wir Novalis folgen, den er so liebte: „Die Physik ist nichts anderes als die Lehre von der Phantasie" und „Goethe soll der Liturg dieser Physik werden."

Ja, welch ein Ausblick ergibt sich, wenn Schubert in der Art, wie er über historische Themen, Religion, Mythos und Erziehung gesprochen hat, neue physikalische und naturwissenschaftliche Darstellungen gegeben hätte! Ein Zukunftskeim leuchtet auf, der während dieses Lebens wartend ruhte. Die geistgemäße Physik ist eines der Fundamente, auf dem sich das Gebäude einer moralischen Weltanschauung erheben kann. Man ahnt mit dem Blick auf Karl Schuberts Geistgestalt, daß die Heilerziehung unserer Kultur bis in die Umgestaltung der Physik und Chemie vordringen wird.

Gisbert Husemann

In den Jahren, als Rudolf Steiner öfter zum Besuch der Waldorfschule nach Stuttgart kam, bot sich zuweilen die Gelegenheit, ihn im persönlichen Gespräch um die Aufhellung dieser oder jener Lebensfrage zu bitten. Er hatte in seinen Vorträgen über den Segen gesprochen, der für unser ganzes Erdenleben aufgeht, wenn wir verstehen, eine rechte Geistesgemeinschaft mit den Verstorbenen zu pflegen, mit den Seelen, die uns in die höheren Welten vorangegangen sind. Erinnerungen, die weiter wirken in den Seelen der auf Erden Verbleibenden und in den Seelen der Sphärenmenschen, Erinnerungen an gemeinsam Erlebtes, hatte er als eine alle Welten verbindende Brücke bezeichnet. Ich durfte ihn einmal fragen, von welcher Art diese Erinnerungs-Vorstellungen sein sollten, die man aus einer Fülle von Bildern auszuwählen habe. Da sagte Rudolf Steiner — so weit ich mich heute an den Wortlaut erinnern kann: „Es sind am besten Erinnerungen an ganz deutlich vorstellbare Situationen, in denen wir gemeinsam mit dem Verstorbenen etwas erlebten, was ihn und uns freudig bewegte; an irgend etwas Liebes, Freundschaftliches, das er für uns getan hat." — Schon in jenen Jahren fühlte ich mich oft an diesen Ausspruch von Rudolf Steiner erinnert und von seiner Wahrheit durchdrungen. Denn es ist wohl so, daß wir auf Erden schon bei jedem stärker einschneidenden Abschied ein stellvertretendes und auch vorbereitendes Todeserlebnis haben. Prüft man dann, was einen mit Menschen, die man verlassen muß, am tiefsten verbindet, so macht man eine eigentümliche Erfahrung. Alles, was mit der bloßen Nützlichkeit zu tun hatte, und auch alles, was sich auf den Verkehr von Kopf zu Kopf beschränkt hat, verweht in der Erinnerung wie Spreu. Im Unhörbaren aber klingen auf die wahren Gespräche, und es stehen in reinen Bildern da die echten Menschenbegegnungen. In der Trennung können wir mit anderen Seelen nur in dem Maße leben, als wir uns in Liebe mit ihnen verbunden haben.

Es gehört zu dem Überraschenden und Erquickenden, das man mitten im Abschiedsschmerz um Karl Schubert erlebte, daß er durch und durch ein Mensch unvergänglicher Erinnerung ist. Denn auch in den alltäglichsten Begegnungen, die wir mit ihm gehabt haben, gibt es kaum etwas, das nicht charakteristisch wäre; und es gibt nichts, das nicht von Menschlichkeit berührt, ja erfüllt wäre. Man erinnert, wenn man an ihn denkt, nicht nur ein geistig Bedeutungsvolles. Man spürt einen Seelenatem, hört einen kräftig innigen Stimmenanschlag, sieht ein sprechendes Gesicht und fühlt eine eigentümlich umschließende, bergende, begütigende Hand. Irgendwann war er einmal auf weihnachtliche Worte gestoßen, die lauteten: „In Weltenmitleid strömte das Sonnenherz des Herrn, da stand am nächt'gen Himmel zu Bethlehem der Stern." Diese Worte liebte er, und er lebte mit ihnen. Und aus dem, was sein eigenes Herz als Echo dieser Worte empfand, las er in Wachsamkeit und mit eifriger Behutsamkeit, was an kleinsten Nöten in seiner Umgebung war. Und er merkte sich das alles, um in stillen Menschentaten helfen zu können. So hatte er einmal gehört, daß mir durch einen unglücklichen Zufall die Taschenuhr abhanden gekommen war, die ich in frühen Knabenjahren von meinem Vater geschenkt bekommen und die ich seither wie einen Schatz in nahen und fernen Ländern mit mir getragen hatte. Als er von dem Verlust hörte, polterte er nur etwas über die Schlechtigkeit der Menschen, die so etwas finden und nicht zurückgeben. Sonst sagte er aber nicht viel; und ich dachte, daß er das längst vergessen habe. Aber als in jenem Jahre der Weihnachtsabend gekommen war, klingelte es plötzlich an meiner Wohnungstür. Und mit schweren Schritten, wie in meiner Heimat wohl Sankt Nikolaus dahergestampft kam, bewegte sich im sackartig überhängenden Mantel Karl Schubert die vielen Treppenstufen hinauf. In der Tür blieb er stehen und nestelte aus einem Täschchen einen kleinen silbern blinkenden Gegenstand heraus. In russischer Sprache, die er während seiner Kriegsgefangenschaft an der Wolga gelernt hatte, rief er mir kurz zu: „Hab' eine Uhr gebracht!" Und in der Gebärde, mit der er sie mir überreichte, war ein Weihnachtliches, das ganze Jahrzehnte meines eigenen Lebens überbrückte und verband.

So unmittelbar und so schlicht derartige Gebärden und Bewegungen waren, habe ich doch immer wieder empfinden müssen, wie sich in Schuberts Gestalt und Wesen eine Macht und eine Fülle aufstauten. Er war nicht nur ein einzelner, sondern eine ganze Kategorie. In seinen Füßen, die unsichtbar schwere Schollen mitzuschleppen schienen, sprach eine starke, geheimnisvoll tiefe Erdverbundenheit. Subjektiv hatte er meist das Gefühl, unsicher zu gehen. Aber etwas Elementares, Feurig-Chthonisches brauste durch seine Gliedmaßen aus der Erde herauf in seine Seele, ja bis in seine Gedanken. Das brachte mit sich, daß er in seinen oft jäh wechselnden Stimmungen die Elemente bejahte oder abwies; daß er ganze Landschaften begrüßte oder zornig gegen sie wetterte. Als er in Holland in einem der Sommer-Camps einmal einen Vortrag halten sollte, wurde die Zeltleinwand gerade von einer Nordseebrise geschwellt. Das erregte Schuberts Unmut, und er rief mehrmals, es sei doch ein Spott und eine Herausforderung, in ein solch windiges Getue hineinsprechen zu sollen! Nur äußerst schwer war er zu bewegen, mit dem Vortrag überhaupt anzufangen. Ein andermal fuhr er in Deutschland zu einem seiner vielen Vorträge. Rechts und links vom Bahnstrang tat sich Kartoffelacker um Kartoffelacker auf, und die Luft war fade und grau. Da brummte er: „Diese Gegend ist doch ganz protestantisch!" — Lag aber im Herbst über dem Stuttgarter Talkessel jener goldene, Hölderlinsche Glanz, dann schmeckte er ihn wie Wein. „Vinum Dionysii, vinum Dionysii", rief er mehrmals und renkte einem dabei vor Vergnügen fast beide Schultern aus. Das Bild von Wein und Brot war es denn auch, das Schubert als Vortragenden immer stark bewegte. Aber konnte man bei Schubert überhaupt im landläufigen Sinne von Vorträgen reden? Jede Gelegenheit, sich als Sprechender zu Gruppen von Menschen zu wenden, war für ihn eine Art sakraler Handlung und wurde im Stillen immer zu einer Kommunion. Sobald er das durchbrochen hatte, was er als intellektuellen Bann der Vortragssituation empfand, begann er eine unmittelbare Zwiesprache mit den Zuhörern zu führen. Dabei wechselte das seelisch Einfache, Intime oft plötzlich mit Bildern und lapidaren, gemeißelten Sätzen, die wie aus dem Kosmos herausgerissen waren. Nur von wenigen seiner Ansprachen sind Nachschriften vorhanden. Aber diese zeigen, daß er imstande war, in einem einzigen Satz die Entwicklung von Saturn über den Sonnen- und Mondenzustand der Erde bis zur heutigen Erdenphase darzustellen. Was für einen anderen zur Phrase werden müßte, wurde für ihn zu einer Leistung plastischer Meisterschaft. Wie hingeworfene Goldbarren erscheinen die Worte und sind dabei doch zart, keimhaft. Denn während er sprechend oft zu improvisieren schien, pflückte er in Wahrheit die Früchte jahrzehntelanger meditativer Arbeit, die sich der geisteswissenschaftlichen Kosmogonie zugewandt hatte. Den Kosmos im Hinblick auf den Menschen hatte er in stiller Geistesarbeit vor sich. Sprach er, so wollte er dieses Kosmische für den Menschen und das Kosmische im Menschen erschließen. Das konnte sich dahin steigern, daß er die Organe des Menschen in kosmischer Bewegtheit sah. Was wir in Hauptwörtern tot daherzählen, erweckte er zu einem verbalen Leben. „Es pulste, es herzte, es milzte", — so habe ich ihn einmal rufen hören — „aus dem Kosmos herein: und die Menschenform erbildete sich." — Gerade aus diesem kosmischen Element, aus diesem Zwiegespräch mit dem Menschlichen ging eine moralisch erfrischende, ja erweckende Wirkung von seinen Vorträgen aus. Vorausgesetzt, daß seine eigene Verfassung und die jeweilige Umgebung ihm ermöglichten, sich wirklich zu entfalten. Zuweilen erlebte er sich auch inmitten der Vorträge wie in einer verzweifelten Situation. Er bekannte im Freundesgespräch, wie er wohl auch empfand, „daß die Worte sich zu sehr zusammenballen; daß sie in wenige Sätze gerinnen", — „wenn ich ehrlich sein will" — rief er da aus — „müßte ich aufhören, denn in einer Viertelstunde ist schon alles gesagt!" Und ein andermal seufzte er: „Weißt du, es ist mir nicht gegeben, Gedanken zu ziselieren und in Ketten zu entwickeln. I bin halt kein Dialektiker!"

Diese dialektische Gabe ging ihm ja auch im gewöhnlichen Gespräch ab. Er sprach da oft nur mit brockenhaft hingeworfenen Aussprüchen, die sich bildhaft auf früher erlebte Situationen bezogen, zum Beispiel auf die Zeit seiner Kriegsgefangenschaft, von der er in den ersten Jahren seiner Stuttgarter Zeit sehr launig erzählt hatte. Er hatte zum Beispiel erlebt, daß in der Kanzlei des Kriegsgefangenenlagers ein Beamter, halb entschuldigend, halb erklärend gesagt hatte: „Was wollen Sie — unsere ganze Arbeit ist eben durch und durch — Papier." — In unzähligen Situationen fühlte sich Schubert in der heutigen Welt an solch ein Wort erinnert. Dann rief er einem, wohl auch über die Köpfe von andern Menschen hinweg, mit dröhnender Stimme und mit grimmig-gutmütigem Humor zu: „... durch und durch Papier! durch und durch Papier!" Und es gab noch drastischere Erinnerungen.

Aber auch Neues, was ihm gedanklich aufgegangen war, und was sich meist in einem treffenden Bilde niedergeschlagen hatte, entwickelte er nicht eigentlich im Gespräch. Er begnügte sich damit, es mit wechselndem Stimmfall wohl ein dutzendmal zu wiederholen. Nur wenn er Briefe schrieb, kamen diese Gedanken etwas in Fluß und nahmen vielfach eine bedeutende Form an. Im übrigen verkehrte er sprechend nicht von Kopf zu Kopf, sondern von Herz zu Herzen. Oder, noch ausdrucksvoller — von der eigenen warmen Hand zu den Köpfen seiner Nebenmenschen, die er plötzlich unter gewaltigem Stimmaufwand ergriff und knetete — gleichsam als wollte er sie durchherzen. Vielleicht, meinte er dann, er müsse ein Stück Schöpferarbeit nachholen, das im Kosmos noch versäumt worden war.

Für Schubert war das, was er in der „Geheimwissenschaft" und in den kosmologischen Zyklen Rudolf Steiners über den Weltenweg des Christus erfahren hatte, schicksalhaft entscheidend. Erst diese Erkenntnisse gaben ihm Antwort auf Fragen, die er von früher Kindheit an in seinem Herzen brennen fühlte. In den späteren Jahren seines Lebens lösten die hohen Geisteserkenntnisse immer mehr eine tief demütige Haltung in seiner Seele aus. So wie die Hirten im Tal von Bethlehem gestaunt haben, daß die Himmelsglorie sich zu der Krippe des Jesuskindleins niedersenkte, so staunte auch er darüber, wie im Christusweg der Erde die hohen Himmelskräfte „unter das Dach des Menschentums" eingehen. Die Weihnachtsspiele waren ihm seit Jahren, Wort für Wort, in Fleisch und Blut übergegangen. Aber in diesem Fleisch und Blut waren alle Hirtenworte recht eigentlich zu seinem Herzen geworden. Man spürte, daß er einfach sein Wesen aussprach, wenn er, den Witok darstellend, der von der Anbetung an der Krippe kommt, so unvergeßlich schlicht und innig sagte: „Das hat er uns getan zu dem end, damit sich der mensch von der hoffart abwend, und nicht ein' solchen pracht und zier, sondern ein demütiges leben führ'." — Aber ebenso gut war das erbarmende Staunen, das seinen Gesellen Stichl an der Krippe erfaßt, ganz und gar aus dem Herzen Witok-Schuberts geboren: „dein sal des himels ist der groß, und kombst auf die Welt arm, nacket und bloß." In Palästina haben die Kreuzritter den Eingang zur Christi Geburtkirche in Bethlehem so niedrig gemacht, daß jedermann, der eintritt, den Kopf tief bücken muß. An diese Grundhaltung konnte man sich durch Schuberts Hirtentum immer erinnert fühlen. Und sie wirkte auch weiter, wenn er Sonntag morgens an den Altar trat, um die Kinder- und Jugendhandlungen zu vollziehen. Da sagte er mir einmal: „Ich muß vor der Handlung immer an das Wort des Hauptmanns von Kapernaum denken — ich bin nicht wert, daß du unter mein Dach gehest."

Eines Tages überraschte er mich damit, daß er mir bekannte, er habe immer eine tiefe, fast schicksalhafte Beziehung zu der Gestalt Martin

Luthers erlebt. Das erzählte er mir, als wir in einer kleinen Gruppe von Freunden zur Wartburg hinaufpilgerten. „Besonders tief" — so sagte er — „hat immer an mein Herz gerührt der Lebensspruch von Luther: Ein Christenherz auf Rosen geht, wenn's mitten unter Dornen steht!"

Die Rosen am Kreuz: das war ein Zeichen, das im Innersten seines Geistesschicksals aufgeleuchtet war. Dieses Wahrzeichen der in aller Demut schaffenden, stufenbauenden Erkenntnis begleitete ihn innerlich auf allen seinen Wegen. Und wenn sein Geist am reinsten entflammte, dann sprach er von ihm, selbst in Vorträgen, in die weit von außen herangekommene Menschen die ganze Bürde ihrer Vorurteile mitgebracht hatten. Schubert empfand es als einen Schicksals-Gottesdienst, die Menschen vor solche Wahrzeichen zu stellen. Es ist denn auch kein Jahr vergangen auf langem gemeinsamem Schicksals- und Freundschaftswege, in dem er nicht mindestens einmal zu mir gesprochen hätte von einem Gedicht des österreichischen Dichters Anastasius Grün. In diesem Gedicht wird die Wiederkehr des Osterfestes in fünf aufeinanderfolgenden Epochen dargestellt. Und es wird der prophetische Ausblick gegeben auf ein Ostern, wo man im voll erblühten Frieden der Erde nicht einmal mehr weiß, was ein Schwert ist. Zum verrosteten Eisen ist es geworden. Aber auch das Kreuz wird überdeckt, weil es seine Mission erfüllt hat. Die Kraft der Auferstehung, immer reiner, immer wandelnder waltend, hat im Weltenfrühling Rosen über Rosen wachsen lassen: „Längst sieht vor Rosen man das Kreuz nicht mehr." Sehen wir auch dieses als ein Wahrzeichen für den Freund, der von uns Abschied genommen hat. Das Kreuz, das er wie jeder Erdenmensch getragen hat, kann von Erinnerungen an Menschlichkeit und Liebe bedeckt werden, die hier und drüben als Rosen sichtbar sind.

Herbert Hahn

In dem Bewußtsein, daß er vielleicht zum letztenmal an der Silvesterfeier im heilpädagogischen Institut Eckwälden teilnehme, sprach Karl Schubert in der Mitternachtsstunde des Jahres 1948 zu den Freunden. Es waren machtvolle Worte, die das Wirken der Geisteswelt mit dem Geschehen auf der Erde verbinden und das Erdenerleben in die Geistwelt hinauftragen wollten. Er sprach vom Stern der Weihenacht, in dessen Licht der kommende Jahreslauf seine Taufe empfinde, wenn der Mensch dieses Sternenwirken in das Erdgeschehen hineinleiten würde.

Am Morgen des 1. Januar fand die Gedenkfeier für Marie Steiner statt, die am 27. Dezember in Beatenberg verstorben war. Bei der Vorbereitung wünschte Schubert, daß jemand die „Hymne" von Novalis vorlese, seine Stimme tauge dazu nicht. Marie Steiner habe einmal das Gedicht so eindrucksvoll, schlicht und geistgewaltig vorgetragen, daß er ihr dafür immer wieder danken möchte. Indem er in seiner Stimme die Erinnerung an das durch Marie Steiner Erlebte mitklingen ließ, las er es uns vor. Jeder Freund des Novalis kennt die Scheu vor dieser „Hymne", aber jeder wäre mit uns dankbar gewesen, wenn er die Vermittlung durch Schubert miterlebt hätte.

> „Wer hat des irdischen Leibes
> Hohen Sinn erraten?
> Wer kann sagen,
> Daß er das Blut versteht?"

„Et incarnatus est." Mit dem Christus kam der Himmel zur Erde. Und die Erde ist nun Schauplatz aller menschlichen und göttlichen Entscheidungen.

Mit solchen Worten erinnerte Schubert in Vorträgen herzhaft und eindringlich daran, daß man täglich aufs neue dankbar dafür sein müsse, Mensch sein zu dürfen.

Schubert hatte sich als Lebensaufgabe mitgebracht, dort mitzuschaffen, wo in der Entwicklung des einzelnen oder von Menschengruppen Stockungen auftreten. Er besaß eine Gabe, die man heute nur selten antrifft, die aber den Arzt wie auch den Erzieher zum Therapeuten macht. Ihm war eine ungewöhnliche Fähigkeit des Wahrnehmens zur Natur geworden: ein mitfühlendes Erleben dessen, was im andern Menschen vorgeht, ein unmittelbares Erfassen der Schwierigkeiten, die vom Leiblichen ins Seelische und vom Seelischen ins Leibliche tendieren. Dieses mitfühlende, oft schmerzvolle Wahrnehmen machte seinen helfenden Willen wissend. Viele Menschen haben seinen hygienischen Bildnerwillen an sich selbst erfahren und denken in Dankbarkeit an ihn. Es war oft so, als habe er ihnen lichtvoll ihr eigenes Wesen entgegengetragen.

Karl Schubert war universell gebildet, aber nach dem ersten Eindruck hätte man ihn nie für einen Akademiker gehalten. Er hatte einen schweren wuchtigen Gang, einen mächtigen Schädel mit einem runenreichen Antlitz. Er fiel aus dem Bild seiner Zeitgenossen heraus: einem solchen Menschen hätte man schon vor 200 Jahren begegnen können — oder auch nach 200 Jahren. Äußerlich wurde dieser Eindruck betont durch die Bescheidenheit seiner Kleidung. Sein Reisegepäck trug er am liebsten in einem Rucksack. Ein moderner Koffer, der nie verrät, was in seinem Innern ist, war ihm schon in der Handhabung zuwider. Schuberts Rucksack hatte etwas von einer Physiognomie. Demut und tiefe Religiosität prägten Schuberts ganzes Wesen. Eine ehrfurchtslose und zur Kritik neigende Intelligenz konnte er in seiner Nähe nicht ertragen. Schon als Kind erlebte er Qualen durch solche Lehrer, die mit spöttischem Lächeln ihre Kinder ansprachen und mit intellektueller Überlegenheit Kinderseelen verletzten. Dann geriet der junge Schubert außer sich, stellte sich vor den Lehrer hin und schrie ihn an. Der kalten Gescheitheit gegenüber fühlte er sich auch später geradezu ohnmächtig.

Als im Jahre 1920 die Hilfsklasse der Freien Waldorfschule eingerichtet wurde und Rudolf Steiner unseren Freund mit ihrer Leitung auszeichnete, da fand er den Platz, an dem sich sein therapeutischer Erzieherwille uneingeschränkt ausleben konnte. Schubert erhielt zunächst keine Anweisungen; und als er nach einigen Wochen den stets umdrängten Rudolf Steiner mit dem Bemerken, er wisse doch nicht, ob er es recht mache, in die Klasse hineinbitten wollte, bekam er zur Antwort: „Was fragen Sie so? Ich sehe doch, daß die Kinder Fortschritte machen." Schubert darauf: „Aber Herr Doktor waren doch noch gar nicht in der Hilfsklasse!" Da erwiderte dieser: „Das kann ich auch so beurteilen." Als dann Rudolf Steiner endlich kam, gab er Hinweise, wie man verschlafene Kinder durch Willensübungen „im Zentrum aufwekken müsse." Dieses „Aufwecken im Zentrum" wurde Schuberts wesentliche Tätigkeit.

Bald kamen durch den Schularzt Eugen Kolisko Kinder in die Hilfsklasse, die nicht die Waldorfschule besuchten. Auch Dr. Steiner brachte einmal einen 20jährigen intelligenten Epileptiker aus der Palmer-Klinik, den sein Pfleger ständig begleiten mußte. Die Zahl der mit schweren Bürden belasteten, schon konstitutionell kranken Kinder wurde immer größer, und immer schwieriger gestaltete sich Schuberts Aufgabe. Aber nun entfaltete sich, von Jahr zu Jahr sich steigernd, sein einzigartiges Wirken. Mochten es Kinder sein, die dumpf vor sich hinbrüten, von der Schwere des Leibes erfaßt, oder solche, die in der Kleinköpfigkeit nur schwer zum denkenden Verarbeiten der Wahrnehmungen kommen, oder andere, die unruhig getrieben kaum fähig sind, ihren Willen zu führen, sie alle wurden von Schubert in einem gewaltigen Ernst und oft auch mit ernster Gewalt dahin geführt, daß sie wenigstens für Stunden oder auch nur Momente sich als Geistträger in der Leiblichkeit erlebten. Was Herz und Kopf zunächst nicht faßten, das mußten zuerst die Gliedmaßen aufnehmen.

Schubert fand für viele Kinder Leitsprüche, die zu bestimmten, an der Natur des Kindes abgelesenen Gebärden mit Füßen und Händen, Tag für Tag, gesprochen und praktiziert wurden. Einem Kind, das unachtsam und innerlich verwahrlost war, gab er den Spruch: „Ich trage in meinen Händen ein heiliges Öl und muß achtgeben, daß ich nichts verschütte und zur rechten Zeit hinkomme." Dazu mußte das Kind beim Sprechen sorgsam die Hände zur Schale bilden und danach ruhig zum gesetzten Ziel schreiten. Was der Individualwille der Kinder nicht vermochte, das tat Schuberts geistbefeuerter Wille: er brachte sie zum menschlichen Schreiten und zur edlen Gebärde, er führte auch die in der Sprache Behinderten zu einem Stammeln und Sprechen, in dem die Ehrfurcht vor dem Worte mitklang. Schuberts Wirken unter den Kindern hatte für den Miterlebenden einen urbildlichen Charakter; es war nicht mehr Erziehen, auch nicht Bilden, sondern es war Wesensmitteilung.

Die Hilfsklasse blieb nach dem Verbot der Waldorfschule weiter bestehen. Da ging ein Freund während der bedrückendsten Kriegszeit einmal nach Schulschluß in die Schellbergstraße, wo die Klasse untergebracht war. Schubert war allein im Raum und bemerkte den Ankömmling nicht. Er fegte gerade den Boden und sprach vor sich hin: „Der Geist schafft Ordnung." Nachdem in dieser Gesinnung der Klassenraum geordnet war, kamen die Kinder am nächsten Tag, sprachen den Morgenspruch und gedachten mit ihrem Lehrer der Verstorbenen, die mit der Waldorfschule verbunden waren. Dann rezitierte der Chor der Unmündigen „En arche en ho logos". Der Freund verließ an dem Morgen die Klasse in dem Gefühl, als habe er einer sakralen Handlung beigewohnt.

Seit Rudolf Steiner im Jahre 1924 die Heilpädagogik im Rahmen der medizinischen Sektion am Goetheanum begründet hatte, die in den Heil- und Erziehungsinstituten für Seelenpflege-bedürftige Kinder ausgeübt wird, war Karl Schubert mit den in verwandtem Sinne wirkenden Freunden herzlich verbunden. Wie ein „cherubinischer Wandersmann" pilgerte er von Institut zu Institut. Und immer wieder durften wir durch ihn erleben: der Geist schafft nicht nur Ordnung, der Geist schafft auch ein Zusammenklingen der Seelen, das durch den Tod keine Unterbrechung erfahren kann.

Franz Geraths

Wenn Schubert besonders gut aufgelegt war, sprach er lateinisch. Er liebte die lateinische Sprache ebenso, wie er das römische Reich haßte. Er haßte alle Gewalt. Roma war ihm das Gegenteil von Amor. Aber sein Latein liebte er. Etwas von einem Mönch steckte in ihm, ein mittelalterlicher Mönch aus der Zeit der Kreuzzüge. Das gab ihm seine Hinneigung zum Katholischen. Als ich hörte, daß er im katholischen Krankenhaus gestorben war, versehen mit den Sterbesakramenten, da fühlte ich die Wahrheit dieses Schicksals. Vielen ist unverständlich, daß ein Erzanthroposoph wie Karl Schubert, der noch dazu die kultischen Handlungen in der Schule hielt und auch Religionsunterricht im anthroposophischen Sinne gab, mit einem katholischen Begräbnis enden konnte. Aber wer so fühlt, versteht Schuberts Wesen nicht. Er war katholisch all sein Leben, und er blieb es bis zuletzt und war doch ein bedeutender Schüler Rudolf Steiners, tief im Herzen der Anthroposophie ergeben. Das alles ging zusammen in dieser großen christlichen und toleranten Seele. Da war derselbe Christus und dieselbe Realität der Transsubstantiation.

Ich bin sogar ein besonderer Zeuge für die Kraft von Schuberts eigenem Können auf dem Gebiet des Rituals. Als er in der Schule die Sonntagshandlung hielt am 9. März 1924, da wurde ich so ergriffen, wie einst die Hörer des Johannes Tauler, der nach zehnjährigem Schweigen Worte fand, die leibfrei machten, so daß viele, die sie hörten, wie tot hinfielen. Schubert konnte das auch. Seine religiöse Inbrunst machte leibfrei, brachte die Seelen vor Gottes Angesicht und ließ sie dem Christus begegnen. Rudolf Steiner hat mir die Realität dieser Erfahrung bestätigt, sogar in einem Briefe, den er mir schrieb. Schubert war ein Großer auf dieser Erde, der den Christus in die Seelen führen konnte und tolerant blieb gegen andere Kulte. So ging in ihm zusammen, was manchen verschieden dünkt, denn er sah in allen Dingen nur das Gute.

Walter Johannes Stein

EDITH RÖHRLE-RITTER

Im Juli und August 1913 fanden in München die Proben für das vierte
Mysteriendrama „Der Seelen Erwachen" statt, und nach den Aufführungstagen hielt Rudolf Steiner den Vortragszyklus „Die Geheimnisse der Schwelle". Während dieser Zeit liefen orientierende Kurse,
um die Mitglieder der Anthroposophischen Gesellschaft, die zu den
Festwochen von allen europäischen Ländern, aber auch von Übersee,
angereist waren, mit der neuen Bewegungskunst der Eurythmie bekannt zu machen.

Viele nahmen an diesen Kursen teil, und dennoch erinnere ich mich
deutlich an die Situation, als sich Edith Röhrle anmeldete. Sie war
seitdem bei fast allen Stunden anwesend, entweder in ihrer ernstherben Art mit Hingabe das begrenzte Pensum der Anfangskurse mitübend oder intensiv beobachtend als Zuschauer. Obwohl sie schon im
Beruf stand — sie hatte ihr Examen als Lehrerin für Turnen, Hauswirtschaft und Handarbeit abgelegt und unterrichtete in einem Landerziehungsheim in Breitbrunn am Ammersee —, war sie sofort entschlossen, Eurythmie als neuen Beruf, als ihre Lebensaufgabe zu ergreifen.

Dieser bewußte, einer inneren Zielsetzung entsprechende Einsatz
machte es zur Selbstverständlichkeit, daß Edith Röhrle bei der ersten
Eurythmie-Aufführung mitwirkte, die am 28. August 1913 vor den
Mitgliedern in dem größten Münchner Konzertsaal, der Tonhalle,
stattfand. Mit dieser Aufführung war ein erster Abschluß der eurythmischen Arbeit in München erreicht.

Anschließend folgte ein Eurythmie-Kurs in Stuttgart, zu dem mich
die leitenden Persönlichkeiten des bedeutenden und regen Zweiges
— Adolf Arenson und Carl Unger — zur ausgesprochenen Freude
und Befriedigung Rudolf Steiners aufgefordert hatten. Überhaupt war
er über die begeisterte Aufnahme der Eurythmie herzlich froh, wie er
meiner Mutter und mir bei unserem Abschiedsbesuch in München
erklärte.

Im Oktober kam eine Gruppe von sieben Menschen in „Haus Meer"
bei Düsseldorf zusammen, die während der Münchner Zeit den Entschluß gefaßt hatten, sich intensiv mit Eurythmie zu beschäftigen. Da
arbeiteten wir nun täglich morgens und nachmittags zusammen.

Inzwischen hatte Edith Röhrle ihre Arbeit in Breitbrunn abbrechen müssen, um ihrem Vater, der in Köln lebte, den Haushalt zu führen. Dadurch war es möglich, daß sie fast an allen Wochenenden nach Düsseldorf kam. Ich versuchte dann, sie in ein bis zwei Stunden über das in der Woche Gelernte übend zu orientieren, und immer war ihr konzentriertes, innerlich versenktes Mitgehen ein unvergeßlicher Eindruck. Auch konnte man deutlich erleben, daß sie das letzte Pensum in eigener Arbeit inzwischen vertieft und erobert hatte. So war es wieder selbstverständlich, daß sie bei einer Aufführung am 18. Dezember 1913 mitwirkte, die „stattfinden durfte im Lichte der zwei einzigartigen Vorträge über das fünfte Evangelium, die Dr. Steiner am 17. und 18. Dezember im winter-weihnachtlichen Köln hielt" (Elisabeth Baumann-Dollfus). Dann fuhr Edith Röhrle als vollwertiges Mitglied unserer Gruppe zur Generalversammlung nach Berlin, wo am 21. Januar 1914 das durch mehrere, auch fremdsprachige Nummern erweiterte Programm der Kölner Aufführung gezeigt wurde. Nach der Generalversammlung kehrten einige der Damen nach „Haus Meer" zurück und arbeiteten mit Elisabeth Dollfus und der Hilfe meiner Mutter weiter. Auch an dieser Arbeit nahm Edith Röhrle teil.

Wieder begann eine Art Ausbildungskurs, und wieder kam Edith Röhrle so oft sie konnte dazu. Man hoffte, diese Arbeit während der Proben und der Festspiel-Zeit in München weiterführen zu können. Dort hätte Edith Röhrle an der täglichen Arbeit teilnehmen können, worauf sie sich schon freute. Aber dann wurde die Weltlage immer beunruhigender, die Festspiele in München mußten abgesagt werden, es folgte die Kriegserklärung, und der Krieg brach aus. Dadurch wurde auch unsere Arbeit in „Haus Meer" unterbrochen. Da meine Familie durch die Herkunft des Vaters die belgische Staatsangehörigkeit besaß, war ich, bis Anfang 1915 eine deutsche „Rücknaturalisation" gelang, von der Verbindung mit den Eurythmistinnen, also auch von Edith Röhrle abgeschnitten. So weiß ich nicht, wann es ihr möglich wurde, nach Dornach zu gehen und dort unter den Augen von Marie Steiner eurythmisch zu arbeiten.

In Dornach trafen wir wieder zusammen, wo am 15. August 1915 nach längerer Probezeit eine Aufführung von Fausts Himmelfahrt stattfand. Vom 18. August bis 14. September gab Rudolf Steiner den zweiten sogenannten Apollinischen Kurs, an dem anfänglich nur vier, damals schon lehrende Eurythmistinnen teilnahmen, zu dem aber bald aus der Dornacher Gruppe noch weitere zugezogen wurden. Schon vom dritten oder vierten Tag an gehörten Alice Fels und Edith Röhrle dazu.

So fanden wir uns von da an als gemeinsam Lernende wieder. Ich liebte ihre Eurythmie, denn ihr ernstes Bemühen leuchtete aus jeder ihrer sorgfältig gestalteten Lautbewegungen hervor. Die Verbindung des Unsentimentalen mit ernster Innerlichkeit war es, die Marie Steiner, aber auch Rudolf Steiner an ihr schätzten. So hat er sie einmal aufgefordert, ein Gedicht, welches er selbst ihr sehr langsam sprach, mit allen Lauten, Vokalen und Konsonanten, zu eurythmisieren. Sie mußte sich weiter damit beschäftigen, und nach einigen Wochen ließ er es sich wieder zeigen, um sich von ihren Fortschritten zu überzeugen. In den Monaten März bis Anfang Mai 1918 gab es eine intensive Arbeit mit Marie Steiner in Berlin, an der auch Edith Röhrle teilnahm. Unsere Hauptaufgabe war die Ausarbeitung des großen Gedichtes „Das Verhängnis" von Fercher von Steinwand. Die Formen suchten wir in gemeinsamer Arbeit mit Marie Steiner selbst zu finden. Wir trugen dafür alle in den beiden ersten Kursen 1912 und 1915 gegebenen Möglichkeiten in freier Weise zusammen. Erst 1923 gab Rudolf Steiner eine „Standardform" für dieses Gedicht.

Als ich im Oktober 1963 die schwer kranke Edith Ritter-Röhrle besuchte, erzählte sie mir, daß Marie Steiner mit ihr gemeinsam versucht habe, Ferchers Gedicht „Urtriebe" in ähnlicher Art wie „Das Verhängnis" auszuarbeiten, daß sie aber kein befriedigendes Ergebnis gefunden und deshalb Rudolf Steiners Rat erbeten hätten. Er habe diese Hilfe auch zugesagt, aber zugleich betont, daß es nicht schnell gehen könne und auch große Gruppen verlange. Im November 1918 war in Dornach eine Aufführung der „Urtriebe" mit den ersten „Standard-Formen" Rudolf Steiners. Zwar machte er schon seit 1915 die Angaben für Faust I und II, aber diese sind wohl nicht in dem Sinne „Standard-Formen", daß sie, wie er später sagte, „ausgearbeitet werden, um irgendwie die Individualität eines Gedichtes zum Ausdruck zu bringen". So verdankt die Eurythmie diesen Bemühungen und der daraus entstandenen Frage den großen dritten Impuls.

Daß Marie Steiner diesen Versuch gerade mit Edith Ritter-Röhrle unternahm, ist aus deren Eigenart verständlich: gänzlich unsentimental, sehr innerlich an Laut und Bewegung hingegeben und aus einer innerlichen Fülle mit Ernst und Kraft dastehend.

Lory Maier-Smits

Ostern 1920 berief Rudolf Steiner als dritte Eurythmielehrerin Edith Röhrle an die Waldorfschule in Stuttgart — zum Leidwesen von Marie Steiner, die ihre herbe, wesensstarke Art nur ungern beim weiteren

Ausbau der Eurythmie in Dornach vermißte. Aber gerade dieses Element war nötig für den Aufbau und die Vertretung des neuen Faches in den großen, bunt zusammengesetzten Klassen. Und es gelang. Die Buben wurden in den Eurythmiestunden so kraftvoll bewegt, daß sie den Namen Röhrle in „Schläuchle" umwandelten (von schlauchen = anstrengen). Elf Jahre wirkte sie an der Schule. E. A. Karl Stockmeyer schrieb 1931 bei ihrem Ausscheiden: „Fräulein Edith Röhrle zeigte sich in dieser langen Zeit fruchtbarer Zusammenarbeit als hervorragende Pädagogin, der die Waldorfschule für den Aufbau des ganz neuartigen Fachgebiets großen Dank schuldig ist. Sie hatte die ihr anvertrauten großen Klassen stets in ausgezeichneter Haltung und wußte sie zu den schönsten Leistungen zu führen. Wir sehen die gewissenhafte Erzieherin und treue Kollegin mit Bedauern aus unserem Kreise scheiden."

Der Grund des Ausscheidens war ihre Vermählung mit dem biologisch-dynamischen Landwirt Dr. Walter Ritter, der damals die Aufgabe übernahm, die Güter von Graf Lerchenfeld bei Regensburg auf die neue Bewirtschaftung umzustellen. Aktiv und tatkräftig stand sie neben ihrem Mann in diesem neuen Wirkungskreis. 1935 wurde ihnen eine Tochter geboren.

Wohin das Leben sie auch führte: um sie entstand Eurythmie in kleineren und größeren Kreisen, und in täglicher Zusammenarbeit mit Dr. Ritter wurde Anthroposophie studiert.

1939 fand sich ein neues Heim in Warmensteinach im Fichtelgebirge, von wo aus Dr. Ritter in der Bauernschaft wirkte und Edith Ritter 1944/45 in der Volksschule als Lehrerin tätig war. Ihre ganze Kraft mußte sie einsetzen, als nach Ende des Krieges Dr. Ritter erst arbeitslos wurde und dann schwer erkrankte. Edith Ritter trug durch anthroposophische Arbeit in den wiedererstehenden Zweigen und Gruppen, durch eurythmische Kurse, durch Märchennachmittage in den Dorfschulen des main-fränkischen Gebietes die Sorge für die Familie.

Dr. Ritter arbeitete nach seiner Wiederherstellung in der biologisch-dynamischen Landwirtschaft in Darmstadt. Er starb 1960, und Edith Röhrle siedelte nach Nauheim über zu ihrer Tochter. Von dort aus setzte sie ihre anthroposophisch-eurythmische Arbeit im ganzen Umkreis fort. Auf der Pfingsttagung 1960 in Mainz wirkte sie zum letzten Mal eurythmisch mit. 1961 kam es zum Ausbruch der schweren Krankheit. Geduldig und ohne Klage ertrug sie das Leiden und die notwendigen Umzüge, schmerzlich nur vermißte sie die Eurythmie, die ihr eine Lebensnotwendigkeit geworden war. Noch auf dem letzten Krankenlager formte sie mit kraftvollen Bewegungen der Arme einige Zeilen aus C. F. Meyers Gedicht „Die Dämonen". In der Universitätsklinik Tübingen, wohin sie schließlich überführt werden mußte, ist sie dann, ihr Leben still verhauchend, hinübergegangen.

Anthroposophie und Eurythmie waren der tragende, unerschütterliche Lebensgrund ihres Wesens und Schicksals, durchstrahlt von der Erinnerung an die persönlichen Begegnungen mit Rudolf und Marie Steiner aus den Anfangszeiten der Eurythmie und der Waldorfschule.

Sophie Porzelt

DAS ZWEITE JAHR
1920/21

Die Zahl der Schüler und Klassen wuchs, das Kollegium vergrößerte sich. Hermann von Baravalle, Hedwig Hauck, Robert Killian, Julie Lämmert, Alexander Strakosch, Maria Uhland, Max Wolffhügel, Wilhelm Ruhtenberg, Christoph Boy und Ernst Uehli kamen hinzu.

Hertha Koegel erkrankte so schwer, daß sie ihre Unterrichtstätigkeit nicht wieder aufnehmen konnte. Hannah Lang schied aus, um zu heiraten.

HERMANN VON BARAVALLE

Wenige Wochen nach der Feier seines 75. Geburtstages ist Professor Dr. Hermann von Baravalle am 6. Juli 1973 in Buchenbach bei Freiburg gestorben. Mit ihm ist einer der schöpferischsten und einfallsreichsten Lehrer der anthroposophisch orientierten Erziehungsbewegung von uns gegangen.

Als Ältester von vier Geschwistern wurde der Sohn einer altösterreichischen Hofratsfamilie am 27. Mai 1898 in Wien geboren. Er verlebte eine besonnte und beschirmte Kindheit. Sein Elternhaus stand gegenüber dem Park des Schlosses Schönbrunn, wo während seiner ersten achtzehn Jugendjahre noch der greise Kaiser der österreichisch-ungarischen Monarchie residierte.

Er war allezeit während seiner Schuljahre ein Vorzugsschüler, nicht bloß wegen seines Fleißes, sondern auch wegen seiner ihm angeborenen Begeisterung für alles Pädagogische. Als er noch in die Volksschule ging, wollte er Volksschullehrer werden. Während er dann die Realschule besuchte, war ihm der Realschulprofessor ein Ideal. Nachdem er das Latinum absolviert hatte und auf die Wiener Universität kam, wollte er Hochschullehrer sein.

Das Schicksal ließ ihm seine Jugendideale erfüllen, aber in einer Art, die er sich bis zu seinem neunzehnten Lebensjahr kaum hätte erträumen können. Mit welchem Kunstgriff wurde in ihm sein Schicksal leitend?

Im Jahre 1917, mitten im Ersten Weltkrieg, wurde er als Einjährig-Freiwilliger zum Militärdienst eingezogen und in Wiener Neustadt zum Artillerieoffizier ausgebildet. Sein dortiger Instruktionsleiter war niemand anderer als sein späterer Kollege Walter Johannes Stein! Mit ihm schnell befreundet, begegnete er der Anthroposophie, die er sogleich, noch nicht zwanzig Jahre alt, mit der ihm eigenen Begeisterung und Intensität aufnahm. Bücher und Vortragszyklen Rudolf Steiners begleiteten ihn mit seinem Tornister in zwei Isonzoschlachten und bei seinem Dienst bei der Fliegerabwehr, der er wegen seiner schon damals hervorragenden mathematischen Berechnungskenntnisse zugeordnet wurde.

Während seines ersten Urlaubs, den ihm der Kriegsdienst gewährte, eilte er nach Berlin, um Rudolf Steiner persönlich sprechen zu können. Von da ab leitete ihn sein Schicksalsweg für alle Folgezeiten.

Seine Doktorarbeit, die er an der Wiener Universität im Sinne anthroposophischer Grundgedanken der Waldorfpädagogik im Hinblick auf das Mathematisch-Physikalische vollendete, wurde wärmstens von Rudolf Steiner den Lehrern seiner von ihm geleiteten Stuttgarter Schule empfohlen.

Mit zweiundzwanzig Jahren hielt er bereits drei Vorträge an der Eröffnungstagung des ersten Goetheanums im Herbst 1920. Kurz darauf berief ihn Rudolf Steiner in das Lehrerkollegium der Freien Waldorfschule in Stuttgart. Von da ab war er bei fast allen pädagogischen Tagungen und Hochschulwochen in Deutschland, Holland und England tätig. Öfters erwähnte Rudolf Steiner innerhalb seiner Vorträge das pädagogische Ingenium, durch das Baravalle den Unterricht in Mathematik und Geometrie gestalten und mit seinen Veröffentlichungen darstellen konnte.

Er, der bei der Eröffnung des ersten Goetheanums schon mitwirken durfte, war dann auch beim Brand des Baues und, ein Jahr darauf, bei der Weihnachtstagung anwesend. Dem Kollegium der Waldorfschule gehörte er als vom Schicksal prädestinierter Lehrer an, der sich noch vor dem Lebensalter der Mündigkeit aus Antezedenzien seiner Schicksalsbestimmung der Anthroposophischen Bewegung angeschlossen hatte.

Rudolf Steiners weise vorausschauender Schicksalsblick riet ihm, sich in der Kenntnis der englischen Sprache zu vervollkommnen, und bat ihn, neben seinen Lieblingsfächern auch einige Stunden des Englischunterrichts zu übernehmen. Öfters besuchte Rudolf Steiner dann seine englischen Stunden.

Der frühe Tod Rudolf Steiners und die bald darauf erfolgte Schicksalsprüfung, der sich die Waldorfschule mit der Anthroposophischen Gesellschaft in Mitteleuropa gegenübergestellt sah, griff auch entscheidend in das Leben Baravalles ein. Noch vor der offiziellen Schließung der Stuttgarter Schule verließ er aus dem Erleben seiner kompromißlosen Geradlinigkeit Deutschland und ging nach kurzem Aufenthalt in England nach den Vereinigten Staaten. Dort war er keineswegs ein Unbekannter; denn bereits im Jahre 1933 gehörte er neben Guenther Wachsmuth und Ehrenfried Pfeiffer zu dem Dreierkollegium, das damals zum ersten Mal eine großangelegte Vortragstournee durch Amerika unternahm.

Nach einigen Jahren der Lehrtätigkeit an der Edgewood- und High Mowing-School wurde er als Professor für Mathematik an das Adelphi College in Garden City bei New York berufen. Später dehnte er seine

Tätigkeit aus, indem er besonders in Kalifornien (Los Angeles und Sacramento) wirkte und sich schließlich auch für die Lehrerbildung der Schule in Detroit zur Verfügung stellte.

Die letzten Lebensjahre verbrachte der in ständigem Arbeitseinsatz leidend Gewordene wieder in Mitteleuropa. Zur Feier seines siebzigsten Geburtstages hielt er noch einmal einen Vortrag im Goetheanum, der mit dankbarer Begeisterung aufgenommen wurde.

Seine Veröffentlichungen auf dem Gebiete der Mathematik, Geometrie, Physik und Astronomie tragen mehrere Dutzende von Buchtiteln. Seine Werke *(Zur Pädagogik der Physik und Mathematik, Geometrie in Bildern, Die Geometrie des Pentagramms, Geometrie als Sprache der Formen,* seine Lehrbücher zur Physik, Astronomie u.a.m.) werden auch späteren Generationen als Vorbild und Pionierleistung erhalten bleiben.

Wer dieses Lebenswerk betrachtet, kann den Eindruck gewinnen, daß sein Schöpfer zu denjenigen gehört, die wie Kepler ausriefen: sie hätten aus den ägyptischen Tempeln die Raumes- und Sternenweisheit geraubt, um sie in neuzeitlicher Denkart für eine neue Mysterienkultur fruchtbar zu machen.

Friedrich Hiebel

Hermann von Baravalle war ein Frühgereifter; der Zweiundzwanzigjährige hatte einen Hauch von Genialität, von Würde; der Krieg hatte seinen Lebensernst verstärkt. Von zu Hause brachte er vollendete Lebensformen mit. Das alles gab seinem Unterricht einen besonderen Reiz: die ausgezeichnete Höflichkeit; die Vorbereitung seines Unterrichts; daß jede Arbeit am nächsten Tag korrigiert zurückgegeben wurde; daß sich Baravalle eine Viertelstunde vor Beginn des Unterrichts an der Tür aufhielt und pünktlich mit dem Zeichen die Stunde begann — all das schuf einen Schulmythos. Die Schüler, die ihn als Lehrer hatten, fühlten sich dadurch besonders ausgezeichnet und gewürdigt. Wir wissen, daß Baravalle lange Jahre von den älteren österreichischen Kollegen, Walter Johannes Stein, Eugen Kolisko, Karl Schubert, gefördert wurde. Es ist überliefert, daß Rudolf Steiner immer mit besonderer Achtung von Baravalles wissenschaftlichen Leistungen gesprochen hat (z. B. von seiner mathematischen Doktorarbeit — der überlieferte Wortlaut war ungefähr: wenn Novalis diese Ausführungen hätte lesen können, hätte er davor sein Knie gebeugt).

Die Angehörigen der zweiten Waldorfgeneration haben ihn zuerst auf den Erziehungstagungen seit Ostern 1923 kennengelernt. Er reiste viel für die Waldorfschule. Seine Wirkung als Vortragsredner war damals schon groß, auch erfahrene ältere Lehrer waren von seiner Art vorzutragen, bezaubert. Man hatte den Eindruck — ähnlich ist das oft ausgesprochen worden — als ob ein antiker Mathematiker vortrüge, mit einer geschliffenen Rednerkunst. Hier war Mathematik im Sinne der Sieben Freien Künste nicht eine Frage der Technik oder der Wissenschaft, sondern eine menschenbildende Macht. Das ist so bis in die letzten Jahre Baravalles geblieben. Nach dem Krieg, als er von Amerika herüberkam, brachte er schönes Bildmaterial zu seinen Vorträgen mit, alles selbständig angefertigt, in einer einfachen Genialität; mathematische Körper in ihren Verwandlungen erschienen da durch den Lichtapparat gezaubert. Er hatte diese Dinge schon in der Schule entwickelt, in Amerika vor riesigen Auditorien weiter fortgeführt. Seine mathematischen Bücher hat er selbst durchgestaltet, bis in jede Drucklegung und Zeichnung, sie sind schon äußerlich Kunstwerke. An den Büchern arbeitete er mit eisernem Fleiß. Es kam hinzu die Astronomie, dann eine mehrmals aufgelegte Schrift „Zahlen für Jedermann". Auf seinen Reisen beobachtete er genau. Er war ein scharfer, wacher, exakter „Anschauer"; die Jüngeren sprachen manchmal von seinem Adler-Bewußtsein.

Baravalle war der deutschen Schulbewegung wieder nahegekommen, als er in den fünfziger Jahren die Schulen bereiste. Damals hatte er auch einen Lehrauftrag an der Ulmer Hochschule für Gestaltung, wo er sehr geschätzt war. Die Mathematik und Geometrie waren in ihm anschaulich und bildhaft geworden; so war er für eine Kunsthochschule besonders geeignet. Mathematik war in ihm Kunst. Durch seine Besuche in den deutschen Schulen nach dem Krieg ist er der bewunderte Lehrer der seit 1945 in die Waldorfschulen gekommenen Pädagogen geworden. Sie staunten über seine Meisterschaft. Er übernahm gern Unterrichtsepochen, und immer wurden in alter Kraft seine pädagogischen Fähigkeiten sichtbar: er schloß sein Fach einerseits an das Kosmische an, andererseits vollbejahend an die moderne technische Entwicklung. Er arbeitete mit einem seltenen Sinn für Ökonomie des Unterrichts; eine Epoche war exakt durchgeplant, jede Einzelheit war einbezogen und saß an ihrem Ort. Den jungen Menschen brachte er liebenswürdige, freilassende Sicherheit entgegen, die großartige Menschlichkeit, die wir auch an Herbert Hahn, Walter Johannes Stein, Eugen Kolisko und anderen Lehrern der ersten Waldorfschule bewundert haben.

Ernst Weißert

Als Dr. von Baravalle im Jahr 1938 in die Vereinigten Staaten kam, gab es im ganzen Land nur eine einzige Waldorfschule: die Rudolf Steiner Schule in New York, die sich als kleine Grundschule durchkämpfte. Durch den befeuernden Einsatz Dr. von Baravalles entstand nun eine Reihe von Schulen: High Mowing, Kimberton Farms, die Waldorfschulen in Garden City und Sacramento. Andere Schulen, vor allem Highland Hall, verdanken ihm entscheidende Hilfe.

Heute ist es unvergleichlich einfacher, eine Schule zu gründen, in damaliger Zeit war es anders. Die Einsatzbereitschaft der jungen Leute fehlte, im Land herrschte eine antideutsche Stimmung, Waldorfpädagogik war so gut wie unbekannt, auch gab es kein Lehrerseminar; das Versagen des öffentlichen Schulwesens war noch nicht so offenkundig und Privatschulen nicht so verbreitet wie heute. In dieser Situation war es eine Pionierleistung, daß Dr. von Baravalle Vortragsreisen unternahm und durch seine Kurse viele Zuhörer für die neue Pädagogik begeisterte. Später bildete er in Adelphi, Highland Hall und Detroit Lehrer aus.

Zugleich erwarb er sich auf fachlichem Gebiet immer größeres Ansehen. Er wurde Professor für Mathematik und Leiter der Fakultät des Adelphi College in Long Island und lehrte auch an der Yeshiva Universität in New York. Seine Aufsätze erschienen in Fachzeitschriften; er wurde der Hauptredner auf Kongressen, sein Bild mit Kurzbiographie erschien in den Tageszeitungen, wenn er auf Vortragsreisen war, und Ende der vierziger Jahre brachte das Life Magazin eine Würdigung seiner Arbeit mit einem ganzseitigen Foto.

Dr. von Baravalle war in diesen schöpferischen Jahren ein glänzender Darsteller, besonders auf seinem Fachgebiet. Er konnte große Auditorien für die Schönheit geometrischer Formen und Kurven begeistern. Aber noch eindrucksvoller war sein täglicher Unterricht. Wer ihn nur als Redner hörte, kannte ihn nicht wirklich.

Er war ein vorbildlicher Lehrer. Wenn er unterrichtete, kam die Stimmung eines ehrfürchtigen Staunens auf, so daß niemand das Schweigen zu brechen wagte. Ich habe beobachtet, wie lethargische Studenten spontanen Beifall gaben, als er freihändig einen großen Kreis völlig exakt an die Tafel zeichnete. In Adelphi hatte er eine Tafel zur Verfügung, welche die ganze Wand des Unterrichtsraumes bedeckte. Am Ende der Stunde war die mathematische Aufgabe in korrekter Schrift und sorgfältigen Konstruktionen vollständig auf der Tafel entwickelt. Auch die Zeit war so genau eingeteilt, daß er mit dem Klingelzeichen die Überschrift hinzufügte. Der Aufbau bestach durch seine meisterhafte Klarheit, die Lösung war geradezu druckreif.

163

Seine Höflichkeit war ungewöhnlich. Einer seiner Schüler bemerkte einmal: „Jeder wird wie ein Prinz behandelt." Ein Beispiel seiner Höflichkeit habe ich selbst erlebt, als ich an einem seiner Kurse zunächst als Gast teilnehmen durfte. Ich hatte kein Zeichengerät, und als Dr. von Baravalle dies bemerkte, verließ er sogleich die eifrig arbeitende Gruppe der etwa vierzig Studenten, eilte über das ganze Universitätsgelände, um das Fehlende zu besorgen, überreichte mir einen Zirkel und alle nötigen Utensilien und setzte dann seinen Unterricht fort. Wie sich dieser bedeutende Mensch mitten in seiner Arbeit um einen Gastschüler bemühte, war mir eine unvergeßliche Lehre.

Als Dr. von Baravalle 56 Jahre alt und auf der Höhe seiner Erfolge war, gab er seine Stellung und finanzielle Sicherung auf, um einem Ruf der deutschen Schulbewegung zu folgen. Er sollte die Waldorfschulen bereisen und die jungen Lehrer beraten. In der einzigen persönlichen Unterredung, die ich in den Jahren der Zusammenarbeit — zuerst als Student und später als Kollege — mit ihm hatte, teilte er mir die Gründe mit, die er dem College-Vorstand angegeben hatte: „Ich liebe die Mathematik, aber noch mehr die Waldorfpädagogik." Er erhielt den Urlaub und wurde noch mehrere Jahre im Vorlesungsverzeichnis geführt, kehrte aber nicht mehr zurück.

Nach Jahren impulsierender Tätigkeit in Europa kam er noch einmal an die Westküste und wirkte vor allem in den Schulen Highland Hall und Sacramento. Dann ließ seine erstaunliche Gesundheit nach. In den fast fünfzig Jahren seiner Lehrtätigkeit versäumte er niemals eine Verabredung. Nun erlitt er auf einer Vortragsreise in Europa einen Schlaganfall. Für kurze Zeit kehrte er zwar nach Kalifornien zurück, aber die letzten Lebensjahre verbrachte er zurückgezogen in deutschen Altersheimen. Sein Gedächtnis wurde schwächer; den Beschreibungen nach war er ein vorbildlicher Patient, immer freundlich und höflich und ohne jene morose Selbstbezogenheit, in die alte Menschen oft verfallen.

Genialität stammt aus der Gesamtheit vorgeburtlicher Kräfte, die der Mensch in das Leben mitbringt. Solche Kräfte können bis ins Alter erhalten bleiben. Dr. von Baravalle war in einer Art, die fast kindhaft anmutet, unbekannt mit den Schwächen der menschlichen Natur, kannte weder Müdigkeit noch Erschöpfung, keine Niedergeschlagenheit und Trägheit. Er brauchte kein Hobby, um seine Kräfte aufzufrischen; er war seiner Arbeit völlig hingegeben und nahm als selbstverständlich an, daß es die anderen auch taten. Er glaubte, daß Anfangsenthusiasmus die harten Proben täglicher Belastung überdauern werde. Wenn er die Kräfte derer einschätzte, die sich als Lehrer bewarben, sah er oft Bäume, wo nur Keime vorhanden waren, deren Lebenskraft noch zweifelhaft war. Er hielt begeisterte Zustimmung schon für lebenslange Selbstverpflichtung.

Man hat ihm nachgesagt, daß er nur sich selbst und seine eigene Arbeit fördere; aber er war die Bescheidenheit in Person, immer bereit, seine persönlichen Erfolge dem Genius der neuen Pädagogik zuzuschreiben.

Gisela O'Neil

HEDWIG HAUCK

Hedwig Hauck wurde am 24. Juni 1873 in Tübingen am Neckar geboren. Ihr Todestag ist der 9. Februar 1949. Sechsundsiebzig an Arbeit und inneren Erfahrungen reiche Jahre geben ihrem Lebenslauf und Entwicklungsgang ein denkwürdiges Gepräge. Malerin nach Begabung und aus Neigung, wurde sie von der Kunst abgedrängt und veranlaßt, sich zuerst der Geometrie, schließlich gar dem Maschinenbau zu widmen. Sie ging bereitwillig auf alles ein und besaß die Fähigkeiten, auf diesen Gebieten etwas zu leisten. Immer war sie Lehrerin. In einer Skizze ihres Lebenslaufes schrieb sie 1944: „Nur um dieses großen Menschheitslehrers — Rudolf Steiners — willen, der mich Schicksalsliebe lehrte, kann ich schreiben. Meine Kräfte sind schwach, meine Erzählung ist blaß gegenüber der Wirklichkeit."

In diesem Wort klingen nicht allein die eigenen bitteren Erfahrungen und die Not der Kriegsjahre mit — sie verlor Besitz und Wohnung —, sondern vor allem sind die vom Schicksal verlangten Schritte gemeint, die mit dem Verzicht auf die Malerei und die Übernahme der Aufgaben eines anderen Menschen, ihres Vaters, zusammenhängen. Die weisheitsvolle Ruhe, mit der sie selbst diese Stationen nachzeichnet, lassen erkennen, was die Ergebung in das Schicksal in dieser Seele bewirkte. Je länger, desto mehr muß man ihre Seelengröße und Geisteskraft bewundern, da gerade bei ihr immer deutlicher wird: Ein Erdenlauf ist ein Teil aus einem großen Lebenskunstwerk, dem andere Verkörperungen vorangingen, dem weitere folgen; Steigerung, Vertiefung im Werden macht unser Menschentum aus.

Ihre Eltern waren Professor Dr. Guido Hauck und Frau Marie geb. Jäger. In ihrem vierten Lebensjahr übersiedelte der Vater mit seiner Familie nach Berlin, wo er zunächst an der alten Bauakademie, später an der daraus hervorgegangenen Technischen Hochschule in Charlottenburg einen Lehrstuhl für Darstellende Geometrie und Graphostatik erhielt. Hedwig Hauck absolvierte die höhere Töchterschule und kam mit fünfzehn Jahren für ein Jahr nach Lausanne in Pension. Mit achtzehn Jahren bezog sie die Frauenarbeitsschule in Reutlingen, um bald darauf in einer Kochschule in Hannover das Kochen zu erlernen.

Nach Berlin zurückgekehrt, begann sie im einundzwanzigsten Jahre ihre Malstudien. Sie studierte mehrere Jahre an der Zeichen- und

Malschule des Vereins der Künstlerinnen zu Berlin. Neben der Stil-
leben-, Porträt- und Landschaftsmalerei pflegte sie hier das Lithogra-
phieren und Radieren.

Seit dem Jahrhundertbeginn, etwa von ihrem achtundzwanzigsten
Jahre an, beteiligte sie sich mit künstlerischen Arbeiten an öffentlichen Ausstellungen in Berlin und anderen Städten Deutschlands. Seit
1901 leitete sie an der Malschule die Klasse für Malerische Perspektive
und Schattenlehre bis zum Jahre 1919. Dann wurde ihr an dieser Anstalt auch die Elementarklasse für Freihandzeichnen sowie das Malen
mit Pastell- und Wasserfarben übertragen. An dieser Malschule gab
es eine Seminarklasse für Zeichenlehrerinnen, an der ihr Vater Unterricht in Projektion, Perspektive und Schattenlehre gegeben hat.

Über ihr weiteres Schicksal schreibt sie selbst: „Ich wollte eine tüchtige Malerin werden; an die Mathematik dachte ich in den ersten Jahren
meines Studiums überhaupt nicht. Da veranlaßte mich die Direktorin
der Zeichen- und Malschule, den Kursus für darstellende Geometrie,
den mein Vater an dieser Schule für das Seminar gab, als Hospitantin
mitzumachen. Von da an wurde eine regsame Wechselbeziehung zwischen dem Mathematiker, meinem Vater, und mir, der angehenden
Malerin, lebendig.

Nun geschah es, daß mein Vater schwer erkrankte und die Direktorin von mir verlangte, ich solle ihn im Seminar vertreten. Ich fühlte
mich dieser Aufgabe nicht gewachsen und sträubte mich mit allen Mitteln dagegen. Aber, da mein Vater sich erbot, mich im Krankenzimmer
weiter zu unterrichten und meine Kenntnislücken auszufüllen, mußte
ich dem Drängen der Direktorin nachgeben.

Genau ein Jahr darauf vollzog sich dasselbe Spiel, und ich vertrat ihn
wiederum. Dadurch entstand in mir der Wunsch, mehr über der Situation zu stehen, als es mir damals mit meinem Wissen möglich war. Und
so bat ich meinen Vater, seine Vorlesungen an der Technischen Hochschule hören zu dürfen. Er erlaubte es, und ich wurde der erste weibliche Student an der Technischen Hochschule. Schon am Ende des zweiten Semesters machte sich seine letzte Krankheit geltend; im Winter
1904 wurde ich wiederum als seine Vertretung am Seminar eingesetzt,
und nach seinem Tode im Januar 1905 mußte ich seine Seminarklasse
bis zur StaatlichenPrüfung im Juli 1905 führen und die weiteren Klassen bis zu ihrer Schließung im Sommer 1919. Im Jahre 1911 wurde ich
in die staatliche Prüfungskommission für Zeichenlehrer und Zeichenlehrerinnen berufen und gehörte ihr auch bis 1919 an, obwohl ich
selbst niemals irgendwelche Prüfungen gemacht hatte.

Das letzte Werk meines Vaters war ein umfangreiches Lehrbuch der malerischen Perspektive mit Einschluß der Schattenkonstruktionen, das durch unser Zusammenwirken entstanden war. Ich bat ihn, es herauszugeben, aber er antwortete: ‚Das überlasse ich einmal Dir.' Als er mein Erschrecken sah, fügte er tröstend hinzu: ‚Bis dahin werde ich es noch einmal überarbeitet haben, und Du wirst nicht mehr viel Mühe damit haben.' Es sollte nicht mehr dazu kommen, aber mir blieb sein Wort im Gedächtnis. Schweren Herzens begab ich mich an diese Arbeit, und oftmals fühlte ich, wie mein Vater hinter mir stand und mir half. Drei Jahre lang arbeitete ich an diesem Werk, hielt meinen Unterricht daneben, aber zum künstlerischen Schaffen kam es in dieser Zeit nicht.

Dr. Steiner hat mir gelegentlich von meinem Vater gesprochen. Nach einem seiner Vorträge kam er plötzlich auf mich zu und fragte: ‚Wie hieß das Buch, das Ihr Herr Vater über Böcklin und . . .', da stockte er, ‚Faust geschrieben hat?' Ich half ihm: ‚Böcklins Gefilde der Seligen'. Dann fuhr er fort: ‚Ich hatte es immer in meiner Bibliothek und konnte es gestern Abend nicht finden. Ich habe es selbst vor einigen Jahren besprochen, es ist das Beste, was Ihr Herr Vater geschrieben hat. Ihr Herr Vater war ein bedeutsamer Geist.'

Im Jahre 1908 wies mich eine Malschülerin auf Dr. Steiners Architektenhausvorträge in Berlin hin. Sie brachte mir ein Programm von etwa zwölf Vorträgen mit, von denen die beiden letzten ‚Die Hölle' und ‚Der Himmel' noch nicht gehalten worden waren. Diese Vorträge interessierten mich insofern ganz besonders, als ich mich stark mit dem nachtodlichen Dasein und Ergehen meines Vaters beschäftigt hatte. Ich besuchte diese Vorträge sehr skeptisch, denn ich wußte bis dahin nichts von Dr. Steiner, war aber derart beeindruckt, daß ich mich entschloß, nachdem ich noch weitere Vorträge gehört und außerdem vernommen hatte, Dr. Steiner werde innerhalb der Theosophischen Gesellschaft über das Markus-Evangelium sprechen, Mitglied dieser Gesellschaft zu werden. Das war zu Johanni 1909.

Nach alledem, was ich nun durch Dr. Steiner erleben durfte, wurde mir immer klarer — d. h. es war ein heißes Ringen —, daß mein Malunterricht ein ganz anderer werden müsse, aber ich konnte weder von mir aus, noch von den äußeren Verhältnissen her eine Änderung herbeiführen. Immer stärker wurde in mir die Frage: Soll ich meinen ganzen Kunstunterricht aufgeben? In meiner Seelennot wollte ich Dr. Steiner nach einem Vortrag fragen, ob ich im alten Geleise weiterarbeiten solle und dürfe. Zu meinem Erstaunen gab er mir, als ich mich zögernd näherte, die Hand und sagte, ehe ich überhaupt den Mund aufmachen konnte: ‚Fräulein Hauck, auf die Beantwortung Ihrer Frage, die Sie mir heute Abend stellen wollten, müssen Sie noch eine Weile warten.' Ich arbeitete also weiter, wartete mehrere Jahre auf die versprochene Antwort, die mir erst mit meiner Berufung an die Waldorfschule gegeben schien. Im Laufe der kommenden Jahre hat mich dann Dr. Steiner noch über manchen Lebenskonflikt hinübergeführt. — Während des Weltkrieges gab er mir den Auftrag, Kunstvorträge mit Lichtbildern im Anthroposophischen Zweig zu halten. Ich sollte Raphaels Disputa und Dürers Allerheiligenbild miteinander vergleichen. Das war eine herrliche Aufgabe."

Nicht viele Vorträge konnte Hedwig Hauck halten; denn wieder warteten ganz andere Aufgaben auf ihre Bereitschaft. Die Räume des in Berlin arbeitenden anthroposophischen Zweiges wurden 1918 kurzfristig gekündigt. Sie sollten Kriegszwecken dienstbar gemacht werden.

„Da die Zeichen- und Malschule des Vereins der Künstlerinnen sich ein neues Haus gebaut hatte, begab ich mich in das alte Atelierhaus im Garten der Potsdamer Straße 39, um zu sehen, ob die Räume noch frei seien. Sie waren frei! Sofort meldete ich dies Herrn und Frau Dr. Steiner; diese begab sich mit mir sogleich zur Besichtigung der Räume in die Potsdamer Straße. Bereits am folgenden Tage ging auch Dr. Steiner mit uns dorthin. Als er sich alles angesehen hatte, sagte er: ‚Ja, so etwas habe ich mir immer gewünscht, Räume, in denen vorher Kunst getrieben wurde.' Bei Besichtigung des großen Oberlichtsaales, in dem mein Vater und ich viele Jahre hindurch am Seminar darstellende Geometrie unterrichtet hatten, sagte er: ‚Dieser Raum eignet sich besonders gut für esoterische Zwecke.' Schon beim ersten Besuch entwarf Dr. Steiner seinen Plan. Vor allem handelte es sich darum, aus den drei nebeneinanderliegenden großen Ateliers einen einheitlichen großen Saal mit Bühne zu schaffen.

Wie dem alten Zweigsaal das Tropfenmotiv sein Gepräge gegeben hatte, so sollte in den neuen Räumen die kassinische Kurve über sämtliche Öffnungen, wie Türen, Fenster, und vorn über der Bühne angebracht werden. Die Konstruktion der Kurven mit den verschiedensten Durch- und Halbmessern oblag mir. Wochenlang rutschte ich kniend auf dem Fußboden herum, um die Konstruktionen auf Papier auszuführen, die Kurven zu zeichnen und die Schablonen für den Stoff und die Arbeit der Zimmerleute zu schaffen. Am schwierigsten war die Bühnenkurve mit neun Meter Durchmesser, da zu ihrer Konstruktion der Platz ermangelte. Nach diesen Schablonen wurde dann der Stoff für die Vorhänge zugeschnitten, und viele fleißige Helfer begannen nun alles mit der Hand zu säumen, da durch Maschinenarbeit die mathematisch reinen Kurven deformiert worden wären. Zeitweise war ich beinahe täglich bei Dr. Steiner, um neue Angaben für die Arbeiten zu empfangen. Der große Bühnensaal erhielt ein schönes, warmes Blau, während der Oberlichtsaal in Pfirsichblüt gehalten werden sollte. Für die riesigen Fenster der Ateliers und für die übrigen Fenster mußten über hundert Meter Stoff zu Stores hellblau und auch z. T. hellila eingefärbt werden. Die Stühle, die im alten Zweigraum indigoblau waren, wurden zu der Wand stimmend neu gebeizt. Es entstand eine schöne Gemeinschaftsarbeit der Mitglieder. In Harmonie wurde den Winter hindurch geschafft und alles zu einem guten Ende geführt. Meine eigene Malarbeit hat während dieser ganzen Zeit schweigen müssen. Die Mathematik war durch die kassinische Kurve wieder in den Vordergrund getreten. Aber meinen Unterricht konnte ich voll durchführen.

Im Sommer 1919 traten neue Aufgaben an mich heran. Geheimrat Jolles von der Technischen Hochschule forderte mich überraschenderweise für seine Übungen als Assistentin an. Dann sollte ich an der Räteschule der Berliner Arbeiterschaft den Unterricht in darstellender Geometrie übernehmen. Letzteren übernahm ich insofern gern, als mich die Arbeit mit dem Proletariat interessierte und Dr. Steiner sich für die Dreigliederung des sozialen Organismus einsetzte. Dagegen glaubte ich, die Assistentenstelle an der Technischen Hochschule nicht annehmen zu können, weil es sich bei den Vorlesungen von Jolles um solche für Maschinenbauer handelte. Für Architektur-Studierende hätte ich die Arbeit eher gewagt, aber für Maschinenbau hatte ich gar kein Verständnis. Ich wollte aber trotzdem darüber mit Dr. Steiner sprechen und ihm außerdem über den Berliner Saalbau berichten. Im Juni 1919 reiste ich nach Stuttgart. Dr. Steiner empfing mich mit den Worten: ‚Es ist gut, daß Sie kommen.' Über meine Bedenken, die Assistentenstelle anzunehmen, führte er mich in freundlicher Weise hinweg. Er schrieb mir acht Bücher über den Maschinenbau auf, die ich kaufen und ihm bringen sollte. Er machte mich auf Verschiedenes aufmerksam und fügte hinzu: ‚Ja, wer diese Bücher durchstudiert hat, der ist schon ein sehr gelehrter Herr.' Ich hatte allen guten Willen, aber mit diesem Studium ist es doch etwas anders gekommen, und ich blieb weit davon entfernt, ein ‚gelehrter Herr' zu werden. Über die Räteschule äußerte er sich so: ‚Machen Sie diese Arbeit, aber Sie werden wenig Freude daran haben.' Dies sagte er mit viel Schmerz in der Seele. Ein andermal, als ich ihn damals besuchte, kam er in höchster Erregung mit hocherhobenem Zeitungsblatt und sagte: ‚Hören Sie nur, was da über die heiligsten Menschheitsgüter Freiheit, Gleichheit, Brüderlichkeit gesagt wird', und dann las er mir den schändlichen Artikel vor. Der Schreiber hatte Bezug genommen auf einen öffentlichen Vortrag, den Rudolf Steiner über die Dreigliederung in Heilbronn gehalten hatte. Als ich dann wieder einmal bei ihm war, sagte er plötzlich: ‚Würden Sie auch zu uns an die Waldorfschule kommen?‘ Mein Erstaunen war groß. Die Schule existierte damals noch nicht, und ich antwortete: ‚Ja, ich gehe überall hin, wohin ich gehen soll.‘ Er sagte darauf: ‚Nun müssen Sie zuerst Ihre Aufgaben in Berlin erfüllen, man soll nie einen Menschen aus seiner Arbeit herausreißen. Aber es kommt vielleicht einmal die Zeit, wo Sie zu uns kommen können.‘ Damit war das Gespräch beendet. Ich reiste nach Berlin zurück und fing an, Maschinenbau aus den acht Büchern zu studieren. Aber lange konnte ich mich diesen Arbeiten nicht hingeben, denn als die Vorlesungen von Geheimrat Jolles begannen, mußte ich diese hören und hatte vollauf mit ihrer Durcharbeitung zu tun, zumal damit auch die Übungen einsetzten und ich den Studenten wenigstens einigermaßen gewachsen sein mußte, deren Zeichnungen ich korrigieren und testieren mußte.

An der Räteschule hatte ich zunächst Freude. Die Arbeiter folgten mit Interesse, tischlerten selbst Zirkel, Dreiecke usw. für die Wandtafel. Ich hieß bei ihnen und in den Sitzungen immer nur die Genossin Hauck, obwohl sie genau wußten, daß ich nicht zu ihrer Partei gehörte. Meine Arbeit endete jäh zum Bedauern meiner Schüler, denn meine Klasse wurde umgewandelt in eine Gruppe für Klassenkampf. Ich wurde eingeladen, daran teilzunehmen, aber ich lehnte dankend ab. Dr. Steiner hatte recht behalten. Da die Zeichen- und Malschule mitsamt Seminar nach dem Krieg schließen mußte und Geheimrat Jolles gezwungen wurde, seine Vorlesungen und Übungen zu reduzieren, so fing ich an, privat Zeichen- und Malstunden zu geben.

In dieser Zeit fuhr ich zur Eröffnung des Goetheanums nach Dornach. Dort erhielt ich ein Telegramm aus Stuttgart: ‚Wollen Sie die Handarbeit in der Waldorfschule übernehmen? Sprechen Sie mit Dr. Steiner.‘ Ich ging zu ihm, um zu sagen, daß ich keine Vorbildung zur Handarbeitslehrerin hätte, und schlug ihm eine tüchtige Kraft vor. Er antwortete mir: ‚Wir wollen aber Sie haben, Sie werden es schon lernen.‘ Ich sollte ihm in wenigen Stunden meine Antwort geben. Es war ein Kampf in mir. Da trat vor mein inneres Auge das Bild, wie ich einstmals beim Schwimmenlernen ins tiefste Wasser gesprungen und durch eine mir nicht sichtbare Hand wieder hochgezogen worden war. So war mir auch jetzt wieder zumute. Da vertraute ich den geistigen Mächten und gab Dr. Steiner die Zusage. Später erzählte mir Frau Dr. Steiner, sie hätten damals gehört, daß meine Arbeit in Berlin zu Ende gegangen sei, und da hätten sie gewagt, mich an die Waldorfschule zu bitten. Dr. Steiner habe sich über meinen Entschluß sehr gefreut.

Am 1. November 1920 sollte ich mit meiner Arbeit in Stuttgart beginnen. So reiste ich schnellstens von Dornach nach Berlin, um dort mein Bündel zu schnüren.

Noch nie war mir der Beginn einer neuen Arbeit so schwer gefallen wie an der Waldorfschule. Obwohl mir meine künstlerische Fähigkeit sowie der Umstand, daß ich in meiner Jugend ein Jahr die Frauenarbeitsschule in Reutlingen besucht und dort das Weiß- und Kleidernähen erlernt hatte, zu Hilfe kamen, so gab es doch sehr vieles, was ich mir aneignen mußte, besonders auf pädagogischem Gebiet, denn ich hatte ja bis dahin Kinder nie unterrichtet.

Doch allmählich kam ich voran, indem ich mit den Kindern die Handarbeit von Anfang an lernte, was wesentlich anders gehandhabt werden mußte, als es sonst an Schulen üblich war. Nach einiger Zeit konnte ich Dr. Steiner den Lehrplan für die Handarbeit an der Waldorfschule vorlegen, der von ihm genehmigt wurde. Alles was über diesen Handarbeitsunterricht noch zu berichten wäre, habe ich in meinem Buche ,Handarbeit und Kunstgewerbe' niedergelegt. Die Zeit von 1920 bis 1938, in der ich an der Stuttgarter Waldorfschule mitarbeiten durfte, gehört zu den glücklichsten und reichsten meines Lebens, und nie wird mein Dank dafür an Herrn und Frau Dr. Steiner, an die Schicksalsmächte je aufhören können. Ich fand in dieser Epoche meines Lebens auch wiederum Zeit zum Zeichnen und Malen, abgesehen von der künstlerischen Tätigkeit, die ich mit den Kindern zu leisten hatte. Alles stand nun auf einer neuen Basis. Besonders standen mir die Ferien zu eigener Arbeit zur Verfügung, aber ich bin nie mehr mit Malereien an die Öffentlichkeit getreten, wie das früher der Fall war. Die Mathematik spielte keine Rolle mehr, sie war ganz abgeklungen."

Rückblickend möchte man bei diesem ungewöhnlichen Entwicklungsgang verweilen. Malerin, bewährte Lehrerin in leitenden Stellungen, technische Hochschulassistentin und Handarbeit mit Kindern! Wie reimt sich das zusammen? — Daran gewöhnt, für andere und neue Aufgaben bereit zu sein, gab ihr das Vertrauen zu Rudolf Steiner die Kraft, auch den letzten Schritt zu tun. Es sollte überall Neues entstehen, und dazu waren große Fähigkeiten und Hingabekraft erforderlich. Auf die Handarbeit legte Dr. Steiner, gerade auch in hygienischer Hinsicht, besonderen Wert.

Hedwig Hauck wurde zu Johanni geboren; in der Mittagshöhe ihres Lebensweges — Johanni 1909 war ihr 36. Geburtstag — lernte sie die Anthroposophie kennen. Ihre Lebensaufgabe und Leistung bestanden darin, daß ein reiches, aber abgelaufenes Schicksal sie vor etwas Neues stellte, das keimen und wachsen sollte. Sie suchte und fand dieses Neue.

In ihrem Leben, so konnte sie später sagen, sei es oft um neunzig Grad anders als erwartet gegangen. Man findet diese Stellen in ihrer Schilderung wieder. Wenn aber eine Geometrielehrerin so spricht, dann möchte man das Bild des Winkels mit tieferer Bedeutung nehmen; denn, so wie eine Gerade zum rechten Winkel gebrochen wird, so brechen die Schmerzen und Leiden in die Linie unserer Entwicklung ein. Tritt aber die Richtungsänderung, wie bei Hedwig Hauck, in der Lebensmitte auf, dann — so erläuterte Rudolf Steiner einen solchen Fall — wirke darin nach ein gewaltsamer Tod des vorausgegangenen Lebens. Der Winkel wurde zum Symbol, in der Lebenswende fand sie die Anthroposophie. Alte Größe wurde hingegeben, um die neue Richtung einzuschlagen. Die großen mitgebrachten Fähigkeiten blieben im Hintergrund, vor dem sie die neuen Impulse entwickelte, die von ihr als Handarbeitslehrerin erwartet wurden. Den Anfang hat Hedwig Hauck gemacht. Der Gang ihres Sternes sagt uns, daß er sicher auf das Ziel zugeht, dem sie diente.

Gisbert Husemann

Ein wichtiger Zug im Leben von Hedwig Hauck war die Beziehung zu ihrem ursprünglichen Beruf, der Malerei, die sie später aber nur in den Ferien ausüben konnte.

Schon der Vater, von Beruf Mathematiker, hatte sich mit Kunstfragen beschäftigt. Eines Tages entdeckte er, daß Arnold Böcklin in seinem Bild „Die Gefilde der Seligen" das gleiche Motiv dargestellt hat, das Goethe im zweiten Teil des Faust in der Szene am Peneios dichterisch schildert: eine Uferlandschaft, der Kentaur, Faust, Nymphen und Schwäne. Seine Beobachtung schrieb er in einem Aufsatz nieder und schickte ihn Böcklin zu. Nach langem Schweigen erschien Böcklin im Elternhaus Hauck und äußerte sich in anerkennender Weise über diesen Zusammenhang: ihm sei er nie bewußt gewesen, nun aber, da er ausgesprochen, könne er ihn gleichfalls deutlich erkennen.

Die in Böcklins Malerei zutage tretende Urbeziehung zur Naturgeistigkeit und zur elementarischen Welt klang in den malerischen Arbeiten von Hedwig Hauck in einer mehr verborgenen Weise an. Nicht in dem Was der Motive, sondern in dem Wie der Farben und Formen. Dem Besucher zeigte sie gelegentlich ihre Bilder, die sie in den beiden letzten Lebensjahren gemalt hatte. Es waren kleine, mit Farbstiften gefertigte Landschaftsbilder, Naturszenerien aus Mittelgebirgen — dem Schwarzwald und den Sudeten —, dem Hochgebirge, Meeresmotive, Stimmungen der Jahreszeiten, Sonnenaufgänge, Sonnenuntergänge. Jedes in seiner Art war eine Schöpfung von großer

Transparenz und voller Naturgeistweben. Der Geist einer Landschaft, des Lichtes und der Luft schien in den Farben verzaubert und zugleich erlöst. Leider sind diese Arbeiten ein Opfer des Krieges geworden.

Das Schicksalhafte, das in Hedwig Haucks Verhältnis zur Malerei hervortrat, drückt sich noch in einem anderen Lebensmoment aus. Zu Anfang des Jahrhunderts war sie mit ihrer Freundin in die Schweiz gereist, um dort Malstudien zu treiben. Sie kam in der Nähe von Basel in eine Gegend, von der sie sich nicht trennen konnte. Nicht ein in äußerem Sinn großartiger Natureindruck fesselte ihren Blick. Ein in Worten schwer zu fassendes Element, das in dem Weben der Natur lag, sprach sich in dieser Landschaft aus. Durch Tage hindurch malte sie immer von neuem diese Gegend. Es war der Hügel von Dornach, auf dem ein Jahrzehnt später das Goetheanum gebaut worden ist.

Ihre Begabung in der Malkunst wandelte Hedwig Hauck in Fähigkeiten der Erziehungskunst um und bildete in der ihr eigenen Opfergesinnung die Grundlagen eines neuen Erziehungsgebietes aus, das aus dem am Goetheanum waltenden Geist seine in die Zukunft wirkende Richtung bekam.

Erwin Schühle

ROBERT KILLIAN

Robert Killian wurde im November 1891 in Barr im Elsaß am Fuße des Odilienberges geboren. Er wuchs dort in der alten Apotheke auf; seine Vorfahren sollen vor dreihundert Jahren aus dem Mecklenburgischen eingewandert sein. Das Land war — zwanzig Jahre nach dem 70er Krieg — als Reichsland unter deutscher Verwaltung. In der Familie wurde wie bei vielen alten Elsässern französisch gesprochen. Der Charakter der Sprache mit ihrem feinen Verstandes- und Gemütsseelen-Element hat das Wesen unseres Freundes stark geprägt. Er war ein zartes Kind. Später hat er erzählt, daß er in den ersten vierzehn Jahren fast immer krank gewesen sei. Dann erfolgte die Wendung, als er mit fünfzehn Jahren nach Straßburg in die Oberrealschule bei St. Johann kam. Später ist er eigentlich nie mehr krank gewesen. Mit sieben Jahren war er in die Vorschule, mit zehn in die Realschule in Barr eingetreten. Die Wälder und der Odilienberg waren seine Zuflucht in mancherlei Schulenttäuschungen. Der Abiturient widmete sich dem Studium der Mathematik, Physik und Geologie, zunächst in dem vertrauten, altehrwürdigen Straßburg, dann in Marburg. Die erste Staatsprüfung legte Robert Killian im Mai 1914 in Straßburg ab. Im August 1914 meldete er sich als Kriegsfreiwilliger. Er wurde wegen seiner zarten, langaufgeschossenen Gestalt zurückgewiesen. So blieb er noch ein Jahr an der Universität und machte im Mai 1915 die Ergänzungsprüfung, um die Lehrbefähigung für die Oberstufe in allen drei Fächern zu erhalten. Das staatliche Probejahr leistete er am Gymnasium in Schlettstadt und an der Realschule in Rombach ab. Später wurde er nach Metz versetzt. In den Studenten- und ersten Lehrerjahren kam Robert Killian mit der Jugendbegung in Berührung, der studentischen freideutschen Jugend und dem Wandervogel. Das Streben der Jugendbewegung, das Kulturleben zu erneuern, entsprach seiner innersten Sehnsucht. Er ist bis in sein Alter hinein ein Wandervogel und in seinem Gang und seiner Haltung ein „Freideutscher" geblieben. Bezeichnend für sein soziales Streben ist, daß er sich an die Guttemplerbewegung anschloß, um etwas für die jungen Menschen aus Arbeiter- und Angestelltenkreisen zu tun.

Das Jahr 1918 brachte eine folgenreiche Entscheidung: bei dem Herannahen des Kriegsendes wählte er bewußt Deutschland als seine geistige Heimat. Bei aller Liebe zur französischen Sprache und der Bejahung des Grenz- und Mittlertums der elsässischen Kultur fühlte er sich zu den geistigen Aufgaben des mitteleuropäischen, deutschen Wesens hingezogen. Aus den Idealen der Jugendbewegung erwuchs ihm die Pflicht, an einer Schulreform mitzuarbeiten, und so wurde er für zwei Jahre Lehrer unter Hermann Lietz. Er hat zunächst in Haubinda, dann in Ilsenburg am Harz gearbeitet, auch Hermann Lietz' Tod miterlebt. Damals begegnete er seiner künftigen Frau und Christoph Boy, dem späteren Kollegen an der Stuttgarter Waldorfschule. Robert Killian war von der Arbeit der Landerziehungsheime in mancher Hinsicht enttäuscht. Er sah in der Selbstverwaltung der Schüler eine Verfrühung, eine Verfrühung auch in dem Streben, schon vor dem vierzehnten Lebensjahr den jungen Menschen dauernd zu Urteilen anzustacheln. Von Gottfried Haaß-Berkow auf die Anthroposophie hingewiesen, sah er in dem Menschenbild und der Pädagogik Rudolf Steiners die Erfüllung seines Jugendstrebens und auch seiner pädagogischen Erfahrungen. Er hat darüber in einem heute noch gültigen Aufsatz in der Zeitschrift „Die Drei", „Jugendbewegung, Schulreform und Waldorfschule", geschrieben. Seit September 1920 gehörte Robert Killian dem Kollegium der Waldorfschule an. Er wählte bewußt die Aufgabe eines Klassenlehrers. Er hat fünf Klassen geführt, die erste von 1920 bis 1928, die zweite bis 1936, dann hat er zwei Jahre die Klasse von Fräulein Tilliß fortgeführt. Nach dem Verbot hat er zunächst an den Umschulungskursen mitgearbeitet; er wurde dann für zwei Jahre der Geschäftsführer des Waldorfschulvereins, dem die Auflösung der Schule, des Vereins und des Vermögens oblag. Anschließend bot ihm die Odenwaldschule vom September 1940 bis März 1946 ein Obdach und eine ihn befriedigende Tätigkeit.

Aber seit Ostern 1946 wirkte er wieder als Klassenlehrer, um noch einmal zwei Klassenzüge zu führen. Seine Klassenführung war bestimmt durch sein therapeutisches und tief moralisches Element. Er verband sich innig mit seinen Schülern, er besuchte unermüdlich die Elternhäuser. Der feine, unterirdische Strom zwischen Lehrer und Schüler, von dem Rudolf Steiner sprach, war bei ihm besonders zu beobachten; so hat er auch seine Schüler weit über ihre Schulzeit hinaus begleitet. Die Zusammenkünfte mit seinen ehemaligen Schülern waren seine große Freude. So wünschte er sich, seinen 70. Geburtstag als eine Zusammenkunft aller seiner ehemaligen Schüler feiern zu dürfen.

Robert Killian hat alle seine Begabungen, Fähigkeiten und Kräfte für den Dienst an der Schule konzentriert. Er gestaltete den Stunden-

und Epochenplan. Er setzte die Vertretungen ein, er führte die Fremden durch die Schule. Er ermöglichte die Schülerwanderungen und Ferienkolonien. Er war unermüdlich als Berater des Schulvereins in den Fragen der Organisation. Er hatte die Verbindung zu den Klassenpflegern. Er pflegte die Ortsgruppen des Schulvereins, er veranstaltete die Besuche bei den heilpädagogischen Heimen, er war das Bindeglied zu den Freunden der Waldorfpädagogik an den Staatsschulen. In diesen Arbeiten ging er wie eine Mutter am Dienst in ihrer Familie auf. Keiner hat wie er den Schulorganismus durchdrungen und als seinen eigenen Leib empfunden. Man erzählt von Bach, daß er nach dem Tod seiner Frau, wegen des Begräbnisses und der Zurüstung befragt, wie aus schmerzlichem Traum geantwortet habe: „Fragt doch meine Frau." So geht es uns auch mit Robert Killian auf Schritt und Tritt. Wenn die ausländischen Besucher im Sommer kommen oder ein pädagogisches Seminar sich zu Besuch anmeldet, überall möchte man ihn zunächst um Rat fragen. Rudolf Steiner hatte immer eine besondere, liebende und schützende Gebärde ihm gegenüber: „Er ist ein guter, guter Lehrer!" Die Schule hat darüber hinaus von seiner dienenden Demut, seiner Bescheidenheit und Treue und seinem sanften Wirken als eines christlichen Merkurs gelebt. Sein Abschied mitten aus der Tätigkeit heraus erschien uns allen als eine wunderbare Fügung.

Ernst Weißert

Als die Waldorfschule im Jahre 1938 schließen mußte, führte Robert Killian eine siebte Klasse. Der Horizont hatte sich verfinstert, schon drohte die Gefahr eines Krieges. Da gab er seinen Schülern ein Wort als Wegzehrung mit, das wie ein Vermächtnis seines Wesens ist. Er knüpfte in seiner Ansprache an die Geschichtsepoche an, erinnerte an die Kämpfe der Ritter, die unter dem Banner Michaels die asiatischen Eindringlinge zurückschlugen, und fragte: Welche Waffen hat heute der ritterliche Mensch zu führen? In unserer Zeit, sagte er, ist die Wahrhaftigkeit das Schwert, das jeden Sieg erkämpft, und Liebe die Rüstung, die den Kämpfer schützt. Wahrhaftigkeit und Liebe zeichneten diesen selbstlosen, treuen und gütigen Menschen aus, der unermüdbar an der neuen Gemeinschaft mitgebaut hat — bis zum letzten Tag seines Lebens.

Wie zeichenhaft war sein Erdenabschied! Er ging von uns, nachdem er wie gewohnt seine erste Tagespflicht getan hatte. Nach einem kurzen Besuch in der Klasse, deren erkrankten Lehrer er vertreten hatte, erreichte er noch das Verwaltungsgebäude, dann brach er zusammen.

Es war die Morgenstunde zwischen 8 und 9 Uhr zur Johannizeit, wenn sich der Sonnenbogen am weitesten spannt.

Der Johannispruch Rudolf Steiners, den er noch eine halb Stunde zuvor aufgenommen hatte, wurde ihm zum Wegweiser in das andere Land:

Der Welten Schönheitsglanz,
Er zwinget mich aus Seelentiefen
Des Eigenlebens Götterkräfte
Zum Weltenfluge zu entbinden;
Mich selber zu verlassen,
Vertrauend nur mich suchend
In Weltenlicht und Weltenwärme.

In diesen Worten erklingt, was in der Seele des Knaben auflebte, wenn er von seinem Berge, vom Odilienberge hinausträumte in das sommerliche Land. Und im Seelengrunde formte sich die Antwortstrophe als das Tatenecho des reif gewordenen Menschen, der sich im Dienste am Kinde selbst gefunden hat:

Der Seele Schaffensmacht,
Sie strebet aus dem Herzensgrunde,
Im Menschenleben Götterkräfte
Zu rechtem Wirken zu entflammen,
Sich selber zu gestalten
In Menschenliebe und im Menschenwerke.

Johannes Tautz

Wer Robert Killian erlebt hat, wie er jeden von uns am ersten Schultage begrüßte, der empfand: das ist wie bei Vater und Mutter, das ist wie zu Hause; und von diesem Tage an wurde die Schule zur Heimat.

Robert Killian empfing seine Schüler mit voller Anteilnahme am ganzen Menschen, und er begleitete sie mit der Aufmerksamkeit seines ganzen Wesens. Er war kein strenger Lehrer, er war eigentlich niemals streng. Trotzdem ging eine formende Kraft von ihm aus, eine moralische Kraft. Man konnte ihm gegenüber etwas wie Scham empfinden, weil man sich innerlich angeschaut fühlte. Vielleicht haben sich aus diesem Grunde gerade in seinen Klassen die extremen Elemente versammelt, die Robustlinge und die Schwachen und Zaghaften. Sie alle suchten ihren Lehrmeister in ihm und fanden ihn auch. Es war, als neige

er — mit der leichten Beugung seines Kopfes und dem vorbeistreifen-
den, in die Ferne gerichteten Blick — jedem Kinde sein Ohr zu, als
lausche er mit angespannter Aufmerksamkeit auf den ureigenen Seelen-
ton, mit der Frage: Wer bist du? Was kannst du aufbringen an echten
Menschenkräften in der Überwindung deiner Schwächen? Kannst du,
wenn du ein Grobian bist, etwas zarter werden; kannst du, wenn du
stolz bist, demütiger werden; kannst du, wenn du zaghaft bist, mutig
werden? Das waren seine Fragen an die jungen Menschen, nicht die
Frage: Was weißt du? Man konnte ihm keinen Eindruck machen mit
irgendeinem Können, und eine selbstverständliche Tüchtigkeit mag
oft das erwartete Lob nicht gefunden haben. Man wurde auf einer
feineren Waage gewogen. Er hatte seinen eigenen inneren Maßstab
für den Menschen, er erzog mit dem, was er w a r , zum Menschen.

Robert Killian begleitete alle seine Schüler auch nach der Schulzeit
auf ihren Wegen ins Leben hinaus. Er machte oft weite Reisen, um
einen früheren Schüler aufzusuchen. Er verlor keinen, deshalb konnten
auch ihn alle finden. So hat er ein feines und weitgespanntes Schicksals-
netz gewoben.

Wer ihm in sommerlichen Tagen begegnet ist, wie er die Blumen
beobachtete, den Vogelstimmen zuhörte und mit seinen Schritten die
Erde maß, die er so liebte, dem will es scheinen, als wäre er nicht durch
das Tor des Todes geschritten, sondern durch das Tor des Sommers,
mitten aus dieser Natur heraus in die geistige Welt hinein.

Robert Killian hat sich früh auf den Weg gemacht, dem neuen Impuls
zu dienen, alles andere hinter sich zurücklassend. „Ich bin jetzt ganz
frei!" sagte er am Tage vor seinem Tode — und wir wissen, wie es
gemeint war: frei für eine neue Aufgabe.

Hedwig Erasmy

JULIE LÄMMERT

Das Leben von Julie Lämmert scheint von Anfang an überstrahlt von höheren Zielen. Was in ihr Leben seit früher Kindheit durch Eltern, Lehrer, Einflüsse und Entwicklungsmöglichkeiten eintrat, zeigt sich im Rückblick wie eine Zusammenfügung von Bausteinen nach weisheitsvollem Plan. Diese Bausteine waren nötig zum Aufbau ihres Lebens und Wirkens; und der Aufbau geschah mit solcher Konsequenz, daß sie trotz ihres sich weit entfaltenden Geistes Geburtsort und Wirkensstätte niemals verließ: Julie Lämmert ist — mit Ausnahme eines anderthalbjährigen Studienaufenthaltes in Dornach — zeitlebens in Stuttgart geblieben.

Sie wuchs mit vier jüngeren Brüdern heran. Von Vaters Seite kam ein deutscher, juristischer, strenger Einschlag. Die Mutter, eine geborene Welti, war englisch-schweizerischer Herkunft. Durch sie wurden die Kinder zum Malen angehalten. Die Eltern waren musikalisch; Musik durchtönte das Elternhaus und war ein wesentlicher Faktor für die Entwicklung der Kinder. Früh erhielt auch die kleine Julie Musikunterricht, und mit acht Jahren bekam sie den ersten Preis in Klavierspiel und Musikdiktat am „Königlichen Konservatorium für Musik". Sie hatte die Stückchen, die sie spielte, in die verschiedenen Tonarten zu transponieren und vermochte dies leicht, da ihre Musikalität bis in die Finger ging, die wie instinktiv die richtigen Töne fanden. Alljährlich nahm Max von Paur, der große Pianist, die Prüfungen ab, und unter seinem gütigen Blick kam die kleine Schülerin schnell voran.

Paur berief eine junge Lehrerin für rhythmische Gymnastik an seine Schule, und nun begann für die zwölfjährige Julie ein intensives Üben nach der Methode von Jacques-Dalcroze. Diese Lehrerin war eine geniale Natur und vermochte ihre Schüler durch Bewegungen, die sie ausführen ließ, durch Tänze, die sie mit ihnen einstudierte, in das Wesen der Musik eintauchen zu lassen. Eurythmie gab es ja zu dieser Zeit noch nicht. Unvergeßlich blieb, wie eine Schülergruppe die A-dur-Sonate von Mozart mit allen Variationen tanzte und Julie dabei mit präzisen Schritten den Rhythmus der schnellen Staccato-Töne ablief.

Während des ersten Weltkrieges begann der Schauspieler Gottfried Haaß-Berkow in Stuttgart zu wirken und suchte für seine mittelalterlichen Spiele geeignete junge Darsteller. Julie Lämmert meldete sich und spielte im Totentanz die Mutter mit dem Kind. Zum ersten Mal übte sie sich in der Gestaltung der Sprache. Das Paradeis-, Oster- und Weihnachtsspiel, Totentanz, Theophilus und die Märchenspiele hinterließen nachhaltige Eindrücke. Durch Haaß-Berkow und seine Gattin lernten die jungen Spieler die Anthroposophie kennen und empfingen entscheidende Entwicklungsanstöße. Gleichzeitig konnte Julie Lämmert bei der Gesangslehrerin Adelheid Lang ihre Stimme ausbilden, die sich zu warmem Glanz entfaltete. Der Glanz hatte etwas Metallisches, die Wärme etwas Reines, das aus der Objektivität des Fühlens kam. Eine Laufbahn als Sängerin wäre möglich gewesen.

Mit einundzwanzig Jahren wurde Julie Lämmert Mitglied der Anthroposophischen Gesellschaft. Die wachsende Selbständigkeit der Tochter wurde dem Vater unerträglich. Als es ihm nicht gelang, ihr das Theaterspielen zu verbieten, verbot er ihr das elterliche Haus. Sie suchte eine Stellung als Helferin und Erzieherin und fand sie bei Menschen, mit denen sie bald eine nahe Freundschaft verband.

Dreiundzwanzigjährig wurde Julie Lämmert Lehrerin für Chorgesang an der Waldorfschule. Damals erklangen zum ersten Mal die neu entstandenen Baumann-Lieder bei den Monatsfeiern.

Vier Jahre später wurde sie von Rudolf Steiner zum „Dramatischen Kurs" nach Dornach eingeladen. Sie nahm den Impuls der Sprachgestaltung in sich auf und entschloß sich zu einer längeren Studienzeit in Dornach. Unter Marie Steiners Leitung bereitete sie sich auf die Tätigkeit vor, die die Krönung ihres Lebens bedeutete: für die Sprachgestaltung an der Stuttgarter Waldorfschule zu wirken.

Julie Lämmert unterrichtete die Lehrer, sie übte mit den Klassen, die durch das chorische Sprechen intensiv gefördert wurden, half den sprachgehemmten Kindern, deren Sprachstörungen sie mit der ganzen Intensität ihres Wesens nachspürte. Noch in der letzten Lebenszeit nahm sie einen Arbeitskontakt mit Karl König auf, um neue Blickpunkte für die Therapie durch Sprachgestaltung zu gewinnen.

Bald wurde ihr die Leitung der Monatsfeiern und die Einstudierung der Abschlußspiele nach dem achten und zwölften Schuljahr anvertraut. Auf der Schulbühne ging sie stets von der Pflege des Sprachlichen aus, von der Überzeugung geleitet, daß das künstlerische Element aus dem Wesen der Sprache fließen müsse und die Darstellung und Regie zu überglänzen habe. Die Schüler, denen sie zu einem edlen, ihrem Alter entsprechenden Darstellen der Rolle verhalf, werden die Arbeit mit Julie Lämmert nicht vergessen. Aus dem Bereich des Fühlens, das sie von früher Jugend an in Zucht genommen hatte, konnte sie die innere Form für ihre Einstudierungen finden, die nicht der Willkür, sondern einem verpflichtenden Wahrheitsgefühl entsprangen.

Bei den alljährlichen Weihnachtsspielen der Lehrer, die sie nach Schuberts Tode leitete, spielte sie den Engel durch mehr als zwei Jahrzehnte. Die Spiele wurden zu einem Bestandteil ihres Lebens.

Nach der Schließung der Waldorfschule wirkte sie als Sprachgestalterin an der Eurythmieschule, bis auch diese Bildungsstätte 1941 verboten wurde.

Als die Waldorfschule nach Kriegsende wieder begann, nahm Julie Lämmert aufs neue ihre Tätigkeit auf. Die Arbeit an der rasch und unaufhörlich wachsenden Schule ging oft über ihr physisches Leistungsvermögen. Aber der Impuls der Sprachgestaltung konnte dabei nie erlahmen; er durchfeuerte sie mit einer Kraft, der ihre zarter werdende Gesundheit nicht mehr standhielt. Sie wußte, daß der Sprachimpuls das Leben jeder Waldorfschule durchdringen sollte. Dafür setzte sie ihre ganze Kraft ein.

Wenn das Wort wahr ist, daß jeder so stirbt, wie es seinem Wesen gemäß ist: für Julie Lämmert trifft es zu. Ihr Arzt schilderte, daß sie, als ihr klar wurde, wohin der Weg geht, wie ein Läufer mit erhobener Fackel dem Ziel entgegeneilte sei. Das Bild des Engels, den sie so unvergeßlich spielte, taucht auf: wie er mit erhobenem Stern eiligen schnellen Schritts seine Botschaft verkündet.

Auf dem Totenlager war sie in das Gewand des Weihnachtsengels gehüllt. Das Haupt neigte sich sanft lächelnd dem Herzen zu. Auf der Brust lag der goldene Engel-Sternenreif.

Martha Kühn

Julie Lämmert habe ich stets aufs tiefste bewundert und verehrt als eine der „Säulen", d. h. als eine der Persönlichkeiten, die das Geistige restlos in ihren Willen aufgenommen und so ihren Willen restlos in den Dienst der Schule gestellt haben. Viel mehr, als es nach außen hin für alle sichtbar sein konnte, trug sie das Ganze — und mit einer so unbeirrbaren menschlich-persönlichen Note, daß Enthusiasmus und Farbigkeit davon ausstrahlen.

Emil Bock

ALEXANDER STRAKOSCH

Am 17. Januar 1958 wurden in Basel die fünfte und die sechste Symphonie von Beethoven aufgeführt. Alexander Strakosch, in Dornach lebend, wollte das Konzert unbedingt hören — trotz seines hohen Alters, in dem man späte abendliche Ausgänge im Winter eher meidet. Bei der Fahrt nach Basel wirkte er abgespannt und entschuldigte sich, daß er nicht sprechen könne. Nach dem Konzert jedoch blitzten seine Augen, und er war so heiter und frisch, als könne er sich an Müdigkeit überhaupt nicht erinnern. Diese rasche Regenerationsfähigkeit täuschte seine Umgebung über die schwindenden Kräfte immer wieder hinweg. Knapp drei Wochen später, am 5. Februar, verließ er den Erdenplan.

Liest man nach, was er in seiner Autobiographie „Lebenswege mit Rudolf Steiner" über seine Beziehung zu Beethoven schreibt, so verliert dieser letzte Konzertbesuch den Schein der Zufälligkeit. Man sieht, wie sich in schöner reifer Weise hier einer der Ringe schloß, die sein Leben wie innere Goldstreifen durchzogen hatten. Er erzählt von einem Gespräch mit Rudolf Steiner: „Im Februar (1912) hatte ich eine längere Unterredung mit ihm und berichtete, was sich mir dadurch ergeben, daß ich mich von Jugend auf in Beethovens Symphonien vertieft hatte. Mit zwanzig Jahren hatte ich bei einer Aufführung der „Eroica" im Orchester in der zweiten Geige mitgespielt, und in der Münchner Studienzeit verdankte ich es Felix Weingartner, daß ich alljährlich durch drei Jahre alle neun Symphonien hören konnte und noch dazu jede dreimal. Auf Grund dieser jahrelangen Beschäftigung glaubte ich einige Bemerkungen über deren Inhalte machen zu dürfen. Die erste Symphonie schildert die Welt vor dem Sündenfall; die zweite die Luzifer-Symphonie; — hier unterbrach er mich lebhaft zustimmend und erzählte, als Adolf Arenson an der Musik für die Mysteriendramen gearbeitet habe, hätte er ihm gesagt: „Wenn Sie mit der Musik für Luzifers Reich nicht rechtzeitig fertigwerden, dann können Sie auch etwas aus der zweiten Beethoven-Symphonie nehmen." Ich deutete dann die verschiedenen Erlebnisse bei den einzelnen Sätzen an, zum Beispiel das Stehen vor dem Hüter der Schwelle im letzten Satz der fünften Symphonie . . ."

Von diesem Stehen vor dem Hüter der Schwelle sprach er auch am Abend des 17. Januar noch, denn wir hatten ja gerade die fünfte Symphonie gehört.

Nach seinem Erdenabschied erhielt die Leibeshülle sein Antlitz noch vier Tage so, wie man es im Leben kannte. Geistige Feinheit und starke Formkräfte wirkten in ihm zusammen und bildeten es als eine sehr prägnante Signatur dieser Persönlichkeit aus, wobei die dunklen kräftigen Augenbrauen und der weiße Bart nicht wegzudenken waren.

Am letzten dieser vier Aufbahrungstage, einem Sonntag voller Sonne, lockten die Blumen eine Biene durch das offene Fenster. Ihr Gesumm erfüllte das stille Zimmer, immer wieder unterbrochen, wenn das Tierlein in eine Blüte schlüpfte. Der Gedanke an die Hymettos-Biene stellte sich ein. Indem man von ihr erzählt, sie habe sich Plato kurz nach seiner Geburt auf die Lippen gesetzt als ein Zeichen, daß dieser Mund mit süßester Beredsamkeit eine neue Botschaft verkündigen würde, wird die Biene zu einem Gleichnis erhöht. Auch jetzt, bei der seltenen Erscheinung einer Biene im Februar, rührte einen mehr als der äußere Vorgang an. Trug hier nicht eine Seele Honigfracht in die Geistes-Welt hinauf, gesogen aus vielfältigem und lebendigem Umgang mit den Dingen dieser Welt? Dem Vergänglichen abgewonnen durch die geduldige unermüdliche Pflege jener Geistorgane, die eine sich reinigende und sich schulende Seele zu entwickeln vermag? Das Bild des still in seinem Stuhl Sitzenden hatte man zuweilen aufgenommen, eines Menschen, der durch Jahrzehnte hindurch und über alle Veränderungen der Umstände und des Ortes hinweg die einstmals von Rudolf Steiner empfangenen Meditationen täglich in sich bewegte. Man mochte denken: so selten wie eine Biene, die im Winter Nektar zu finden vermag, so selten sind jene Seelen, die im Jahrhundert der kalten Gedanken gerade der Beschäftigung mit der Technik Geisteshonig entringen können. Eine Bemühung, die der Ingenieur Strakosch schon früh zu unternehmen begann. Seit er im März 1908 zusammen mit seiner Gattin die ersten Anweisungen Rudolf Steiners empfing, — und das heißt fünfzig runde Jahre — lebte seine Seele mit diesen Übungen der Geisteswissenschaft. Ob er auch eine spezielle Verbindung zur griechischen Antike hatte, war mir in diesem Augenblick nicht bewußt, aber wenige Tage später fand ich in seiner Selbstbiographie die Sätze: „... früh schon fühlte ich mich zur Technik hingezogen. Dennoch war mir die Vertiefung in das klassische Altertum, wie sie damals in so schöner Weise an den österreichischen Gymnasien gepflegt wurde, ein so selbstverständliches Lebenselement, daß ich es nie hätte missen mögen. Ich lebte ganz darin und lernte aus

Begeisterung ganze Gesänge Homers auswendig; das tätige Interesse für griechische Philosophie hat mich bis heute nicht verlassen."

Im Berliner Architektenhaus hörten Maria und Alexander Strakosch im Jahre 1908 zum ersten Male einen Vortrag Rudolf Steiners. „Sonne, Mond und Sterne" war sein Titel, und Rudolf Steiner „ging von Aristoteles aus, dem vorsichtigen Denker". Für beide brachte dieser Vortrag die sogleich und für das ganze Leben getroffene Entscheidung. Hand in Hand begaben sie sich nach der Veranstaltung zum Rednerpult Dr. Steiners. Sie hatten ihren Lehrer gefunden. Schon am nächsten Tag hielten sie das Blatt mit den Meditationen in Händen. „Wenn ich heute auf diesen Vortrag zurückblicke, so erscheint es, als ob unsere Seelen damals direkt angesprochen worden seien," schreibt Strakosch.

Sein Leben hat sich hauptsächlich in den vier Ländern Österreich, Deutschland, Italien und in der Schweiz abgespielt. Geboren wurde Alexander Strakosch am 23. August 1879 in Brünn in Mähren. Dort verbrachte er auch seine Schulzeit und siedelte dann zum Studium an die Technische Hochschule München über. Seine erste berufliche Tätigkeit führte ihn in die österreichischen Berge zum Bau von Alpenbahnen. 1906 schloß er in Meran mit der Malerin Maria Giesler, die er schon in München kennengelernt hatte, den Lebensbund. Es folgte ein Jahr in Innsbruck, dann der Bahnbau im Murgtal. Im März 1908 reiste er mit seiner Gattin zur Klärung einer beruflichen Angelegenheit nach Berlin. Dort fanden sie Rudolf Steiner. An gedruckten Werken gab es damals vor allem die „Theosophie", zu welcher Strakosch bis zu seinen letzten Lebenstagen immer wieder griff. Eingehende Beschäftigung mit Haeckel hatte ihn für die Geisteswissenschaft insofern vorbereitet, als das gründliche und mit großen Erwartungen aufgenommene Studium des Buches „Die Welträtsel" ihn durch seine rückhaltlose Offenheit „von dem Alp befreit hatte, daß der Materialismus als Weltanschauung einen Wirklichkeitscharakter beanspruchen könne". — Nach fünf Wochen Berlin erfolgte die Übersiedlung nach Triest, wo Strakosch bei der Direktion der K. K. Staatsbahnen eine Stelle antrat. Aber die Verbindung zu Rudolf Steiner und der Anthroposophie riß damit nicht ab. 1909 nahm das Ehepaar am großen Budapester Kongreß teil; auch die ebenfalls 1909 beginnenden und bis zum Weltkrieg durchgeführten Sommertagungen in München wurden besucht. In seinem Erinnerungsbuche kann Strakosch von vielen Begegnungen mit Rudolf Steiner sprechen, von Reisen mit ihm, Ferienaufenthalten an der Adria, von ernsten und heiteren Stunden. Ende 1912 wechselte das Paar von Triest, wo das Klima beschwerlich wurde, nach Wien. Strakosch wurde Vorstand der K. K. Signalwerkstätte

Wien-Ost. In der Donaustadt beglückte ihn vor allem das reiche musikalische Leben, an dem er regen Anteil nahm. Dort spielte sich auch das kleine Ereignis ab, das er mit so köstlichem Humor erzählen konnte: Dr. Steiner hatte sich für mittags um 12 Uhr in seiner Wohnung angesagt, aber die Dienstzeit in der Signalwerkstätte war erst um 2 Uhr zu Ende. Natürlich wollte er von dem Besuch keine Minute versäumen, und so erklärte er seinem Vorgesetzten, er müsse heute um 1/2 12 Uhr gehen. Auf die Frage „warum" sagte er einfach: „Der Doktor kommt." Er konnte also Dr. Steiner zu Haus auf der Treppe empfangen, was diesen höchlich verwunderte, denn Dr. Steiner wußte, daß der Dienst erst um 2 Uhr zu Ende war. „Wie haben Sie das gemacht?" fragte er, und Strakosch antwortete wahrheitsgemäß: „Ich habe gesagt, der Doktor kommt." Rudolf Steiner hob lachend den Finger und sagte: „Herr Strakosch, Herr Strakosch, das war gejesuitelt."

Für die Arbeit im Wiener Zweig der Anthroposophischen Gesellschaft hatte Rudolf Steiner auf seine Frage geantwortet, er möge Geometrie-Kurse geben, welche durch die Art ihres Vorgehens eine Einführung in die Anthroposophie bilden könnten. Es war eine überraschende und schwere Aufgabe. Als Strakosch Ende Juli 1914 in Dornach weilte, hielt Rudolf Steiner einen Vortrag über geometrische Formen, obgleich ein ganz anderes Thema angekündigt war. Carl Unger deutete nach der Veranstaltung lachend auf Strakosch und sagte: „Jetzt weiß ich, weshalb heute gerade dieser Vortrag gehalten wurde." — „Tatsächlich konnte man den Eindruck haben," schreibt Strakosch später, „daß ich auf diese Kurven (Gleichheitskreis, Ellipse, Hyperbel, Cassinische Kurven usw.) hingewiesen werden sollte, denn im Jahre 1919 sagte Rudolf Steiner in den Seminarübungen, die er unmittelbar vor der Eröffnung der Waldorfschule mit uns Lehrern hielt: ‚Und jetzt wird Herr Strakosch in seiner befeuernden Art zeigen, wie man diese Kurven, nämlich die damals in Dornach besprochenen, mit etwa 14jährigen Schülern behandeln kann.'" —

„Mit uns Lehrern." — Dem Ingenieur, der einen verantwortungsvollen Posten bekleidete, standen die Türen zu einer erfolgreichen Laufbahn im Staatsdienst offen. Aber als die Waldorfschule begründet wurde und Dr. Steiner ihn als Lehrer brauchte, gab es kein Überlegen. Er brach in Wien die Zelte ab, so rasch er konnte, und siedelte 1920 nach Stuttgart über. Während er als Lehrer wirkte, begründete Maria Strakosch-Giesler eine Malschule, deren Ziel war, die neuen Angaben Dr. Steiners für die Malerei im Künstlerisch-Tätigen zu üben. — Es blieb aber nicht „nur," beim Lehramt. Zahlreiche Vorträge, so im Zusammenhang mit der Dreigliederungsbewegung, Vorträge bei Hochschulkursen, Pflichten, die mit seinem Amt in der Leitung des Forschungs-Institutes beim „Kommenden Tag" zusammenhingen, mußten außerdem bewältigt werden. „Nebenbei" schrieb er ein Büchlein „Pflanzenformen als Ergebnis des Gegenspiels gestaltender Kräfte." Trotz der ständig wachsenden Last der Aufgaben konnte er es nicht über sich bringen, ganz auf sein Geigenspiel zu verzichten. Gedrückt von schlechtem Gewissen befragte er Dr. Steiner einmal, ob es nicht besser sei, sich in diesen Stunden mit dem Studium der neuesten Physik zu beschäftigen. „Spielen Sie ruhig Violine, da lernen Sie viel mehr Physik dabei", antwortete Rudolf Steiner.

Für den ersten Hochschulkurs am Goetheanum im September/Oktober 1920 wurde Alexander Strakosch der Auftrag Dr. Steiners überbracht, einen Vortrag über Signalwesen zu halten. Ihm war nicht begreiflich, was dieses Thema innerhalb der anthroposophischen Hochschulwoche zu suchen habe; er fürchtete ein Mißverständnis und ließ noch einmal nachfragen. Es sei schon in Ordnung, und er solle zwei Vorträge halten, lautete der Bescheid. Er sprach dann über das Signalwesen in seiner kulturgeschichtlichen Bedeutung. Er begann bei den Signalfeuern, durch welche die Griechen von Insel zu Insel über das Ägäische Meer hinweg den Fall Trojas der Heimat meldeten, und endete bei den heutigen Signalanlagen der Eisenbahnen. Es war für ihn selbst überraschend, wohin ihn diese Themenstellung Dr. Steiners geführt hatte. Er schreibt: „Auch für mich war es ein eigentümliches Erlebnis, eine Tatsachenreihe und zugleich einen mit ihr verbundenen Bewußtseinswandel zu überblicken, die vom Griechentum, in welchem ich als Gymnasiast so ganz gelebt hatte, bis zum modernen Signalwesen führte, das ich als Vorstand der K. K. Signalwerke im praktischen Eisenbahndienst so gründlich kennengelernt hatte, nicht nur als bloße technische Einrichtung, auch in seinem Verhälnis zum Menschen."

Zum Bilde jener Zeit gehören auch Episoden wie diese: Anschließend an den Darmstädter Hochschulkurs, an welchem er als Redner teilnahm (unter anderem stand auf dem Programm: „Dr. Rudolf Steiner und Dipl. Ing. Alexander Strakosch: Geschichte der Architektur und einzelner technischer Zweige") verschwand er in einem abgelegenen Gebirgsdorf im Allgäu und trat bei einer alten Frau, die ihren Unterhalt mit Spinnen verdiente, als Schüler ein (worüber diese begreiflicherweise sehr erstaunt war). Er sollte nämlich im Rahmen des Technologie-Unterrichtes den Kindern Spinnen und Weben beibringen. So trieb sich der „Stadt-Frack" in den Spinn- und Webstuben der

Allgäuer Bauern herum, bis er am Ende der Ferien feinen Flachsfaden spinnen und Wolle verarbeiten konnte.

Ab 1934 begann eine Zeit der Vortragsreisen im Ausland, vor allem in Italien und Frankreich, wozu ihn seine glänzende Beherrschung beider Sprachen befähigte. Besonders Italienisch war ihm wie eine zweite Muttersprache. In Dornach ließ sich das Ehepaar im Jahre 1938 endgültig nieder, verbrachte aber wenn irgend möglich jeden Jahreskreislauf wechselnd in allen vier Ländern, wo die verschiedensten Aufgaben harrten. Neben vielen anderen schriftlichen Arbeiten wuchsen in Dornach die Bände der Autobiographie heran, wovon der erste Teil 1947, der zweite Teil 1952 erschien. Bis buchstäblich zum letzten Tage hat Alexander Strakosch gearbeitet. Nachdem er eine Arbeit über die großen Kultbauten vom Salomonischen Tempel bis zum Goetheanum vollendet hatte, wandte er sich wieder dem geplanten zweiten Bande seines Geometriebuches zu und förderte dieses Werk, bis ihn der Tod unterbrach.

Hella Krause-Zimmer

Alexander Strakosch ist eine jener Persönlichkeiten, deren Name unlöslich mit der ersten Freien Waldorfschule verbunden ist: mit deren Ausbau und deren weiterer Entwicklung. Schon in den ersten Gesprächen, die Rudolf Steiner über die werdende Waldorfschule führte, und ganz besonders in seinen volkspädagogischen Vorträgen, hatte er darauf hingewiesen, daß das Erziehungswesen mehr und mehr auf einen neuen Lehrertyp angewiesen sein werde. Rudolf Steiner sagte, es sei wünschenswert, daß in jedem Lehrerkollegium außer den Menschen, die durch eine fachlich-pädagogische Ausbildung hindurchgegangen sind, auch solche Persönlichkeiten tätig sein sollten, die ihre erzieherische Qualifikation unmittelbar aus der Lebenspraxis ableiten könnten. Von solchen Persönlichkeiten erwartete Rudolf Steiner eine Erfrischung nicht nur des Unterrichts, sondern auch eine Belebung des ganzen sozialen Gefüges der Schulen.

Den Erwartungen, die in solcher Art geäußert wurden, entsprach in besonders hohem Maße die Persönlichkeit von Alexander Strakosch. Durch seine Umgebung früh in Kontakt gekommen mit wichtigen Zweigen der modernen Industrie, hatte es Strakosch zu einer prominenten Stellung im Eisenbahnwesen der österreichisch-ungarischen Monarchie gebracht. Als Baurat der österreichischen Staatsbahnen erhielt er wichtige Aufträge, die ihn des öfteren auch ins Ausland führten. Wenn ihn so das Leben auf einen neuen Platz in eine zunächst fremde Umgebung stellte, versuchte Strakosch immer, aus den umfassenden

menschlichen Impulsen zu arbeiten, die in ihm gereift waren, seit
er mit der Geisteswissenschaft Rudolf Steiners in Berührung gekommen war. In feiner Abstimmung auf das, was Landschaften und Völker an ihn herantrugen, suchte er schon früh, seine Aufgaben im Sinne
der neuen sozialen Forderungen der Gegenwart zu lösen. Als sich von
1919 an die von Rudolf Steiner getragene Bewegung zur Dreigliederung des sozialen Organismus entfaltete, erwies sich Strakosch als eine
der wenigen Persönlichkeiten, die für die Ziele einer solchen Bewegung
wirklich vorbereitet waren.

Im Verfolg dieser Dreigliederungsbewegung kam Strakosch gerade
in jenen Augusttagen 1919 nach Stuttgart, in denen Rudolf Steiner
den ersten großen Menschenkundekursus für die werdenden Waldorflehrer hielt. Ich erinnere mich noch gut an den Augenblick, in dem
dies geschah. Rudolf Steiner hatte gerade die Einleitung zu diesem
Kursus gegeben, als ein Zettel in den Saal hineingereicht wurde — in
den sogenannten blauen Saal der Landhausstraße Nr. 70 —, in dem die
Teilnehmer des Kurses versammelt waren. Rudolf Steiner stutzte einen
Augenblick als er den Zettel las, dann ging ein Lächeln über sein Gesicht, und er sagte: „Aha, der Strakosch — nun ja, wenn er es auf
sich nimmt, die Grundgedanken der hier zu entwickelnden Pädagogik in der Dreigliederungsarbeit zu vertreten, dann kann er herein-
kommen." Und so hat denn Strakosch mit größter Intensität an diesem
Kursus teilgenommen. Wir Jüngeren, die wir damals wenig Lehr- und
Lebenspraxis hatten, blickten öfters mit einer gewissen Scheu auf das
markante, von einem schwarzen Bart umrahmte Gesicht des „Herrn
Baurat" hin. Aber durch seine große Liebenswürdigkeit und fast süd-
ländische Seelenoffenheit verstand es Strakosch bald, solche Verlegen-
heiten zu zerstreuen. Schon während des Kurses fügten sich die Bande,
die später nie mehr zerreißen sollten.

Den allerersten Anfang der Waldorfschule hat Strakosch nicht als
Lehrer mitgemacht. Aber er wurde schon bald zur Führung einer
Klasse berufen. Mit großer Natürlichkeit — fast so, als hätte er nie
etwas anderes betrieben — lebte er sich in die neue Aufgabe ein. Den
Schülern strömten durch ihn gerade jene Bilder des heutigen Lebens
im reichen Maße zu, nach denen sie verlangen. Man darf sagen, daß
Strakosch schon damals den *Lebenskunde*-Unterricht gab, dessen Ausbau später zu einer seiner wichtigsten Aufgaben wurde. Nachdem er
seine Klasse bis zur achten Volksschulklasse durchgeführt hatte, übernahm er den Technologieunterricht. Was er auf diesem Gebiete geleistet
hat, ist seinen Schülern unvergeßlich. Der weibliche Teil der Schülerschaft
hatte zwar nicht immer Sinn für die technischen Errungenschaften der

Gegenwart. Durch seinen Humor und durch seine Fähigkeit, geistes-
gegenwärtig auf Einwände zu antworten, wußte Strakosch aber auch die
mehr Zögernden und Zurückhaltenden zu gewinnen. Als er das *Spinnen*
einführte, war er übrigens wie auf einem Heimatboden. Früh war er
mit mechanischen Spinnereibetrieben in Berührung gekommen. Als reifer
Mann arbeitete er jetzt die Eindrücke und Erkenntnisse der Jugend zu
Elementen einer zeitgemäßen Lebenskunde um.

Während der Zeit seiner Wirksamkeit an der Waldorfschule fuhr
Strakosch fort, Vorträge zu halten. Zugleich war er als Verfasser von
Artikeln und Abhandlungen tätig. Seine Ausführungen über den Menschen im Verhältnis zur Maschine sind bahnbrechend geworden. In den
dreißiger Jahren riß ihn die politische Entwicklung in Deutschland
aus den Zusammenhängen der Schule heraus. Strakosch lebte seit jener
Zeit in Dornach in der Schweiz. Bis in die Einzelheiten verfolgte er
die Schicksale der Schule und der ganzen Schulbewegung. Als nach dem
zweiten Weltkrieg die Arbeit der Waldorfschulen wieder aufgenommen
werden konnte, kam er wiederholt nach Deutschland, besuchte die
Schulen und nahm an pädagogischen Tagungen teil. In diesen Jahren
hat er zu der von ihm veranlagten Lebenskunde einen neuen Zweig hinzugefügt in den *Briefen zur Diätetik*. In ihnen hat er das, was er als
aktiver Lehrer nicht mehr verwirklichen konnte, für die Selbstbildung
des Menschen, besonders des jüngeren Menschen, fruchtbar gemacht.

Wenn man sich fragt, welche Elemente es gewesen sind, die Alexander Strakosch trotz der zunehmenden körperlichen Gebrechlichkeit
jugendlich in seiner Seele erhielten, so kommt man auf drei Faktoren:
Der erste war, daß er unausgesetzt daran arbeitete, ein bodenbestän-
diges Verhältnis zu den großen Grundgedanken Rudolf Steiners zu
entwickeln. So wuchs er immer mehr in sie hinein und wuchs an ihnen.
Der zweite war, daß er die so entscheidende Fähigkeit entwickelte,
immer neu am Leben zu lernen. Und der dritte hing aufs intimste mit
seinem persönlichen Schicksal zusammen, das ihn für das Leben mit
Frau Marie Strakosch-Giesler — einer bedeutenden Malerin — verband. Strakosch erlebte mit einem kongenialen künstlerischen Verständnis mit, was durch seine Lebensgefährtin an malerischen Schöpfungen hervorgebracht wurde. Und so blieb er auch in diesem Miterleben der Waldorfschule, von der er physisch getrennt leben mußte,
nahe verbunden: denn das Künstlerische ist der Atem der Waldorfschulpädagogik.

Herbert Hahn

Der Name von Alexander Strakosch ruft die Erinnerung wach an die erste Zeit der Waldorfschule, denn er gehörte zu den Freunden Rudolf Steiners, die er bei Begründung der Schule oder kurze Zeit danach gerufen hat und die ihr dann das Gepräge gegeben haben. Wir denken an Caroline von Heydebrand, Walter Johannes Stein, Eugen Kolisko, Hermann von Baravalle, Karl Schubert, Paul und Elisabeth Baumann, Karl Stockmeyer, Rudolf Treichler, Herbert Hahn. Sie waren viele Jahre zu den Vorträgen und Veranstaltungen Rudolf Steiners gereist und trugen seine Worte in ihrer Seele; daher war es ihnen bestimmt, die pädagogischen Impulse aus der Geisteswissenschaft aufzunehmen und im erzieherischen Wirken fruchtbar zu machen. Die wenigsten von ihnen waren ausgebildete Lehrer, dafür waren sie warmherzige und für das Geistige sich einsetzende Menschen, die ihren Beruf und ihre Lebensstellung aufgaben und der neuen Gründung ihre ganze Kraft widmeten. Zu ihnen gehörte Alexander Strakosch.

In jener ersten Zeit der Waldorfschule kamen ihre Schüler aus den Volksschulen Stuttgarts, aber auch aus höheren Schulen Deutschlands und des Auslands. Es saßen Kinder von Arbeitern und Angestellten der Waldorf-Astoria-Zigarettenfabrik, die ungebrochene Willens- und Gefühlskräfte mitbrachten, neben intellektuell hochbegabten Schülern, die der Name Rudolf Steiner an die Stuttgarter Schule geführt hatte. Bei dieser Zusammensetzung hätten Aufmerksamkeit und Arbeitseifer durch die üblichen Schulmethoden nicht erzeugt werden können. Nur die Begeisterung des Lehrers und was er aus dem Lehrstoff in der eigenen Seele gemacht hatte, konnten Nacheiferung erwecken. Das verstand Alexander Strakosch ausgezeichnet. Er war geliebte Autorität in seiner Klasse, die er auch zu Besichtigungen und Wanderungen führte.

Die Art, wie er den Technologieunterricht einrichtete, ist noch heute maßgebend für alle Waldorfschulen. Unter seiner Anleitung entstanden große Modelle von Wasserrädern, die mit Begeisterung angefertigt wurden. Überhaupt lag diesem an der Technik und ihrer menschlich-sozialen Bedeutung interessierten Menschen am Herzen, daß die Schule dem modernsten Zweig des Lebens verbunden bleibe. Nach seinem durch die nationalsozialistische Regierung erzwungenen Abgang von der Schule beschäftigte er sich mit Plänen für eine Differenzierung der Oberstufe und für den Ausbau eines praktischen Zuges. Vor seinem Tode konnte er noch die wesentlichen Schritte miterleben, die die Waldorfschule am Kräherwald und bald auch die Mutterschule in der Verwirklichung seines Herzenswunsches gemacht haben.

Robert Killian

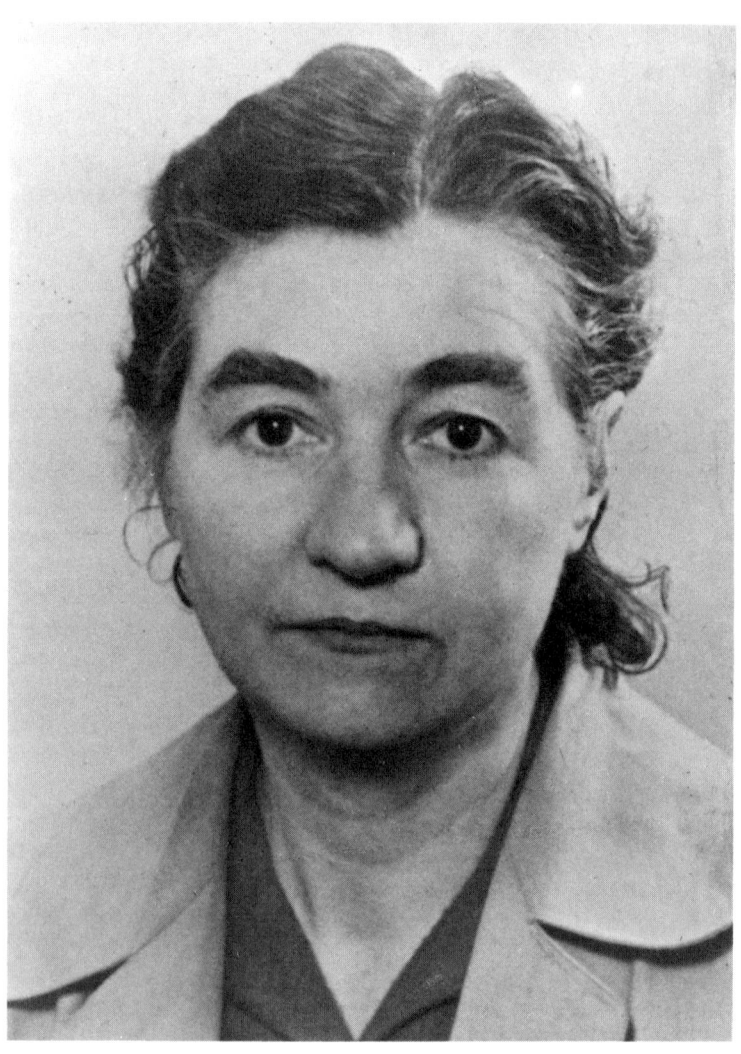

MARIA HAHN-UHLAND

Gleichzeitig mit Robert Killian hat Maria Uhland zum ersten Mal eine Klasse vom ersten bis zum achten Schuljahr geführt und nicht nur den täglichen Hauptunterricht gegeben, sondern ihre Klasse vom ersten Schuljahr an in der englischen und französischen Sprache unterrichtet. Als sie 1920 in das Kollegium eintrat, war der Schulaufbau noch in vollem Gange. Es herrschte die kraftvolle, freudige Stimmung des Aufbruchs in das Neuland anthroposophischer Erziehungskunst. Was die Gliederung eines zweistündigen Hauptunterrichts betrifft, den Aufbau einer mehrwöchigen Unterrichtsepoche, die altersgemäße Behandlung ganzer Sachgebiete bis zu den Grundlagen der Physik und Chemie, wie der fremdsprachige Unterricht an die abklingenden Nachahmungskräfte des ersten Jahrsiebts anschließt, welche Formen des künstlerischen Übens und welche Mittel nötig sind, um moralisch-sittliche Kräfte zu entfalten, das alles mußte zuerst als eine auf Menschenerkenntnis begründete Kunst des Erziehens entwickelt werden. Maria Uhland hat diese Aufgaben mit Enthusiasmus ergriffen. Was sie in dem Bericht über ihre erste Klasse im Schuljahr 1920/21 schreibt, beleuchtet ihre eigene Arbeitsweise: „Das Neue, das die Waldorfschule bringt, ist nicht durch oberflächliche Information zu erkennen. Wer wirkliches Interesse hat an dieser Schule, muß tiefer greifen und an die Intentionen mit einer Gesinnung herantreten, die hervorgeht aus dem wahrhaftigen Studium der anthroposophisch orientierten Geisteswissenschaft. Nur daraus allein ist wirkliche Erkenntnis der Entwicklung des Kindes zu schöpfen und die richtige Pädagogik und Methode, die den ganzen Menschen erfaßt und ihn bereit macht, mit Verstandes- und Gemütskräften tatvoll im Leben zu stehen."

Rudolf Steiner schätzte das pädagogische Können von Maria Uhland und lobte in den Konferenzen ihre Gabe, durch geschickte Fragestellung mit der Klasse ins Gespräch zu kommen. Im Unterricht konnte sie Strenge und Humor, Bildhaftigkeit mit gedanklicher Klarheit verbinden. Die Schüler liebten ihre plastische und moralische Erzählkunst. Im Kreis der Lehrer, die aus allen Himmelsrichtungen in Stuttgart sich zusammengefunden hatten, war durch sie eine vom Geist des Schwabentums inspirierte Originalität anwesend.

Maria Uhland stammte aus Marbach, der Geburtsstadt Schillers, wo der Vater als geschätzter Arzt wirkte. Zusammen mit einer älteren Schwester und einem jüngeren Bruder wuchs sie heran, zunächst von der frommen Mutter unterrichtet, bevor sie zur öffentlichen Schule ging. Gerne begleitete sie den Vater, wenn er die Kutsche anspannen ließ und auf den umliegenden Dörfern Krankenbesuche machte. Schon dem Kinde begegnete in der Stille des schwäbischen Landlebens und im Idyll der Kleinstadt das Leid der Menschen. Als sie fünfzehn Jahre alt war, starb der Vater, worauf die Mutter mit den Kindern nach Stuttgart verzog. Sie besuchte nun das Katharinenstift und das weiterführende Seminar, um sich als Pädagogin auszubilden. Aber der abstrakte Lehrbetrieb machte sie krank, so daß sie erst nach längerer Genesungszeit das Staatsexamen ablegte. 1916 begann sie an den höheren Mädchenschulen Stuttgarts zu unterrichten, bis sie, der Aufforderung Rudolf Steiners folgend, sich zur Mitarbeit an der Waldorfschule entschloß.

Diesem Schritt war die Beschäftigung mit der Anthroposophie vorausgegangen. Den entscheidenden Hinweis auf die Geisteswissenschaft gab ihre Schwester, die im Akademischen Richard Wagner-Verein in Berlin Erich Schwebsch und Ernst Bindel, die künftigen Waldorflehrer, kennengelernt hatte. Die Schwester mußte sich im Juli 1914, als der Kriegsausbruch unmittelbar bevorstand, von ihrem Verlobten trennen, der zur Truppe einrückte, und Maria fragte: „Wie kann man einen solchen Abschied überleben?" Da kam die überraschende Antwort: „Es gibt die Geheimwissenschaft Rudolf Steiners". In dem Kapitel „Schlaf und Tod" dieses geisteswissenschaftlichen Kompendiums konnte sie lesen, was ihr Aufschluß gab: „Freunde, die sich im Leben innig verbunden haben, gehören auch im Geisterlande zusammen; und nach Ablegung der Leiber sind sie noch in einer viel innigeren Gemeinschaft als im physischen Leben ... Und ein Band, das zwischen zwei Menschen gewoben worden ist, führt sie auch in einem neuen Leben wieder zusammen. Im wahrsten Sinne des Wortes muß daher von einem Wiederfinden der Menschen nach dem Tode gesprochen werden". In der „Geheimwissenschaft" entdeckte Maria Uhland das Langgesuchte. Fünf Jahre später wurde sie Mitglied der Anthroposophischen Gesellschaft. Dann begann die Tätigkeit an der Waldorfschule.

Bis 1931 blieb sie in Stuttgart. Während der dreißiger Jahre wohnte sie in Holland, wo sie aus dem reichen Erfahrungsschatz ihrer Lernjahre die holländischen Kollegen impulsieren konnte. Nach dem Kriege führte sie der Weg über die Waldorfschule Tübingen an die Mutterschule zurück. Sie unterrichtete noch vierzehn Jahre bis 1961 als Klassen- und Sprachlehrerin; außerdem gab sie den Freien Religionsunterricht, den sie schon mit Rudolf Steiners Wissen aufgenommen hatte.

1943 schloß sie die Ehe mit Herbert Hahn. An seiner Seite lernte sie auf vielen Reisen die Waldorfschulen und die Landschaften Europas kennen und half ihm als treue Wegbegleiterin, sein Lebenswerk abzurunden.

Die acht Witwenjahre lebte sie zurückgezogen im Organismus der Schule mit, sich auf das Wiederfinden der Freunde vorbereitend, die ihr vorangegangen waren. Das Geistgespräch mit Herbert Hahn, das Studium der Geisteswissenschaft und der herzliche Umgang mit den Angehörigen erfüllten die Zeit. Während der Sommerwochen pflegte sie nach Imnau zu gehen, das ihr eine zweite Heimat war. Dort erreichte sie der Tod in dem Augenblick, als sie nach Stuttgart aufbrechen wollte. „Jetzt gehts bald heim", hatte sie noch geäußert; aber die Heimat war die Welt des Geistes, die sie nun empfing.

In den allerletzten Lebenstagen war sie mit der erneuten Durcharbeitung des Pädagogischen Jugendkurses beschäftigt. Dieser Vortragszyklus wurde ihr zum „Lebensgespräch mit Rudolf Steiner". Viele Eintragungen in das Handexemplar zeugen davon. So notierte sie darin ihre erste Begegnung mit der Anthroposophie und den Dank an den Geisteslehrer, der sie jetzt zur Erkenntnis dessen führe, was sie 1922 als Teilnehmerin am Jugendkurs wie träumend aufgenommen habe. Die Lebenserfahrung bestätigte ihr — und sie strich den Passus im siebten Vortrag an —, was Rudolf Steiner als das moderne Erkenntnismittel charakterisiert: „ . . . daß einem dasjenige, was ein anderer Mensch sagt, ein Quell eigenen geistigseelischen Erlebens wird". So beginnt das Erwachen am Genius des anderen Menschen, und die Geistgeburt bereitet sich vor, auf die der Wochenspruch des Seelenkalenders hinweist, mit dem Maria Hahn über die Schwelle gegangen ist:

> Es spricht das Weltenwort,
> Das ich durch Sinnestore
> In Seelengründe durfte führen:
> Erfülle deine Geistestiefen
> Mit meinen Weltenweiten,
> Zu finden einstens mich in dir.

Johannes Tautz

MAX WOLFFHÜGEL

Max Wolffhügel wurde am 11. Dezember 1880 in Berlin geboren, wo sein Vater Medizinalrat am Gesundheitsamt war. Ein Bruder, der 1885 geboren wurde, starb nach vier Jahren. Die Trauer der Eltern um dieses Kind hat die frühen Lebensjahre von Max Wolffhügel überschattet. Seine Erinnerungen an die erste Kindheitszeit standen unter diesem Eindruck; er erzählte oft, wie der Schmerz der Eltern um den aufgeweckten jüngeren Sohn ihn bedrückt und vereinsamt habe. Ein großer Schäferhund, der zum Hause gehörte, war sein treuester Freund, und die Anhänglichkeit dieses Tieres hat ihn oft getröstet.

Im Jahre 1887 wurde der Vater als ordentlicher Professor der Hygiene und Direktor des Instituts für medizinische Chemie und Hygiene nach Göttingen berufen. Dort verlebte Max Wolffhügel seine Jugendjahre. Als einziges Kind suchte und fand er Freundschaften, von denen manche bis in späte Lebensjahre hinein gepflegt wurden. — Seine Schulzeit war ein Leidensweg für ihn; er, der so starke Herzens- und Gemütskräfte hatte und für alles Künstlerische geöffnet war, litt unter den intellektuellen Anforderungen der Schule. Mit größter Anstrengung und durch liebevolles Verständnis eines seiner Lehrer gelang es ihm, Ostern 1900 am humanistischen Gymnasium in Göttingen das Abitur zu machen. — Ein Jahr vorher war sein Vater gestorben, dem er gerne noch die Freude des bestandenen Examens gemacht hätte.

Nun konnte das künstlerische Studium beginnen, das seiner Wesensentfaltung den rechten Nährboden gab. Von 1900 bis 1903 war er in München an einer Privat-Zeichenschule; seine Mutter war mit ihm dorthin übergesiedelt nach einer Reise in die Schweiz, auf der Max Wolffhügel die erste Begegnung mit seiner späteren Gattin, Anna Abegg, hatte.

Im Winter 1903 studierte er an der Akademie in Karlsruhe bei Schmid-Reutte. 1904 ging er nach Worpswede zu Mackensen, wo er dem Malerehepaar Modersohn, Heinrich Vogeler und Rilke begegnete. 1905 kam er nach Stuttgart in die Malklasse von Carlos Grethe, und im Winter 1906 arbeitete er nochmals in München in der Malklasse von Gröber, nachdem er den Sommer über selbständig in Worpswede gemalt hatte.

Im Jahre 1907 heiratete Max Wolffhügel Anna Abegg, mit der er seit Jahren freundschaftlich verbunden war. Sie errichteten ihr Heim in München, waren aber alljährlich monatelang zu Studienzwecken auf Sylt, in Worpswede, am Bodensee oder in den bayerischen Bergen.

In diese Jahre fällt die Begegnung mit Rudolf Steiner. Max Wolff-hügel schreibt darüber: „In einem Münchener Vortrag des Jahres 1908, zu dessen Besuch ich durch meine Lebensgefährtin angeregt wurde, fand die erste anschaulich und innerlich aufnehmende Begegnung mit Rudolf Steiner statt. Die Erscheinung und die Ausführungen des Vortragenden machten einen außerordentlich starken, jedoch mehr erregenden als befriedend-aufmunternden Eindruck auf mich. Der Impuls, der von der Persönlichkeit Rudolf Steiners ausströmte, enthielt bei aller Freiheit und Achtung vor der Person des Einzelnen eine so zur eigenen Besinnung aufrufende höhere Einsicht, daß eine geradezu schöpferische Unruhe in mich einzog. Auf das jahrelange, ernste Bemühen, zu einer malerisch-bildnerischen Ausdrucksweise zu gelangen, wirkten im Augenblick der Entgegennahme diese außerordentlichen Darlegungen in ihrer Geistesspannweite fast verwirrend."

Es vergingen Jahre einer inneren Auseinandersetzung mit der Anthroposophie, ehe der Durchbruch erfolgte. Im Sommer 1911 hielt sich das Ehepaar in Gaienhofen auf, wo Max Wolffhügel künstlerisch arbeitete. Dort lernten sie eine Reihe bedeutender Zeitgenossen kennen, Hermann Hesse, Ludwig Finckh, Hermann Lietz u. a. Aber entscheidend wurde die freundschaftliche Beziehung zu einem Berliner Anthroposophen, mit dem sie den Hamburger Vortragszyklus Rudolf Steiners über das Johannes-Evangelium studierten. Das gemeinsam Erlebte veranlaßte sie, in die Anthroposophische Gesellschaft einzutreten. Sie wurden von Sophie Stinde und Gräfin Kalkreuth in den Münchner Zweig aufgenommen und konnten noch im gleichen Jahr an der Aufführung der Mysteriendramen teilnehmen. Zu dieser Zeit hatten sie auch das erste Gespräch mit Rudolf Steiner. „Von dem Augenblick an wußten wir beide genau, wohin wir gehören, welche innere Anforderung in eigener Selbsterkenntnis und freier Selbstbestimmung uns daraus erwuchs", schreibt Max Wolffhügel in seinen Erinnerungen.

Seiner künstlerischen Entwicklung brachte diese Zeit schwere Krisen. Er gab die Ölmalerei auf und versuchte sich „mit großer Selbstüberwindung" in der von Rudolf Steiner angeregten Wasserfarbentechnik. Im Rückblick auf diese Epoche sprach er von einem „trüben, schweren Anfang", der jahrelang dauerte.

Im Kreise der Anthroposophischen Gesellschaft begegnete ihm Hanns Strauß wieder, mit dem er seit der Münchner Zeit befreundet war. Ihm und Fritz Graf von Bothmer blieb er lebenslang verbunden.

Mit Strauß zusammen hat Max Wolffhügel von März 1914 an am Goetheanum-Bau mitgearbeitet. Beide wurden von Rudolf Steiner zum Schnitzen an den Säulen-Kapitälen bestimmt. Eine Tagebuchnotiz aus den ersten Tagen lautet: „Der Doktor kommt zum Vorschnitzen an dem Saturn-Kapitäl. Von 11 Uhr vormittags bis 1 Uhr schafft er mit bewundernswerter Energie an dem harten Weißbuchholze durch. Um 13.30 Uhr ist er wieder zur Stelle." Am nächsten Tage: „Weiterarbeit am Saturn-Kapitäl. Mir geht es noch schwer von der Hand. Der Doktor schaut nach und beginnt an dem eichenen Mars-Kapitäl zu meißeln." Dann heißt es: „Nun komme ich immer besser hinein. Am besten geht's, wenn ein geschlossener Kreis von Menschen den Holzblock behaut." Und schließlich: „Der Doktor zufrieden mit unserer Arbeit."

Nach Ausbruch des Krieges meldeten sich Wolffhügel und Strauß freiwillig als Krankenpfleger ins Feld. Durch ihre nahe Verbundenheit erhielten sie stets gemeinsame Kommandos; drei Jahre verlebten sie zusammen in einem Kriegslazarett. Rudolf Steiner übermittelte ihnen Meditationen für ihre Tätigkeit an Verwundeten und Kranken.

Als Max Wolffhügel aus dem Kriege zurückkehrte, wurde ihm die Leitung des Zweiges in Freiburg angetragen, wo seine Frau mit den drei Kindern wohnte. Schweren Herzens entschloß er sich, die Aufgabe anzupacken. Erst als er sich mit ganzer Kraft für die junge Kunst der Eurythmie einsetzte, hatte er Erfolg in seiner neuen Tätigkeit. Auf Einladung des Zweiges kam Rudolf Steiner zu einem Vortrag und einer Aufführung der Dornacher Eurythmiegruppe nach Freiburg. Bei dieser Gelegenheit wohnte er mit Marie Steiner im Hause Wolffhügel. Im Kinderzimmer entdeckte er ein hölzernes Bewegungsspielzeug. Er betrachtete es aufmerksam und sagte mit Nachdruck: „Sehen Sie, so etwas sollte gemacht werden."

Durch die Kriegserlebnisse war Wolffhügel in schlechtem Gesundheitszustand. Es war schwer, den Anschluß an die künstlerische Arbeit wiederzufinden; so entschloß er sich, eine Schreinerlehre anzutreten. Das war eine harte Zeit für ihn.

Im Sommer 1920 traf ihn völlig überraschend die Einladung Rudolf Steiners, als Werklehrer an die Waldorfschule zu kommen. Nach seinen eigenen bitteren Erfahrungen mit der Schule wünschte er sich keine Berührung mehr mit diesem Milieu. Es bedurfte eines persönlichen Besuches von Emil Molt, ehe sich Wolffhügel entschließen konnte, dem Ruf zu folgen. Am 7. September 1920 trat er seine Tätigkeit als Werklehrer in der Freien Waldorfschule an.

Über die Anfänge berichtet er: „Die Arbeit gestaltete sich in dem ersten Jahre sehr schwierig. Erst mit dem vollständigen Verzicht auf die eigene künstlerische Produktion begann fast auf den Tag meiner inneren Umstellung ein plötzliches schöpferisches Arbeiten der Kinder. Mit unfehlbarer Sicherheit inaugurierten sie selber, was wirklich von ihnen entwicklungsgemäß geleistet werden sollte. Das Plastizieren in Ton begann und führte in kürzester Zeit zu einem sichtbaren ersten Erfolge. Alle weitere Orientierung ward dadurch möglich.

In dieser Zeit erfolgte der erste Besuch von Rudolf Steiner in der Werkstatt. Er besichtigte mit großem, freundlichem Interesse die Arbeiten der Kinder und wies bei einer angefangenen plastischen Arbeit mit kunstgewerblichem Einschlag auf die zu erstrebende zweckdienliche Gestaltung hin. Inzwischen waren auch die ersten Bewegungsspielzeuge entstanden: Hämmernde Zwerge, ein gackerndes Huhn, eine Entenmutter mit voranwatschelnden Kücken u. a. m. Rudolf Steiner nahm liebevoll die bescheidenen Anfangserzeugnisse der Kinder in die Hände, betrachtete sie eingehend mit Freude und prüfte sie auf ihre Funktion.

Über das Plastizieren äußerte er seine volle Zustimmung. Er sprach von der Notwendigkeit, die Kinder in der Zeit des physiologischen Reifealters modellieren zu lassen. Es entspräche dieses durchaus dem Wesen und der Entwicklung des jungen Menschen und müsse von dieser Zeit an richtig angeregt und gepflegt werden. Kräfte werden in dem Alter frei, die naturgemäß den Plastiker im Kinde aufrufen.

Die Erfahrungen in den künstlerisch-plastischen Versuchen, die eine starke Konzentration beanspruchen, führten später zur Einrichtung des Epochenunterrichtes von der neunten bis zwölften Klasse.

Auch die gelegentlich in der Werkstatt ausgeführten Malereien und Schwarzweißarbeiten der älteren Schüler ergaben in der Betrachtung Rudolf Steiners immer wertvollsten Aufschluß und fördernde Anregung."

So schuf Max Wolffhügel, wofür es kein Vorbild gab: den Typus des bildenden Künstlers, der die Erziehungskunst zu seiner schöpferisch-produktiven Tätigkeit hinzufügt. Das gerade hat Rudolf Steiner von ihm erwartet, und er spornte ihn an, weitere Künstler zu suchen: „Schaffen Sie mir Künstler herbei!" war seine Bitte.

Ostern 1955 beendete Max Wolffhügel seine impulsierende Tätigkeit an der Waldorfschule. Durch die Pflege seiner erkrankten Frau waren ihm schwere Pflichten erwachsen. Daneben war er unermüdlich künstlerisch tätig. Er erweiterte in diesen Jahren die Reihe der Porträts verstorbener Kollegen, von denen er im ganzen dreißig schuf. Stark fühlte er die Verpflichtung, sich mit dem Problem des Altarbildes

auseinanderzusetzen. Immer wieder lud er Freunde der Christengemeinschaft in sein Atelier ein, um vor neu entstandenen Arbeiten sich
mit ihnen auszutauschen. Vor allem aber war es ihm ein Herzensbe-
dürfnis, Bilder seines Lehrers Rudolf Steiner zu schaffen.

Jede freie Stunde nutzte er, um zur Arbeit an der Staffelei zu kommen. Es war oft ein schweres Ringen. Nicht nur die Anforderungen
von außen nahmen ihm Zeit und Ruhe für sein künstlerisches Schaffen,
auch ein Herzleiden hielt ihn seit vielen Jahren von seiner eigensten
Tätigkeit ab. Als sich die Krankheit verschlimmerte, suchte er selbst
die Klinik auf, weil er noch auf Besserung hoffte. Drei Tage danach
ist er in die geistige Heimat zurückgekehrt.

Elisabeth Christern

Es ist ein heller Klang, der sich überall, wo Waldorfschulpädagogik
erstrebt wird, mit dem Namen von Max Wolffhügel verbindet. Denn
in ihm stand den Kindern eine Lehrerpersönlichkeit gegenüber, die
unmittelbar zu ihnen sprechen konnte, weil sie sich selbst ein Kindlich-
Kindestümliches im schönsten Sinne bewahrt hatte. Und die reifere
Jugend in ihrer durch die Zeitenwellen bedingten Problematik hatte
in ihm den besten Kameraden. Denn als echter Künstler war er nie
in sich fertig, sondern strebte von Jahrzehnt zu Jahrzehnt neuen Zielen zu. Im Lehrerkollegium der Waldorfschule, in das ihn Rudolf
Steiner 1920 berufen hatte, wirkte er als ein aus Herzenskräften immer
hilfsbereiter Kollege, als ein Hüter der spirituellen Grundsubstanz
unserer Schule und als ein Wächter über der Reinheit und Kompro-
mißlosigkeit ihres Arbeitsstiles.

Als Max Wolffhügel an unsere Schule kam, mußten seine malerischen
Talente, denen er bisher gelebt hatte, zunächst warten. Mit neuen
Kenntnissen und Fertigkeiten, die er sich zuvor in einer Schreineraus-
bildung geholt hatte, ging er in die Werkstattarbeit, die er den Intentionen Rudolf Steiners entsprechend aufbaute. Nebenbei dilettierte
er als fröhlich lachender Gartenbaulehrer.

Einen gar nicht hoch genug zu schätzenden Einschlag in die Waldorfpädagogik gab er durch das Schaffen jenes der Kindesnatur entsprechenden beweglichen Holzspielzeuges, von dem Rudolf Steiner schon
in der grundlegenden Schrift „Die Erziehung des Kindes vom Gesichtspunkte der Geisteswissenschaft" gesprochen hatte.

Mit dem vollen Hineinwachsen in die Waldorfpädagogik kamen nun
bald die latenten malerischen Talente von Max Wolffhügel zu einer
reichen Renaissance. Als Maler, als Zeichner und auch als Plastiker gab er
Generationen junger Menschen wichtige Impulse fürs Leben. Er weckte

in ihnen nicht nur die künstlerischen Organe, sondern befreite sie von manchem Bedrückenden, das sich gern in die Pubertätszeit hineinlegt. Seine jeder Pedanterie, jedes Intellektualismus bare Art der Erziehung und Bildung hatte nicht nur etwas Erfrischendes, sondern im tieferen Sinne Heilendes.

Diese menschlichen und künstlerischen Qualitäten wirkten sich noch in einer anderen ebenso unvergeßlichen Form auf zwei weiteren Gebieten aus. Das eine war der Religionsunterricht, zu dem ihn Rudolf Steiner berufen hatte. Hier half er uns noch mit aller Hingabe weiter, als er aus dem Schuldienst schon ausgetreten war. Das andere waren die Weihnachtsspiele. Max Wolffhügel wirkte viele Jahre im Dreikönigsspiel mit. In der Art, wie er den „roten König" mit wahrhaft volkstümlicher Nachdrücklichkeit verkörpert hat, wurde ein Urbild geschaffen, das weitergestaltet.

Die Beschäftigung mit einer schöpferischen Pädagogik wirkte befruchtend auf seine Tätigkeit als freischaffender Künstler. Da entstanden Werke, die weit in die Welt hinausgingen. Mir selbst ist unvergeßlich, wie ich während des zweiten Weltkrieges tief in Rußland ein altes russisches Mütterchen entzückt die Hände heben sah vor einem Wolffhügelbild. Es handelte sich um eine seiner Darstellungen von Mariä Verkündigung.

Nach dem zweiten Weltkrieg und solange seine Kräfte ihm dies erlaubten, ist Max Wolffhügel im Dienste der Waldorfschulpädagogik tätig gewesen. In Holland und in England hat er in den Werkstätten mitgeschafft und Schüler wie auch Lehrer für den Waldorfschulgeist enthusiasmiert.

„Wir müssen Neu-Schaffende werden." Mit dieser Auffassung Rudolf Steiners lebte Wolffhügel. Er konnte sich nicht an Vorbildern orientieren, aber er hatte Rudolf Steiner durch Jahre zur Seite, dessen Auge auf vielen Werken ruhte, die er aus den neu erschlossenen Quellen als freier schöpferischer Gestalter geschaffen hat. Sein Beispiel ist wegweisend.

Herbert Hahn

Als Rudolf Steiner den Kunstmaler Max Wolffhügel an die Waldorfschule berief, hatte er die Hoffnung, daß weitere Künstler — Bildhauer und Graphiker — folgen würden. An den schöpferischen Fähigkeiten des Künstlertums sollte sich die menschenbildende Kraft entzünden, die der neue Werklehrer braucht. Wolffhügel erfüllte diese Hoffnung als erster. Er hat die Wirkung der bildenden Künste in das Schulleben eingeführt.

Das künstlerische Lebenswerk von Max Wolffhügel umfaßt verschiedene Bildgruppen: Altargemälde für die Kulthandlung der Christengemeinschaft; Michael-Darstellungen, die sich in Waldorfschulen und in Privatbesitz befinden; farbige Wandtafelzeichnungen aus dem Alten und Neuen Testament, die im Freien Religionsunterricht der Waldorfschule entstanden sind; Porträts verstorbener Waldorflehrer; Bildnisse Rudolf Steiners, dazu eine übergroße Eschenholz-Büste.

Diese Arbeiten kamen nach schweren Jahren des Ringens und Suchens zustande. Es ging darum, im Sinne der Anregungen, die Rudolf Steiner gegeben hatte, schöpferisch zu werden. Nach vielen Mißerfolgen gelang ihm endlich der Durchbruch. „Ich lasse dich nicht, du segnest mich denn!" war lange Jahre hindurch sein Leitspruch. Inspirierend wirkten sein Miterleben der Eurythmie und das Anteilnehmen seiner Lebensgefährtin, deren Einfühlungsvermögen und Urteilskraft seine künstlerische Entwicklung förderten.

Beim Malen vertrug er keine Zuschauer. Am besten konnte er arbeiten, wenn im Nebenzimmer musiziert wurde. Im Zuhören entstanden jene Farbklänge auf den Bildern, die ihm halfen, in die Welt der neuen Farbtechnik einzutauchen. War es ihm gelungen, griff er gern selbst zur Gitarre und sang dazu.

Nach dem ersten Weltkrieg erhielt er oftmals Aufträge, Bildnisse gefallener Soldaten zu malen. Schon damals waren die Augen das Sprechendste auf seinen Bildern. Durch die Aquarelltechnik steigerte er seine Ausdrucksmöglichkeiten. Es schien, als male der Verstorbene mit, so daß sich wie von selbst Form- und Farbgebungen einstellten, die für die Geistgestalt transparent wurden. Es ergab sich, wie er selbst bekannt hat, seiner „Beobachtung und Teilerfahrung, daß in der Bild-Porträt-Darstellung es mehr und mehr gelingen müßte, mit einer Art instinktiven, noch nicht bewußt werdenden Hellsehens zunächst erahnend die Entelechie des Darzustellenden in Farb- und Formausdruck zu berühren." So konnte das Bild der Persönlichkeit die Individualität offenbaren.

Die Altarbild-Gestaltung lag ihm besonders am Herzen. Angeregt durch Äußerungen Rudolf Steiners, schwebte ihm eine neue Aussage der Christus-Darstellung vor, an deren Verwirklichung er Zeit seines Lebens arbeitete. „Nicht ich, sondern der Christus in mir", wurde sein Leitmotiv. Eine starke innere Wandlung war nötig, um ein würdiger Vermittler des tiefsten Menschheitsgeheimnisses zu werden. Religiöse Wandgemälde — Fresken — zu schaffen war sein sehnlichster Wunsch. Er ging ihm aber nur einmal in Erfüllung, als Wolffhügel, einer plötzlichen Eingebung folgend, im Treppenaufgang seines Hauses einen großen Christophorus an die Wand malte.

Die farbigen Wandtafelzeichnungen im Religionsunterricht waren dem Umstand zu verdanken, daß ihm die mündliche Darstellung schwer fiel. Sie ergänzten, was er sprachlich nicht voll zum Ausdruck bringen konnte, und erlaubten den Schülern ein aktives Mitgestalten. Zunächst trug er die biblische Erzählung vor. Dann malte er in der nächsten Stunde das in leuchtenden Farben sich verdichtende Bild an die Tafel. Dabei war ihm das Auftragen des Lichtes auf dem schwarzen Untergrund besonders wesentlich. Die Schüler übertrugen nun, was ihnen große Freude machte, das vor ihren Augen entstehende Bild mit Farbstiften frei in ihre Hefte.

Das Fluktuierende in seinen Arbeiten, die wenig Kontraste zeigen, entsprach seiner inneren Haltung. Er besaß ein seelisches Gleichmaß, das sich harmonisierend auf die Umgebung auswirkte. In der Begegnung mit Rudolf Steiner wuchsen seine Kräfte. Er schlug den Weg bewußter Selbstbildung ein und erlebte den Beginn einer künstlerischen Erneuerung, indem das eigene Schaffen durchlässig wurde für das schöpferische Prinzip der Welt. So lernte er das Wesen der reinen Kunst darin erkennen, „daß man in ihr das Übersinnliche, den Kontakt mit den Gotteswelten demütig ehrfurchtsvoll verspürt."

Renate Wolffhügel / Johannes Tautz

WILHELM RUHTENBERG

Wilhelm Ruhtenberg hat im Kollegium der ersten Waldorfschule eine Sonderstellung. Von Rudolf Steiner als Klassenlehrer berufen und mit der Aufgabe des Freien Religionsunterrichts betraut, nahm er, als die Bewegung für religiöse Erneuerung begann, an den grundlegenden Theologenkursen teil und wurde Mitbegründer der Christengemeinschaft. Als Waldorflehrer trat er zu dem Urkreis jener 45 Priester hinzu, die im September 1922 im Weißen Saal des ersten Goetheanums die Weihe empfingen.

Als Wilhelm Ruhtenberg am 17. Januar 1888 in Riga geboren wurde, betrieb sein Vater eine Tabak-Fabrik mit weltweiten Handelsbeziehungen. In einem großbürgerlichen und traditionsgebundenen Milieu wuchs er mit drei älteren und zwei jüngeren Geschwistern heran, zu denen als siebtes Kind eine verwaiste Kusine kam. Mit zehn Jahren erkrankte er schwer an Scharlach und mußte zwei Jahre fest liegen, bis er eine Nierenentzündung überwunden hatte. Weil seine Brüder im Gymnasium am Lateinunterricht gescheitert waren, meldete ihn der Vater in der Realschule an, um ihm ein Schulversagen durch die alten Sprachen zu ersparen. Als Tertianer las er in den Sommerferien die Autobiographie des Pastors Otto Funke „Die Fußspuren des lebendigen Gottes auf meinem Lebenswege." Die Lektüre bewog ihn zu dem Entschluß, Theologie zu studieren. Aber dieses Ziel schien unerreichbar, weil Realschüler nicht zum Studium zugelassen wurden. Da seine Berufsabsicht jedoch feststand, fand sich der Vater bereit, ihm Privatunterricht in Latein und Griechisch erteilen zu lassen. Als er das Abitur bestanden hatte, erschien eine Verordnung, die auch Realschülern das Studium erlaubte, wenn sie eine Ergänzungsprüfung in den alten Sprachen ablegten. So konnte er im Herbst 1907 die Landesuniversität Dorpat beziehen, wo er zuerst „studenzte" und dann bis 1913 Theologie und Geschichte der Philosophie studierte.

Die Hoffnung des Studenten, Antwort auf seine religiösen Fragen zu finden, wurde tief enttäuscht. Die geistlose Textkritik der theologischen Lehrer, der Skeptizismus auf allen Gebieten führten, konsequent zu Ende gedacht, in den Atheismus. So beschloß er, um dem Pfarramt auszuweichen, die wissenschaftliche Laufbahn einzuschlagen. 1913 heiratete er Nora Umblia, die sich später als Malerin und Mosaikkünst-

lerin einen Namen machte. Sie erinnert sich an die weltanschaulichen Diskussionen der Vorkriegsgeneration und schildert den jungen Ruhtenberg: „Es ging um Religion und die neuen Ideen, die aus den Naturwissenschaften kamen. In Wilhelm Ruhtenberg verbanden sich klare Intelligenz und religiöse Veranlagung. Schon sein Äußeres entsprach seiner Geistesart. Er war groß und hatte eine biegsame Gestalt und etwas Elastisches und Sicheres in allen Bewegungen. Die Augen in dem schmalen Gesicht waren von einem leuchtenden, warmen Feuer beseelt. Diese Augen flößten Vertrauen ein. Er war, trotz des pastoralen Einschlags, ein guter Turner und begeisterter Sport-Segler." Doch hinter dem ruhigen, fröhlichen Äußeren verbargen sich Seelenrätsel, die seiner Mitwelt schwer lösbare Fragen aufgaben.

Gemeinsam mit Nora Ruhtenberg setzte er seine sich erweiternden Studien in Berlin und Leipzig fort, besuchte Paris, reiste auf den Spuren Goethes nach Italien und traf gerade bei Kriegsausbruch wieder in Riga ein. Dann fing die Abgesperrtheit der Kriegsjahre an. Er unterrichtete an einer Privatschule alte Sprachen, wurde als Pastor ordiniert, nahm aber 1917 seinen Abschied. In erster Linie trieb er vielseitige Forschungen, um mit seinen Weltanschauungs-Problemen ins Reine zu kommen. Er berichtet über diese Zeit: „Infolge des großen Sterbens auf den Kriegsschauplätzen war die Frage nach dem Rätsel des Todes zu vernehmen. Die Seelen der Überlebenden waren von dieser Frage ergriffen. Die Kirchen füllten sich, aber sie wurden auch wieder leer. Weder die Kirchen noch die Wissenschaften wußten auf die Frage eine Antwort. Dazu kam die furchtbare soziale Not und das Gefühl, daß die bisherige sogenannte Kultur auf allen ihren Gebieten bankrott ist."

In dieser Situation kamen ihm durch einen Buchhändler in Riga Schriften Rudolf Steiners in die Hand. Mit „Unsere atlantischen Vorfahren" konnte er zunächst nichts anfangen, aber „Wie Karma wirkt" und vor allem „Die Rätsel der Philosophie" leuchteten ihm ein. Hier fand er das Vertrauen in die Sicherheit des Denkens wieder und auch die Richtung für das weitere Leben. Damals war er dreißig Jahre alt. Dann folgte der Einbruch der Bolschewisten und die Zeit schwerster Lebensprüfungen.

Die Ruhtenbergs besuchten täglich den Dichter Manfred Kyber, der von einer Zukunft mit Rudolf Steiner sprach und ihnen Mut und Hoffnung gab. Es waren fünfeinhalb Monate, in denen sie und ihre beiden Kinder keine Nacht ohne Lebensgefahr schliefen. Da erhielt Wilhelm Ruhtenberg den Auftrag, an einer Volkshochschule Vorlesungen zu halten. Er trug seiner wachsenden Zuhörerschaft über die altgriechischen Philosophen vor. Seine Vorbereitung lehnte er ganz an

Rudolf Steiners Darstellung an. Dann wurde er, weil er Pastor war, in ein Strafbataillon eingereiht und als Todeskandidat nach Dünaburg geschafft. Die Lagerzeit brachte ihn an den Rand des Hungertodes. Mit letzter Kraft konnte er sich nach ungewöhnlichen Abenteuern — als Jude verkleidet — über die Grenze retten und Stuttgart erreichen, wo unterdessen Nora Ruhtenberg mit den Kindern eingetroffen war. Hinter ihm war eine Welt, das Land seiner glücklichen Kindheit und Jugend, versunken; vor ihm lag nichts Greifbares. Der innere Kompaß hatte ihn nach Stuttgart geführt, wo er alles zu finden und Rudolf Steiner zu begegnen hoffte.

Schon bei den ersten Kontakten mit den leitenden Mitgliedern der Anthroposophischen Gesellschaft bekam er zu hören: „Das trifft sich aber gut; Sie sind Lehrer, und Dr. Steiner hat soeben hier eine Schule gegründet, da wären Sie gerade recht am Platze." Im Herbst 1919 hörte er zum ersten Mal einen öffentlichen Vortrag von Rudolf Steiner. Er wurde dem Redner vorgestellt, der ihm die Hand reichte und sagte: „Wir sehen uns morgen in der Kulturratssitzung." Ruhtenberg begriff nicht, denn er wußte weder von einer bevorstehenden Sitzung, noch hatte er eine Einladung erhalten. Er nützte die folgenden Wochen zu einem intensiven Studium von Rudolf Steiners Vortragszyklen und schloß sich der Anthroposophischen Gesellschaft an. In den Zweigvorträgen erlebte er, was viele vor und nach ihm erfahren konnten: daß Rudolf Steiner, während er zum ganzen Kreise sprach, gerade auf die Fragen einging, die ihn zu innerst beschäftigten. Im Jahre darauf wurde ihm eine Pfarrstelle angetragen. Er befragte Rudolf Steiner, ob diese Aufgabe zu ergreifen heutzutage noch sinnvoll sei, und erhielt zur Antwort: „Wenn Sie die Möglichkeit haben, von der Kanzel über die wiederholten Erdenleben zu sprechen, dann hat es einen Sinn." Als sich das Angebot zerschlug, erwog er den Gedanken, Waldorflehrer zu werden, und wandte sich deshalb an Rudolf Steiner. „Ja, wollen Sie Lehrer werden?" fragte dieser nachdrücklich. Darauf mußte Ruhtenberg von seinem Entwicklungsgang und dem Weg zur Anthroposophie erzählen. Rudolf Steiner schien ohne Interesse zuzuhören, solange er von den Anthroposophen, die ihm begegnet waren, und von den „Atlantischen Vorfahren" sprach. Als er aber — schon etwas kleinlaut — vorbrachte, daß ihm erst „Die Rätsel der Philosophie" das Tor geöffnet hätten, leuchtete in seinen Augen etwas auf, und er sagte: „Im Augenblick ist alles besetzt, aber die Schule wächst und wird wachsen, dann werde ich Sie rufen lassen." Die Bitte, ihm die Nachschrift der damals noch nicht veröffentlichten Lehrerkurse zu übergeben, damit er sich auf die künftige Tätigkeit vorbereiten könne, schlug Rudolf Steiner

mit der Bemerkung ab: „Die werden Sie erhalten, wenn es soweit ist."
Bald darauf kam die Nachricht, daß er als Lehrer vorgesehen sei. Bevor
er 1921 eine Klassenführung übernahm (weil die Lehrerin heiratete),
half er noch im Schulsekretariat aus. Er fand eine Klasse vor, die so groß
war, daß sie zwischen ihm und Christoph Boy aufgeteilt werden mußte.

Die entscheidende Phase der Biographie hatte begonnen, die Führung des Lebens, der Weg und die Richtung waren gefunden. Nach
ihren Wanderjahren bezogen die Ruhtenbergs auf der Uhlandshöhe
neben dem Schulgebäude ein kleines Holzhaus, in dem die Kinder und
mit ihnen viele Waldorfpensionäre eine glückliche Schulzeit verbrach-
ten. Mittelpunkt dieses Jugendlebens war Nora Ruhtenberg, die mit
unerschöpflicher Phantasie ihre häusliche Erziehungskunst entfaltete.
Wilhelm Ruhtenberg hatte sich vorgenommen, Rudolf Steiner niemals mit Fragen zu behelligen, die nur die eigene Person betrafen,
weil er gehört und gesehen hatte, in welchem Ausmaß die Mitglieder
der Anthroposophischen Gesellschaft den „Doktor" mit privaten
Anliegen bedrängten. Aber für seine Schulkinder wollte er um Rat
fragen, wenn er mit den Lehrplanforderungen nicht zu Rande kam.
So erzählte er, wie Rudolf Steiner ihm die erste Anleitung zum Mal-
unterricht gab, nachdem er brieflich um Hinweise gebeten hatte:
„Als bald darauf Dr. Steiner nach Stuttgart kam und mich auf dem
Schulhof traf, sagte er zu mir: ‚Sie haben an mich geschrieben. Berei-
ten Sie in der Klasse alles vor, ich komme dann zu Ihnen.' In der
Klasse teilte ich die Malsachen aus und ließ die Kinder ein Rot in die
Mitte des Papiers setzen. Dann sollten die Kinder selbst finden, welche
Farben — daneben gesetzt — schön ‚miteinander sprechen.' Als Dr.
Steiner das Klassenzimmer betrat, hatten die Kinder — schnell, wie
sie einmal sind — die Farben schlecht und recht bereits hingekleckst.
Dr. Steiner setzte sich auf den Platz eines Knaben, nahm dessen Pinsel
in seine rechte Hand, das Blatt mit der Malerei des Knaben in die
Linke und legte vor sich hin ein neues, weißes Blatt. Dann tauchte er
den Pinsel in den roten Tiegel und fing an, die Malerei der Kinder zu
kopieren. Er trug zunächst das Rot auf, aber wie? Ganz langsam führte
er den Pinsel, als hätten wir eine Ewigkeit lang Zeit, bedeckte in der
Mitte das Papier mit einer roten Fläche und zwar so, daß er mit dem
Pinsel (den er stets in der Richtung von rechts oben nach links unten
führte) nicht ein zweites Mal darüber ging, wo er schon einmal gewesen
war, sondern immer daneben, bis die gewünschte Fläche rot war.
Er machte ausdrücklich darauf aufmerksam, daß es so gemacht werden
müsse und nicht etwa hin und hergerieben, damit nicht ein Loch in

dem nassen Papier entstehe. Dann malte er daneben, in einem kleinen Abstand von dem Rot, etwa eine blaue Fläche — ebenfalls in größter Ruhe! Und so legte er die verschiedenen Farben, die auch der Knabe angewendet hatte, um das mittlere Rot herum, aber getrennt von diesem. Dann sagte er: ‚Und jetzt wollen wir die farbigen Flächen miteinander verbinden.‘ Er tauchte den Pinsel in irgendeine Farbe und füllte nun die weiß gebliebenen Zwischenräume zwischen den farbigen Flächen aus. Verglichen wir nun die Malerei des Schülers mit derselben Malerei Dr. Steiners, so sah die erstere aus wie eine Kleckserei, die letztere wie ein lichtdurchstrahltes Farbenspiel.“

Auch im Zeichenunterricht bekam er methodische Anregung. Er hatte die Aufgabe gestellt, in zeichnerischen Formen das Motiv „Kampf und Streit“ und das nächste Mal „Liebe und Freundschaft“ auszudrücken. „In dieser Stunde,“ so berichtet er, „als die Kinder mit den ihnen vertrauten Ausdrucksmitteln zeichnerischer Formen Liebe und Freundschaft darstellen sollten, betrat Dr. Steiner plötzlich das Klassenzimmer. Ich berichtete ihm, daß das andere — das entgegengesetzte Thema dem heutigen vorausgegangen war. Er ging von Bank zu Bank und schaute sich an, was und wie die Schüler und Schülerinnen zeichneten. Er blieb stehen bei der Schülerin, von der ich glaubte, daß sie die beste Zeichnerin in der Klasse war, nahm ihr Heft in die Hand und zeichnete nun selbst eine Form zu dem Thema, das ich gestellt hatte. Wir waren erstaunt über die Anmut und Schönheit, mit der er in aller Schlichtheit ‚Liebe und Freundschaft‘ gestaltet hatte. Dann stellte Dr. Steiner sich vor die Klasse, um sich von ihr zu verabschieden, und sagte zu den Kindern: ‚Folgt nur immer eurem lieben Lehrer, dann werdet ihr bald sehr gut zeichnen können!‘“ Auf den verblüfften und gleichzeitig ermutigten Lehrer wirkte dieses Abschiedswort so, daß er sich im Zeichnen zu üben begann und wachsende Sicherheit darin für sich und seine Schüler erreichte.

Schon 1921 wurde „Pastor Ruhtenberg“ häufig von anthroposophischen Freunden gebeten, sie zu trauen und ihre Kinder zu taufen. Darauf bat er Rudolf Steiner um ein Taufritual. Nachdem er es erhalten hatte, empfand er den schwarzen Talar mit den weißen Bäffchen als nicht mehr angemessen und fragte nach einem neuen Gewand. Rudolf Steiner zeichnete ihm das Gewünschte auf und gab dazu die Farben an. Mit dem Trauritual verhielt es sich nach Ruhtenbergs Bericht folgendermaßen: „Als einmal ein Bräutigam zu mir kam und sagte, Dr. Steiner, den er um die Trauung gebeten hatte, habe ihn zu mir geschickt, wollte ich den Mann nicht eine Fehlbitte tun lassen und traute ihn. Danach aber ging ich zu Dr. Steiner und sagte zu ihm:

,Herr Doktor, wenn Sie mir jemanden schicken, den ich trauen soll, dann, bitte, geben Sie mir auch ein Ritual.' Einige Wochen später, als ich bei meiner Klasse in der Eurythmiestunde saß, öffnete sich die Saaltür; Dr. Steiner kam auf mich zu, übergab mir einige Blätter und sagte: ,Hier bringe ich Ihnen das Trauungsritual.' Ich setzte mich sogleich hin, um mit brennender Neugier mich in das Ritual zu vertiefen. Nach der Stunde, im Sprechzimmer, fragte ich nach dem Gewande für diese Handlung. Ich trug noch die Skizze vom Taufgewande bei mir, und Dr. Steiner schrieb dazu die Farben für die Trauung, die Form des Gewandes blieb die gleiche."

Bereits im ersten Jahr seiner Lehrtätigkeit hatte ihn Rudolf Steiner mit dem Freien Religionsunterricht und dem Halten der dazugehörigen kultischen Handlungen beauftragt. So wurde Wilhelm Ruhtenberg nach Herbert Hahn und Ernst Uehli der dritte Religionslehrer an der Waldorfschule. In dieser Eigenschaft erhielt er im Sommer 1921 die Einladung Rudolf Steiners, am ersten Theologenkurs teilzunehmen. Häufige Beratungen im kleinsten Kreise mit Rudolf Steiner schlossen sich an. Ruhtenberg tauchte in den Entstehungsprozeß der Christengemeinschaft ein und verband sich mit ihren Begründern. So war er selbstverständlich auch beim zweiten Theologenkurs zugegen, der im Herbst 1921 in Dornach stattfand. Zum ersten Mal sah er den Doppelkuppelbau der ersten Goetheanums. Im Sommer des nächsten Jahres folgte das Zusammentreffen der künftigen Priester in Breitbrunn, das dem Großen Kurs im September vorausging. Die Teilhabe an diesem Ereignis, das zur Priesterweihe führte, erscheint wie der Höhepunkt im Leben Wilhelm Ruhtenbergs. Damals wurde er mit Friedrich Rittelmeyer, dem späteren Leiter der Christengemeinschaft, persönlich bekannt, dessen Predigtbücher er schon im Baltikum studiert hatte. Von der Beteiligung am letzten Priesterkurs im September 1924 hielt ihn seine Unterrichtspflicht in Stuttgart ab.

Trotz der Zurückhaltung, die er sich Rudolf Steiner gegenüber auferlegte, kamen persönliche Gespräche zustande. Ohne daß er eigens gefragt hatte, empfing er Ratschläge für seine Gesundheit und Ernährung. Aber wichtiger waren ihm die Aufschlüsse und Hinweise, die der Förderung anderer Menschen oder der ganzen Bewegung dienten. Nachdem er einige Trauungen vollzogen hatte, empfand er das Bedürfnis, von Rudolf Steiner ein den heutigen Anforderungen gemäßes Altarbild zu erbitten, das die Christus-Darstellung des Lionardo oder Redentore ersetzen könnte. Deshalb wollte er eine Kopie des Bildes anfertigen lassen, das Rudolf Steiner in die kleine Kuppel des ersten Goetheanums gemalt hatte. Aber er zögerte, diesen Wunsch vorzubringen, weil er ihm zu anspruchsvoll schien und Rudolf Steiner im Übermaß belastet war. Schließlich überzeugte er sich von der objektiven Wichtigkeit seines Anliegens und brachte es im Flur des Schulgebäudes vor. Was darauf geschah, hat Ruhtenberg selbst geschildert: „Wie überrascht war ich, als ich sah, was ich mit meiner Bitte angerichtet hatte: Wie ein Aufjauchzen strahlte und leuchtete es aus seinen Augen, als er antwortete: ‚Ja! das sollen Sie haben!' Er griff in seine Rocktasche, zog sein Notizbuch heraus, notierte sich's und fügte hinzu: ‚Sie müssen nur ein wenig warten, bis ich es machen lasse. Man kann nicht einfach einen Ausschnitt aus dem großen Kuppelgemälde nehmen, — das wäre unkünstlerisch. Es muß neu gemalt werden.' Dreifach beglückt fühlte ich mich: 1. meine Bitte war mit Freudigkeit aufgenommen, 2. eine Belehrung über das heute so sehr verbreitete Unkünstlerische (Ausschnitte an die Wand zu hängen) hatte ich bekommen und 3. Dr. Steiner hatte ich für den Augenblick offensichtlich eine Freude gemacht! Nun konnte ich getrost auf das Bild warten." Dennoch kam es anders. Als Rudolf Steiner Anfang September 1924 das letzte Mal in Stuttgart war, begegnete ihm Ruhtenberg wiederum im Flur des Schulhauses. Da hielt Rudolf Steiner an und sagte ihm, der keineswegs an das Bild gedacht hatte: „Sie müssen sich schon noch ein wenig gedulden! Ich konnte das Bild noch nicht malen lassen." Dann folgte die Kulmination in der Tätigkeit Rudolf Steiners und darauf das Krankenlager, von dem er nicht mehr aufstand. So kam die Ausführung nicht zustande.

Bis 1930 blieb Wilhelm Ruhtenberg an der Stuttgarter Schule, im ganzen ein knappes Jahrzehnt. Es war der zentrale Abschnitt seiner Biographie, eine durch die Begegnung mit Rudolf Steiner erhöhte Lebensepoche. Im Rückblick auf die Jahre der Schulgründung und die Runde der ersten Waldorflehrer schrieb Nora Ruhtenberg: „Rudolf Steiner wählte sich, als das Werk der Waldorfschule von ihm begonnen wurde, einen Kreis von Mitarbeitern. Er wählte unter denen, die sich ihm in Begeisterung für die Sache zur Verfügung stellten; er hatte nicht die Möglichkeit, die Allerbefähigtsten in aller Welt zu suchen, — er hatte die Menschen dafür, die Karma diesen Weg führte. Und dann wirkte sich ein wahrer Gralsgeist in all den Menschen bei diesem Werke aus. Durch die Impulse, die Dr. Steiner gab, wuchsen die Lehrer über sich hinaus. Niemand wurde von Dr. Steiner beeinflußt, nicht einmal wesentlich unterwiesen, wie man es etwa machen sollte. Er arbeitete mit allen zusammen am Fortbilden und Gedeihen des pädagogischen Impulses. In voller Freiheit und Freude, nicht einmal von irgendwelcher sehr wesentlichen Seminararbeit geformt, stand jeder Lehrer vor seiner Klasse und konnte sein Bestes leisten. Und im Dienste der Sache, in der Hingabe an die große Persönlichkeit des Führenden wuchs jeder Lehrer über sich hinaus und wurde zu einem Stern, der er im privaten Leben gar nicht immer war. Diesen Sternenkranz der Waldorflehrer haben wir gesehen und das Leuchten dieser Arbeit erlebt. Es wurde dem Lehrer nicht etwas Neues oder Fremdes in sein Wesen hinein ‚beeinflußt‘, er blieb er selbst mit seinen Anlagen und Begabungen, aber diese Anlagen wuchsen schnell und gaben seiner Arbeit etwas Überragendes, das auch in die Persönlichkeit hineinglänzte. Dr. Steiner hat mit dem Kreise des Kollegiums ein wahrhaft christliches Geschehen vor uns hingestellt; er goß einen Strom seiner Kraft und Weisheit in die anderen. — Als er dann die Schule verließ, da war es, als ob die Lehrer den Mantel der Gralsritter wiederum genommen bekamen; und sie blieben nur noch sie selbst.“

Als Wilhelm Ruhtenberg seine Lebensmitte erreicht hatte, wurde er Waldorflehrer. Mit 42 Jahren verließ er Stuttgart. Dann folgten die Lebensstationen in schnellerem Wechsel aufeinander, als ob sich spiegelbildlich die frühen Wanderjahre wiederholen würden. Kurze Zeit war er an der Waldorfschule in Hannover tätig. Darauf führte ihn der Weg nach Berlin, wo er im Gedankenaustausch mit dem bekannten Archäologen Andrae stand. Von 1933 bis zum Verbot der Christengemeinschaft im Jahre 1941 wirkte er als Priester in Rostock, Leipzig und Chemnitz.

Der Epilog der letzten Lebensjahre erscheint wie ein Tasten nach neuen Motiven und als Vorbereitung auf künftiges Wirken. Nach dem Krieg betätigte er sich als Privatlehrer am Bodensee in Überlingen, dann in heilpädagogischen Heimen in Schleswig-Holstein und zuletzt in Bensberg bei Köln. Unerwartet für seine Freunde und Angehörigen starb er in der Nacht vom 31. August zum 1. September 1954.

Das Leben von Wilhelm Ruhtenberg gibt dem Betrachter Rätsel auf. Seine weite östliche Seele hatte sich bis zum Grund mit dem anthroposophischen Impuls erfüllt. Er war als Lehrer und als Priester wirksam und suchte nach esoterischer Vertiefung, nach einem Handeln aus konkretem Geisterleben. Manchem erschien er wie ein Fremdling in der Gegenwart, wie ein Pilger in unsichtbarer Kutte. Auch in den Wirrnissen des Lebens blieb er seinem Geisteslehrer treu ergeben und hielt sich bereit für den Ruf der apokalyptischen Stunde. Für ihn, der in einem Zeitschriftenaufsatz „Vom Heimatgefühl in der Waldorfschule“ geschrieben hat, gelten die Worte Rudolf Steiners (am 23. April 1920 in Basel gesprochen): „Der Mensch, der innerlichste Mensch heute fühlt sich fremd in unserer intellektualistischen Welt, und überwindet er sich wirklich so weit, daß er seinen aktiven Menschen in Tätigkeit bringt, was sein muß bei jeder geisteswissenschaftlichen Darstellung, dann hat er etwas wie menschliche Heimatgefühle, wie etwas von den Klängen aus der geistigen Welt heraus, aus der ja der Mensch eigentlich stammt." Und diese Heimatklänge des Geistes blieben dem Herzgehör Wilhelm Ruhtenbergs lebenslang vernehmbar.

Johannes Tautz

Die große Gestalt unseres Mitarbeiters mit dem markanten Kopf, seine temperamentvolle Sprache mit dem ausgesprochen baltischen Tonfall sind unvergeßlich. Bei Debatten war er als durchgebildeter Theologe und Philosoph in seinem Element; erst recht aber war er es, wenn er als Mensch des Ostens — im wörtlichen Sinne — einmal die Zügel ergreifen und kutschieren konnte, wie es bei einer Synode in Marienstein geschah. Da schwang er sich auf den Wagen, da blitzten seine Augen. — Ein Pferd war auch sein Begleiter, als er sich viel später, nach dem zweiten Weltkrieg, mit seiner Gattin von Chemnitz nach Stuttgart reitend und zu Fuß durchschlug.

Ruhtenberg gehörte der zahlenmäßig schwach besetzten mittleren Generation der Begründer an, er war jünger als Rittelmeyer und unsere „Alten", aber zehn und mehr Jahre älter als wir ganz Jungen.

Da er seit Anfang des Jahres 1921 auf einen Ruf Steiners hin in der Stuttgarter Freien Waldorfschule als Klassen- und Religionslehrer tätig geworden war, ist Wilhelm Ruhtenberg im Rahmen der Christengemeinschaft zunächst wenig hervorgetreten. Der Lehrerberuf füllte ihn damals ganz aus. Erst in den dreißiger Jahren, bis zum Verbot der Christengemeinschaft durch die NS-Regierung, hat er hauptberuflich wieder als Pfarrer gewirkt, und zwar in Rostock, Leipzig (mit Halle), Chemnitz und Umgebung, nach dem zweiten Weltkrieg in Überlingen.

Die Mitwirkung dieses ordinierten Pastors und Lehrers bei der Begründung der Christengemeinschaft war von großer Bedeutung, hatte Wilhelm Ruhtenberg doch in den Jahren vor der Begründung von Rudolf Steiner einzelne Angaben zur Handhabung von Sakramenten empfangen, insbesondere die Rituale für Taufe und Trauung, die nun Rudolf Steiners Willen entsprechend in die entstehende Christengemeinschaft übernommen werden konnten. Schon 1921 hat Ruhtenberg mit seiner Zustimmung an den Kursen teilgenommen, die in Stuttgart und Dornach die Entstehung der Christengemeinschaft unmittelbar vorbereiteten. Im September 1922 reihte er sich dann wie selbstverständlich in die Schar der ersten Träger der Priesterweihe ein.

So brachte Wilhelm Ruhtenberg nicht nur die eigene christlich begeisterte Persönlichkeit, sondern auch seine pädagogische Erfahrung und jene Angaben Rudolf Steiners in die entstehende religiöse Bewegung ein. Dafür wissen die Mitarbeiter ihm verehrenden Dank.

Kurt von Wistinghausen

Wenige Wochen vor seinem Tode nahm Wilhelm Ruhtenberg an einer anthroposophischen Arbeit in Malsch teil. Alle, die sich seiner aufgeschlossenen Art und seiner umfassenden Kenntnisse erfreut hatten, hörten erschüttert von seinem unerwarteten Ableben.

Blickt man auf die Gesprächsbegegnungen zurück, dann tritt einem entgegen, wie diese Persönlichkeit aus einem anthroposophischen Impuls wirkte, der die Bereiche des Pädagogischen, Religiösen und Künstlerischen umfaßte. Immer tiefer suchte er in die Welt der Evangelien einzudringen und von dort die Verbindung zu der Esoterik der Märchen herzustellen, deren Kenntnis ihm bei der Ausübung seines Erzieherberufes so sehr zustatten kam.

Durch seine baltische Herkunft brachte Ruhtenberg ein gründliches Verständnis der Probleme des Ostens mit. Er war von der Tragik bewegt, daß es nicht gelungen ist, Ansatzpunkte zu einer sozialen Dreigliederung in Rußland zu bilden, bevor das Land von der marxistisch-leninistischen Ideologie durchsetzt wurde. Als feinsinniger Übersetzer der Dichtungen von Alexander Remisow wollte er eine Brücke bauen zwischen dem deutschen und dem russischen Volkstum und in Mitteleuropa die Aufgeschlossenheit für die Zukunftsaufgaben Rußlands fördern.

Seine östliche Seele erlebte die Anthroposophie als die Vereinigung der Sophia mit dem ganzen Menschen; Sophia wurde ihm zur Liebe, zum Glauben, zur Hoffnung.

Gerlind Zaiser

CHRISTOPH BOY

Christoph Boy wurde am 5. November 1887 in Nürnberg geboren. Der Vater war Eisenbahner, ein gutmütiger und wohlwollender, wenn auch manchmal jähzorniger Mann. Die Mutter, eine schöne und stattliche Frau, erschien dem Sohn „wie eine Königin"; er hielt sie für eine bedeutende Individualität. Christoph war der Jüngste von elf Geschwistern. Die Kinder nannten die Eltern nach alter Sitte „Sie". Auch Christoph sagte „Sie" zum Vater, doch nie zur Mutter; er duzte sie, sobald er sprechen konnte, obwohl alle übrigen Kinder „Sie" zu ihr sagten. Die Geschwister wollten ihn zum „Sie" anhalten und fragten ihn, warum er allein zur Mutter „Du" sage. Er erklärte dann immer: „Ich kenne sie länger!" Die Lebensbedingungen waren bei kargem Gehalt und vielen Kindern sehr ärmlich. Aber trotz äußerlich harter Kindheit und Jugend war Christoph gut daran, denn er wurde geliebt und bewundert und war der Stolz der Geschwister, weil er so schön zeichnen konnte.

Er kam in die Volksschule und hatte einen guten Lehrer, welcher die Fähigkeiten des Knaben erkannte und eine höhere Schule anriet. Die Mutter war bedenklich, weil die wirtschaftlichen Möglichkeiten nicht ausreichten, doch versprach sie, den Vorschlag zu überlegen. Zu Hause hielten Vater und Mutter mit Christoph Rat. Sie beschlossen, daß er auf die Realschule gehen sollte. Damals war er zehn Jahre alt. An jedem ersten des Monats bekam er das Schulgeld mit, das er aber regelmäßig wieder heimbrachte, denn den fleißigen Schülern wurde das Geld gegen Mitte des Monats zurückerstattet. An freien Nachmittagen nahm er gern sein Skizzenbuch und ging zum Burgring, um dort zu zeichnen. Einmal fragte ihn vorher die Mutter, ob er seine Schularbeiten gemacht habe. Diese Frage wies er mit großer Entrüstung zurück; er wollte nicht, daß man ihn nach etwas fragte, was er für seine Pflicht hielt. Von Kindheit an hatte er einen unbändigen Freiheitsdrang, der selbstverständliche Pflichterfüllung einschloß. Er war fromm, durchschaute aber bald die Unwahrheiten des traditionellen kirchlichen Lebens. Als die katholische Kirche den begabten Knaben zum Priester erziehen und auf eine Jesuitenschule schicken wollte, lehnten Vater und Sohn ab. Die größte Freude hatte er von früh auf an Büchern. Das Geld dafür verdiente er sich, indem er den reichen Amerikanern und Engländern, die nach Nürnberg kamen, die Koffer trug. Seit dem elften Lebensjahr unterrichtete er andere Schüler und gab so viel Stunden, daß er sich von dem Ersparten ein Fahrrad kaufen konnte.

Später siedelte Christoph zu einem älteren Bruder über, der als Lokomotivführer in Ludwigshafen wohnte, und besuchte die Oberrealschule in Mannheim. Aus wirtschaftlicher Not mußte er drei Realschulklassen in einem Jahr absolvieren. Oft fand ihn die Schwägerin noch am frühen Morgen um fünf Uhr bei der Lampe studierend. Dabei mußte er immer noch Stunden geben.

In Heidelberg, Freiburg, Leipzig und Greifswald studierte er neuere Philologie und trat in eine schlagende Verbindung ein. Was er zum Leben brauchte, verdiente er selbst. Dadurch hatte er es oft recht schwer; dennoch war er immer gelassen und lebensfroh. Den Kommilitonen borgte er oft noch von dem mühsam verdienten Gelde. Er war freigiebig und half auch seiner Familie, wo er konnte.

Bei Beginn des Krieges ließ er sich zum Offizier ausbilden. 1916 wurde er an der Somme so schwer verwundet, daß ein Bein amputiert werden sollte. Aber darauf ging er nicht ein, sein Wille siegte, und das Bein blieb erhalten. Da er nicht mehr kriegsdienstfähig war, kam er im Herbst 1917 als Lehrer an das Lietzsche Landerziehungsheim in Haubinda. Er arbeitete dort mit Robert Killian zusammen, der in der Waldorfschule sein Kollege werden sollte.

Die Anthroposophie lernte er durch die Gräfin Keyserlingk aus Koberwitz kennen. Boy schrieb damals einen Brief an Rudolf Steiner und bot ihm seine Arbeitskraft für die anthroposophische Bewegung an. Könne Dr. Steiner ihn nicht gebrauchen, so werde er auch sonst im Leben seinen Mann stehen. In der Konferenz der Waldorflehrer sagte Rudolf Steiner, daß man aus einem solchen Brief einen Menschen kennenlernen könne, ohne ihn gesehen zu haben. Er rief Boy nach Stuttgart und begrüßte ihn schon in der ersten Unterredung als Waldorflehrer. Das war 1921. Er bekam eine schwierige, durch Lehrerwechsel verwilderte Klasse, in der er zunächst „Blut schwitzte". Aber er setzte sich selbst zum Ziel, entweder die Klasse nach vierzehn Tagen in der Hand zu haben oder wieder zu gehen. Es gelang ihm, die Klasse zu bändigen.

Rudolf Steiner schätzte ihn sehr und sagte zu Gräfin Keyserlingk, er sei das personifizierte Pflichtgefühl; bei anderen finde man die Pflichttreue im Herzen, wenn man ihm aber die große Zehe öffnete, würde man da auch die Pflichttreue finden. Der Genius seines Wesens, der von überzeugender moralischer Kraft war, konnte sich im alltäglichen Leben nicht immer auswirken. „Der Engel schien manchmal wie mit verschränkten Armen hinter ihm zu stehen", sagte einer seiner Freunde. Sprechend war der Blick, aus dem manchmal eine Wärme und Güte hervorbrach, wie sie selten aus Menschenaugen leuchten. Auch überlegener Humor konnte aus diesen Augen strahlen, die etwas Helles, Scharfes hatten und in ihrer Farbe an ein bläulichgrünes Meer erinnerten. Liebevoll blickten diese Augen auf schöne Steine und Pflanzen. Moralität durchdrang seine Betrachtungen über Menschengestalt und Menschenform. Gern studierte er menschliche Hände und sammelte Bücher und Bilder zur Physiognomik.

In Armut und Beschränkung aufgewachsen, sehnte er sich nach Weite und Freiheit. Voll Freude erlebte er fremde Länder und Landschaften, lernte England und Italien kennen und fuhr einmal auf der Donau bis zum Schwarzen Meer. Starke Eindrücke empfing er von den Trümmern der Artusburg in Tintagel, von San Marco in Florenz und durch die Berührung mit der Welt des Franziskus von Assisi.

In den schwierigen Jahren der Schule übernahm er das Amt des Verwaltungsrates, zögernd und nach reiflicher Überlegung. Boy brauchte nicht viel zu sagen, um auf Menschen einen tiefen Eindruck zu machen. In der Konferenz lauschten alle, wenn er sich zum Reden entschloß. Bei einer Tagung, die wir für schwäbische Junglehrer veranstalteten, erschien er nur zur Aussprache am letzten Tage. Die wenigen Worte, die er sagte, wirkten auf die Zuhörer überzeugender als alles Vorangegangene. Was er sagte, war nicht angelernt, sondern in seinem Herzen verarbeitet. Dadurch wirkte er auch auf die Schüler. Er hatte ein tiefes Verständnis für pädagogisch schwierige Fälle, ja, er hatte solche Kinder besonders gern.

Von Ostern 1933 an folgte bis zum Tode eine schwere Zeit. Die achte Klasse hatte er mit großen Anstrengungen zu Ende geführt, als der politische Umbruch kam. Gleichzeitig ging es mit seiner Gesundheit abwärts. Als Vertrauensmann des Bundes der Waldorfschulen waren viele Reisen, lange Sitzungen, anstrengende Gespräche nötig. Überall erweckte er Interesse und Vertrauen. Bis zum letzten wollte er für die Schule kämpfen. Dabei fühlte er die Anthroposophie als unbesiegbare Macht hinter sich.

Eine Operation ließ keine Hoffnung auf Genesung übrig. Boy aber war voll Tätigkeitsdrang und von erstaunlicher Energie, er gab trotz quälender Schmerzen nicht nach. Schließlich wurde er für dauernd ans Bett gefesselt. Fast täglich kamen Kollegen und musizierten für ihn; besonders Mozart liebte er. Die Musik half ihm über viele Schmerzensstunden hinweg. Als er wußte, daß es zu Ende gehe, nahm er sein

Schicksal bewußt an: „Wir nehmen es, wie es kommt... Die Götter meinen es gut mit mir, da sie mir solche Schmerzen zumuten." Rührende Beweise der Verehrung von Freunden, Eltern und Schülern durfte er erleben. Überhaupt wurden ihm im Leben viel Zuneigung und Vertrauen geschenkt. An seinem starken Wesen richteten sich schwache und gefährdete Seelen auf. Er war für Liebe und Treue dankbar, aber er erwartete sie nicht. Bittere Enttäuschungen waren im Leben durchlitten worden und hatten ihn empfindlich gemacht. Im Abschiedsgespräch mit Paul Baumann sagte er, daß er der Schule verbunden bleiben werde und sich auf die Begegnung mit seinem Lehrer freue. In den letzten Tagen war er voller Güte und sorgender Gedanken für andere. Wir lasen ihm aus dem Johannesevangelium vor. Er starb, indem er die Hände weit ausstreckte, und in seinem Blick leuchtete ein überirdisches Bewußtsein auf.

Caroline von Heydebrand

Im Zurückblicken auf die Persönlichkeit von Christoph Boy erlebe ich immer etwas, das mich ins Staunen versetzt: es fällt mir schwer festzustellen, wie ich ihn kennengelernt habe. Vom ersten Gespräch an, das wir führten, war etwas da wie ein selbstverständlicher Kontakt, der in späteren Jahren der Freundschaft an Umfang und Farbigkeit, aber nicht eigentlich an Tiefe gewann. In jeder Besprechung, in jeder Konferenz, die ich mit ihm mitmachen durfte, ja auch schon morgens beim Betreten des Lehrerzimmers, fühlte ich etwas, das mit den Worten angedeutet werden kann: er ist da; und es ist gut, daß er da ist.

Christoph Boy kam an die Waldorfschule zu einer Zeit, wo die starke Bewegung, aus der die Schule im Jahre 1919 geboren war, mehr nach innen zurückflutete. Es galt jetzt, auszubauen und zu konsolidieren. Und gerade diese Aufgabe fand durch sein Wesen so etwas wie eine natürliche Pflege. Gewissen Menschen ist es gegeben, stark zu impulsieren, vorwärts zu stoßen, zu begeistern. Ihm eignete das Tragende, Bestätigende, Begründende. Er war am Platze, wo es galt, die Dinge so ins Leben zu stellen, daß sie gesund auf ihren Füßen standen. So trug er in sich eine Kraft, die man im schönsten Sinne als eine inkarnierende ansprechen kann. Das war auch in seiner starken, rüstigen Gestalt und in seinem Gesicht ausgeprägt. Aber gerade dieses Gesicht und vor allem seine Augen drückten noch anderes aus. Sie sprachen von einem vorsichtigen Aufmerken, Suchen, Tasten, das durch nichts beirrt sein wollte; als sei die Verantwortlichkeit des Urteilens und Wägens in ihm Mensch geworden, als sei er dienend an eine Weltenwaage gestellt. Mit diesem Dienen und mit dem Willen, die Welt zu ergreifen, ist auf zwei Punkte gewiesen, die bestimmte Erinnerungen wachrufen.

Alle durch Christoph Boy geführten Klassen zeichneten sich durch ein Element lebendiger, sich selbst tragender Ordnung aus. In dieser Ordnung war nichts im äußerlichen Sinne Pedantisches. Sie hatte auch nichts subjektiv an seine Person Gebundenes. Sie war auf kindlicher Stufe schon ein Stück Kultur, das jeder, der mit Boys Kindern zu tun hatte, als ein Geschenk empfand. Ich fragte ihn einmal, was er denn tue, um eine Ordnung so seltener Art zustandezubringen. Er sagte ganz schlicht: „Ich versuche, den Kindern Ehrfurcht beizubringen vor dem Wesen der Dinge." Als ich ihn erstaunt ansah, erklärte er mir, wie er das meinte. Er erzählte, daß er die Kinder darauf aufmerksam mache, wie hinter jedem Ding — einem Stück Schnur einer Schachtel, einer Uhr, einem Hut, einem Mantel — ein ganz bestimmter Gedanke stehe. In diesem Gedanken ist begründet, in welcher Art das betreffende Ding dem Menschen als Gebrauchsgegenstand zu dienen hat. Es ist aber auch immer ein innerer Fingerzeig gegeben, in welcher Art es zu bewahren, zu schonen, zu pflegen sei, wenn es seinen Dienst erfüllt hat. Eine offen herumstehende Schachtel, ein am Boden liegendes Stück Kreide, ein nicht gespitzter Bleistift müßten, so meinte Christoph Boy, Widerspruch in uns erregen. Wir müßten sehen, daß sie nicht ihre Bestimmung erfüllen oder gar entwürdigt werden. Mit ihnen aber werden zugleich nicht erfüllt oder entwürdigt die Gedanken der Menschen, die sie schufen. Ja mehr: durch unser dem Ding nicht entsprechendes Verhalten erweisen wir uns ehrfurchtslos gegenüber der Mühe, der Arbeit vieler Hände, die für uns geschaffen haben und deren Fleiß nun in den Dingen verkörpert ist.

„Lehrt man", so sagte er, „die Kinder in geduldigem, liebevollem Hinweisen solches Empfinden, dann braucht man nicht Ordnung zu predigen. Man braucht nicht zu moralisieren. Aus der Tiefe des menschlichen Gemütes entsteht Ordnung dann von selbst."

Einige Zeit später, als Christoph Boys und meine Schicksalswege uns räumlich voneinander weggeführt hatten, mußte ich plötzlich lebhaft an ihn denken. Ich lernte, damals in Holland arbeitend, das niederländische Wort „verwirklichen" kennen. Es heißt „verwezenlijken" — zu deutsch „Verwesentlichen". In genialer Weise deutet das Wort darauf hin, daß wir dort, wo wir etwas verwirklichen, einem Wesen zur Offenbarung helfen. Wie ein Blitz durchzuckte es mich: du kennst ja einen solchen „Verwesentlicher"; er heißt Christoph Boy. Und in der Entfernung wurde mir noch klarer, ein wie starkes geistiges Moment überall in seinem Dienen war.

In der Pflege und im Ausbau immer reicherer Beziehungen zur Welt sah er eine Grundlage der eigenen und der unserer Zeit entsprechenden Moralität. Er gestand mir, daß ihn schon in Knabenjahren das Dichterwort begeistert habe: Der Mensch müsse auf jeder Straße gewandert sein und müsse von jedem Wein gekostet haben. Diese Beziehung zur Welt pflegte er im Umgang mit Menschen aller Kreise, aus seinem Interesse für das Große und Echte in seiner Umgebung, und vor allem auch in der Kunst.

Er machte viele Reisen, die ihn weit weg, ja einmal sogar bis Konstantinopel führten. Andere, noch weitere, planten wir gelegentlich miteinander in stillen Stunden. Zu ihnen gehörte eine Fahrt ins Heilige Land. Das Schicksal wollte, daß er schon auf den Tod darniederlag, als ich diese Reise wirklich antreten durfte. Ich besuchte ihn nach der Reise und fand ihn abgezehrt daliegen in vorübergehender Besserung nach einer schweren Operation. Mit einer leisen, eindrucksvollen Stimme sagte er: „Ich war am Rande des Todes." Er sprach nur wenige Worte, bat mich, ihm wenigstens *ein* Bild vom Heiligen Land darzustellen. Ich habe ihm dann von Bethlehem erzählt und von der in den Felsen gehauenen Krypta der Christgeburt, von „Bethlehems Stall." Ich konnte bemerken, wie sein Wesen jedes Wort in sich trank und wie wohl es ihm tat, mit seinen Gedanken in der großen Welt zu sein. Dieses Gespräch, das im Zeichen der Geburt des Kindes stand, ist das letzte gewesen, das ich mit Christoph Boy führen durfte.

Nach seinem Tode, als ich schon lange wieder in Holland weilte, erreichte mich — als ein Vermächtnis und Freundesgeschenk — ein dicker Packen von Auszügen aus Vorträgen und Zyklen Rudolf Steiners. Christoph Boy hatte, durch die Arbeit einer befreundeten Persönlichkeit unterstützt, in jahrelanger Mühe die Stellen zusammengetragen, die sich auf die Moral beziehen. Schon von früher Jugend an war er, der seine reiche Seelen- und Geisteskultur einer strengen Selbsterziehungs- und Selbstbildungsarbeit verdankte, für den Aufbau einer schöpferischen Moral eingetreten. Man geht nicht zu weit, wenn man sagt, daß gerade dieses Suchen und Streben ihn mit der Anthroposophie Rudolf Steiners verbunden habe. Denn in ihr fand sein mitgebrachtes Weltinteresse die Weitung ins Kosmische, die Verdichtung ins Menschliche. In diesen beiden Grundmotiven aber lernte er auch die Quelle der Moral kennen, deren Strömen er nun überall mit Begeisterung, aber in aller Stille verfolgte. Denn Christoph Boy hat über diese Seite seiner Arbeit nur zu wenigen, ihm nahe verbundenen Menschen gesprochen. Er fühlte sich in seinem schweigsamen, vorbereitenden Schaffen inspiriert durch einen Hinweis, den Rudolf

Steiner während der letzten, von ihm selbst geführten Konferenz in der Waldorfschule brachte: daß er vorhabe, etwas zu geben wie eine umfassende Begründung des moralischen Elementes in der Erziehung und im Zusammenwirken der Erzieher. Christoph Boy schwebte vor, das, was er durch Jahre gesammelt hatte, später in Form von kleinen monographischen Darstellungen auszuarbeiten. Er ist zu diesen Ausarbeitungen nicht mehr gekommen. Aber in seinen Bemühungen und in diesem mit seiner erzieherischen Wirksamkeit verbundenen Vorhaben liegt ein Vermächtnis nicht nur der Waldorfschul-Pädagogik, sondern einer kulturerzieherischen Arbeit überhaupt. Darum sollte in späteren Jahren, wenn man die Menschen in der Hauptsache aus dem kennen und beurteilen wird, was in der Öffentlichkeit von ihrem Wirken erhalten blieb, nie dieser Mann vergessen werden, der so viel geschwiegen und als Exponent einer ganzen Gruppe ihm verwandter Mitarbeiter eine vorbildliche Arbeit an den Fundamenten geleistet hat. Christoph Boy sagte einmal, den hohen Namen des Freundes müsse man sich täglich neu verdienen. Das könne man nur, wenn man tief in die Nöte des anderen eintauche, wenn man gleichsam einatme und ahne, welches die Schmerzen des anderen sind. Und dann erinnerte er an das Wort des Baal Schem: „Du nennst dich meinen Freund. Weißt du denn, was mir fehlt?"

Herbert Hahn

In vielen Sitzungen habe ich an einem Porträt von Christoph Boy gemalt. In den kräftigen, ein wenig bäuerlich anmutenden Zügen lebte warme, überzeugende Vertrauenswürdigkeit. Ein starkes, harmonisches Temperament und geformter Wille leuchteten aus den hellen blauen Augen. Diese Augen, mit einem starken, gütigen Blick, standen weit auseinander. Alle Züge seines Gesichtes waren nach der Breite hin geformt; im Ausdruck seines Mundes aber lag ein Zug geistvoller Feinheit und überlegener Humor. Wohltuend war es immer, in ein solches Gesicht zu schauen. Denn in den Zügen Christoph Boys, in seinem Antlitz, das gewiß niemals schön genannt werden konnte, drückten sich unmittelbar der Gehalt seiner Seele und die Sicherheit seines Denkens aus. Es hat immer etwas Ergreifendes, wenn einem Menschen gegeben ist, durch den Ausdruck der Augen und das lebendige Mienenspiel unmittelbar den Idealismus und den festen Willen seines Charakters zu offenbaren.

Mitunter, wenn Boy in ernste Gedanken versunken war, bekam für mich sein runder Kopf mit den starken Backenknochen und der Ruhe des Blickes den Ausdruck eines tibetanischen Mönches. Die

Treuherzigkeit und Einfachheit eines mittelalterlich-deutschen Menschen durchdrangen sich mit östlicher Geistigkeit und Weite. Über seine ganze, fast schwerfällige Gestalt, seinen Gang und die Gebärde seiner Arme erstreckte sich die vertrauenerweckende Würde seines Wesens.

Boys Lebensinhalt, das Ideal, dem er zustrebte, war die Ausbildung moralischer Kräfte im Lichte der Anthroposophie. Ein begabter Redner, ein origineller Künstler wie so viele seiner Kollegen, das war er nicht und wollte es auch nicht sein. Seine Liebe gehörte der Willensschulung, und sein Blick war darauf gerichtet, wie aus einer Schicksalssituation die Wandlung zum Guten und Wesentlichen entstehen konnte. Gespräche mit ihm waren deswegen so fördernd, weil er immer den Kern einer Sache zu erfassen suchte, um daraus einen Impuls zu gewinnen. Wenn man in stillen Stunden mit ihm zusammen war — und er hatte trotz vieler Arbeit noch Zeit für solche Gespräche —, dann ging es immer um das Erringen einer Umwandlung unseres von Natur gegebenen Gefühls und Urteils zu einem höheren, bewußten Urteil, zu einem reineren und größeren Gefühl. Sein Bestreben galt der Bildung eines Urteils aus der Toleranz, aus dem Verständnis für anders geartete Menschen und Menschlichkeiten. Man konnte viel von ihm lernen, wenn man Konflikte des Lebens mit ihm besprach. Immer saß einem der unbeirrbar nach der Realität suchende Mensch gegenüber, der es durch Schulung des Willens zu Überlegenheit und Kraft gebracht hatte. Es klang nicht rhetorisch glänzend und geistreich, was er zu sagen hatte, aber es war weisheitsuchend und wesentlich. So war sein Wirken das eines Lehrenden, nicht nur vor seinen Schülern, auch vor Erwachsenen. In diesem Wirken wurde er ein idealer Lehrer: er schulte nämlich sich selbst, und der „Schüler" oder Ratsuchende erlebte gemeinsam mit ihm diese Willensschulung. Er selbst ging mit Ernst und Mühe einen Schulungsweg vorwärts, Stufe um Stufe. Das sah man ihm an, man fühlte es, und dadurch wirkte er auf die Menschen seiner Umgebung.

Die acht Jahre, die mein Sohn mit seinen Kameraden bei ihm in die Schule ging, sind für mich in der Erinnerung wie ein heller Tag. Das Leben seiner Klasse ging seinen ruhevollen, fördernden Gang, es wuchs heran, bildete und vertiefte sich. Die Kinder waren bei ihm in guter Hut, und sie fühlten das und liebten ihn, wie man das väterliche Walten einer Gottheit liebt und verehrt, die um einen ist.

Christoph Boy sagte einmal, daß es seine Übung sei, alle Lebenssituationen, ob sie in Freude oder in Leid und Bedrängnis hineinführten, solange nicht loszulassen, bis er ihre Bedeutung für sein eige-

nes Wesen erfahren habe. Wichtig sei es, von jeder Schwierigkeit sich
zu sagen: „Ich lasse dich nicht, du segnest mich denn." Diesen Ausspruch
Jakobs im Ringen mit dem Engel wandte er als sein Lebensmotto
auf alles an, was das Schicksal ihm auferlegte. Vieles hatte er im Leben
zu erleiden und dann einen unendlich schweren Tod zu überstehen.
Aber selbst unter den Qualen des Sterbens, das sich durch Monate vorbereitete, haben die Zuversichtlichkeit und Glaubenssicherheit seines
Wesens nie geschwankt. Er war der geistigen Welt ganz hingegeben,
und wenn ihn zuletzt ein höllischer Kampf umtobte, so blieb dennoch
Sieger in seinem Wesen der Todüberwinder.

Wenn Christoph Boy in seinem Schulunterricht eine Freistunde
hatte, besuchte er mich gern in meinem Häuschen auf dem Schulgelände. Er fand dann bei mir eine Tasse starken Kaffee vor und eine
Fülle von Problemen, Sorgen um das Gedeihen anvertrauter Kinder
und Probleme des Lebens überhaupt. Man erzählte ihm ungeschminkt
den Fall, mit dem man nicht fertig wurde. Dann war es seine Art, nicht
direkt darauf einzugehen, vielmehr suchte er etwas an dem Vorfall
zu finden, was nicht auf der Hand lag, was verborgen als unerkanntes
Motiv darin ruhte. So ließ sich für die Anschauung eine Metamorphose der gegebenen Situation herbeiführen, daß man am Ende des
Gesprächs neue, frisch gewonnene Antriebe für sein Handeln fühlte
und sich selbst zu wandeln genötigt war. In ihm lebte ein großes Bild
moralischer Impulse und der Beziehung der Menschen untereinander
auf moralischer Grundlage. Dieses Bild empfing er von der Anthroposophie und arbeitete es immer tiefer aus.

Über Franz von Assisi sprachen wir des öfteren und über Judas
Ischarioth, und er mutete mir damit viel zu. Er wollte den einen wie
den anderen noch ganz anders im großen Weltzusammenhang beur-
teilt wissen, nicht wie üblich als gut und böse.

Bei den Kindern seiner Klasse suchte er den Menschenkern zu erreichen und den moralischen Impuls anzuregen. Einmal hatte er ein
Kind seiner Klasse mit einem nixenhaften, wenig ichhaften Wesen,
und dieses Kind war ihm ein ständiger Vorwurf, er konnte es nicht
erreichen. So etwas kam selten vor, meist verstanden die Kinderwesen
ihn sehr gut. Ein starres Festhalten an Erziehungsgrundsätzen lag ihm
fern. In einer größeren Gesellschaft in seinem Hause reichte er einmal dem einzigen Schüler, der anwesend war, spontan eine Zigarette,
obgleich der Junge noch kein ganz rauchfähiges Alter hatte. Es machte
auf den jungen Menschen einen unauslöschlichen Eindruck, von dem
verehrten Lehrer nun auch in Gesellschaft für voll genommen zu
werden.

Ganz im Gegensatz zu Boy stand Caroline von Heydebrand. Sie suchte nicht den Kern in ihren Schülern oder Freunden. Sie empfing mit durstiger, phantasievoller Seele die Gaben Rudolf Steiners; das war und blieb ihr alleiniger Lebensinhalt. Was von ihm kam, wurde in ihr lebendiger Einfall.

Unbeschwert und selbstlos hat sie im Sonnenschein der Geistgeschenke unterrichtet, die sie empfing und weiterstrahlen ließ. So fiel ihr immer etwas ein, was sie für die Kinder dichten und mit ihnen malen oder plastizieren konnte. Die kleinen Bösewichter, die sich auch in ihrer Klasse einstellten, waren ihrem frohen Geist nur die Beispiele für pädagogische Wege, die zu beschreiten waren.

Ein cholerisches Kind, das sie schon in die erste Klasse bekam und das keine Minute ruhig saß, war ihr keine Störung, sondern eine rechte Erzieherfreude. Sie gebrauchte es in allen Vorträgen als prachtvolles Beispiel für cholerisches Temperament und es regte sie zu reizenden Versen in den Schulzeugnissen an. Aber, bei solcher Toleranz und Liebe besserte sich das Kind zusehends, und eines Tages saß der Choleriker gebändigt in der Schulbank. Sie brauchte nun nicht mehr beide Augen zuzudrücken, wie sie sagte, aber sie vermißte den kleinen Raufbold sehr.

Zwischen Boy und Coroline von Heydebrand hätte der Gegensatz sich wohl bis ins Feindliche auswirken können, aber es geschah das Gegenteil. Beide überwanden in sich das Gegensätzliche und suchten die fehlende Seite im eigenen Wesen beim andern zu finden und anzuerkennen. Boys anfängliche Abwehr gegenüber der kindlich-frohen und unbekümmerten Art Caroline von Heydebrands wurde zu einer warmen Lebensfreundschaft. Caroline von Heydebrand hat in fast schwärmerischer Bewunderung das charakterbildende Wesen bei Christoph Boy verehrt und ihn mit ihrer Freundschaft bis in den Tod begleitet. So fanden sich hier die Gegensätze, weil jeder von ihnen die Weite Rudolf Steiners Weltbild in sein Herz geschlossen hatte.

Nora Ruhtenberg

ERNST UEHLI

Dem Verstorbenen möge es zur Befriedigung gereichen, wenn wir
auf seinen Lebensgang zurückschauen, der von unendlichem Reichtum
an Erfahrungen und Erkenntnissen ist. Wir können nur wenige Bilder
herausgreifen und sie nach seinem Vorbild wesentlich gestalten. Wir
müssen also in Geistabbreviaturen sprechen.

So versetzen wir uns zunächst nach Andelfingen, in das Dorf, wo
er geboren wurde und die ersten Kindheitsjahre in einem bescheidenen, aber schönen Fachwerkhaus erlebte. Von hier aus sah er auf den
kleinen Fluß, die Thur, über die sich eine Holzbrücke mit einem Dache
wölbte. Wir dürfen uns vorstellen, daß er hier gespielt hat und wie
schon in dieser Frühzeit urtümliche Gefühle in seinem Kindersinn
erwacht sind.

Das erste Schuljahr verbrachte er in Bern. Wiederum stand vor
seinem Blick ein Bild, das den in ihm veranlagten Geschichtssinn
aufrief: das Münster, das Rathaus, die alten Häuserzeilen, terrassen-
artig abgestuft gegen den grünen Fluß, die Aare, dieses „wohlgemute
Bern", wie es Josef Victor Widmann besungen hat, „auf seinem
Felsenkern". Die Familie kannte diesen Dichter, und der Knabe sah
ihn oft in seinem Garten, wie er in der Hängematte lag.

Das Architektonische und Malerische sprach schon den Knaben
an. Einmal führte ihn der Vater in ein Kunstmuseum. Da sah er das
Gemälde eines Heiligen, der gemartert wurde. Er blickte hin, scheu
hinweg und immer wieder hin. Er kam sein ganzes Leben nicht von
diesem Motiv los; es lag in ihm, aus seiner Vorgeburt herangebracht.
Dann wanderte der Vater nach Amerika aus, die Familie sollte nach-
ziehen, aber der Plan ließ sich nicht verwirklichen. Die Mutter blieb
mit den Kindern zurück. Man zog wieder auf das Land, in den Klett-
gau. Hier, zwischen dem siebenten und vierzehnten Jahr, erlebte
Ernst Uehli die Bauernsame: das Kartoffelsetzen, die Getreideernte,
die Traubenlese. Er sammelte Beeren im Wald, Heidelbeeren, Him-
beeren, Brombeeren. Er lernte alle Berufe der Ortschaft kennen, und
manches schwere Schicksal seiner Bewohner lagerte sich in seiner Kna-
benseele ab. Aber ein Gefühl überwog, es war die Sehnsucht nach dem
Vater, der im Ausland war und dort gestorben ist. Es mischte sich ein
mythisches Element hinein, das Väterliche im Himmel. Zu dem kam

231

dann das mütterliche Element. Seine Mutter verband ihn mit der Natur, der Erdenmutter, wie er es selber schilderte, mit der Märchen- und Sagenwelt. Diese Epoche wird abgeschlossen mit seiner Konfirmation, an welcher er die Passionsgeschichte, von Chorgesang und Orgelmusik begleitet, hörte, im tiefsten Grund erschüttert.

Nun aber, mit der Menschheitsreife, in die er eintrat, mehrten sich die niederdrückenden Erlebnisse. Er muß einen Beruf ergreifen und findet keinen, der sich eignet. Alle ziehen ihn von dem, was er erträumt, hinweg. Er wird Buchhaltergehilfe und muß viele Demütigungen erleiden. Er kommt als Volontär in ein Weingeschäft, muß in das Innere der riesigen Fässer hineinsteigen und sie putzen, muß Flaschen füllen und verkorken, mit Weinfuhren über Land fahren. Das alles nannte er das Leben in der Unterwelt. Er stieg in diesen Jahren in den Hades.

Und hierauf mußte er durchmachen, was ihm am allerwenigsten lag. Er wurde Zollbeamter in St. Gallen, am Bodensee, in Zürich. Die Stunden, in denen er so vieles hätte lernen mögen, mußte er in öden Güterbahnhöfen, Lagerschuppen, Dienstgebäuden verbringen, die Koffer der Reisenden inspizieren, was ihm äußerst zuwider war; er ist fast daran zerbrochen. Und doch, es war, wenn auch ein notgedrungener, so doch ein Anschauungsunterricht im Wirtschaftsleben, dessen sämtliche Branchen er kennenlernte: Die Stickereien und Textilien St. Gallens, die Uhrenindustrie des Berner Jura. Und es tröstete ihn immer wieder die Landschaft, in die er während seiner Freizeit zog, das Toggenburg, der Uetliberg, der Bodensee mit seinen Sonnen-Auf- und -Untergängen.

Er hatte damals zwei Freunde; den ersten ganz dem Osten zugewandt, Fritz Brupbacher; er war ein bekannter Anarchist, aber aus Idealismus, der später von der eigenen Partei als Ketzer abgefertigt wurde, Arzt und Psychiater in Kilchberg. Er machte Uehli mit den Naturforschern des neunzehnten Jahrhunderts vom Schlage Büchners bekannt, mit Marx und Engels, deren Werke er widerwillig, aber der Freundschaft zulieb doch las, eine Kenntnis, die ihm im späteren Alter sehr nützlich wurde. Der andere Freund war Jakob Hugentobler. Der führte ihn besonders in die deutsche Lyrik ein, die damals noch in einem revolutionären Stadium war.

Die jungen Leute (vom Kaufmännischen Verein) gründeten einen Klub, wo sie Ibsen, Nietzsche und vor allem Richard Wagner studierten. Ernst Uehli wollte Dichter werden, und was hier berichtet wird, ist vielfach seinem Roman „Ein Sohn des Schicksals", den er dreimal umgearbeitet hat, entnommen. — Aber das Geschick wollte es anders.

Und er sah es, nach langen Seelenkämpfen, selber ein. Sein Blick, seine Gesten, sein Gang waren nicht die eines heutigen Literaten. Man merkte es schon seinem Vortrag an, daß er al fresco dachte.

1905 hörte er zum ersten Male Rudolf Steiner. — Nun ist es immer bedeutsam, wie jemand Schüler der Geisteswissenschaft wird, vor allem durch die Vortragsinhalte, die er zum erstenmal vernimmt. Bei Uehli war es ein kosmologischer. Rudolf Steiner sprach über das Planetensystem. Uehli wartete auf ihn vor dem Vortragssaal und durfte ihn hierauf in sein Hotel begleiten. Rudolf Steiner lud ihn ein, ihm zu schreiben. Nach einiger Zeit hörte Ernst Uehli einen zweiten Vortrag, diesmal über das Johannes-Evangelium, und nachher durfte er ein weiteres Gespräch haben; daraufhin wurde er Schüler Rudolf Steiners.

So wurden die Weltentwicklung und die Menschwerdung des Wortes die Grundlagen seiner anthroposophischen Studien. Zwischen diesen zwei Polen spielte sich in der Folge sein ganzes Forscherleben ab.

Mit fünfunddreißig Jahren hatte Ernst Uehli ein für sein inneres Leben entscheidendes Erlebnis. Er sah sich selbst, so erzählt er, in einer Art von Umhüllung. Aufgeschlossen nach oben, so daß er in die Weiten des Kosmos schauen konnte, aber verschlossen nach unten. Dort war ihm jeder Ausweg genommen.

Es war, so sagt er, ein „Steuern in sternenlosen Zeiten" „als sein eigener Lotse", ohne Aussicht auf Land.

Er tat sich nun mit einem Journalisten zusammen, der ein Pressekonferenzbüro gründete, aber dann in einen Prozeß verwickelt wurde und Bankrott machte, wobei Ernst Uehli sein so mühsam erspartes Geld verlor, so daß er völlig mittellos und ratlos dastand, auf dem absoluten Nullpunkt.

Rudolf Steiner, zu dem er in seiner Not hinreiste, half ihm aus der Verzweiflung, indem er ihn nach München, in das Ärztehaus von Dr. Peipers, wies.

Daselbst mußte er zunächst einen jungen Mann, der blind und epileptisch war, betreuen. Er legte sich ein wohldurchdachtes System zurecht, eine bewegliche Anordnung von Buchstaben, die der Kranke gemäß seinen Zuständen laut hersagen mußte, womit er seine Anfälle aufzuhalten oder wenigstens zu mildern suchte. Ernst Uehli zeigte sich dabei als Vorläufer der heilpädagogischen Methode. Daneben begann er Vorträge zu halten, über Richard Wagner, die Geburt der Individualität aus dem Mythos, die Gralssuche, die germanische und keltische Mythologie. Er einverleibte sich die Weltgeschichte und krönte sie mit der Kosmologie. Alpha und Omega war ihm dabei das Mittelpunktereignis der Menschheitsentwicklung: das Mysterium von Golgatha.

Aber auch das gegenwärtige Geschehen, besonders den Umbruch in der Kunst, zog er in den Kreis seiner Betrachtung. Er suchte die neuen Impulse in der Malerei, den Expressionismus, zwischen Sphinx und Gral einzuordnen und ihm eine heilsame Bestimmung zu verleihen.

Durch diese Vorträge wurde er mit vielen bedeutenden Menschen bekannt. Schon im Sanatorium von Dr. Peipers und seiner Gattin, einer begabten Bildhauerin, war er mit Christian Morgensterns Gemahlin und dem künftigen Biographen des Dichters, Michael Bauer, zusammengekommen. Nun wurde er mit Hans Wildermann, dem Bildhauer und Bühnenbildner, dem Maler A. H. Pellegrini und Hans Ludwig Held, dem Verfasser eines Buddhabuches, vertraut. Anläßlich der Mysterienspiele schloß er Freundschaft mit Hans Reinhart. Alexander von Bernus, der Herausgeber einer literarisch-philosophischen Zeitschrift, veröffentlichte sein erstes Wagnerbuch.

Wir durften im Kreise seiner Familie, der Gattin und der beiden Kinder Ernst Eugen und Walter, schönste Stunden verleben. Der erste Sohn wurde ein trefflicher Cellist, der andere starb an einer schweren Krankheit schon in jungen Jahren, indem er vollbewußt die Schwelle des Todes überschritt und sich von seinem Bruder durch die geliebte Musik hinüberführen ließ.

Der Weltkrieg ging dem Ende entgegen. In München herrschte Hungersnot und Elend. Nach dem Waffenstillstand brach die Revolution aus. Kurt Eisner, der die Macht ergriffen hatte, wurde ermordet. Es folgte die Räteregierung, der Geiselmord, die Rotierung nach unten.

Während dieser furchtbaren Zeit setzte Ernst Uehli seine Vorträge fort. Oft waren wir, auf dem Weg dahin, in Lebensgefahr. Ich erinnere mich, wie wir einmal in einen Kugelregen gerieten.

Rudolf Steiner suchte dem Chaos mit seinem Aufruf „An das deutsche Volk und an die Kulturwelt" und dem Impuls der Dreigliederung des sozialen Organismus zu begegnen. Er übertrug Ernst Uehli die Redaktion der in ihrem Dienste stehenden Wochenschrift.

Hierauf wurde Enst Uehli Religionslehrer an der Waldorfschule in Stuttgart. Bald übernahm er auch den Kunstunterricht für die oberen Klassen. Die Kinder hörten mit glühender Begeisterung zu, wie er über Raffael, Michelangelo und Lionardo sprach. Seine Pädagogik wirkte therapeutisch und rief die heilenden Gegenkräfte auf, wenn die niederziehenden Mächte die Jugend verderben wollten. Er rettete viele vor dem Abgrund.

Dann kam das Hitlerregime. Ernst Uehli siedelte in die Schweiz über. Mit dreiundsechzig Jahren wurde er ein freier, auf sich selbst gestellter Schriftsteller. Nun konnte er die Forderungen erfüllen, die das Schicksal an ihn gestellt hatte. Ein großes Werk nach dem andern ging der Vollendung entgegen. Er wurde von der Öffentlichkeit immer mehr anerkannt. Wie etwa seine Deutungen der Mosaiken an der Nordwand von San Apollinare Nuovo, des petrinischen und des johanneischen Christus, oder die Zusammenhänge des arianischen Christentums mit dem Manichäismus. Er konnte sein Werk auf allen Gebieten der Kunst, der Geschichte und der Religion ausbauen, was er schon lange geplant hatte, und er hatte das Glück, eine Lebensgefährtin zu haben, die ihm die tiefe Melancholie, die ihn zuweilen überkam (wie jeden wahren Forscher, der in großen Gedankenbildern und Bezügen leben muß), durch ihre seelenvolle Eurythmie aufhellen konnte. Ernst Uehli hatte Grund zu solcher Traurigkeit auch deshalb, weil er den Dichter in sich, nach jahrelangem Ringen, geopfert hatte. Nun aber stieg aus dem Verzicht, der wie ein Seelentod gewesen war, etwas ganz anderes empor: der Gestalter der Hochkulturen. Ernst Uehli hatte ein ganz großes Format, das in seiner Gebärdensprache, besonders wenn er vortrug, sichtbar wurde. Wenn man ihn als Vortragenden erblickte, fühlte man, er ist umgeben von Urbildern. Die Formen der Pyramide, des griechischen Tempelbaues, des gotischen Doms und der mittelalterlichen und Renaissance-Meister schienen seinem Organismus innezuwohnen. Das alles umwogte ihn. Was war es denn? — Die Urformen des Bildekräfteleibes, die den Körper des Menschen aufbauen: der Kubus, das Dreieck, die Schale und der Kreis.

Jetzt, da Ernst Uehli die Schwelle des Todes — bis zuletzt seiner Arbeit hingegeben — überschritten hat, darf man sagen: Er betritt das Reich der Elemente, er erlebt die oberen Götter, die apollinischen, und die unteren, die dionysischen, er findet sie vereinigt in dem Gott, der Mensch geworden. Er schaut die Sonne um Mitternacht.

Denn zur Mitternachtstunde starb er. So ist es angemessen, daß man die Verse, die Rudolf Steiner zu diesem Mysteriengang gedichtet hat, jetzt, da Ernst Uehli von der Erde Abschied nimmt, wiedergibt:

„Die Sonne schaue
um mitternächtige Stunde.
Mit Steinen baue
im leblosen Grunde.
So finde im Niedergang
und in des Todes Nacht
der Schöpfung neuen Anfang,
des Morgens junge Macht.
Die Höhen laß offenbaren

der Götter ewiges Wort;
die Tiefen sollen bewahren
den friedensvollen Hort.
Im Dunkel lebend
erschaffe eine Sonne.
Im Stoffe webend
erkenne Geistes Wonne."

Albert Steffen

In Ernst Uehli offenbarte sich das Geistige wie das Seelische mit eigenwilliger Ursprünglichkeit. Was er aus der Anthroposophie aufnahm, konnte in ihm niemals zum Schriftgelehrtentum werden. Sein ganzes Wesen und nicht nur sein Kopf war aufgerufen, wenn er Gedanken entwickelte. Das in seinem Schicksal latente Künstlertum half ihm, von Jahr zu Jahr stärker, die errungenen Erkenntnisse in Bilder umzusetzen. Gerade diese Fähigkeit empfahl ihn wohl für das Arbeitsfeld, auf dem ich ihm zuerst begegnet bin.

Im Kerning-Zweig in Stuttgart hatte schon vor dem ersten Weltkrieg Toni Völker eine anthroposophische Arbeit besonderer Prägung begonnen. Ihren reichen Möglichkeiten entsprechend, führte sie die Zweigabende mehr aus einem imaginativen Element heraus, das sich in einer gewissen zarten Anmut und in warmer Menschlichkeit darlebte. Im Dreigliederungsjahr 1919, das überall im Anthroposophischen einen neuen Aufbruch bedeutete, erlebte auch Toni Völker eine bestimmte Aufgabe. Sie wollte die Mitglieder ihrer Arbeitsgruppe auch auf dem rein erkenntnistheoretischen Wege schulen. Bescheiden und selbstlos wie sie war, und auch gewiß geleitet von ehrlicher Selbsterkenntnis, traute sie sich selber eine so schwierige Aufgabe nicht zu. So bat sie Rudolf Steiner um Rat.

Rudolf Steiner nannte ihr zwei Persönlichkeiten; eine der beiden war Ernst Uehli.

Noch intimer als bei der Arbeit im Kerning-Zweig durfte ich Ernst Uehli auf dem Boden der Freien Waldorfschule begegnen, als Rudolf Steiner ihn mit dem Erteilen des Freien Religionsunterrichtes in einigen Klassen betraute. Nachdem Friedrich Oehlschlegel, mit dem ich im Herbst 1919 Seite an Seite diesen Unterricht erteilt hatte, im Januar 1920 aus der Schularbeit ausgeschieden war, hatte ich lange Zeit den Freien Religionsunterricht allein zu versorgen. Insbesondere war die Einführung und Abhaltung der mit diesem Unterricht verbundenen kultischen Sonntagshandlungen ganz in meine Verantwortung gegeben. Es war eine schwere, für einen jüngeren Menschen kaum durchzutragende Aufgabe. Mehr als einmal habe ich damals wohl Rudolf Steiner gefragt, ob er mir nicht jemand zur Seite stellen könnte. Rudolf Steiner hatte für meine Nöte ein offenes Ohr, zögerte aber mit einer Neubesetzung. Einmal sagte er, man könne sich denken, daß dieser Unterricht auch von älteren und erfahrenen Mitgliedern der Anthroposophischen Gesellschaft gegeben werden könne, auch wenn sie nicht Waldorflehrer seien, vorausgesetzt, daß sie den nötigen Kontakt mit den Kindern fänden. Aber gerade in der zuletzt ausgesprochenen Bedingung lag die Schwierigkeit. Es wurden einige Versuche in dieser Richtung gemacht; sie scheiterten ausnahmslos, weil es den aufgerufenen Persönlichkeiten nicht gelang, ihr Weisheitsgold in Stücke umzumünzen, die unter Kindern gangbar sind. So weit, daß die betreffenden Persönlichkeiten aktiv an den Handlungen teilgenommen hätten, kam es überhaupt nie. Ernst Uehli war es vorbehalten, auf dem hier gemeinten Felde die einzige Ausnahme zu machen. Fast unmittelbar schlug seine Arbeit Wurzeln, und sie blieb auf die Dauer fruchtbar. Im Rückblick auf jene Zeit muß ich mir theoretisch sagen, daß es wohl meine Aufgabe gewesen wäre, ihn systematisch in die neue Arbeit einzuführen. Aber ich finde keinerlei Systematik dieser Art in meinen Erinnerungen. Wir hatten wohl nur ein grundlegendes Gespräch, und er nahm einige Male zuhörend an den Handlungen teil. Dann aber stand er auch schon in allem darin und handhabte die Dinge — wie ich sagen möchte — mit natürlicher Geistigkeit. Dies ist eine Tatsache, die mich nachträglich mit Bewunderung erfüllt. Im reinen Kultus lebt überall das Mysterienwesen weiter. Ernst Uehlis Art, sich in die Handlungen hineinzustellen, zeigte, daß er aus einem tieferen Schicksal heraus mysterienverwandt war.

Seinem Religionsunterricht selber aber kamen jene Qualitäten zugute, aus denen heraus er schon die schwierige Aufgabe in der Kerning-Gruppe gemeistert hatte: die Ursprünglichkeit und das Gewicht von Gedanken, die nicht bloß aus dem Intellektuellen heraus gedacht wurden, und die Fähigkeit, Gedachtes und Empfundenes in ansprechende Bilder umzusetzen. Einem solchen Mann hörten die Kinder gern zu. Er saß von vornherein richtig im Sattel.

Der Freie Religionsunterricht wurde für Uehli zum Eingangstor für eine umfassendere pädagogische Mitarbeit an der Freien Waldorfschule. Er konnte in späteren Jahren einen Lehrauftrag für Geschichte, Deutsch und Kunstunterricht auf der Oberstufe übernehmen. Vieles, was in seinem Inneren keimhaft gewesen war, entfaltete sich gerade im unterrichtlichen Zwiegespräch mit jungen Menschen. In noch späterer Zeit, als die geschichtlichen Ereignisse, die dem zweiten Weltkrieg vorangingen, ihn wieder von der Waldorfschule losgerissen hatten, trugen die Stuttgarter Jahre noch überraschend schöne Früchte in einer reichen literarischen Produktion.

Im Großen gesehen, waren in Ernst Uehlis Wesen jene Noten am stärksten spürbar, die mit dem vermittelnden Merkurialen, mit dem Aufbauenden, gelegentlich auch mit dem prophetisch Verkündenden zu tun haben; und doch wohnte ihm in einer reinen, nicht leicht berührbaren Tiefe ein edel Streitbares, Militantes inne.

Ich konnte es an einem für die Biographie Rudolf Steiners einschneidenden Ereignis erleben, das ich Seite an Seite mit Uehli mitmachte. Im ausklingenden Frühjahr 1922 hielt Rudolf Steiner in einer Reihe von größeren deutschen Städten Vorträge, die von einer Konzertdirektion veranstaltet waren. Am Tage, bevor Rudolf Steiner in München sprechen sollte, hatte Ernst Uehli das Gefühl, in München braue sich etwas Ungutes zusammen und Rudolf Steiner sei einer großen Gefahr ausgesetzt. Engstirnige Nationalisten hatten vorher an anderen Orten Deutschlands mit ihren literarischen Attacken gegen die Anthroposophie und gegen Rudolf Steiner begonnen. Auf noch Schlimmeres mußte man gefaßt sein.

Im Gespräch mit Ernst Uehli entschloß sich nun eine kleine Gruppe von Stuttgarter Mitarbeitern, vorwiegend Waldorflehrer und auch einige andere Freunde, nach München zu fahren, um am Vortrag von Rudolf Steiner teilzunehmen und um ihn — wenn nötig — zu schützen. Wie befürchtet, kam es dann am Ende des Vortrages wirklich zu den erwarteten Ausschreitungen. Unter denen, die sich dann wie ein lebendiger Schutzwall vor Rudolf Steiner aufwarfen, war in erster Linie Ernst Uehli.

Es glückte uns damals, den fanatisch-nationalistischen Angriff auf den Träger der Anthroposophie äußerlich abzuwehren. Innerlich aber war in das kulturelle Leben Mitteleuropas doch ein Einbruch geschehen, dessen Folgen gar nicht abzusehen waren. Rudolf Steiner ließ am Spätabend nach diesen Ausschreitungen und auch am folgenden Morgen kaum ein Wort über das Geschehene fallen. Doch an seiner ganzen bei aller Gefaßtheit von tragischem Ernst durchdrungenen Haltung konnten wir ablesen, daß er uns als Zeugen eines überaus bedeutungsvollen Ereignisses betrachtete. Ich glaube, daß es wie ein leuchtender Stern im Schicksalsbild von Ernst Uehli steht, daß er nicht nur zu jenen Zeugen gehörte, sondern daß er die entscheidungsvolle Fahrt nach München inspirieren half.

Die Sprache der Erinnerung ist eine Sprache der Bilder. In Erinnerungsbildern, die sich auf Verstorbene beziehen, webt sich stark und warm das Gefühl der Dankbarkeit ein. Noch ist gar nicht abzusehen, wie viel eine anthroposophische Bewegung, eine Waldorfschulbewegung, eine Geistesarbeit in Mitteleuropa der Tatsache zu danken haben, daß ein solcher Mensch da war wie Ernst Uehli. Ein väterlicher Geist mit jugendlichen Feuerkräften in der Seele und, aus beiden heraus: ein Schützer und Pfleger dessen, was das Kind im Menschen ist. Vielleicht verkörperte er all das nie menschlicher, nie schöner, als wenn er den Joseph in den Oberuferer Weihnachtsspielen darstellte und an der Krippe stand. Da wurde seine reife Menschlichkeit ganz Haltung, ganz Gebärde, ganz Stimme. Ein unvergeßliches Wahrbild, für das wir ihm immer dankbar bleiben.

Herbert Hahn

Im Herbst 1937 verließ Uehli die Tätigkeit an der Waldorfschule. Er kehrte in seine Schweizer Heimat zurück. Fast vier Jahrsiebente hatte er nach den fünfunddreißig schweren Heimatjahren im deutschen Geistesleben schaffen und gestalten dürfen. Die politischen Verhältnisse machten ihm nun in Deutschland die Weiterarbeit unmöglich. Die Frage beschäftigte ihn tief: wie lange muß man um der Kinder willen ausharren? Können wir die innere Substanz der Schule schützen vor den Anforderungen einer politischen Welt, die das Innerste dieser Pädagogik befeindet? Nun schien ihm der Lebensraum, der Atem, für die Schule nicht mehr gegeben. Der Dreiundsechzigjährige brachte in die Heimat Werke mit, die ihm aus dem Unterricht erwachsen waren. An ihnen durfte er noch drei Jahrsiebente, über denen eine sichtbare Gnade waltete, arbeiten.

Wenn wir jungen Studenten Uehli einmal in seinem Unterricht oder in seinen Kunstvorträgen erlebten, z. B. wenn er von Giotto und dessen Lehrer Cimabue erzählte, so daß das Wissenschaftlich-Kunstgeschichtliche unterging in dem menschlichen Vorgang, in dem Übergang von einer Seelenorientierung zur anderen, dann fragten wir uns oft, woher diese eigenständige Kraft stamme.

Diese Frage beschäftigte uns auch, als wir nach Zürich fuhren und noch einmal sein schönes Antlitz auf dem Totenbett sehen konnten. Man hatte den Eindruck einer völligen Ausgereiftheit, eines rein zuendegeführten Lebens und Werkes. Er ruhte wie ein alter Bauer nach langem Tagwerk. Aber auch das Weisheitsvolle der Frühzeit war um ihn. Man ahnte, daß ihm das Geschick viele Geschenke vergönnt hatte: Er hatte eine herbe, einsame, innerlich doch so gestaltenreiche Kindheit und Jugend; er war unverbildet geblieben durch den äußeren Wissenschaftsapparat, so daß er alles selbst neu und rein entdecken durfte ohne die Abschattungen und Minderungen des tintenklecksenden Säkulums. Er hatte dann früh seinem geistigen Lehrer begegnen dürfen. Er hatte besonders nach seiner ersten schweren Schweizer Zeit eine Begabung, Freunde zu gewinnen, Menschen, die ihn liebten und die ihm gern seine Reisen und Studien ermöglichten. Er durfte immer wieder an die Stätten seiner Kindheit und Jugend zurückkehren und an der Wiederbegegnung mit seinen früheren Erlebnissen wie aus der Erde neue Kraft saugen. Er blieb bis in das höchste Alter hinein von einer Aufnahmefähigkeit, die intensiv wie die des Kindes war, und dazu hatte sich durch die Lebensschule eine Systematik und ein Arbeitsfleiß besonderer Art gesellt. Und doch scheint uns, daß solche Lebensgaben noch nicht das Letzte sind, was das Wesen unseres ins Patriarchenalter gereiften Freundes erklärt. Sie führen uns wie bedeutungsvolle Zeichen zum Ahnen seiner geistigen Gestalt.

Ernst Weißert

Wir hatten in Ernst Uehli einen Lehrer, den Neigung, Begabung und Schicksal zum Kunstunterricht in der Waldorfschule prädestiniert hatten. Ihm war in vielen Jahren eigener Forschung aufgegangen, wie die Kunst selber die große Pädagogin der Menschheit ist. So konnte er als Pädagoge nun künstlerisch wirken. Er durfte sich der verantwortungsvollen Aufgabe widmen, die Rudolf Steiner mit dem Kunstunterricht für das 14./15. Lebensjahr gegeben hatte. Die erwachende Fähigkeit zur Abstraktion, die in diesem Alter an mechanisch-technischen Phänomenen, an abstrakten Naturgesetzen sich entwickeln muß, braucht als Gegengewicht, als gesundenden Ausgleich Empfindung und Verständnis für die künstlerische Entwicklung der Menschheit in den einzelnen Epochen ihrer Geschichte. Ernst Uehli war durchdrungen davon, welch heilende Wirkung das Erleben ästhetischer Probleme in den vielerlei Gefahren dieses Jugendalters hat, wo das Bewußtsein sich zum Herren einer heraufwogenden Gefühlswelt machen will. Und er wußte uns die Schöpfung der Kunst so nahezubringen, daß wir darin eine objektive Lösung der Fragen erleben konnten, die aus dem eigenen Seelengrunde fortwährend heraufstürmten. Eine heilende Stimmung ging aus von der Art, wie er die Urmotive der bildenden Kunst uns darstellte. Die eigenen Seelenfragen konnten in eine objektive Gestaltenwelt sich hineinergießen.

Wer vermöchte mit Worten zu schildern, was in einem 14jährigen Menschen vor sich geht, wenn zum erstenmal die ägyptische Pyramide im Wüstensande durch das Lichtbild vor ihm auftaucht? Diese geheimnisvolle Sehnsucht, die ihn dabei überkommt, diese Wehmut, dieser fremdvertraute Klang! In der Pyramide, die reinster Ausdruck der Schwerkraft ist, hat er ein Bild für das Erlebnis der Knochenschwere seines eigenen Leibes. In Pyramide und Sphinx als Urbildern von Architektur und Plastik empfindet er das Herunterkommen auf die Erde nach, das sich Hineinstellen in den Raum nach Sternengesetzen als die Aufgabe einer ganzen Kulturepoche. Ernst Uehli hatte ein feines Gefühl für das, was da in den Seelen seiner Schüler vor sich ging; er störte es nicht, er nahm es liebevoll auf und wandelte es um im Begeisterungsfeuer für die Schönheit zu wahren Lebenskräften. Es waren moralische Impulse, die er in die Schülerseelen hineinlegte, wenn er dann in der griechischen Architektur die Überwindung der Schwere, die Beherrschung des Raumes lebendig fühlbar werden ließ oder in der Plastik die Eroberung der menschlichen Gestalt, die in Ägypten noch tier-verbunden war, dem Kindeswesen nahe brachte. Wie durstig tranken wir vom Quell dieser griechischen Schönheit und Harmonie, und Ernst Uehli war unseren Seelen dabei ein guter Hirte, indem er selbst die Kindheitskräfte des Staunens und der Ehrfurcht in sich wachrief. Mit der ihm eigenen elementaren Kraft und Wärme, durch seine eigene hohe Gestalt und seine harmonischen Bewegungen stellte er die Aufrichtekraft der griechischen Säule, den Rhythmus eines Architravs, die edlen Linien eines Giebels dar. Oder er ließ durch lebendiges Erzählen die Atmosphäre der frühchristlichen Katakomben vor uns erstehen und zeigte Mosaiken aus Ravenna, deren Kompositionsgeheimnisse er erkannt und in einem besonderen Werke liebevoll dargestellt hat. Man fühlte seine tiefe Verbundenheit mit diesen alten Kulturen. Er erzählte davon, wie man von persönlichen Erinnerungen erzählt — mit leicht zurückgeneigtem Haupt und einem oft wie in weite Fernen träumenden Blick, aus dem zuweilen ein blauer Augenblitz uns traf. Seine Begeisterungsfähigkeit, sein eigenes Ringen, vor allem seine Ehrfurcht gegenüber dem Kunstwerk strömten auf die Schüler über. Er leitete sie auf der Brücke des ästhetischen Gefühls und des Verständnisses für das Schöne aus dem Kindheitsalter der Mythen und Sagen hinüber in das Jugendalter des erwachenden Intellekts.

Besonders ist ja die Renaissance-Kunst ein objektiver Spiegel für das Bewußtsein dieses Lebensalters. Die Einzelpersönlichkeit macht sich geltend. Die Gegensätze stehen schroff nebeneinander. Ausgehend von den drei großen Persönlichkeiten: Franziskus von Assisi, Giotto und Dante zeichnete Ernst Uehli ein dramatisches Bild jener Epoche, wo alles auf die Macht und Kraft des Einzelnen gestellt ist, wo Gewalttat und Verwilderung der Sitten neben der Hingabe an die höchsten Ideale stehen. Er schildert die Mediceer, die Kämpfe der Stadt Florenz.

Und an das Ende stellte er wiederum drei überragende Gestalten, welche die Kunstimpulse dieses Zeitalters auf die höchste Stufe und zum Abschluß bringen: Michelangelo, Leonardo da Vinci und Raffael. Von der umfassenden Gestalt Leonardos, der den Geist einer vergangenen Epoche in sich trägt, aber mit allen Kräften um ein neues Naturverständnis ringt, schien er selber besonders stark berührt zu sein. Wir hatten schon damals das Gefühl, daß durch die Eigenart Uehlis das väterlich Weisheitsvolle in Leonardo unmittelbar zu uns sprechen konnte; einprägsam und wie aus innerlichstem Verstehenkönnen schilderte er dieses Schmerzen- zeugende Janushaupt in Leonardos Geistesart. Mit zwei Blättern von Leonardos Grotten-Madonna, der Londoner und der Pariser, ging er einmal durch die Bänke und fragte mit geheimnisvollem Lächeln, welches die „richtige" sei, um das eigene Urteil der Schüler anzuregen. Der Höhepunkt war seine Interpretation des Abendmahls, wo er zeigte, wie um den Christus die zwölf Repräsentanten des Menschheitswesens versammelt sind.

Es war wohl das Faustisch-Nordische in Leonardo, das Uehli anzog. Denn ihn selbst, der sich intensiv mit nordisch-germanischer Mythologie beschäftigt und ein grundlegendes Werk darüber geschrieben hatte, der von seinen Reisen nach Norwegen die elementarische Kraft der Fjord-Landschaften mitbrachte und so fesselnd von Niflheim und den Asen erzählen konnte, ihn selbst empfanden wir ganz aus der Eigenart germanischen Wesens herausgewachsen. Wir Kinder sahen in ihm, wenn er uns mit seinem breitkrempigen Hut und seinem weiten Mantel begegnete, immer den wandernden Wotan. Worin er lebte, war in ihm selber Gestalt geworden.

Die Verschiedenheit nördlicher und südlicher Kunstkreise hat Ernst Uehli als eine Urpolarität durch Jahrzehnte hindurch in sein eigenes Wesen aufgenommen und erkenntnismäßig zurückgeführt bis in die Kunst der Eiszeit. Er zeigte uns als Gegensatz zur italienischen Renaisance dieselben Motive bei den Niederländern und den deutschen Stämmen des 15. und 16. Jahrhunderts; er lehrte uns die Verschiedenheit der Auffassung des Christentums dabei erkennen und erfand Kunst-Gespräche etwa zwischen Raffael und Grünewald, die er sich gegenseitig besuchen ließ. — Wenn dann die Adventszeit kam und die Weihnachtsspiele in der Waldorfschule aufgeführt wurden, da war es ein besonderes Fest, dem Bild von Josef und Maria, das man bei Hugo van der Goes oder Dürer gesehen hatte, auf der Bühne wiederzubegegnen, und der *Josef* war Herr Uehli. Er *war* es, er brauchte ihn nicht zu spielen und brauchte nicht „Maske" dafür zu machen. Er war ein Bild christlich-germanischen Wesens.

Die Begeisterung der Kinder für den Kunstunterricht weckte in den Eltern den Wunsch, dergleichen auch für sich zu haben, und so führte Uehli an den Freitag-Abenden lange Zeit im großen Schulsaal für Erwachsene und ältere Schüler eine Reihe von Kunstvorträgen mit Lichtbildern durch. Mancher, auch der Arbeiter, kam da nach seiner Tagesarbeit noch hinauf zur Schule, um das Belebende und Schöpferische der großen Kunstwerke in sich aufzunehmen.

Ernst Uehli sprach über diese Kunstschöpfungen, aber er konnte vor ihnen auch schweigen. Er schwieg oft lange und nachdrücklich, bevor er etwas sagte. Dann plastizierte er erst eine Gebärde in die Luft, stampfte nach seiner Gewohnheit leise mit dem Fuß dabei und suchte nach einem lebendigen Begriff für das Geschaute. Er holte sein Urteil aus dem *ganzen* Menschen. Er rang um den sprachlichen Ausdruck, der dem Kern des Kunstwerks nahekommen sollte und fand oft originelle und produktive Formulierungen, die er durch rhythmisches Wiederholen seinen Zuhörern einprägte. Wer später im eigenen kunstgeschichtlichen Studium das Ertötende intellektualistisch-formaler Kunstbegriffe erfahren hat, der kann würdigen, welch einer inneren Kraftanstrengung es bedurfte, um gleichsam von vorne anzufangen und für das Leben des Kunstwerkes auch lebendige Begriffe zu finden, und er dankt es Ernst Uehli, daß er in ihm solche Begriffe für die bildende Kunst erweckt hat.

Wolfgang Greiner

DAS DRITTE JAHR
1921/22

Der Ausbau der Schule forderte die Mitarbeit neuer Klassen- und Fach-
lehrer. Clara Düberg, Violetta Plincke, Erich Schwebsch, Maria Röschl,
Carl Albert Friedenreich und Gertrud Michels wurden berufen.
Leonie von Mirbach mußte aus gesundheitlichen Gründen das Unter-
richten aufgeben.
Vom 7. bis 12. April 1922 fand im Haag ein öffentlicher anthropo-
sophisch-wissenschaftlicher Kursus statt. Rudolf Steiner hielt einen Vor-
tragszyklus, der in die geisteswissenschaftliche Forschung einführte, und
zahlreiche Redner, unter ihnen sechs Waldorflehrer, stellten ihre Ar-
beitsergebnisse dar. Darüber berichtet Rudolf Steiner in der Wochen-
schrift „Das Goetheanum":
Der erste Vortrag wurde ... von *Dr. W. J. Stein* über „Goethes Bedeutung innerhalb der Gesamt-Menschheitsentwicklung" gehalten. *Dr.*
Stein ist durch eine innere anlagegemäße Verwandtschaft mit der anthroposophischen Denk- und Forschungsart von Jugend auf wie selbstverständlich in diese hineingewachsen. Er ist ein scharfer Denker und trägt
Anthroposophie wie die Selbstoffenbarung der eigenen Persönlichkeit
mutvoll vor. Sein umfassender Überblick über die heute schon vorliegenden anthroposophischen Ergebnisse verhilft ihm dazu, Belege, Begrün-
dungen, Erläuterungen aus den verschiedensten Ecken heraus für das
von ihm jeweilig besprochene Thema zusammenzutragen. Und so hat
sein Vortrag etwas, wovon ich glaube, daß er in vielen ernsten Zuhörern
anregend wirken müßte. Sie müßten zu der Überzeugung kommen, daß
es sich bei Anthroposophie um eine gewissenhaft begründete Erkennt-
nis- und Lebenssache handelt.
Dr. Stein saß dann, bevor er seinen weiteren Vortrag: „Der Zusammenhang der Erkenntnistheorie mit der organischen Wissenschaft" hielt,
mit mir zusammen. Er hatte das Bedürfnis, sich vor diesem Vortrage
über manches mit mir auszusprechen. Ich sagte ihm: Sie sind als junger
Mann wie selbstverständlich in die Anthroposophie hineingewachsen;
Sie werden in der Zukunft doch gerade deshalb, weil Sie so vieles beherr-

schen und so denkbeweglich bearbeiten, vor schweren persönlichen Erkenntnisaufgaben stehen. Aber Sie können es dazu bringen, zu Ihrem Vielen dann auch noch das Schönste Ihren Zuhörern zu geben: Ihren ganzen eigenen Menschen.

Wesentlich anders . . . wirkte *Ernst Uehli*. Er hat zwei Vorträge über ganz verschiedene Dinge gehalten. Den einen über den „dreigliedrigen sozialen Organismus", den andern über die „ägyptische Sphinx als phylogenetisches Entwicklungsproblem". In seinem Herzen waltet aber, wenn er auch über so Verschiedenes spricht, ein einheitlicher Impuls. Uehli schaut die Welt künstlerisch an. Er läßt auch Künstlerisches in sich walten, wenn er das soziale Leben betrachtet. Aber das Künstlerische wird in ihm durch den Ernst der Seelenstimmung und durch einen gemütinnig wirkenden Realitäts-Sinn zum Erkenntnisimpuls umgestaltet. Deshalb strömt Seelenwärme durch seine Auseinandersetzungen, und es durchpulst eine edle Emotion in einem gewissen Gleichmaß des Tones seine Behauptungen. Uehli hat Humor, der aber in seinem Innern stärker ist als in der Offenbarung der Rede. Ein Humor, der auf den Lippen manchmal trocken wird. Das alles gibt zuletzt eine deutlich ausgeprägte, von Enthusiasmus für die Anthroposophie getragene Persönlichkeit.

Dr. H. von Baravalle ist ein bedeutender Mathematiker-Kopf. Er hat mit seiner im Kommenden-Tag-Verlag erschienenen Doktor-Dissertation eine fundamentale Arbeit über gewisse mathematisch-physikalische Begriffe und über Raumesformen geliefert. Er ist in der Lage, in die mathematisch-physikalischen Formeln ein Denken hineinzutragen, das in der Natur-Wirklichkeit wurzelt. Man möchte sagen: gewöhnlich entsteht die Formel als etwas, das von außen den Naturprozeß umklammert; Dr. Baravalle macht sie zu etwas, das in diesem Prozesse lebt. Das wurde besonders bei seinen Haager Auseinandersetzungen bemerkbar. Die anregendsten Diskussionen knüpften sich an diese Auseinandersetzungen. Tote Formeln, getragen von der gewohnten wissenschaftlichen Denkweise, rieben sich interessant an den lebensvollen, aber noch ungewohnten Baravalle's.

Frl. Dr. v. Heydebrand hatte in Haag für das Pädagogische zu sprechen. Sie ist eine geborene Pädagogin. Die pädagogische Sendung lebt in jedem ihrer Sätze, wie sie lebt in ihren Maßnahmen in der Stuttgarter Waldorfschule. Ihr Fundament ist anthroposophische Menschen-Erkenntnis, ihr Wirkungsimpuls von Einsicht getragene Menschen- und namentlich Kinderliebe. Man hört es auch ihren Vorträgen an, daß die Kinder sie lieben müssen. Mir scheint, verständige Zuhörer müßten bei ihr den Gedanken haben: von dieser möchte ich meine Kinder erzogen und unterrichtet haben.

Persönlichkeiten wie *Dr. med. Eugen Kolisko* können von der anthroposophischen Bewegung nicht hoch genug eingeschätzt werden. Er hat in Haag über biologische und chemische Probleme und auch über „freies Geistesleben durch Anthroposophie" gesprochen. Der naturwissenschaftliche Phänomenalismus hat in Kolisko einen Verfechter, der diese Seite des anthroposophischen Denkens überall aus der unbefangenen Sach-Erkenntnis objektiv entwickelt. Man hat bei Kolisko nirgends das Gefühl, daß er von vornherein Anthroposophie in seine Welt-Erkenntnis hineinträgt, sondern überall das, daß er in einem sachgemäßen, aber intimen Denken aus den konkreten Problemen die anthroposophische Anschauung gewinnt. Dabei ist er innig als Persönlichkeit mit seinen Problemen verwachsen, so daß für mein Gefühl man ihm gegenübersteht als einer durch und durch wissenschaftlich überzeugend wirkenden Persönlichkeit. Wenn ich von ihm so sprechen höre wie dazumal über „freies Geistesleben", dann habe ich die Empfindung, der redet bis ins Herz hinein wahr; und in dieser Wahrheit lebt er sich restlos aus.

Dr. Herbert Hahn ist dabei, die sprachwissenschaftlichen Ergebnisse der jüngsten Vergangenheit und Gegenwart in umfassender Art innerlich zu durchdringen, um sie zu einer anthroposophischen Wissenschaft zu vollenden. Frische, kernhafte Art in der Erfassung der Aufgaben, liebevolle Hingabe als Lehrer und Forscher bringen ihn zu wertvollen Resultaten als Wissenschafter, zu fruchtbarer Wirksamkeit als Pädagoge. Sein Haager Vortrag über „Bewußtseinswandel im Spiegel der Sprachgeschichte" war geeignet, überraschend zu wirken durch die von allen möglichen Seiten zusammengetragenen Forschungsergebnisse und durch das Hinaufheben der im Völkerleben zutage tretenden sprachlichen Erscheinungen in das Begreifen des Moralisch-Innerlichen, das sich in dem Sprachlich-Äußerlichen des Völkerlebens ausspricht. Man möchte wünschen, daß Hahns Betrachtungsart bei philologisch, linguistisch und historisch geschulten Leuten recht viele Nachfolge fände; denn sein Lebensprogramm ist doch so, daß es des Zusammenarbeitens vieler bedarf.

CLARA DÜBERG

In der „alten" Schulbewegung gab es wiederholt das Gespräch über Lebens- und Tätigkeitsverlauf eines Waldorflehrers: Sicher müßten manche Freunde, als tragende Stützen ins Fundament eingezogen, immer an ihrer Schule verbleiben; andere aber, so meinte man damals, sollten rechtzeitig an eine neue Schule gehen, vielleicht in ihrem achten Lebensjahrsiebt, um nicht, was auch geschehen könne, in den Altenjahren zu „verhocken". Über dieses „Missionieren" als Aufgabe eines Waldorflehrers wurde vor 1938 gern gesprochen.

Wir hatten in der Berliner Rudolf Steiner-Schule das leuchtende Beispiel einer solchen „missionierenden" Tätigkeit in unserer Kollegin Clara Düberg. Sie hatte von 1921 bis 1929 an der Stuttgarter Waldorfschule als Klassenlehrerin gewirkt, allerdings mit Unterbrechungen durch Krankheit, in der sie von Rudolf Steiner in der Klinik von Dr. Palmer betreut worden war. Offenbar war ihrer nordischen Natur das Klima im Stuttgarter Talkessel nicht zuträglich, weshalb sie schließlich auch nach Berlin wechselte. Wir kannten Clara Düberg schon von den Erziehungstagungen, die Rudolf Steiner seit Ostern 1923 eingerichtet hatte. Sie war uns in ihrer schlanken Gestalt, ihrer Lebhaftigkeit, ihrem grauen Haar, ihrem kühnen Wesen als „weltmännisches" Vorbild aufgefallen. Als sie Ostern 1929 in Berlin eine erste Klasse übernahm, stand sie im 53. Lebensjahr. Sie unterrichtete ihre Klasse durch acht Jahre bis Ostern 1937. Als sich bald danach der politische Druck erneut verstärkte, gab sie die Mitarbeit an der Schule auf.

Für die 1928 gegründete Berliner Rudolf Steiner-Schule mit ihrem jungen Kollegium war die Anwesenheit dieser reifen, erfahrenen Lehrerin ein immer wieder empfundenes Glück. Als „Gesandte" der Mutterschule, als Angehörige des ersten Kollegiums, als von Rudolf Steiner berufene Klassenlehrerin hatte sie eine Stellung, die sich in die Elternschaft, den Schulverein und die Lehrerschaft hinein auswirkte. Sie wurde von uns verehrt, geliebt und geachtet; denn es war eine besondere Aufgabe, die sie unter uns erfüllte. Diese therapeutische Mission eines älteren Menschen in einer sich bildenden Gemeinschaft scheint uns bis heute unschätzbar, sie wirkt weiter in ihren damaligen Schülern und Kollegen.

Clara Düberg stammte aus Wismar, der alten Hansestadt an der

Ostsee. Ihre Vorfahren kamen aus Schweden. Wir hatten von ihr immer den Eindruck eines kühnen Seefahrers; Meerluft, Wind und Weite waren um diesen großzügigen, temperamentvollen Menschen. Geboren war sie am 18. August 1876. Sie besuchte das Lyzeum, an das sich die Vorbereitung auf die Lehrerinnenprüfung für mittlere und höhere Schulen anschloß. Nachdem sie das Examen in Schwerin abgelegt hatte, war sie, wie damals üblich, als Hauslehrerin auf zwei Rittergütern in der Westpriegnitz tätig. Im 21. Lebensjahr ging sie zu Sprachstudien nach Paris, anschließend nahm sie eine Stelle als Erzieherin in Lissabon an. Diese Tätigkeit erweiterte die ersehnte Weltbegegnung; sie begleitete ihre Schülerin nach der Schweiz, Frankreich und England. Dann gab sie die Stellung auf und ging zu einem Studienaufenthalt nach England. So war sie durch vielseitige Weltkenntnis vorbereitet, vom 25. Lebensjahr an auch an Schulen zu unterrichten. Ostern 1901 nahm sie eine Stellung in Ratzebuhr an, einer Kleinstadt in Hinterpommern. Nach fünf Jahren kam die Berufung in die Großstadt, nach Berlin. Sie hat dann in Berlin-Weißensee viele Jahre am Lyzeum unterrichtet. Hauptsächlich gab sie Sprachunterricht; aber sie erzählte auch von ihren Biologiestunden, an denen der Direktor gerne als Hospitant teilnahm. Die Tätigkeit in Weißensee dauerte durch die Kriegsverhältnisse länger, als von ihr geplant war. Im Herbst 1917 schied sie aus dem Schuldienst aus, um an der Berliner Universität ein Studium der neueren Sprachen zu beginnen. Es folgte die erregende Zeit des Kriegsendes, der Revolution, der Berliner Unruhen, und bald nachdem sie das Studium aufgenommen hatte, kam die Berufung an die Waldorfschule in Stuttgart. Vermutlich war sie mit der Anthroposophie bekannt geworden durch die Reihe der Vorträge, die Rudolf Steiner während des Krieges in dem Zweiglokal in der Potsdamer Straße gehalten hat.

Clara Düberg brachte in das Stuttgarter Kollegium, als sie anderthalb Jahre nach der Schulgründung eintrat, eine besondere Note hinein, — so haben wir Jungen uns das immer ausgemalt. Sie gehörte als Fünfundvierzigjährige mit Hedwig Hauck und Ernst Uehli zu den ältesten Kollegen und zeichnete sich durch ihre pädagogische Erfahrung aus. Seit dem achtzehnten Lebensjahr unterrichtend, hatte sie Kontakte mit jungen Menschen, ja, eine erstaunliche Liebesfähigkeit zum Kinde erworben. Sie besaß aus dem Leben geschöpfte Kenntnisse, die sie künstlerisch handhabte; sie war ein exzellenter Sprach-Mensch; Phantasiekraft, Begeisterungsfähigkeit, Wahrheitsenthusiasmus gingen — bei völliger Anspruchslosigkeit — von ihr aus. Sobald sie im Stuttgarter Kollegium heimisch war, trug sie wie selbstverständlich das Leben der Schule mit. Sie befreundete sich mit vielen der Kollegen und erzählte gern von ihrem Zusammenwirken mit dem Schularzt Dr. Kolisko, dem sie in seinen Schulsprechstunden als Assistentin zur Seite stand, z. B. bei seinen therapeutischen Bädern für die Schulkinder. Durch den Schularzt und durch die persönlich empfangenen medizinischen Ratschläge Rudolf Steiners gewann sie eine starke therapeutische Beziehung zu den Schulkindern.

Das Berliner Kollegium hat der „missionarischen" Tätigkeit Dübergs viel zu verdanken. Sie erzählte in der Konferenz, im Lehrerzimmer, wenn man sie besuchte, von Rudolf Steiners Wirksamkeit, die sie jahrelang erlebt hatte. Diese „Ausstattung" mit der Erfahrungssubstanz der ersten Waldorfschule empfingen wir in den sorgenvollen Zeiten der Wirtschaftkrise und Arbeitslosigkeit, auf die seit 1933 die politische Bedrohung folgte. Trotz des Zusammenhangs unter den Waldorfschulen war jedes Kollegium in diesen Jahren auf den „Eigenrat" angewiesen. Düberg hat ihren Rat immer frei, ohne jeden Druck, gegeben. Wenn Auseinandersetzungen kamen, wie sie wohl in jedem jungen Kollegium notwendig sind, hielt sie sich heraus und sprach wenig darüber. Wir haben nie etwas Eiferndes, Fanatisches, Unvornehmes von ihr vernommen, obwohl sie in der Konferenz gelegentlich auch ein temperamentvolles Wort sagen konnte. Anregend waren die Klassenbesprechungen, zu denen sie die Fachlehrer in ihre Behausung einlud. Dort fand auch das Zeugnisschreiben an einem großen Tisch unter ihrer Aufsicht statt, was durch ihre Anwesenheit zu einem vom gemeinsamen Kaffee unterbrochenen Fest wurde.

Wir lernten unentwegt von ihrer Klassenführung. Sie hatte eine sehr große, begabte Klasse mit vielen Kindern aus Familien, die der Schule nahestanden. Diese Klasse schien uns vorbildlich gepflegt im Hinblick auf die menschliche Qualität, die Helligkeit, die moralische Haltung.

Wir wußten, daß in den späteren Schuljahren das literarisch-sprachliche Element mit Rezitationen und Aufführungen auch selbstgestalteter Spiele vielleicht zu einseitig betont wurde. Während der Heimatkunde in der dritten Klasse gab es herrliche Ausflüge. Mit mehreren Kremsern, wie sie aus dem 19. Jahrhundert noch in Berliner Fuhrunternehmen standen, ging es durch die Straßen der Berliner Altstadt. Später folgten mehrtägige Klassenreisen in die Mark Brandenburg. Bei solchen Gelegenheiten berichtete sie von Ratschlägen Rudolf Steiners: daß man lang und gesammelt rasten solle, um die Kinder genußreich essen und trinken zu lassen. Viele solcher hygienischen Angaben aus menschenkundlicher Einsicht wußte sie weiterzugeben; sie waren bei der Führung ihrer Klasse zu instinkthaften Handhabungen geworden. Wir lernten, daß der Unterricht nie langweilig sein dürfe, daß er immer eine therapeutische Seite habe, daß die Gesetze des zweiten Jahrsiebts, die Erziehung zur geliebten Autorität, streng zu achten seien, daß im Klassenzimmer eine Luft von künstlerischer Freudigkeit und kraftvoller Phantasie walten müsse.

Ostern 1937 beendete Düberg ihren Klassenzug, gab aber weiterhin Sprachunterricht. Da kam um Johanni die Verordnung, daß nun auch die Lehrer an privaten Schulen in längerer Formel auf den „Führer" vereidigt würden und eine entsprechende schriftliche Erklärung im Schulamt zu hinterlegen sei. Nach den langen Beratungen der vorausgegangenen Jahre über die Entlassung von Kollegen aus „rassischen Gründen", über die Einführung des Staatsjugendtages, über stoffliche Vorschriften, über Fahnenhissung und -gruß im Schulhof und ähnliche Maßnahmen entstand nunmehr der Eindruck, daß nach den bisherigen Kompromissen jetzt der Punkt erreicht sei, an dem sich anthroposophische Pädagogik nicht mehr vertreten lasse. So wurde nach den großen Ferien dem Erziehungsministerium mitgeteilt, daß die Schule Ostern schließen werde, ihren Namen abgelegt habe und mit der Umschulung ihrer Schüler beginne. Das Namensschild an der Straße wurde entfernt. Das Schicksal hat es dann so gefügt, daß Ostern 1938, als die Umschulung für unsere 418 Schüler zu Ende war, fast alle Waldorfschulen verboten worden sind.

Düberg hatte im Sommer 1937 erklärt, daß sie den geforderten Eid nicht leisten werde, und das Kollegium gebeten, sie in Frieden ziehen zu lassen, was man den Eltern und dem Schulrat mit ihrem Lebensalter begründen könne. Nun nahm die Entwicklung durch die Auflösung des Kollegiums und der Schule, durch die Gestapohaft einen so stürmischen Verlauf, daß wir Düberg aus den Augen verloren. Bei den schweren Luftangriffen auf Berlin ist sie dann im November 1943 ums Leben gekommen.

Die Erinnerung an Clara Düberg hat uns besonders seit dem Wiedererstehen der Waldorfschulen begleitet. Was sie als „Botin" des von Rudolf Steiner berufenen Lehrerkreises im Berliner Kollegium gewirkt hatte, fand in der wachsenden Schulbewegung lebendige Nachfolge. Das Vorbild, das sie gegeben hat, wurde ein inspirierendes Element beim Aufbau der neuen Kollegien.

Ernst Weißert

VIOLETTA PLINCKE

Violetta Plincke wurde am 17. Juni 1883 in Petersburg geboren. Ihr Vater war Engländer und ein vermögender Kaufmann, die Mutter eine Deutsche, Tochter eines namhaften Architekten am Zarenhof. Nach sorgfältiger Erziehung im Elternhaus studierte Violetta, die noch zwei Schwestern und einen frühverstorbenen Bruder hatte, Kunstgeschichte und Geschichte an einem Damenkolleg in Petersburg. Sie nahm an kunstgeschichtlichen Exkursionen nach Italien und Griechenland teil, wobei sie eine starke Beziehung zu Giotto und den Sienesen gewann.

Weil sie aus gesundheitlichen Gründen die strengen Winter Rußlands meiden sollte, lebte sie zeitweilig in Finnland, das sie sehr liebte. Dort hörte sie zum erstenmal den Namen Rudolf Steiners. Sie erhielt nämlich den Rat, da ihr Gesichtsausdruck ernster war, als es einer Zwanzigjährigen angemessen schien, Rudolf Steiner zu lesen, das werde sie glücklich machen. Ihre stumme Blitzreaktion war: Dann rühre ich kein einziges Buch von Rudolf Steiner an. Kurz darauf erfuhr sie, daß Mereschkowski, den sie oft bei Versammlungen der Religiös-Philosophischen Gesellschaft in Petersburg gesehen hatte, im Frühsommer 1906 mit einigen Freunden in Paris gewesen sei, um Vorträgen Rudolf Steiners beizuwohnen. Violetta Plincke erinnert sich, daß sie darüber verwundert, aber nicht wach genug war, weiter nach Rudolf Steiner zu fragen.

Im Jahre 1912 fuhr sie nach Deutschland, um sich mit Philosophie zu beschäftigen. Es zog sie vor allem zu Heinrich Rickert, dem Vertreter der Wertphilosophie, der in Freiburg lehrte. Damals mußte sie sich mit den praktischen Pflichten des Alltags vertraut machen, weil sie sich zum erstenmal selbst versorgte, und sich von ihrer Zimmerwirtin sagen lassen, woran man erkenne, ob das Wasser siede.

Violetta Plincke war im 30. Lebensjahr, als sie mit dem Studium der Anthroposophie begann. Sie berichtet über folgenreiche Gespräche, die sich mit einem Mitstudenten auf dem Heimweg nach dem gemeinsam besuchten Seminar entspannen. „Gelegentlich ließ er merkwürdige Worte vernehmen, z. B. Luzifer und Ahriman. Ich dachte, Ahrimans Namen sollte man doch mit Ormuzd in Zusammenhang bringen, und Luzifer gehört in einen anderen Bereich. Ich unterbrach ihn nicht, es

klang alles etwas ausgefallen und fremdartig. Aber es kam der Tag, an dem wir uns in meinem Zimmer unterhielten, und etwas ‚aus heiterem Himmel' veranlaßte mich zu sagen: ‚Sie sind ein gebildeter Deutscher, vielleicht könnten Sie mir etwas über Rudolf Steiner sagen.' Er richtete sich bolzengrade auf: ‚Warum fragen Sie das?' ‚Ich weiß nicht.' Das Gespräch der nächsten Minuten ergab, daß der Student schon seit einigen Jahren Mitglied der damals noch Theosophischen Gesellschaft war, daß er viele von Rudolf Steiners Vorträgen gehört hatte und daß auch seine Mutter und seine Schwester Mitglieder waren." Seine Aufforderung, gemeinsam nach Bern zu fahren, wo Rudolf Steiner Vorträge hielt, lehnte sie ab, weil ihr alles so befremdlich erschien.

Über Weihnachten blieb sie in Freiburg, während die meisten Studenten, auch ihr neuer Gesprächspartner, nach Hause fuhren. Zuvor aber brachte er ihr als Feiertagslektüre die Grundschriften Rudolf Steiners. Es war am Abend des 22. Dezember 1912, als sie die Antwort auf das lang Gesuchte erhielt. Ihre Schilderung läßt den dramatischen Hergang erkennen. „Am selben Abend stürzte ich mich in ‚Wie erlangt man Erkenntnisse der höheren Welten?'. Keinen Augenblick zögerte ich, welches Buch zuerst in Angriff zu nehmen sei. Von der ersten Seite an herrschte nur eine Empfindung: Endlich! Ich wußte schon längst, daß auf der Welt ein solches Buch zu finden sein müsse — und da ist es jetzt. Unmöglich zu beschreiben, wie ich die Bücher verschlang. Als der Student am Abend des 27. Dezember zurückkam, hatte ich ‚Wie erlangt man Erkenntnisse der höheren Welten?' und die ‚Theosophie' gelesen und etwa zwei Drittel der ‚Geheimwissenschaft'. Erst als ich an das Kapitel ‚Die Weltentwickelung und der Mensch' kam, dachte ich: Warum ist dies Buch in Prosa geschrieben? Das hätte man dithyrambisch fassen müssen. Die Jahre des Suchens, die recht früh begannen, hatten mich so verzweifelt hungrig gemacht, daß mir nichts anderes übrig blieb, als in Windeseile zu lesen und aufzusaugen."

Der Überbringer der Bücher war Lutz Kricheldorff, der erste Darsteller des Ahriman in den Mysteriendramen. Er heiratete Violetta Plincke, die ihn zum vierten Mysteriendrama 1913 nach München begleitete. Die Ehe wurde aber nach wenigen Jahren getrennt. Die erste Begegnung mit Rudolf Steiner fand am 16. Februar 1913 statt. Es war unmittelbar nach Gründung der Anthroposophischen Gesellschaft, als Violetta Plincke, unterdessen Mitglied geworden, nach Tübingen reiste, um Rudolf Steiners Vorträge zu hören. Sie hat das Ereignis selbst beschrieben: „Während die Mitglieder nach und nach den Versammlungsraum betraten, drehte ich mich plötzlich um und schaute auf das Podium. Ein Mann in pelzbesetztem Mantel und mit Stiefeln stand

dort und betrachtete die im Saal Versammelten durch eine Lorgnette.
Das ist er! Ich hatte eine Aufnahme von ihm gesehen, aber seine reale
Gegenwart übertraf die Vorstellung bei weitem. Mich durchschoß es:
Was von den Lippen dieses Mannes kommt, muß stets die Wahrheit
sein."

Als sie nach dem Vortrag Rudolf Steiner vorgestellt wurde, faßte
sie Mut und bat um ein Gespräch. Sie erhielt einen Termin in Stuttgart, das die nächste Station der Vortragsreise war. Der Besuch nahm
einen denkwürdigen Verlauf. Nach der Begrüßung saß sie Rudolf
Steiner gegenüber, ohne ein Wort über die Lippen zu bringen. Völlige
Stille trat ein und hielt immer länger an. Sie schreibt: „Mir war es, als
ob Stunden verstrichen. Endlich ergriff mich ein verzweifelter Schmerz.
Als ich ihn nicht mehr ertragen konnte, sagte ich: Sie wissen, warum
ich zu Ihnen gekommen bin! Erst dann begann er mit ruhiger gleich-
mäßiger Stimme zu sprechen. In unendlicher Geduld hatte er gewartet,
bis ich den Mut gefunden hatte, zu fragen. Denn jenen verzweifelten
Aufschrei hatte er als Frage aufgefaßt."

Im Wintersemester 1913/14 setzte sie ihre Studien in Berlin fort,
um dort an Rudolf Steiners Vorträgen teilzunehmen. Für die Mitglieder gab er die Darstellungen über das Fünfte Evangelium. Die
öffentlichen Vorträge im Architektenhaus kamen ihr nicht leichter,
sondern schwerer als die für Mitglieder vor. Sie waren sehr lang und
so umfangreich, daß es ihr unmöglich schien, ihren Inhalt aufzufassen.
Aber, so berichtet Violetta Plincke, „die Macht seines Wortes entsprang
jeder Faser seines Wesens und erweiterte dadurch die Auffassungsfähig-
keit seiner Zuhörer bis zu einem ihnen bis dahin unbekannten Grad.
Es war deutlich: was er den Zuhörern vermitteln wollte, war die unmittelbare Erfahrung des Inhaltes, den er in seinen Worten vor ihnen
ausbreitete. Ob der Keim, den die offenen Herzen und Seelen empfingen, in diesem oder in einem künftigen Leben aufgehen würde, das ließ
er offen."

Violetta Plincke erlebte die sprachschöpferische Kraft, die Rudolf
Steiner in den Strom seiner Darstellungen ergoß: „Während einer dieser öffentlichen Vorträge durchfuhr es mich plötzlich: Er spricht —
und wir sprechen noch nicht. Ich erschrak. Was heißt das: Wir sprechen
noch nicht? Ich schob es beiseite, es lag nicht in meiner Macht, das Wort
zu enträtseln. Später stieß ich auf ein Gedicht von Christian Morgenstern, das an Rudolf Steiner gerichtet ist und mit den Worten schließt:
Der ganze Himmel schien herabgebeten bei seinem Wort. Erst nach
der Lektüre des Vortrags „Wiedergewinnung des lebendigen Sprach-
quells durch den Christus-Impuls" vom 13. April 1923 konnte ich all-

mählich das tatsächlich wirkende Geheimnis des durch Rudolf Steiner ausgesprochenen Wortes völlig aufnehmen."

Jahrelang hatte Violetta Plincke in den philosophischen Seminaren mitgearbeitet, brillante Gedankenflüge beobachtet, glänzende Überblicke erhalten, feingesponnene Spekulationen nachvollzogen, aber ihr Erkenntnishunger wurde erst gestillt, als sie den Vortragszyklus Rudolf Steiners „Der irdische und der kosmische Gedanke" anhörte. Sie schreibt: „Hier wurde endlich das Denken kosmisch verankert, die Tierkreisbilder verknüpften sich mit den zwölf Weltanschauungsnuancen ... Die Empfindung unendlicher Ausweitung und zugleich die Erkenntnis der engsten Verbundenheit mit allen anderen bleiben als unvergeßliche Erinnerung in jenen, die diese Vorträge erlebten."

Die Kriegsjahre brachten mancherlei Änderungen mit sich. Neue Menschen traten in ihren Gesichtskreis, Schicksalsfäden wurden geknüpft. Weil die Geldsendungen aus Rußland ausblieben, mußte sie eine praktische Arbeit in einem katholischen Kinderkrankenhaus Freiburgs aufnehmen, was aber Schwierigkeiten im Gefolge hatte. Dann entschloß sich Violetta Plincke, nach Heidelberg zu ziehen. Dort ergaben sich Beziehungen zu Marianne Weber, die führend in der Frauenbewegung war, zu dem ungarischen Kulturphilosophen Georg Lukacz, zu dem Menschenkreis um die Zeitschrift „Logos", die Rickert herausgab. Als ihr Rudolf Meyer, der sich später dem Gründerkreis der Christengemeinschaft anschloß, eine Tätigkeit beim Institut für Seeverkehr und Weltwirtschaft in Kiel vermittelte, übersiedelte sie dorthin. Sie hatte die Aufgabe, vor allem Auszüge aus dem Wirtschaftsteil der internationalen Presse zu machen, was vielseitige Sprachkenntnisse verlangte. Dann wurde Hermann Beckh, Professor der orientalischen Sprachen, an das gleiche Institut kriegsverpflichtet, das er stets „Institut für sehr verkehrte Weltwirtschaft" nannte. Ein Erkenntnis- und Erfahrungsaustausch mit Rudolf Meyer und Hermann Beckh begann, ein reiches Geflecht menschlicher Beziehungen zu einem wachsenden Freundeskreis entstand, aus dem die erste Arbeitsgruppe Kieler Anthroposophen hervorging, die Violetta Plincke zusammenführte.

Mit dem Kriegsende brachen die revolutionären Wirren aus, und Rudolf Steiners Aufruf zu einer sozialen Neuordnung erschien in den Tageszeitungen. Unter dem Eindruck der zeitgeschichtlichen Vorgänge schrieb Violetta Plincke am 23. April 1919 an Rudolf Steiner: sie berichtet von ihrer anthroposophischen Wirksamkeit, der Teilnahme an politischen Versammlungen und bittet um Anweisungen zum Handeln in der chaotischen Gegenwart.

Michaeli 1920 nahm sie an der Eröffnung der ersten Hochschulkurse am Goetheanum teil und begeisterte sich für die Formensprache des Baues, in dem die Anthroposophie als Kunst in Erscheinung trat. Sie muß Rudolf Steiners Eröffnungsvortrag im großen Kuppelsaal, als er von der „neuen Dreiheit, der schauenden Kunst, der geistig erfassenden Wissenschaft, der die Wiedergeburt im Übersinnlichen erlebenden Religion" zu den tausend Zuhörern sprach, wie eine Aufforderung erlebt haben, aus anthroposophischem Geist tätig zu werden. Denn als sie im Juni 1921 eine Monatsfeier in der Stuttgarter Waldorfschule besuchte, fragte sie Rudolf Steiner, was sie tun solle. Daraufhin bot er ihr die Mitarbeit an der Schule an und schlug ihre Anstellung für die Führung der ersten Klasse in der Lehrerkonferenz vom 17. Juni 1921 vor. Aber die pädagogische Aufgabe war schwierig, besonders im Sprachunterricht. Sie wandte sich deshalb brieflich an Rudolf Steiner und erklärte, daß sie trotz allen Mühens nur ein „Rückwärtsgehen" erlebe. Einen Erholungsurlaub, den sie außerhalb Stuttgarts verbrachte, unterbrach sie, um einen Vortrag Rudolf Steiners zu besuchen. Das führte zum Ende ihrer Tätigkeit an der Waldorfschule. Rudolf Steiner erklärte in der Konferenz vom 18. September 1923, daß er Frau Plincke gebeten habe, zu Miss Cross an die Schule in Kings Langley zu gehen, um dort die Waldorfpädagogik einzuführen.

Zum erstenmal betrat sie das Land, in dem sie die längste Zeit ihres Lebens gewirkt hat. Der Anfang war schwer und der Widerstand nicht zu überwinden, der ihr in der Schule entgegentrat. In ihrem Bericht vom 22. Februar 1924 an Rudolf Steiner erklärte sie, daß ein „radikales Umpflügen des ganzen Bodens" nötig sei, und bat darum, von der Aufgabe „im jetzigen Gefüge der Priory School" befreit zu werden. Dann reiste sie nach Dornach, um an der Ostertagung teilzunehmen. Als Höhepunkt empfand sie Rudolf Steiners Vortrag über die ephesischen Mysterien des Wortes und die erste eurythmische Darstellung der Grundsteinmeditation. Damals erhielt sie von Rudolf Steiner einen Zettel mit sieben Vortragsthemen und ein Zertifikat, daß sie berechtigt sei, im Namen der Anthroposophischen Gesellschaft Vorträge zu halten.

Die Lebensaufgabe war gestellt, Anthroposophie in England auszubreiten. Violetta Plincke stand an der Schwelle des 42. Lebensjahres und war auf dem Scheitelpunkt ihrer Biographie angelangt. Weitere 42 Jahre konnte sie dieser Aufgabe widmen. Trotz der „grimmigen Schwierigkeiten mit der englischen Sprache", die sie zunächst hatte, leitete sie das Wort Rudolf Steiners: „Sie müssen reussieren."

Das Arbeitsfeld, das zu bestellen war, lag noch brach. Sie mußte sich ihren eigenen Weg bahnen, sie hatte keine Beziehungen und keinen

258

Rückhalt im Lande, aber sie war von persönlichen Bindungen frei und fand zunächst bei ihren Schwestern, die 1917 nach England geflohen waren, ein Unterkommen in London. Das Zimmer war so winzig, daß sie sich meist im Lesesaal des Britischen Museums aufhielt. Bald nahm sie eine Vortrags- und Reisetätigkeit auf, die immer weitere Kreise zog. Ein Rechenschaftsbericht ist der Brief vom 25. Februar 1925 an Rudolf Steiner. Sie erwähnt die Begegnungen mit jungen Menschen, in deren Herzen „Anthroposophie brennt", die zahlreichen Vorträge, eine größere Vortragsreise in das Industriegebiet von Manchester, Leeds und Sheffield und schließt mit dem Vorsatz: „Der Dank muß Tat werden, das will ich lernen."

Einen Monat später fuhr sie zur Beisetzung Rudolf Steiners nach Dornach. Sie erlebte den Tod des Geisteslehrers als eine Frage, auf die jeder Schüler seine eigene Antwort zu entdecken habe. Die Antwort, die sie lebte, bis die physischen Kräfte versagten, war der immerwährende Dienst am Werk Rudolf Steiners. Eine universelle, die Volksseelen verbindende Wirksamkeit ging von ihr aus. Sie hatte die Jahre der Kindheit und Jugend in Rußland verbracht, die geistigen Einschläge in Mitteleuropa erfahren und ihre Lebensaufgabe in England erfüllt. Aus der Kraft ichhafter Mitte umspannte sie die Polaritäten von Ost und West, von dionysischem Feuer und apollinischer Form. Wer ihr in den Jahren der weitausgreifenden Tätigkeit in England begegnet ist, konnte sie als einen Boten der Geisteswissenschaft — wie einen Beauftragten Rudolf Steiners — empfinden. Der Wendepunkt ihres Lebens war der Eintritt in das Kollegium der Waldorfschule; es war der Übergang von einem Stil des freien Arbeitens zu einem Wirken, das zu einem höheren Grad der Freiheit aufsteigt, indem es sich einer selbstgewählten Gesetzmäßigkeit unterstellt.

Ein Verkehrsunfall, den sie im März 1966 erlitt, unterbrach ihre rastlose Tätigkeit. Obwohl sie seitdem körperlich behindert war, hielt sie im folgenden Jahr die Ansprache zu Rudolf Steiners Geburtstag. Es wurde ihr letzter Vortrag. Zehn Monate danach starb sie 85jährig am 7. Januar 1968 in London, dem Ausgangspunkt ihrer Wirksamkeit, die zur Geschichte der anthroposophischen Bewegung gehört.

Magda Maier

Es war Ende der zwanziger Jahre, als ich meine beiden ersten Vorträge in englischer Sprache zu halten hatte. Säuberlich schrieb ich alles auf, was ich mit Hilfe eines Freundes übersetzt hatte, bevor ich nach London abfuhr. Dort empfing mich Mrs. Plincke mit überströmender

Freudlichkeit und half mir sogleich, meine Scheu vor der fremden Sprache zu überwinden. Dann begannen wir mit der sprachlichen Durcharbeitung meiner Vorträge, was so gründlich geschah, daß fast jeder Satz umgebaut wurde. Da ich die verwandelte Fassung nicht im Gedächtnis behalten konnte, beschloß ich, den makellosen Text der Versammlung vorzulesen, wozu ich auch die Zustimmung von Mrs. Plincke erhielt. Als nach Abschluß der Tagung Mr. Dunlop, der Präsident der englischen Gesellschaft, sich über die verschiedenen Vorträge äußerte, sagte er, mit verschmitztem Lächeln zu Mrs. Plincke und mir gewandt: „Es ist doch beachtlich, wie unsere ausländischen Freunde ihr Thema in einer so bildhaften Sprache vorbringen."

Nicht nur daß Violetta Plincke die deutsche, englische, russische und französische Sprache vollkommen beherrschte, sie konnte auch mit ihrer melodischen Stimme die Schönheiten dieser Sprachen enthüllen und war darin ein idealer Lehrmeister. Trotz ihres klaren Verstandes verlor sie sich nie ins Gestrüpp intellektueller Spekulationen. Sie liebte den bildhaft anschaulichen Ausdruck, was den besonderen Reiz ihrer Vorträge ausmachte.

Ich war fremd im Land, und sie versuchte mir jede Erleichterung zu verschaffen. Durch sie hörte ich zum ersten Mal von dem Maler Turner, von dem sie mit Begeisterung sprach. Sie zeigte mir im Britischen Museum, wo sie sich ganz zu Hause fühlte, die Aquarelle Turners, die damals nur mit besonderer Erlaubnis zugänglich waren. Sie hielt dann auf dem Kontinent Vorträge über Turner und führte aus, was vielen noch unbekannt war, wie sich der englische Maler die Farbenlehre Goethes zu eigen gemacht hatte. In England konnte niemand so befeuernd über Turner reden, dessen Persönlichkeit sie vor dem inneren Auge des Hörers erstehen ließ.

Je älter sie wurde, desto umfangreicher gestaltete sich ihre Wirksamkeit in London und in vielen Städten des Landes. Auch während der Kriegsjahre gab sie die Vortragsreisen nicht auf. Neu und eindrucksvoll waren ihre Darstellungen russischer Dichter und Philosophen, in deren Welt sie heimisch war. So hat sie in mehr als vierzig Jahren das Saatgut der Anthroposophie ausgestreut gemäß dem Auftrag, den sie von Rudolf Steiner empfing.

Norbert Glas

ERICH SCHWEBSCH

Erich Schwebsch wurde am 9. Juli 1889 in Frankfurt/Oder als Sohn eines Gymnasiallehrers geboren. Der Vater war ein wohlwollender, etwas pedantischer Mann, die Mutter lebte ganz im häuslichen Schattendasein. Ein fünf Jahre älterer Bruder, hauptsächlich naturwissenschaftlich begabt und interessiert, ging auf das humanistische Gymnasium, der jüngere Erich, allseitig begabt, auf das Realgymnasium. Er war ohne viel Anstrengung immer der „Primus" und fiel durch seine künstlerische Begabung auf: ein guter Zeichner und Maler, musikalisch auf dem Klavier fast ein Autodidakt, der sich durch einen ausgezeichneten theoretischen Unterricht die Praxis sozusagen „von selber" erwarb. Der Bruder spielte Geige, und beide begeisterten sich am Werk Richard Wagners unter großem Bedenken des ebenfalls musikalischen Vaters.

Nach dem Abitur im Herbst 1908 begann Erich Schwebsch das Studium der neueren Sprachen und Germanistik an der Universität Berlin. Dort trat er sofort dem akademischen Richard-Wagner-Verein bei, der jeden Donnerstag in einer Schulklasse des neben der Universität gelegenen Dorotheen-Gymnasiums einen Studienabend unter der Leitung eines sachkundigen Geschichtsprofessors veranstaltete. In diesem Kreis wurde er bald der aktivste und einfallsreichste Mitarbeiter. Als der Bruder einer Schulfreundin mich einlud, teilzunehmen, lernten wir uns dort im Frühjahr 1909 kennen und schlossen bald eine feste Freundschaft aufgrund gleicher Bildungsinteressen. Später sagte er rückblickend: „Unsere eigentliche Bildung haben wir uns doch hauptsächlich neben der Universität erworben."

Die anregendsten Begegnungen in diesen Vorkriegsjahren hatten wir mit Siegfried Wagner und seinem Kreis: Franz Stassen, Engelbert Humperdinck u. a. Siegfried Wagner, aus dem Bayreuther Bannkreis kommend, war ein erstaunlich vorurteilsloser Mensch. Durch Hausegger und Nikisch begannen die Bruckner-Erlebnisse, die uns von da an ständig beschäftigten. 1912 waren wir beide in Bayreuth und besuchten die von Hans Richter dirigierte Meistersinger-Aufführung. Die Fülle des musikalischen Erlebens erweckte in Erich Schwebsch den Drang, Dirigent zu werden. Eines Tages, als ich unseren hochverehrten Professor Sternfeld, den Wagner-Fachmann, in Zehlendorf besuchen

wollte, sah ich Erich mit seinem Vater aus dem Hause kommen: nichts und niemand sehend, wie zerschlagen. Sternfeld erzählte mir dann, der Vater habe ihn wegen des geplanten Berufswechsels um Auskunft gebeten, und er habe ihm die vorauszusehenden Schwierigkeiten einer solchen „brotlosen Kunst" nicht verschweigen können, worauf der Vater seine Einwilligung verweigerte. Er schloß dem Sohn sogar in den Sommerferien daheim das Klavier zu — freilich erfolglos, denn nebenan wohnte eine befreundete Bankiersfamilie, die zwei Flügel hatte. Jahrzehnte später sagte Erich lächelnd: „Als Student wollte ich einmal Dirigent werden — jetzt bin ich einer geworden, wenn auch anders!"

Vom Herbst 1912 bis Herbst 1913 war ich nicht in Berlin. Nach meiner Rückkehr waren wir beide mit unseren Doktorarbeiten beschäftigt, die wir im Frühjahr 1914 abgaben. Damals beschlossen wir, eine Lebensverbindung zu wagen. Zunächst lernten wir zusammen Philosophie für das Rigorosum. Ich konnte es vierzehn Tage vor Kriegsbeginn bestehen, Erich drei Monate später während seiner militärischen Ausbildung als Kriegsfreiwilliger. Kurz darauf kam er nach Frankreich und blieb drei Jahre vor Verdun, mit einer Unterbrechung durch einen Offizierskurs in Döberitz. Vor Verdun widerfuhr ihm eine ungewöhnliche Lebensrettung. Mein Vater schickte ihm gelegentlich Zigarren, die Erich natürlich in der Offiziersmesse anbot. Beim Linienbau auf vorgeschobenem Posten fragte der Major nach einer Zigarre, und Erich mußte sie im Quartier holen, — aber als er zurückkam, fand er keine Truppe mehr vor, nur einen tiefen Granattrichter.

Im August 1917 entschlossen wir uns zur Trauung, da kein Kriegsende absehbar schien. Friedrich Rittelmeyer vollzog sie bei uns im Hause. Dann bekam Erich erst im September 1918 wieder Urlaub, in dessen letzter Stunde eine schwere Grippe bei ihm ausbrach. Unser Hausarzt, zugleich Oberarzt in einem Lazarett, erklärte ihn für „nicht transportfähig", so daß ich ihn selbst pflegen konnte. Als er die Grippe gerade überwunden hatte, folgte eine Lungenentzündung nach, die wochenlang dauerte. Er hatte im letzten halben Jahr anthroposophische Lektüre ins Feld verlangt. „Die Philosophie der Freiheit" schickte er mit der Bemerkung zurück: „Damit kann ich gar nichts anfangen." Dann schickte ich ihm „Goethe als Vater einer neuen Ästhetik", und das schlug sofort ein. Er ergriff also die Anthroposophie nicht vom denkerischen, sondern vom künstlerischen Erlebnis her. Während der Krankheit trieb er ein intensives Studium der Anthroposophie. Nach notdürftiger Genesung drängte er wieder ins Feld, besorgt um die geordnete Rückführung seiner Truppe. Kurz vor Weihnachten kam er selbst heim.

Nun mußte nach vier Kriegsjahren das Staatsexamen nachgeholt werden. Das gelang mit konzentrierter Arbeit in verhältnismäßig kurzer Zeit. Im September hörte Erich zum ersten Mal einen Vortrag von Dr. Steiner. Er sah ihn vorher im Korridor und hatte den erschütternden Eindruck: dieser Mann trägt Lasten wie ein Atlas! — Es folgte die Referendar- und Assessorzeit. Daneben lief die wöchentliche Arbeit bei Rittelmeyer mit Otto Rennefeld, Emil Bock, Hermann Beckh und vielen anderen. Dann arbeitete Erich auf Rittelmeyers Aufforderung an einem Aufsatz über „Rudolf Steiner und Goethe", der in der Festschrift zu Rudolf Steiners 60. Geburtstag erschien. Dies führte zum ersten Gespräch mit Dr. Steiner in Stuttgart und zu der Aufforderung, an der Waldorfschule mitzuarbeiten.

Damit war der entscheidende Schritt seines Lebens getan. Er blieb sogleich in Stuttgart zur Teilnahme an Erziehungsvorträgen, und Ende August kam ich auch dorthin. Wir beteiligten uns beide an dem anthroposophischen Kongreß vom 29. August bis 6. September 1921. Noch in diesem Jahr wurde sein Brucknerbuch gedruckt. Er hatte das Manuskript Alexander Strakosch zu lesen gegeben, der für eine Veröffentlichung eintrat. Erich hatte Einwände, aber Strakosch ging mit dem Manuskript zu Dr. Steiner, der Einblick nahm und den sofortigen Druck veranlaßte. Bereits 1922 mußte eine zweite erweiterte Auflage erscheinen, die nach knapp zehn Jahren vergriffen war. Allen Wünschen zum Neudruck widerstand Erich hartnäckig, weil erst nach seinem Buch die Brucknererforschung einsetzte, die er für eine Neuauflage durcharbeiten wollte. An dieser hat er bis in die letzte Lebenszeit weitergearbeitet; aber kein Verleger wagte sich daran, denn „hinter den Ofen gebannt, schwoll es wie ein Elefant" und würde, obwohl der Abschluß fehlt, heute zwei dicke Bände ergeben. Dieses Buch 'begründete 1922 auch eine Dauerfreundschaft mit Carl Leonhardt, dem Generalmusikdirektor des Stuttgarter Staatstheaters.

1923 hatte Dr. Steiner Erich die Redaktion der Zeitschrift „Die Drei" übertragen, die er bis zu seinem Tode herausgab. Dann wurde er mit Karl Schubert, Julie Lämmert und Hans Rutz zur Teilnahme an dem „Dramatischen Kurs" im Herbst 1924 aufgefordert. Kurz darauf erkrankte Dr. Steiner, und Erich Schwebsch mußte öfter nach Dornach kommen, um neue Aufgaben zu übernehmen, die nach Dr. Steiners Tod ohne dessen Rückendeckung immer schwerer zu tragen waren. Während dieser ernsten Jahre entstand das Buch über Johann Sebastian Bach und die Kunst der Fuge, das 1931 erschien und 1955 eine erweiterte Neuauflage erfuhr. 1937 brachte er seine Bearbeitung der Kunst der Fuge für zwei Klaviere heraus, die 1950 wieder aufgelegt wurde. Das Werk war den Freunden Felix Petyrek und Walter Rehberg gewidmet, die es oft im Konzertsaal gespielt hatten.

Nach dem Verbot der Waldorfschule folgte Erich Schwebsch im November 1938 der Einladung eines amerikanischen Großbankiers nach New York, wo er, in dessen Haus gastlich aufgenommen, in verschiedenen US-Staaten etwa 70 Vorträge hielt. Er kam im März 1939 zurück, um an der noch nicht geschlossenen Dresdner Waldorfschule mitzuarbeiten. Als 1941 auch diese Schule verboten wurde, übernahm ihn das Dresdner Vitzthum-Gymnasium, wo er unter einem hochgebildeten Direktor — er hieß Kleinstück, aber wir nannten ihn immer nur das Prachtstück — drei Jahre unbehelligte Arbeit als Oberstufenlehrer leisten konnte. Weihnachten 1943 kam er wegen Einziehung der Oberschüler zum Kriegsdienst nach Stuttgart zurück. Während der Dresdener Jahre unterhielt er anregende Freundschaften mit der Sängerin Marta Fuchs und Johann Nepomuk David und wirkte bei Bruckner-Festen mit. In Stuttgart förderte er seine musikalische und ästhetische Arbeit weiter. Im September 1944 wurde unser schon siebenmal bombengeschädigtes Haus total zertrümmert, wobei Erich seine beiden Bechstein-Flügel und auch seine Manuskripte in Flammen aufgehen sah. Wir fanden zunächst Aufnahme bei einem der früheren Kollegen, und als vier Wochen später auch dessen Haus einem Luftangriff zum Opfer fiel, hausten wir vorübergehend in Murrhardt. Anfang 1945 erhielten wir eine Wohnung in Sillenbuch. Dann wurde Erich noch zum „Volkssturm" eingezogen, holte sich aber beim Dienst einen Leistenbruch und lag bis zum bösen Ende im Lazarett.

Im Frühjahr 1945 begann er mit einigen Freunden und einer größeren Jugendgruppe die innere Vorbereitung für einen Wiederaufbau der Waldorfschule. Nach Ablösung der französischen Besatzungsmacht durch die Amerikaner rang er mit Emil Leinhas zusammen um die Wiedergewinnung der beschlagnahmten Waldorfschule und die Genehmigung der Wiedereröffnung. Er erreichte eine gute Verständigung mit entscheidenden Stellen und hatte schnellen Erfolg. Dann ging es an die schwierige Enttrümmerung und behelfsmäßige Herrichtung des zerbombten Schulgebäudes, fast ohne Mittel, nur mit unermüdlicher Hilfe ehemaliger und künftiger Schüler und Freunde. Am 11. September 1945 erfolgte die Wiedergenehmigung der Waldorfschule, und im Oktober 1945 fing der Unterricht mit alten und neuen Lehrern an.

In den nächsten Jahren schossen neue Waldorfschulen aus dem Boden, und es entstand der „Bund der Freien Waldorfschulen". Erich Schwebsch übernahm nicht nur die Leitung der Mutterschule und des Bundes, sondern arbeitete auch am Wiederaufbau der Anthroposophischen Gesellschaft mit. Die Ferien waren mit Tagungen und Konferenzen von der Nordseeküste bis zur Schweiz belegt, er mußte ständig „die Kerze an beiden Enden anbrennen". Anfang 1952 begannen die körperlichen Beschwerden. Vom 29. September bis 9. Oktober 1952 hielt er in Dornach einen Kurs über „Die Künste als Offenbarer geistiger Impulse", der noch zehn Jahre danach von den begeisterten Teilnehmern in einer Gedenktagung gefeiert wurde. Ebenso blieb allen Beteiligten die stark besuchte Weihnachts-Lehrer-Tagung 1952/53 in dankbarer Erinnerung. Im Frühjahr 1953 wurde eine Kur in Mergentheim notwendig. Seine dortigen Erfahrungen und Stimmungen gibt folgendes Gedicht wieder:

Mergentheimer Fazit

Soll das Leben mir vergällt sein,
Weil die Galle faul sich weigert?
Geh ich lieber doch querfeldein,
Wenn die Frühlingslust sich steigert.

Bohnenkaffee und Zigarren
Werden zur Entsagungsübung;
Wirst zu einem Gallennarren,
Lebst du in der Sorgen Trübung.

Und so nimm die liebe Pflege,
Freundlich helfend Nächt und Tage,
Mit auf deine Lebenswege,
Dankbar auch in mancher Plage.

Läßt doch auch das Leid dich finden,
Wo in dir die Trübe waltet,
Und die Schmerzen dir verkünden:
Daß ein Größeres dich gestaltet!

Am 29. April wurde er vom Mergentheimer Chefarzt nach Stuttgart mitgenommen und in unsere Wohnung gebracht. Sofort nach der Ankunft, noch im Beisein des Arztes, erlitt er eine heftige Kolik. Der Arzt riet ihm nun doch zu einer baldigen Operation. Erich war ganz willig, wollte nur erst die zwei Wochen „Erholung von Mergentheim" genießen, zu der ihn Friedrich Husemann nach Wiesneck eingeladen hatte. Dort verbrachte er zwei gesundheitlich erträgliche Wochen, aber dann verschlechterte sich sein Befinden so, daß ein Aufschieben der Operation nicht mehr zu verantworten war. Da die Pfingstferien begonnen hatten, war ich gerade zu Besuch. Die Operation wurde in Freiburg in der ersten Stunde des Pfingstsonntages vorgenommen und verlief befriedigend. Dann aber dauerte es zwölf Stunden, bis die ersten Anzeichen von Bewußtsein wieder eintraten, zugleich aber eine unerwartete Herzschwäche begann, die er nicht überstand. Ich war bei dem fast achtstündigen Todeskampf zugegen. Als sich endlich das mühsame Ringen um Atem in ein ruhiges langsames Ausatmen verwandelte, sah ich plötzlich ein Bild vor mir: ein riesiger goldener Vogel überdeckte das Bett, entfaltete seine Schwingen und stieg mit jauchzendem Singen in die Lüfte, wobei sich das Vogelgesicht und Erichs Gesicht durchsichtig durchdrangen.

Der Sarg wurde nach Stuttgart in die Waldorfschule überführt. Im großen Saal fand die erste Gedenkfeier statt mit vielen Freunden aus aller Welt, — eine Trauerfeier, die zusehends zu einer Auferstehungsfeier wurde. Auf Wunsch der Kollegen gab ich einen Bericht über die letzte Lebenszeit und erzählte dabei, daß ich auf einem gemeinsamen Spaziergang einmal erwähnt hatte: Wenn so viele Anthroposophen um die Jahrhundertwende wiedererscheinen sollen, dann müßten wir uns demnächst auf den Tod vorbereiten. Darauf er: „Bist du denn so sicher, ob wir überhaupt zu brauchen sind?" Oder eine Äußerung nach Gesprächen mit jungen Kollegen: „Die wollen immer fertige Rezepte für das, woran wir uns dreißig Jahre die Zähne ausgebissen haben!" und dann lachend: „Na ja, die haben auch noch dreißig Jahre Zeit."

Im August wurde seine Urne in Gegenwart von Albert Steffen und einigen Freunden dicht neben Rudolf Steiners Urne im Goetheanum aufgestellt.

Die Vertretung der Waldorfschule Uhlandshöhe nahm Herbert Hahn auf sich, als Bundesvorstand wurde Ernst Weißert eingesetzt. Die unaufhörliche Verwandlung des Vergangenen in Zukünftiges scheint nicht mehr viel Verwandtschaft mit dem zu zeigen, was Erich Schwebsch plante und hoffte. Ich sage ausdrücklich: scheint, denn wer wollte es wagen, alle die Verhältnisse durchschauen zu können, aus denen Verstorbene unaufhörlich am Erdengeschehen von der Geistsphäre teilnehmen und mitwirken? Je länger ich ihn überlebe, umso sicherer steht mir ein „Grabschrift" überschriebenes Dichterwort aus unserer Jugendzeit im Gedächtnis:

> „Je länger du dort bist,
> umso mehr bist du hier.
> Je weiter du fort bist,
> umso näher bei mir.

Du wirst notwendiger,
als das tägliche Brot ist —
Du wirst lebendiger,
je länger du tot bist."

Felicia Schwebsch

Erinnert man sich an das Zusammenleben und Zusammenwirken mit
Erich Schwebsch, dann steht die starke Unmittelbarkeit seiner geistigen
Persönlichkeit als bleibender Eindruck da. Er hatte schon seinen Mann
gestellt im Leben, bevor er im Jahre 1921 als Zweiunddreißigjähriger
an die Waldorfschule kam. Rudolf Steiner hatte einmal geäußert, daß
ein freies Schulwesen am besten jene Mitarbeiter brauchen könne, die
in den Schwierigkeiten des heutigen Lebens ihre Feuerprobe schon bestanden hätten. Wenn irgend jemand, so entsprach Erich Schwebsch
solchen Erwartungen. Er hatte zwar keine Praxis als Lehrer, aber er
hatte seinen Weg im Bildungswesen der Gegenwart gemacht und sich
in innerer Arbeit zur freien Persönlichkeit geprägt.

In den Waagschalen seines Lebens lagen eine reiche und vielseitige
musikalische Begabung und ein großes pädagogisches Talent einander
gegenüber. Hätte die Waage nur ein wenig stärker nach der einen Seite
geschwankt, so wäre aus ihm ein bedeutender Musiker, vielleicht ein
namhafter Dirigent geworden. Beengende Schicksalsumstände verhinderten diese Entscheidung. So blieb die musikalische Begabung latent.
Aber sie war in seiner Arbeit und in seinem menschlichen Wirken
immer da. Sie führte nicht nur dazu, daß er später die Musikliteratur
um zwei bedeutende Werke bereicherte, Erich Schwebsch faßte auch
die Arbeitsprobleme im Erziehungswesen, die Fragen des sozialen Aufbaues und, was immer ihm in seinem reichen Wirken an Aufgaben zu-
wuchs, musikalisch auf. Mit klarem Überblick und innerem Hinlau-
schen auf die Vielfalt der Begabungen, die in seinem Arbeitsfeld auftraten, trachtete er — im übertragenen Sinne — bald zum Kontrapunk-
tischen, bald zum Symphonischen zu kommen, und er arbeitete gern mit
großen Leitmotiven, deren Abwandlung ihm immer wieder Freude
machte.

Sein geistiges Leben hatte sich im Umgang mit den Biographien und
Werken großer Persönlichkeiten entzündet. Von Richard Wagner
kannte er jeden Takt, den der Meister konzipiert, jede Zeile, die dieser
schöpferische Denker niedergeschrieben hatte. In feurigen und doch
von Gedankenklarheit durchzogenen Auseinandersetzungen und Geist-
gesprächen rang sich Erich Schwebsch zu einem Du-Verhältnis gegenüber den großen Individualitäten durch. Was zunächst von Wagner zu

sagen war, gilt später auch von Anton Bruckner, Bach, Beethoven, selbst von Franz Liszt. Das Gespräch, das er mit diesen Geistern angefangen hatte, ließ ihn nicht mehr los, es befruchtete sein ganzes Schaffen. So war es auf musikalischem Gebiet. Ebenso intensiv beschäftigte er sich mit Goethe — und vor allem mit Rudolf Steiner, nachdem er dieser großen Persönlichkeit begegnet war. Seine Abhandlung über Rudolf Steiners Verhältnis zu Goethe wurde dann der schicksalhafte Anlaß für seinen Eintritt in die Waldorfschule.

Mit dem Reichtum seines Geistes, mit der Lauterkeit seiner Haltung und mit der Feuerkraft seines Willens hat Erich Schwebsch mehr als drei Jahrzehnte lang für die Erneuerung des Erziehungswesens gewirkt. Unzählige sind ihm dankbar. Sie haben nicht nur aus der Fülle seines Geistes geschöpft, sondern auch aus den im täglichen Leben mehr verborgenen und zurückgehaltenen Quellen seiner Seele. Diese entfalteten sich besonders bei zwei Gelegenheiten: wenn er beim Vorspielen seine Freunde in die Geheimnisse der Musik einweihte; und wenn Menschen mit ihren seelischen Nöten zu ihm kamen. Dann veränderte sich sein Blick, und er verstand es, in unaufdringlicher Weise zu schenken, ja zu heilen.

Unter den Schriften von Rudolf Steiner hatte ihn besonders eine schon immer angeregt: „Goethe als Vater einer neuen Ästhetik". Schwebsch arbeitete die Grundgedanken dieser Schrift weiter aus. War er früher zu einem Du-Verhältnis gegenüber den großen Individualitäten gekommen, so erweiterte sich diese Beziehung nun auf den Bereich der einzelnen Künste. Es entstanden Grundlagen einer neuen Ästhetik. Ihm wurde die Technik der Künste zu einem Einweihungsweg in deren Wesen. Im Sinnenfälligen der Künste offenbarte sich ihm das Geistige des Menschen von einer neuen Seite und erfuhr eine unerschöpfliche Bereicherung. Auch schärfte sich sein Blick für das, was man die reinen Phänomene nennen kann. Mit zunehmender Ehrfurcht sprach er seitdem vom Sinnenfälligen und Sinnlichen.

Als er nach dem zweiten Weltkrieg 1945 zusammen mit einigen anderen an den Wiederaufbau der Waldorfschule ging, brachte er das in der Stille Erarbeitete in die neue Wirksamkeit ein. Aus ihm, wie aus einem erweckenden Element, konnte er die Impulse schöpfen, die einer jüngeren Phase der Schulbewegung und einer jungen Generation angemessen waren. Bei der zunehmenden Last seiner Arbeit sorgte er dafür, daß er selbst zu der nötigen geistigen Erneuerung kam. Sein Geheimnis lag darin, daß er sich dem Geistigen dort zu nähern suchte, wo es sich in seinen höchsten Offenbarungen zeigte. Ein Nachlaßwerk Rudolf Steiners, Leitsätze und Leitgedanken in stärkster Verdichtung enthaltend, wurde zu seinem täglich gebrauchten Übungsbuch. Jeden Morgen schliff er, wie er einmal erzählte, seinen eigenen Geist an diesen kristallklaren Gedanken. Er lernte, mit ihnen zu atmen. Und so geschah das Bezeichnende: dieser im physischen Sinne klein gestaltete Mensch lebte in Wahrheit in geistiger Höhenluft. Er betrachtete das Leben aus großen Perspektiven und wirkte bis in das tägliche Handeln hinein, großartig und großzügig.

Seine Interessen waren universell. Innerhalb der von ihm erfaßten Kulturkreise hatte er eine starke Beziehung zur griechischen Antike und zum englisch-schottischen Element. Auch im Niederdeutschen fühlte er sich zu Hause und nahm den Humor von Fritz Reuter als ein erquickendes Element, zu dem er gern zurückkehrte.

Für den Humor, auch für den geistvollen Witz und für das musikalische Spiel mit Worten hatte er einen ausgesprochenen Sinn. Gerade diese Seite seines Wesens, die stets bereit war, durchzubrechen und hervorzusprudeln, machte das gesellige Zusammensein mit ihm zu einer wirklichen Erholung.

Reinheit und Selbstlosigkeit des geistigen Strebens ließen ihn seinen Kurs unbeirrt gehen. Mit überpersönlicher Strenge mußte er oft anderen und auch sich selbst gegenübertreten. Aber ebenso groß war auch seine Freude an allem Ganzen und Echten, das er von Herzen bewundern konnte.

Etwas wie ein reiner Ich-Ton klingt aus der Symphonie dieses Lebens in den Seelen derer nach, die ihm in Arbeit, in Freud und Leid verbunden waren.

Herbert Hahn

Als ich Erich Schwebsch kennenlernte, war er zwanzig Jahre alt und hatte das Studium der Germanistik und der neuen Sprachen an der Universität Berlin begonnen. Der Glanz der Jugend liegt über den zwei Jahren des Zusammenseins und Zusammen-Sich-Bemühens und hat seinen Widerschein auf die folgenden Jahrzehnte gemeinsamen Wirkens ausgestrahlt. Schon damals imponierte er durch seine erstaunliche Musikalität, die sich mit einer umfassenden Bildung verband. Er besaß zahlreiche zukunftverheißende Anlagen und träumte von einer Dirigentenlaufbahn.

Viele Jahre später hat er dann im Kreise seiner Mitarbeiter an der Waldorfschule als eine Art Dirigent gestanden. Er konnte in der Partitur, deren einzelne Stimmen und Instrumente seine Mitarbeiter waren, lesen und sie zu einem harmonischen Ganzen zusammenklingen lassen. Er besaß einen scharfen Blick für die Fähigkeiten seiner Mit-

270

spieler und konnte wie alle großen Dirigenten unnachsichtig und auch abweisend gegenüber allen Halbheiten und allem falschen Spiel sein. Dirigenten sind nicht immer bequem für ihre Mitwirkenden; aber wenn am Schluß alles klappt, rechtfertigt sich dann ihr Verhalten. Man lese die Geschichte großer Dirigenten, und man wird sich an Erich Schwebschs Wirken erinnert fühlen.

Aber sein Wesen war nicht bloß Strenge und Unnachsichtigkeit. Wie herrlich konnte er lachen und sich freuen, wenn jemand freiwillig oder unfreiwillig einen Scherz machte. Seine ganze Menschlichkeit brach in diesem sich und andere befreienden Lachenkönnen hervor.

Unsere Waldorfschule hat bisher drei große Stationen durchlaufen: ihre Gründung, ihre Schließung und ihre Wiedereröffnung. Für jede dieser drei Stationen gibt es eine markante Gestalt: für die Gründung Emil Molt, für ihre Schließung Graf Fritz von Bothmer und für ihre Wiedereröffnung Erich Schwebsch. Als Graf Bothmer die Schule schließen mußte, geschah es so, daß in uns allen sich die Hoffnung regte, sie würde eines Tages wiedererstehen können. Diese Hoffnung ist durch Erich Schwebsch verwirklicht worden.

Ernst Bindel

Erich Schwebsch wurde — uns allen unerwartet und allzu früh — aus dem fruchtbarsten und sich noch dauernd erweiternden Wirken heraus abberufen. Seit 1945 hatte ihn der Wiederaufbau der Freien Waldorfschule in Stuttgart und bald dann die Betreuung der schnell anwachsenden Waldorfschulbewegung in allen seinen Kräften gefordert. Die Aufgabe, nach der Katastrophe das Erziehungs- und Bildungswesen in Deutschland neu aufzubauen, hatte in Erich Schwebsch einen begeisterten Helfer von einer seltenen Wachheit und Entschiedenheit des Geistes gefunden. Davon zeugen die Vorträge, die er seit 1945 in vielen deutschen Städten zur Frage der inneren und äußeren Schulreform gehalten hat; davon zeugt auch die Wertschätzung, die seinem klaren, erfahrungsgesättigten und immer anregenden und befeuernden Wort in weiter Öffentlichkeit, auch von Pädagogen anderer Richtung, entgegengebracht wurde. Gegenüber dieser vom Zeitschicksal geforderten Thematik hatten die Forschungsgebiete Dr. Schwebschs auf dem musikalischen Gebiet und dem der Kunsterziehung zurücktreten müssen. Das war schmerzlich für ihn, aber er hat dieses Opfer bejaht und es öfter im Gespräch mit Freunden als eine Lebenserfahrung ausgesprochen, daß er im Älterwerden immer mehr gelernt habe, nicht aus den eigenen Wünschen heraus seine Arbeit zu bestimmen, sondern sich seine Aufgaben von der Forderung des Tages und den sozialen Verpflichtungen stellen zu lassen. Sein innerstes Anliegen war aber eine Darstellung über das Wesen der Künste geblieben, wie es ihm aus der Menschenkunde und dem kunsterneuernden Schaffen seines Lehrers Rudolf Steiner entgegengetreten war. Eine jahrzehntelange Forscherarbeit, ein dauernder Umgang mit diesen Problemen in seinem Unterricht und große Vorentwürfe drängten auf ein zusammenfassendes Werk hin. Umfangreiche, fast vollendete Manuskripte hatte ihm eine Bombennacht mit seinem Haus entrissen. Im Herbst 1952 konnte er in einem Hochschulkurs am Goetheanum in Dornach vor einem großen und begeisterten Zuhörerkreis noch einmal eine umfassende Zusammenschau dieser Ästhetik geben, die er von der goethischen Weltanschauung und ihrer Weiterführung durch Rudolf Steiner her sich erarbeitet hatte. In Gesprächen danach hat er oft mit freudiger Hoffnung davon gesprochen, daß er die Jahre jetzt für die Abfassung eines Buches benutzen wolle. Noch auf dem Krankenbett hat er daran gearbeitet. Das Schicksal hat es anders bestimmt.

Ernst Weißert

„Der Künstler ist der wahre Mensch." Das war der pädagogisch wirksame Kern des Kunstunterrichts von Erich Schwebsch. Der Schüler mußte sich sagen: Will ich im rechten Sinne Mensch werden, so muß mein Ziel darin liegen, Künstler zu werden! Kann ich das?

Dr. Schwebsch lehrte nicht, er *lebte* dieses Künstlerideal und wurde Vorbild. Aber dieses Künstlertum war nicht im alten Sinne auf Talent, auf Begabung begründet. Eine genialische Atmosphäre erfüllte den Unterricht und wirkte erweckend. Witz, Schärfe und Ironie fegten Philistrosität, Kleinbürgertum und Pedanterie hinweg. Es war ein feurig-sprühender, immerwährender Weckruf an die schöpferische Selbstentfaltung der Individualität. Der Kunstunterricht von Dr. Schwebsch war Menschen-Bilde-Unterricht. Die sogenannte „Kunstgeschichte für höhere Töchter", alles Luxusmäßige und Lebensferne der Kunstbetrachtung und Ästhetik lagen außerhalb des Kunsterziehungs-Gedankens, wie ihn Erich Schwebsch darlebte.

Freilich sprach er auch scheinbar manchmal über die Köpfe hinweg mit den anspruchsvollen Darstellungen großer Zusammenhänge der künstlerischen Menschheits-Evolution. Aber es gibt wohl kaum ein Unterrichtsgebiet in der Waldorfpädagogik, das so vielseitig impulsierend auf viele Schülergenerationen gewirkt hat. Musiker, Schauspieler, Eurythmisten, Ärzte und viele andere schöpften aus den Lebensquellen dieser neuen, auf Menschenkunde begründeten Ästhetik, um in irgend einer Weise jene Meisterschaft zu erstreben, die eine

lebendige Pädagogik durch den geheimnisvollen Werdeprozeß des
Lebens zu entwickeln vermag.

Die Wege, die Erich Schwebsch beschritt, um diese Kunsterziehung
für die Oberklassen der Waldorfschule auszubilden, sind einem umfassenden Goetheanismus abgelauscht. Und wenn sie auch aus dem
Individuellen dieser Künstlerpersönlichkeit hervorgehen, so haben sie
doch paradigmatischen Charakter für eine künstlerische Menschenbildung, wegweisend und beispielhaft für die Zukunft. Denn es wird hier
im Sinne der goetheschen Weltanschauung an der Ausbildung neuer Organe, neuer Fähigkeiten gearbeitet, wie es die Natur selber macht, nur
auf die geistige Entwicklung übertragen: so wie das Auge am Licht,
durch das Licht, für das Licht gebildet ist, so entfaltet sich die Kunst-
fähigkeit an einem bewußtseinsweckenden Miterleben mit den großen
Werken, den großen Meistern, den Evolutionsschritten der Kulturen.
Auf Systematik und Vollständigkeit kommt es dabei nicht an. Aber
auf Urbilder, auf ideelle Einsichten.

Unvergeßlich prägt sich in das jugendliche Gemüt der Mythos von
Perseus, dem Lichthelden ein, der das Medusenhaupt abschlägt, vom
Spiegelschild der Athene gelenkt. Das geflügelte Dichterroß Pegasus
und die aetherische Goldgestalt Chrysaor werden dem Todesaugen-
blick des sterbenden Ungeheuers entbunden. Geheimnisse der Phan-
tasie werden erahnt als Entwicklungsschritt eines neuen Kunst- und
Kultur-Impulses. Aus kosmischen Weisheitswelten nährt sich die
Phantasie. Aus irdischen Stoffesgründen erschafft der Mensch die Tech-
nik. Freies Schöpfertum greift in beide Welten. Das Genie, der wahre
Mensch verbindet das Oben und das Unten. Mitte ist Steigerung. Die
Polaritäten werden gebändigt. Kunst wird zugleich zum therapeutischen Geschehen.

Lebenslang wirken diese Menschheitsgesetze weiter, wenn sie aus
individueller Künstlerschaft gewonnen werden. An Goethe werden
sie abgelesen. Geheimnisvolle Lebensgesetze des „Viergedichts" offenbaren sich der sprachkünstlerischen Gestaltung eines enthusiastischen
Schüler-Sprechchores: „Prometheus", „Ganymed", „Grenzen der
Menschheit", „Das Göttliche". Der Meister ist Dirigent. Für ihn ist
dieses „Viergedicht" eine Folge symphonischer Sätze. Seine Musikalität
formt und bildet an dem Sprachkunstwerk, plasticiert an der Satzge-
staltung, setzt Akzente, läßt das Tempo anschwellen und retardieren,
erweckt das Stilgefühl. Ein geistreicher Humor würzt die intensive
Arbeit. Bildhaft werden die Laute charakterisiert und korrigiert: „Das
B ist kein Sekt-Pfropfen!" „Das R darf nicht fad schmecken, es ist das
Salz der Sprache." So klingt die große Goethesche Ode „Wandrers

Sturmlied" aus dem Geiste Pindars: „Wenn die Räder rasselten Rad an Rad, rasch ums Ziel weg ..." Ein solches Geniegedicht Goethes wurde zum Urbild der Persönlichkeitserweckung des jugendlichen Menschen: „Innre Wärme, Seelenwärme, Mittelpunkt, Glüh entgegen Phöb'Apollen ..."

Wie steht Nietzsches Mahnung vor der Seele, die Kunstgottheiten aus den Geheimlehren der Griechen: Apollo und Dionysos wieder zu verehren und zu verstehen, um dem Niedergang des Kunstvermögens zu steuern. So etwas konnte durch Erich Schwebsch als Ideal erstehen. Es wurde lebendig gehandhabt in den Stunden musikalischer Unterweisung an Wagners Nibelungen, am Parsifal, an der tiefsinnigen Interpretation von Bachs Kunst der Fuge als einem in Musik ertönenden Evolutionsgeschehen des Kosmos.

Und so entfaltete sich die Dichtung in ihren Polaritäten von Klassik und Romantik, gipfelnd in der menschenkundlichen Repräsentation zweier Genien: Goethe und Novalis. Der Augenmensch — der Ohrenmensch. Der Musiker läßt uns die Tiefen der Kunstimpulse des Novalis, des Nachtbegeisterten erahnen.

Wenn diese Unterweisungen ihren Gipfel erreichten in der Architektur-Epoche der 12. Klasse, dann fühlte man sich im Anschauen der Bauwerke alter Kulturen hineingestellt in den Strom des Tempelbau-Gedankens, Abbild des Menschheitswerdens selber, und betrat im Geiste ehrfürchtig das Goetheanum als Wahrzeichen eines modernen Kultur-Impulses. Man fühlte sich zur Zeitgenossenschaft aufgerufen.

Die Lebensleistung von Erich Schwebsch ist Keim einer zukünftigen Kunstkultur. Sein Werk mußte fragmentarisch bleiben. Aber es ist ein Vermächtnis an die Pädagogik, die eine immer energischere Wendung zur Kunsterziehung durchführen muß im Sinne der Worte Rudolf Steiners: „Rettet die Phantasie, wenn ihr die Zukunft retten wollt!"

Hedwig Greiner-Vogel

MARIA RÖSCHL

Maria Röschl kam in Lancut, einer kleinen Stadt des damals zu Österreich gehörenden Teiles von Polen, zur Welt. Dort lernte ihr Vater, ein Beamter des Wiener Finanzministeriums, seine Frau kennen, die einem alten polnischen Geschlecht entstammte. In der Familie pflegte man polnisch zu sprechen, auch nachdem der Vater sich in Wien niedergelassen hatte. So war die erste Sprache, die das Kind erlernte, die polnische. In ihr hat sie bis zuletzt noch mit einer in Polen lebenden Jugendfreundin korrespondiert. In Wien verkehrte sie vornehmlich in den Kreisen der polnischen Kolonie, die ein bemerkbares Element im kulturellen Leben der Stadt bildete. In der Schule und während des Studiums an der Wiener Universität gewann sie österreichische Freunde hinzu. So wurde die deutsche Sprache zu ihrer zweiten Mutter- oder — genauer gesagt — Vatersprache, die sie, wie die Tagebücher aus jener Zeit zeigen, zu einem bewundernswerten Instrument seelischer und später auch geistiger Mitteilung ausbilden konnte. Den slawischen Anteil ihres Erbes hatte sie sich — wie ihr Rudolf Steiner später erklärte — vorgeburtlich gewählt, um eine geeignete Grundlage ihrer spirituellen Anlagen zu haben.

An der Wiener Universität studierte sie Germanistik, klassische Philologie und Philosophie. Zu dieser Zeit begann sich in Wien die Psychoanalyse geltend zu machen. Selber im Besitz der Gabe wesentlichen Träumens erfaßte sie sogleich das Ungesunde der Traumwissenschaft Sigmund Freuds und seiner Schüler. Beim Studium Goethes hingegen bemerkte sie, daß in seinem Leben der Traum eine ganz andere Rolle gespielt hat. Das veranlaßte sie, als Thema ihrer Dissertation „Der Traum bei Goethe" zu wählen. Während der Arbeit erkannte sie, daß Goethe nicht ohne Okkultismus zu verstehen sei. So beauftragte sie den Buchhändler, ihr Bücher über diesen Gegenstand zu schicken. Darunter befand sich Rudolf Steiners Schrift „Wie erlangt man Erkenntnisse der höheren Welten?" Sie las es und sagte sich, daß darüber nur ein Urteil zu gewinnen sei, wenn man selbst tut, was darin steht. Sie begann damit und gelangte bald zu ersten Ergebnissen. Mit diesem Buch blieb sie ihr Leben lang verbunden und hat aus dieser Verbindung vielen Menschen Wesentliches geben können.

Bis gegen das zwanzigste Jahr fühlte sie sich als Polin. Genährt wurde

dieses Gefühl durch häufige Besuche auf den Landgütern ihrer Verwandten. Im Rückblick hierauf konnte sie sagen, „es seien die Lebenssäfte und Linien der polnischen Landschaft in ihren mannigfaltigen und so gegensätzlichen Formen, von denen ihr inneres Polentum lebte."

Das änderte sich durch ihre Begegnung mit dem Werk Goethes. „Er holte mich heraus auf weitere Ebenen des Menschheitslebens." Dennoch blieb sie sich bewußt, daß der Westen, schon Deutschland selbst, notwendigerweise in ihr „eine Art Grablegung bewirkt hat von etwas wie slawischer Wucht und Hitze", die aber weiter in ihr lebte und sich — wie sie später einer Freundin schrieb —, „mit aller Kraft dem Geistigen innerlichst zugewandt hat". Darin erblickte sie den tieferen Sinn ihres Weges.

Ihre Verbundenheit mit dem geistigen Polentum führte sie dazu, sich in Wesen und Werk von drei polnischen Geistesgrößen aus der Goethezeit einzuleben: Julius Slowacki, Adam Mickiewicz und Andreas Towianski. In ihrer Schulzeit übersetzte die Siebzehnjährige Slowackis großes Epos „Antelli" ins Deutsche. Als sie ein Menschenalter später diese Übersetzung verwenden wollte, fand sie nur wenig daran zu ändern. Sie verfaßte damals eine Reihe von Aufsätzen über die Genannten für einen Rundbrief „Beiträge zur Pflege des Geisteslebens der Gegenwart", den der Unterzeichnete und sie herausgaben. Darin erschienen auch jene Aufsätze, die jetzt in Buchform unter dem Titel „Vom zweiten Menschen in uns" vorliegen. Bis zu dieser Zeit klang das Verbundensein mit dem Volk ihrer mütterlichen Herkunft in ihr nach.

Weil sie künstlerisch begabt war, dachte sie zunächst daran, Malerin zu werden. Der Entschluß zum Lehrberuf entsprang ihrer Liebe zum bildnerischen Schaffen an der Jugend. Gelegenheit dies zu erleben boten die Privatstunden, die sie neben ihrem Studium gab. Sie wurde Lehrerin an einem Wiener Mädchengymnasium, wo sie einige Jahre hindurch die Fächer Deutsch, Latein und Griechisch unterrichtete. Sie erwarb sich die Liebe ihrer Schülerinnen und die Achtung ihrer Kollegen und wurde zur leitenden Mitarbeit an der Schule herangezogen.

Unter denen, die ihr während der Studienzeit freundschaftlich näher gekommen waren, befand sich Karl Schubert. Der Krieg entfernte ihn zunächst aus ihrem Lebenskreis. Unerwartet begegnete sie ihm nach Kriegsende wieder, als sie die Mutter einer Schulkollegin besuchte. Er war soeben aus russischer Kriegsgefangenschaft heimgekehrt. Zu ihrer Überraschung erfuhr sie, daß sie sich im Hause einer Anthroposophin befand und Karl Schubert auch Anthroposoph war; und zu seiner Freude erfuhr er, daß sie eine aktive Verbindung mit dem Werk Rudolf

Steiners aufgenommen hatte. Sie folgte seiner Anregung, sich von ihm in die Wiener Anthroposophische Gesellschaft einführen zu lassen.

Nicht lange danach verließ Schubert Wien, um Lehrer an der neu begründeten Stuttgarter Waldorfschule zu werden. Dort schlug er dem Kollegium Maria Röschl zur Mitarbeit vor. Anfang Januar 1921 schrieb ihr Ernst Blümel, der nachmalige Mathematiklehrer an der Stuttgarter Schule, der in Wien tätig war, daß er sie besuchen wolle, um eine wichtige Nachricht zu überbringen. Er hatte an dem naturwissenschaftlichen Kurs Rudolf Steiners teilgenommen und von ihm den Auftrag erhalten mitzuteilen, daß man sie bei nächster Gelegenheit persönlich kennenlernen möchte.

So begab sich Maria Röschl im Frühjahr 1921 nach Stuttgart, um sich an dem anthroposophischen Hochschulkursus zu beteiligen und die Waldorfschule kennen zu lernen. Was sie erlebte, veranlaßte sie, Rudolf Steiner um ein Gespräch zu bitten. Im Verlauf desselben versprach er, sie dem Lehrerkollegium zu empfehlen. Zugleich nahm er sie als seine persönliche Schülerin an. Von diesem Verhältnis zu ihm berichtet sie in ihrem Beitrag „Rudolf Steiner als persönlicher Lehrer" in dem Buche „Wir erlebten Rudolf Steiner". Als der Neubau der Schule errichtet wurde, legte Rudolf Steiner den Grundstein. Darin verschlossen war ein auf Pergament geschriebener Spruch, unter den alle Lehrer ihren Namen setzten. Weil Maria Röschl verhindert war, anwesend zu sein, schrieb Rudolf Steiner selbst ihren Namen auf das Dokument.

In der Schule übertrug ihr Rudolf Steiner den Unterricht in Griechisch und Latein. Da sie es schwierig fand, die Schüler in den am Ende des Vormittags oder am Nachmittag liegenden Stunden zusammenzufassen und zu einer aufnahmebereiten Haltung zu bringen, bat sie Rudolf Steiner um einen den Unterricht einleitenden Spruch. Auf diese Bitte ging er gerne ein, und so entstand der Spruch: „Wer der Sprache Sinn versteht..." Bald betraute er sie auch mit dem Freien Religionsunterricht. Gemeinsam mit Herbert Hahn und Karl Schubert hielt sie am Palmsonntag des Jahres 1923 zum ersten Male die kultische Handlung, die Rudolf Steiner für die Schüler der obersten Klassen gegeben hat.

Die ehemaligen Schüler haben ihren Unterricht in den alten Sprachen in lebendiger Erinnerung, wofür das Buch „Erlebte Pädagogik" von Rudolf Grosse ein Zeugnis ist. Einer seiner Klassenkameraden erinnert sich an die Stunde, als ihm plötzlich aufging, „daß Ovid seine Oden nicht zur Qual der Schüler, sondern aus einer Mysterienweisheit heraus geschrieben hat."

Ihre Einsicht in die geistige Bedeutung Ovids veranlaßte sie, zur

Eröffnungsfeier des neuen Goetheanumbaues einen Vortrag über ihn zu halten unter dem Titel „Wortkraft und Schicksalsweg — eine historische Skizze." Die Mysteriennatur der Dichtung Vergils hat sie in dem Aufsatz „Vergil als Christuskünder" aufgezeigt.

Als im Februar 1923 durch Rudolf Steiners Handreichung die Freie Anthroposophische Gesellschaft zustande kam, wünschte man unter den Mitgliedern des sich bildenden Komitees auch einen Vertreter des Lehrerkollegiums. Da erinnerten sich einige an einen Bericht, den Maria Röschl auf dem Wiener anthroposophischen Kongreß über ihren altsprachlichen Unterricht gegeben hatte. Der Beitrag hatte einen so nachhaltigen Eindruck auf die jüngeren Zuhörer gemacht, daß sie für ihre Mitwirkung im Komitee eintraten. Mit Rudolf Steiners Einverständnis folgte sie dieser Aufforderung; und so begann ihre Verbindung mit der Arbeit der jungen Generation in der Anthroposophischen Gesellschaft. Als Rudolf Steiner Weihnachten 1923 die Freie Hochschule für Geisteswissenschaft am Goetheanum begründete, rief er auch die „Sektion für das Geistesstreben der Jugend" ins Leben. Als Leiterin berief er im Frühjahr 1924 Maria Röschl. Nach Fertigstellung des Buches „Grundlegendes für eine Erweiterung der Heilkunst", an dem Rudolf Steiner mit Ita Wegman arbeitete, wollte er Maria Röschl Weisungen zu einer Umarbeitung seiner „Philosophie der Freiheit" erteilen. Er begründete dies damit, daß das Buch in der vorliegenden Gestalt erst dem Alter nach dem achtundzwanzigsten Lebensjahr angemessen sei. Ebenso dachte er an die Umarbeitung bestimmter Zyklen durch sie. Dadurch sollte die Grundlage für eine notwendig gewordene „Jugendanthroposophie", wie er es nannte, entstehen. Zu all dem ist es aber durch seine Erkrankung nicht mehr gekommen.

Sieben Jahre lang hat sie sich bemüht, ihre Aufgabe durch eine Kurs- und Vortragstätigkeit in Dornach und in anderen Orten zu erfüllen, bis die Verhältnisse ihr nicht mehr erlaubten, die Arbeit in einer für sie verantwortbaren Weise fortzuführen. So gab sie Ostern 1931 diese Tätigkeit auf und kehrte an die Waldorfschule zurück.

Während der folgenden vier Jahre unterrichtete sie an der Schule ihre alten Fächer und widmete sich der ihr vom Kollegium übertragenen Leitung des Lehrerseminars. Als auch in Stuttgart die Verhältnisse ihr nicht mehr ermöglichten, ihrer Aufgabe getreu zu wirken, nahm sie von der ihr lieben Arbeit Abschied und verließ — wie vor ihr Walter Johannes Stein und Eugen Kolisko und nach ihr Caroline von Heydebrand — die Schule. Schon zu ihrem Fortgehen von Dornach hatte sie sich entschlossen, ohne zu wissen, ob die Waldorfschule sie wieder einstellen würde. So auch jetzt und bei späterer Gelegenheit.

Es war ihr Grundsatz, den geistig notwendigen Schritt zu tun, ohne zuvor sich eine andere Lebenssicherung zu schaffen. Nur so erhielt die Engelwelt — wie sie wußte — freie Hand, den neuen Weg schicksalsgerecht zu eröffnen.

Ihr Weg führte sie nach Clent in England, wo ein College für junge Erwachsene aufgebaut werden sollte. Als sich zeigte, daß dieser Plan nicht zu verwirklichen war, folgte sie einem Ruf von Freunden nach Costa Rica, um deren Kinder zu unterrichten, die infolge der politischen Verhältnisse in Deutschland die Stuttgarter Waldorfschule nicht mehr besuchen konnten.

Als diese Aufgabe erfüllt war, kehrte sie nach Europa zurück. Elisabeth Vreede nahm sie in ihrem Hause in Arlesheim auf, bis sich eine neue Tätigkeit gefunden hatte. Diese ließ nicht lange auf sich warten. Nach dem Tode von Caroline von Heydebrand übernahm sie deren Aufgabe am Lehrer-Seminar der Michael Hall-Schule. Kurz zuvor wurde ich ersucht, meine Arbeit, die ich zwei Jahre lang im Wechsel an der Haager und Londoner Schule durchgeführt hatte, ganz nach England zu verlegen. So fügte es das Schicksal, daß wir uns wieder nach vielen Jahren zu gemeinsamer Arbeit örtlich zusammenfanden. Damals beschlossen wir, uns ehelich zu verbinden.

Der nicht lange danach ausbrechende Krieg brachte es mit sich, daß wir einige Monate in getrennten Lagern interniert wurden. Nach der Entlassung führte uns das Schicksal nach Schottland, wo uns Karl König einen Boden für anthroposophische Arbeit bot. Bald konnten wir eine solche selbstständig in Aberdeen aufbauen und durch einen Zeitraum von sechs Jahren mit einer wachsenden Zahl von Mitgliedern durchführen. Dort konnte Maria Lehrs aufgrund der Ermächtigung durch Ita Wegman damit beginnen, die Inhalte der ersten Klasse der Hochschule an die von ihr aufgenommenen Mitglieder zu vermitteln.

Eine Fortsetzung fand dies in England, wohin uns neue Aufgaben riefen: Lehrerausbildung im Seminar der Michael-Hall-Schule, Mitgliederarbeit und Einführungskurse im Rahmen der Britischen Landesgesellschaft, Unterrichtstätigkeit an dem College für junge Erwachsene in Mittelengland. Dort ergaben sich auch erste Begegnungen mit der deutschen Nachkriegsjugend. Noch einmal sah sich Maria Lehrs, nun gemeinsam mit mir, veranlaßt, der weiteren Mitarbeit zu entsagen, als sich zeigte, daß deren Fortführung an dem College nicht ohne geistige Kompromisse möglich sein würde. So sprachen wir unsere Kündigung aus, ohne uns zuvor eine neue Lebensbasis gesichert zu haben. Eine solche in England zu finden, erwies sich durch die Entwicklung der Nachkriegsverhältnisse als aussichtslos. So nahmen wir, die keineswegs damit gerechnet hatten, noch einmal in Mitteleuropa tätig und ansässig zu werden, die Einladung von Franz Geraths an, in dem von ihm in Eckwälden begründeten heilpädagogischen Seminar mitzuarbeiten. Dort hat Maria Lehrs bis zum Herbst 1968 kulturkundlichen Unterricht aus der von Rudolf Steiner aufgezeigten Sicht der Menschheitsentwicklung gegeben, gestützt auf ihre umfassende und in die Tiefe dringende Kenntnis der großen Kulturdokumente.

Durch die Niederlassung in Eckwälden fanden wir uns in die unmittelbare Nähe von Bad Boll geführt, wo im Jahre 1932, als die von uns betreuten anthroposophischen Jugend-Institutionen schon nicht mehr bestanden, noch einmal eine geistbefeuernde Jugendtagung stattgefunden hatte. Es fügte sich, daß wir einundzwanzig Jahre danach in Eckwälden die erste der vornehmlich von Jugend besuchten, von Jahr zu Jahr wachsenden fünfzehn Ostertagungen veranstalten konnten. Viele Äußerungen zum Erdenabschied von Maria Lehrs sprachen davon, wie stark ihre oft von Humor durchblitzten Beiträge, vor allem ihre ungewollt kultisch wirkenden Osteransprachen erlebt worden sind.

„Wir müssen lernen, den Geist zu handhaben" — dieses Wort von ihr ist für viele durch das Erleben ihrer Persönlichkeit zu einem Leitwort im anthroposophischen Streben geworden.

Ernst Lehrs

CARL ALBERT FRIEDENREICH

Carl Albert Friedenreich gehört der um die Jahrhundertwende geborenen Generation an. Eine natürliche Anlage zum Erleben des Übersinnlichen erschwerte ihm zunächst die Verbindung mit seiner äußeren Umwelt, die auch ihrerseits den jungen andersgearteten Menschen schwer verstand. Die Kriegserfahrungen des Achtzehnjährigen vertieften dieses Erleben. Als er zweiundzwanzigjährig durch den katholischen Pfarrer in Walchensee auf die Werke Rudolf Steiners hingewiesen wurde, bedeutete für ihn das Eintauchen in diese Welt eine reale ‚Heimkehr‘. Er versenkte sich in die anthroposophischen Schriften mit der ihm eigenen Begeisterung und Intensität. Rudolf Steiner sagte ihm einmal: „Verlieren Sie nie Ihren Idealismus!" Tatsächlich hat ihn dieser Idealismus niemals verlassen und über alles Schwere des Lebens hinweggetragen.

In seiner jugendlichen Unbefangenheit erschien es ihm als selbstverständlich, sein Leben fortan in den Dienst der Geisteswissenschaft zu stellen. In Stuttgart erfuhr er von Ernst Uehli, daß an der Waldorfschule ein Musiklehrer für die unteren Klassen fehlte. Eine abgeschlossene Konservatoriumsausbildung war die äußere Voraussetzung für seine Bewerbung.

Nach der Vorstellung in der Waldorfschule wurde er durch Paul Baumann, den Musiklehrer der Oberklassen, unter die zahlreichen Bewerber eingereiht. Die Entscheidung über die Anstellung lag bei Rudolf Steiner.

Friedenreich schilderte später den Zwiespalt der Gefühle zwischen der Gewißheit, dieser Schule eines Tages anzugehören, und der Sorge, angesichts der vielen qualifizierten Bewerber abgelehnt zu werden. Ein Telegramm, Dr. Steiner wünsche ihn zu sprechen, rief ihn wiederum nach Stuttgart. In einem Zustand der Aufgewühltheit und der Spannung, aber auch eines grenzenlosen Vertrauens saß er Rudolf Steiner gegenüber. Als er ihm seine Zeugnisse vorlegte, schob sie dieser mit einer Handbewegung beiseite, schloß eine Weile die Augen und sagte: „Kommen Sie um sieben Uhr wieder, dann kann ich Ihnen sagen, wie ich mich entschieden habe." Die folgenden Stunden verbrachte Friedenreich in einer Art Traumumfangenheit. Als er sich

zur angegebenen Zeit in der Waldorfschule vor der Tür des Konferenz-
zimmers einfand, trat Rudolf Steiner auf ihn zu, legte ihm die Hand
auf die Schulter und sagte: „Ich habe mich für Sie entschieden." In
der anschließenden Unterredung äußerte Friedenreich besorgt: „Herr
Doktor, ich kenne Ihre Pädagogik noch nicht." Darauf erwiderte dieser: „Das macht nichts, Sie können sie." Somit gehörte der Vierund-
zwanzigjährige seit 1922 dem Kollegium der Waldorfschule an.

Es zeigte sich bald, daß er die Pädagogik mit instinktiver Sicherheit
zu handhaben wußte. Die später erarbeiteten pädagogischen und erkenntnistheoretischen Darstellungen erschienen ihm als etwas Urver-
trautes. Seine noch unveröffentlichte Schrift über Musikerziehung, die
er, einer Aufforderung Rudolf Steiners folgend, geschrieben hat, weist
ihn als eine Lehrerindividualität aus, die im anthroposophischen Geiste
zu wirken vermochte.

Daß bei diesem gradlinigen und ungewöhnlichen Lebensweg, der
einen vierundzwanzigjährigen Menschen in die Nähe und zu einer persönlichen Schülerschaft Rudolf Steiners führte, auch Schwierigkeiten
auftraten, ist nicht verwunderlich. Rudolf Steiner gab ihm karmische
Aufschlüsse und wies auf eine persönliche Verbundenheit mit Paul
Baumann hin, aus der eine langjährige Geistesfreundschaft erwuchs.
Die Kollegen nannten ihn scherzhaft den „Jüngling aus der Fremde",
verhielten sich aber auch häufig in diesem Sinne. Solange Rudolf Steiner
lebte, hielt er seine Hand über ihn. Doch nach seinem Tode entstanden
Mißverständnisse tragischer Art, die Friedenreich veranlaßten, Ende
1927 die Schule freiwillig zu verlassen.

Er wanderte 1930 nach Südamerika aus. Nun zeigte sich als fruchtbar, daß ihm Rudolf Steiner zum Studium seines philosophischen und
erkenntnistheoretischen Werkes geraten und dafür persönliche Anweisungen gegeben hatte. Ihre strenge Befolgung half ihm, das Leben
auf dem fremden Kontinent zu meistern. Er schreibt darüber: „Die
Wandlungen, welche das Denkbewußtsein übend erfährt, sind bereits
sehr bedeutsam. Erfährt der Mensch doch während einer Denk-Medi-
tation, wie das Denken im Seelenleben etwas bewirkt: Wie es die Seele
straffer macht, wie es Licht hineinwirft in Seelenvorgänge, welche bis
dahin noch im Dunkeln lagen, wie sich unerklärlich trübe Stimmungen aufhellen und einer gewissen Gelassenheit Platz machen, wie allmählich eine Schicksalsbejahung erwacht, die das Meditieren zu einer
unentbehrlichen Lebensnotwendigkeit macht als das wichtigste Mittel
überhaupt, das uns überleben läßt."

Seine Musikalität setzte sich um in ein lebendiges Denkerleben. Die
Schriften „Lebendiges Denken als schöpferische Kraft", „Vom göttli-

chen Denken zum menschlichen Gedanken", „Wege anthroposophischen Strebens" geben davon Zeugnis.

Die Vorträge, die er in Buenos Aires hielt, führten aufgeschlossene Teilnehmer der Geisteswissenschaft Rudolf Steiners zu. Die in einem erhöhten Denkbewußtsein gewonnenen Erfahrungen prägten sich in eine Sprache, die für objektive Geistigkeit durchlässig war. Dies erwarb ihm das Vertrauen junger Menschen, die sich weniger von intellektuellen Interpretationen als vielmehr von realen Geisterfahrungen der Älteren angesprochen fühlten.

In Buenos Aires traf er den seinem Geistesstreben tief verbundenen Lebensfreund und Förderer Peter von Siemens, der ihm die Rückkehr nach Deutschland ermöglichte. In der Nähe von München konnte er dann noch fünf Jahre in kleinem Kreise wirken.

In den ungewöhnlichen Geschehnissen seines Lebens spürte er eine geistige Führung und den helfenden Schutz Rudolf Steiners. Ihm die Treue zu halten und seinem Werk zu dienen, war die Absicht seines Lebens. In hartem Ringen erwarb er sich reale geistig-seelische Kräfte. Sie verbanden sich mit Toleranz und mit einem Menschenverständnis, das durch leidvolle Erfahrungen errungen war. Seine Freunde empfanden die mittragende Kraft, die auch eine räumliche Trennung überwinden konnte. Friedenreich lebte, was er geschrieben hat: „Der Geistesschüler, der, um seinen Erkenntnisweg in rechter Weise gehen zu können, Hilfen irgendwelcher Art erhält, ist damit zugleich verpflichtet, alles zu tun, um ein Werdender zu bleiben. So wenig Intuitionen geschenkt werden, ohne daß sie Resultate zeitigen, so wenig erhält der Schüler geschenkte Hilfen, ohne daß er diese nicht zu bestimmter Zeit an andere Menschen in irgendeiner Form weiterzugeben hätte."

Rudolf Steiner hat Friedenreich ein schweres Leben bis zum 42. Jahr vorausgesagt. Die Schicksalsprüfungen, die eingetreten sind, wurden zu Erkenntnisstationen auf dem Weg der Wahrheitsuche. Die Individualität des geistig Strebenden vermag sich durchzuringen und entfaltet sich nach Gesetz, wonach sie angetreten, auch wenn die Widerstände den äußeren Lebenslauf verändern. Für den Geistesschüler gelten die Worte Rudolf Steiners, die auch Friedenreichs Biographie kennzeichnen:

> Das Leben, es wird heller um mich,
> Das Leben, es wird schwerer für mich,
> Das Leben, es wird reicher in mir.

Elisabeth Friedenreich

Ich lernte Carl Albert Friedenreich in schicksalsschwerer Zeit 1943 in einem deutschen Restaurant in Buenos Aires kennen; dort brachte er sich und seine Lebensgefährtin kümmerlich als Stehgeiger durch. In einer ärmlichen Mansarde hatten sie eine Bleibe gefunden und mußten in gemeinsamer Anstrengung die äußere Existenz sichern. Das bedeutete für eine gewisse Zeit den schmerzhaft empfundenen Abschied von geisteswissenschaftlicher Betätigung rezeptiver wie produktiver Natur — eine vom Schicksal weise verordnete Pause, in der manches sich setzen und ausreifen konnte. Vordergründig war für den Augenblick das Erleben äußerer Monotonie und Ausweglosigkeit, aus der herauszufinden die eigenen Kräfte und Möglichkeiten nicht ausreichten.

Ich selbst, im 33. Lebensjahr stehend, hatte nach langen Wegen inneren Suchens zur Anthroposophie gefunden. Erste Tastversuche lagen gerade hinter mir. Nun begegnete mir in Friedenreich ein Wissender, der den Weg in eine „aktuelle Zeitlosigkeit" weisen konnte, worin Alltag und Ewigkeit eine Kommunion eingingen und den tieferen Sinn des Daseins offenbarten. Wir kamen bald in engere Verbindung. Aus Fragen und Antworten entwickelten sich regelrechte Vortragsreihen über weltgeschichtliche Phänomene und die Schicksale der mit diesen verbundenen Akteure. Zugleich wurde mir mit dem Studium der „Geheimwissenschaft im Umriß" Sinn und Zweck der Menschheitsentwicklung klar, und der Weltenplan tat sich in seiner Größe vor mir auf. Hierbei wurde der Blick für die Aufgaben einer jeden Epoche geschärft und die Einsicht fundiert, daß nichts zu früh, aber auch nichts zu spät geschehen darf, wenn das Ganze nicht Schaden erleiden soll; und daß wir durch die Einwirkung der Widersachermächte ständig eine Gratwanderung zwischen widersprüchlichen Extremen zu vollziehen haben.

Zum anderen wurde ich auf die Wichtigkeit des erkenntnistheoretischen Fundaments für die geistige Entwicklung hingewiesen. Hierbei offenbarte mir Friedenreich, wie er selbst, in jungen Jahren von spontanen geistigen Eingebungen bedrängt, von Rudolf Steiner auf das meditative Studium seiner erkenntnistheoretischen Schriften verwiesen worden war, und daß er diesen Weg zur inneren Reinigung und Heilung konsequent beschritten hatte — im Sinne des Leitmotivs der „Philosophie der Freiheit": daß wir im reinen Denken das Weltgeschehen an einem Zipfel halten, und daß das Gewahrwerden der Idee in der Wirklichkeit die eigentliche Kommunion des Menschen ist.

Im Zeichen unserer eng und vertrauensvoll gewordenen Freundschaft vermittelte mir Friedenreich tiefe Einblicke in das Wesen der

Anthroposophie und seines Schöpfers wie auch in die Entwicklung der anthroposophischen Gesellschaft und Bewegung in ihren beglückkenden wie in ihren schmerzlichen Aspekten. Über allem stand das tiefe Verantwortungsbewußtsein, daß der Wissende im Rahmen seiner Möglichkeiten auch stets ein Handelnder sein müsse. Ich selbst konnte Friedenreich und seine Lebensgefährtin aus den äußeren Bedrängnissen herauslösen und ihm die Möglichkeit zu schriftstellerischem Wirken geben. In ihm hatte sich vieles aufgestaut, was nach schöpferischer Gestaltung drängte. So konnten noch während des Krieges in Buenos Aires seine Schriften über Richard Wagner und Napoleon erscheinen. Darüber hinaus ergab sich in Verbindung mit anderen Freunden und Interessenten die Möglichkeit zu einer intensiven Vortragsarbeit.

Ich war inzwischen nach Deutschland zurückgekehrt; der innere Kontakt blieb aber nicht nur erhalten, sondern verstärkte sich über den Atlantik hinweg weiterhin im Zeichen geistigen Gebens und Nehmens. Er wurde intensiviert bei meinen wiederholten geschäftlichen Besuchen in Argentinien und dann durch zwei Europareisen von Carl und Elisabeth Friedenreich. Schließlich gelang die endgültige Rückkehr nach Deutschland; sie vollzog sich zur Jahreswende 1964/65. In der Nähe Münchens nahm er in ländlicher Abgeschiedenheit seine schriftstellerische Arbeit auf, der sich allmählich eine rege Vortragstätigkeit anschloß. Ein Hörerkreis entstand, der zu einer tragenden Gemeinschaft zusammenwuchs und Impulse für das schriftstellerische Schaffen erbrachte.

Friedenreich konnte den Menschen, die ihn um Rat fragten, Antworten geben, die zu Sinngebungen führten. Erstaunlich war bei seinem platonischen Habitus die Fähigkeit, äußere Verhältnisse und vor allem weltpolitische Zusammenhänge in ihrer Hintergründigkeit zu durchschauen. Ich verdanke ihm in dieser Hinsicht grundlegende Einsichten.

In voller Harmonie feierte er am 24. Mai 1968 seinen 70. Geburtstag; doch mit Erreichen der „Patriarchenschwelle" war die Uhr seines Erdendaseins abgelaufen. Bei allem Wissen über die Zusammenhänge von Tod und Leben wehrte er sich bis zuletzt gegen das Ende; er wollte noch manches, was in Skizzen und Fragmenten vorhanden war, ausführen und gestalten. Am Morgen des 8. September 1969 wurde er in die geistige Welt zurückgerufen. Eine große Zahl alter und neuer Freunde gab ihm das letzte äußere Geleit.

Peter von Siemens

Es war im Sommer 1963, als ich Carl Albert Friedenreich und seiner Frau Elisabeth zum ersten Male begegnete. In Begleitung von Dr. Peter von Siemens kamen sie in mein Haus in Grüneck. In den wenigen Tagen, in denen sie dort zu Gast waren, bildete sich eine herzliche, wechselseitige Zuneigung und Freundschaft. Bald folgte der Entschluß, nach einem nahezu vier Jahrzehnte dauernden Aufenthalt in Südamerika endgültig nach Deutschland zurückzukehren.

Friedenreich zog in das für ihn erbaute kleine Domizil unmittelbar in meiner Nachbarschaft, das ihm und seiner Frau nicht nur Raum und Hülle gab, sondern — da es ganz in der Natur lag — auch ideale Voraussetzungen zu innerer Arbeit bot. So entfaltete Friedenreich, nachdem er die Gefahren der klimatischen Umstellung überstanden hatte, eine vielseitige Vortrags- und Schriftstellertätigkeit, die seinem sich abrundenden Leben geistige Profilierung und menschliche Ausstrahlung gab.

Seinen Berufen nach war Friedenreich Lehrer und Musiker. Lehrer war er aus ursprünglichem kraftvollem Talent. Er hat es mit dem heranwachsenden und sich entwickelnden Menschen Zeit seines Lebens ernst genommen.

Sein suchender Blick und sein geistiges Schaffen waren auf das menschliche Bewußtsein gerichtet. Durch Rudolf Steiner persönlich und durch sein Werk hatte er den Hinweis auf Ursprung und Ziel menschlichen Denkens und Erkennens empfangen. Was bedeutet in Wahrheit Denken? Was hat es mit jenem „Zentrum" auf sich, das sich als Ich-Erlebnis andeutet? Wie stehen wir in den Reichen der Natur, wie ist das Verhältnis des Menschen zum Kosmos? Ist der Mensch nur eine intelligente Kreatur, ein unvollkommener „Nach-Bildner", oder sind ihm schöpferische Kräfte eigen, mit denen er sein Schicksal meistern und souverän für die Zukunft wirken kann? Wo können wir die Kräfte für die Bewältigung unseres Lebens finden? Die neuen Kraftfelder bilden sich nicht mehr von „außen", sondern erwachsen aus dem ehrlichen Handwerk eines „inneren Baumeisters", der in jedem Menschen — zu Werke gehen möchte.

Dieses „Zu-Werke-Gehen" hat Friedenreich vollzogen. Es führte zur Erschließung des schöpferischen Quells, der in jedem Menschen vorhanden ist und freigelegt werden kann.

In diesem Bereich Klarheit zu schaffen und das Denkbewußtsein in eine neue Kraftentfaltung zu versetzen, ist das Anliegen Friedenreichs gewesen. So spricht er am Anfang seines Buches „Lebendiges Denken als schöpferische Kraft" von der Notwendigkeit einer „Umwandlung des Denkens in ein bewußtes ‚Organ der Auffassung' durch gesteigerte aktive Bewußtseinsschulung, welche ein erhöhtes, geistigen Wesensinhalt ergreifendes Denkbewußtsein zeitigt".

Friedenreich hat in der Nachfolge Rudolf Steiners die Perspektiven eines spirituellen Denkbewußtseins entworfen. Sein Entwurf ist wahrhaft künstlerisch. Kern und Vielfältigkeit des erregenden Problems sind in denkbarer Knappheit und Ausgewogenheit dargestellt. Unmittelbarkeit und Distanzierung, Subtilität und Kraft sowie Wärme des Ausdruckes und Strenge im Hinweis auf die Gefahren halten sich in lebendiger Komposition die Waage. Es handelt sich nicht um die wohlgelungene Zusammenstellung eines schwierigen Stoffes, sondern um den Bericht eines durch den Verfasser vollzogenen Ereignisses.

„Dringen wir", so sagt Friedenreich, „indessen in das reine Denken und damit in die geistige Welt ein, bewegen wir uns also bewußtseinsmäßig in dem Ideengehalt der Welt, dann erscheinen uns die Dinge nicht mehr abgesondert von uns, dann denken wir keine Ideen mehr, sondern wir befinden uns mit unserem Ich in den Weltenkräften, welche die Welt im Innersten zusammenhalten."

In einer fast dreijährigen Vortragstätigkeit, die im dreiwöchigen Rhythmus vor etwa zwanzig regelmäßig teilnehmenden Zuhörern in Grüneck stattfand, entwickelte Friedenreich seine Ausblicke in die Welt der Geschichte, der Philosopie und Erkenntnis. Eine starke Kraft des Ansprechens, des In-Bewegung-Bringens ging von ihm aus, man fühlte sich im Innersten von Wärme und Kraft durchdrungen. Ermutigung zum Aufbruch, das war der Eindruck seiner Vorträge.

Rüdiger von Canal

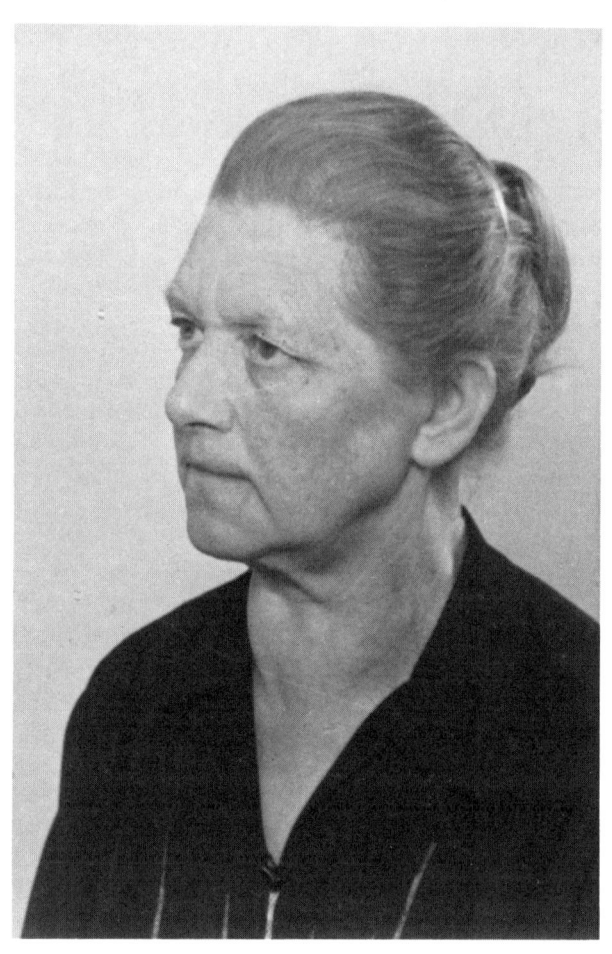

Gertrud Michels

GERTRUD MICHELS

und

CLARA MICHELS

Unter den Bildnissen der Waldorflehrer, die Max Wolffhügel geschaffen hat, findet sich das Doppelporträt von Clara und Gertrud Michels. Der Wesensunterschied und die Verbundenheit der Schwestern treten deutlich hervor. Ein Miteinander in Gegensätzen wird offenbar, das sich in ihren Lebensläufen ausgesprochen hat.

Die Familie Michels stammte aus Westfalen. Der Vater war Arzt und hatte eine Landpraxis. Für seine sechs Töchter baute er in Söcking bei Starnberg ein Wohnhaus, den Schormerhof, und angrenzend daran nach eigenen Plänen seinen Alterssitz. In der Nähe hatte sich der Schauspieler Guembel-Seiling niedergelassen. Die Schwestern verwalteten gemeinsam das große Anwesen, zu dem Landwirtschaft, Vieh und Garten gehörten, und führten eine Pension. Die Gegend, eine weitaufgeschlossene Landschaft mit Fernsicht bis in die Alpen, war damals noch unberührt. Ganze Wolken von Schmetterlingen zogen über die blumenreichen Sommerwiesen unter dem weißblauen Himmel.

Als die Schwestern nach Söcking übersiedelten, hatte Clara ein Studium der Physik und Mathematik in Bonn, Heidelberg und Berlin absolviert. Zu ihren Lehrern gehörte auch Max Planck. Studentinnen waren in jener Zeit noch selten, zumal in der von ihr gewählten Fachrichtung. Schon in ihrer Studienzeit fällt die Begegnung mit Rudolf Steiner und der Theosophie.

Gertrud, ein Jahr jünger als Clara, studierte Gesang an der Musikhochschule in Köln, mußte aber, weil die Stimme überanstrengt war, eine andere Ausbildung wählen. Sie ging dann nach Berlin-Dahlem und lernte Gartenbau und Bienenzucht. In Berlin war sie gleichzeitig mit ihrer Schwester Clara.

Nun kam von Söcking aus eine Zusammenarbeit mit den Münchner Theosophen zustande. Als die Zeit der Mysteriendramen begann, spielten Clara und Gertrud und zwei ihrer Schwestern als Bäuerinnen in den mittelalterlichen Szenen aus „Die Prüfung der Seele" mit.

Noch vor Ausbruch des ersten Weltkrieges ging Clara als Lehrerin der Mathematik und Physik an das Mädchengymnasium in Hameln, wo sie bis zu ihrer Berufung an die Waldorfschule unterrichtete.

Clara Michels

Gertrud hatte auf dem Schormerhof die Landwirtschaft und den Gartenbau übernommen und trug die Hauptlast der Arbeit. Durch ihren Fleiß verschaffte sie sich den Respekt der Bauern, die den „Zugereisten" gegenüber sehr zurückhaltend waren. Das Haus war eine Stätte der Geselligkeit, an der sich die aufgeschlossene Jugend traf. Dann wurde musiziert, und Gertrud sang Schubert-Lieder. Selbst während der schweren Kriegsjahre konnte sie die Landwirtschaft mit Hilfe sogenannter Maiden weiterführen. In dieser Tätigkeit blieb sie, bis sie den Gartenbauunterricht in der Waldorfschule übernahm.

1922, ein Jahr vor Clara, kam Gertrud nach Stuttgart. Nun sah man sie von morgens bis abends tief gebückt über ihren Beeten im Schulgarten. Sie war von kräftiger mittlerer Gestalt und als unermüdliche Schafferin bekannt. Für jedes Kind versuchte sie — was ursprüglich geplant war— ein eigenes Beet anzulegen. Sie konnte ihre Freude am Gartenbau und ihr reiches Wissen im Winterunterricht auch den Rüpeln mitteilen. Nach einiger Zeit hatte sie das Verständnis der Lehrerschaft dafür gewonnen, daß die Behausung der Gärtnerin in der Nähe ihres Arbeitsfeldes sein sollte. So wurde ihr am Rande des Schulgeländes ein Grundstück zur Verfügung gestellt, auf dem sie für sich und einige Kollegen ein Wohnhaus baute. Es wurde dann der Treffpunkt vieler Schüler, die an Gertrud Michels die Positivität ihrer Gesinnung schätzten. Sie gehörte zu den Menschen, die es nicht ertragen, wenn aus einer negierenden Haltung über andere gesprochen wird. Alle abschätzigen Reden bereiteten ihr geradezu physische Schmerzen. Sie war immer bemüht, das Gute im Menschen zu sehen. So trat sie allem unbefangen, offen, natürlich und gradlinig entgegen, stets zur Hilfe bereit.

1923 wurde Clara Michels als Klassenlehrerin an die Schule berufen. Sie bewohnte im Haus ihrer Schwester ein Zimmer, das sie tiefviolett hatte streichen lassen. Auf einem mit Rückenlehne versehenen Diwan pflegte sie zu arbeiten, Hefte zu korrigieren und Zeugnisse zu schreiben. Sie war eine stattliche, breitschultrige Erscheinung. Ihre großen, klugen Augen wirkten durch die starke Brille noch größer. Meist führte sie ernste Gespräche mit ihren Zöglingen, und nur gelegentlich war sie zu Scherzen geneigt. Auch außerhalb der Schule tat sie viel Gutes an den Schülern, die sie in ihr Haus aufnahm. Gütig und kritisch zugleich, aber nicht aburteilend, sondern ermutigend, so hat sie in vielen Fällen vermittelnd gewirkt.

Als sich die Schule nach 1933 durch den Zwang der politischen Verhältnisse einschränken mußte, zog Gertrud Michels 1936 nach Unterlengenhardt im Schwarzwald. Sie baute sich dort wieder ein Haus und

betrieb Landwirtschaft und Gärtnerei. Nach Schließung der Waldorfschule kam auch Clara Michels dorthin, so daß die Schwestern wieder
zusammen wohnten.

Charakteristisch verschieden wie ihr Leben war auch ihr Sterben.
Nach kurzer Erkrankung ging Gertrud Michels ganz unerwartet am
27. November 1943 über die Schwelle des Todes. Clara folgte ihr vier
Monate später am 27. März 1944 nach einem langen schweren Krankenlager.

Paul Matthiessen

Gertrud Michels' Gewand war das Arbeitskleid, das Festkleid paßte
niemals so recht zu ihr. Ich erinnere mich des Tages, an dem Emil Molts
Silberhochzeit begangen werden sollte. Alle Lehrer machten einen
gemeinsamen Besuch im Hause Molt und waren im Festschmuck erschienen. Gertrud Michels aber blickte sorgenvoll an sich hinunter,
ihr helles Sommerkleid schien ihr gar nicht passend für diese Stunde;
denn alles, was sie trug, war der praktischen Tätigkeit angepaßt. Ihr
Leben war ja der Garten der Schule, in dem sie stets inmitten einer
Schar lebhafter Kinder zu sehen war.

Als Gartenbaulehrer hat man es mit den Mittelklassen zu tun, und
in diesem Alter sind die Kinder am lautesten und am schwersten zu
einer ausdauernden Arbeit zu bringen. Gertrud Michels' Liebe gehörte
der Arbeit und den lärmenden, fröhlichen Kindern. Durch sie wurde
der Garten ein wesentliches Glied der Schule. Hierhin werden die
Erinnerungen vieler Waldorfschüler zurückkehren als in ein besonn-
tes Stück freien Jugendlebens, das von der Uhlandshöhe aus einen
schimmernden Fernblick in blaue Weiten bot. Ein frohes Kinderleben
entfaltete sich unter ihrer Aufsicht. Pflanzen und Tiere — Bienen,
Igel und Singvögel — gediehen auf dem liebevoll gepflegten Gelände.
Es war ihr und allen Mithelfern schmerzlich, als sie die Arbeit im Schulgarten nicht fortsetzen konnte und in Unterlengenhardt ein stilleres
Leben beginnen mußte.

Ihre Schwester Clara hatte ein ganz anderes Schicksal. Auch sie umgab sich mit einem Garten, einem Blumengärtchen, das sie selbst bestellte. Sie war Klassenlehrerin und gab Religionsunterricht. In den
freien Stunden war sie im Garten: hackend, pflegend oder auch nur
liebevoll-sorgsam die Blumen betrachtend.

Sie zog die herrlichsten Rosen, alles wuchs bei ihr in üppiger Fülle.
Besucher der Schule wurden gern in ihren Garten geführt, der Selten-
heiten wegen, die dort gediehen. Auch aus der Klasse drang solch ein
Blühen heraus, sichtbar in den lebendigen Malereien der Kinder. Clara

Michels' Wesen war von großer Stille und ernster Beherrschtheit; und über allem standen Pflichtbegeisterung — Treue wäre zu wenig gesagt — und Opferkraft. Nach den Anstrengungen der Schulzeit blieb sie während der Sommerferien in Stuttgart, um die Sonntagshandlungen, manchmal vor nur wenigen Teilnehmern, zu halten. Der Dienst am Altar war ihr ein Bedürfnis, der über alle persönlichen Erholungs- und Ferien-Wünsche ging. Immer hatte sie Schützlinge im Haus, die sie unterstützte oder erzog. Nachdem die Schule bereits geschlossen war, kam noch ein Kreis schwächerer Kinder zu ihr, die sie unterrichten durfte. Sie lebte mit innerer Großzügigkeit ein unermüdlich fleißiges und ernstes Leben. Die jungen Leute liebten sie, weil sie ein Mensch aus einem Guß war und in Taten für andere umsetzte, was in ihrem Wollen und Denken lebte. Sie wollte nicht mehr sein, als sie verwirklichen konnte, und diese Haltung erweckte die innere Achtung der Jugend.

So waren die Schwestern, verschieden im Leben und dicht beieinander wohnend, in schönem Einklang; so hat sie auch der Tod erreicht, nah aneinander gedrängt in der Zeit, die eine in schwerstem langem Leiden und die andere mitten in der Tätigkeit.

Nora Ruhtenberg

Jeden Morgen, wenn man in die Schule kam und Clara Michels die Hand gab, spürte man: Dieser Lehrerin kannst du dich getrost in die Hand geben. Ihre Augen schauten einen dabei an, als ob sie nur dich und nicht noch 36 andere Schüler erwartet hätten. Eine Welle von Sympathie, ja von Liebe, eine Welle von Vertrauen, von Freude ging von Auge und Hand aus, und man nahm aufgeweckt und erwartungsfroh seinen Platz ein. Die Klasse war froh und eingestimmt und folgte mit Enthusiasmus der Lehrerin. Eigentlich hat sich an dieser Zeremonie von der ersten bis zur achten Klasse nichts geändert. Man fühlte nur, daß einem etwas fehlte, wenn es zu dem morgendlichen Händedruck und In-die-Augen-, In-die-Seele-Schauen nicht kam, weil man verspätet war und Fräulein Michels bereits mit dem Unterricht begonnen hatte. Später erst ist mir bewußt geworden, daß mit dem Blick die Herzen geöffnet wurden und der Händedruck einen Impuls zum praktischen Handeln gab.

Fräulein Michels verstand die Schwächen ihrer Schüler und konnte sie mit großer Geduld heilen. Da ich, zum Beispiel, schreiben wollte, aber nicht schreiben konnte, weil ich aus einem Elternhaus kam, in dem nur schwäbisch gesprochen wurde, sagte sie eines Tages zu mir: „Wenn Du durch die Straßen gehst, schau die Schilder an und lies und merke Dir die Worte, die darauf stehen!" Ich ging durch die Straßen, aber ich träumte weiter und las nur hie und da ein Wort auf einem Schild. Deshalb konstruierte ich meine Aufsätze weiterhin nicht nach Logik und Phantasie, sondern nach jenen Worten, die ich richtig schreiben konnte. Und das waren nicht viele. Fräulein Michels verzweifelte nicht; sie gab mir den Rat, den Aufsatz einmal im schwäbischen Dialekt zu schreiben. Das tat ich gerne, denn in dieser Sprache war ich ja zu Hause. Am nächsten Tag lobte sie meine Arbeit und las sie der Klasse vor. Mir waren die Hemmungen genommen. Ein Tor war aufgetan.

Bei Monatsfeiern und bei den Weihnachtspielen sahen wir die Lehrerinnen und Lehrer der anderen Klassen auf der Bühne, während Fräulein Michels bescheiden im Saal saß. Als wir uns einmal außerhalb der Schule darüber beschwerten, sagte ein taktloser Mensch: Kein Wunder, die hat ja einen riesengroßen Kropf. Wir waren über diese Bemerkung empört, denn die wenigsten von uns hatten bis dahin diesen körperlichen Fehler ins Bewußtsein aufgenommen. Wir verehrten und liebten Fräulein Michels; für Äußerlichkeiten hatten wir keinen Blick. Deshalb wurde sie auch von einem Großteil der Klasse Maika genannt — Maika, das ungarische Wort für Mutter. Wir hatten nämlich einen Ungarn in der Klasse, und dieses Wort gefiel uns und schien uns für Fräulein Michels zu passen.

Wir verehrten und liebten sie auch dann, als wir den Kinderschuhen entwuchsen und die Welt mit wacheren Augen betrachteten. Da wurde es schwieriger in der Klasse; Gruppen bildeten sich, Streiche wurden inszeniert — aber Fräulein Michels aus ihrer gütigen Ruhe zu bringen, gelang uns nicht. Wenn ein Schüler allzu schwierig wurde, durfte er nachsitzen. Eigentlich war dieses Nachsitzen ein Vorsitzen und gleichzeitig eine Auszeichnung. Man durfte vor Beginn der Schule in ihr Haus im Schulgarten kommen. Meist befand sich Fräulein Michels noch in ihrem Privatzimmer. Die Tür zum Wohnzimmer stand weit offen, man trat ein und setzte sich. Fräulein Michels kam mit einer Kanne Kaffee; falls man Lust hatte, bekam man auch eine Tasse zu trinken, und dann wurde gesprochen. Man konnte erzählen, was einen bewegte, Sorgen oder Freuden; man konnte aber auch zuhören, was Fräulein Michels zu sagen hatte. Vielleicht waren es ganz einfache Dinge des Lebens, oder Probleme der Schule, oft Schwierigkeiten der Klasse; man durfte seine Meinung vorbringen, wurde auf Beachtenswertes aufmerksam gemacht, hatte einfach Gelegenheit, sich auszusprechen. Nicht in Englisch oder Geschichte oder Geographie hatte man nachzusitzen, sondern zu einem Gespräch durfte man vorsitzen. Man war stolz und befriedigt.

Ob es beabsichtigt oder Zufall war: Eines Tages saß Eugen in unserer Klasse. Er war ein sogenannter Zappelphilipp, wenn er sich aus seiner dumpfen Erdenschwere lösen konnte. Und er war kaum zu verstehen. Wir hatten solche Schüler täglich in den Pausen gesehen, aber daß einer in der ersten Reihe unserer Klasse saß, den Kopf schwer auf die Bank gestützt, überraschte uns doch. Fräulein Michels ging zu Eugen hin, streichelte ihm über den Kopf und begann, von Parzival zu erzählen, als wäre nichts geschehen. Wir hingen an ihren Lippen und vergaßen Eugen. Bald wurden wir jedoch an ihn erinnert, denn er saß am nächsten Tag wieder in der vordersten Bank, und da es so Tag für Tag war, verloren wir allmählich unsere Scheu. Einige begannen, ihn zu hänseln. Fräulein Michels bestellte daraufhin vier, fünf der Klasse zum Vorsitzen. Es waren die Mutwilligen, die Lausbuben, die den Ton angaben. Ihnen schilderte sie das schwere Schicksal des behinderten Kindes und bat sie, den Schutz des Jungen zu übernehmen. Er bedürfe dieses besonderen Schutzes gegen die herzlosen Frechheiten der anderen. Von da ab war es gefährlich, Eugen zu ärgern; er hatte Freunde, die voll für ihn einstanden. Er war nicht nur in die Klasse integriert, sondern hatte sogar Vorrechte. Überallhin wurde er mitgenommen, selbst zum verbotenen Fußballspiel. Eugen erwachte aus seiner Lethargie, seine Bewegungen wurden ruhiger, seine Worte waren zu verstehen. Er bekam Selbstbewußtsein! Seine Mutter durfte ihn nicht mehr zur Schule begleiten; selbst uns ließ er nicht mitgehen, er wollte den langen Schulweg allein zurücklegen. In der achten Klasse stand er nicht nur im Tor unserer Handball- und Fußballmannschaft und brachte durch seine unorthodoxen Bewegungen die gegnerischen Spieler zur Verzweiflung; er konnte sogar nach Absolvierung der Schulpflicht eine Arbeitsstelle bei Daimler-Benz antreten. Dort war sein Vater Meister, und er war sehr stolz, daß er es jetzt auch zum Arbeiter bei Mercedes gebracht hatte. Eugen wurde ein tüchtiger Arbeiter. Im Krieg starb er an einer Blutvergiftung.

Zum letzten Mal sah ich Fräulein Michels, als ich im Krieg zur Marine eingezogen wurde und mit einem Militärtransport den Stuttgarter Hauptbahnhof verließ. Sie gab mir noch einmal die Hand, und mir war wie damals in der ersten Klasse alle Angst vor dem Kommenden genommen. Später, nach dem Krieg, wurde mir erzählt, Fräulein Michels sei in ihrem Domizil in Unterlengenhardt inmitten einer Schar von Kindern, die sie unterrichtet hatte, gestorben. Ein Hauch von Heiterkeit, nicht von Trauer, sei über diesem Abschied gelegen. Wie sie einst in unser Leben getreten war, trat sie durch die Pforte des

Todes: Ausstrahlend ein Ich voller Güte und Verstehen, hinopfernd ein Ich an Menschen, denen sie helfen konnte.

Lebenstüchtig wurden alle Schüler der Michelsklasse. Der Händedruck hat sie richtiges Handeln gelehrt, der Blick ihre Herzen geöffnet, die Güte und Geduld von Clara Michels ihnen Menschlichkeit beigebracht, der Unterricht freies Denken. Was macht es dagegen aus, ob der eine oder andere besser oder schlechter Französisch kann oder den pythagoreischen Lehrsatz beherrscht.

Nicht viel Aufhebens machte Clara Michels um ihre Person, aber ihre Persönlichkeit hob sehr viel in den jungen Menschen auf, die ihr anvertraut waren.

Hans-Frieder Willmann

DAS VIERTE JAHR
1922/23

Die noch fehlenden Parallelklassen wurden bis zum achten Schuljahr eingerichtet und die Oberstufe weiter aufgebaut. Hans Rutz, Bettina Mellinger, Anna Frieda Naegelin, Gertrud Bernhardi, Fritz Graf Bothmer, Margarete Dähnhardt und Elisabeth Hofmann begannen mitzuarbeiten.

HANS RUTZ

Am 23. März 1889 wurde Hans Rutz in Altdorf bei Nürnberg geboren, wo sein Vater, ein scharfer Denker und ein Mann von alttestamentlicher Strenge, die Leitung des in der ehemaligen Universität untergebrachten theologischen Seminars innehatte. Die Mutter, Tochter des damals bekannten Stuttgarter Malers und Porträtisten Alexander Bruckmann, vertrat als feinsinnige Pianistin und Sängerin das künstlerische Element in der Familie. Als neunjähriger Junge sah er zum erstenmal bei einem Besuche der befreundeten Familie des Nürnberger Kunsthistorikers Paul Rée dessen zehnjährige Tochter: seine künftige Frau. Ahnungsweise leuchtete in ihm die Gewißheit auf, daß ihn mit diesem Mädchen ein Lebensschicksal verbinden würde.

Da es in Altdorf keine höhere Schule gab, wurde er, zehnjährig, nach Ansbach geschickt, um das humanistische Gymnasium zu besuchen. So amüsant auch seine Erzählungen von dieser Zeit klangen, es ging aus ihnen doch eindeutig hervor, daß für den sensiblen und künstlerisch veranlagten Knaben mit dem Eintritt in das Gymnasium eine Leidenszeit begann. Sie führte dazu, daß er sich bei Nacht und Nebel auf die Flucht begab und zu Fuß 25 Kilometer bis nach Altdorf durch den Wald marschierte. Sein Vater verlangte jedoch unerbittlich seine Rückkehr zur Schule, wo dann ein „Gericht" von Lehrern die entsprechenden Strafen über ihn verhängte. Kurze Zeit vor seinem Tode äußerte sich Hans Rutz mit einem schmerzlichen Unterton noch einmal über dieses Jugenderlebnis. Es verdient Erwähnung, weil damals wahrscheinlich der Keim zu seiner späteren Lehrertätigkeit und zu seinem pädagogischen Verständnis für den heranwachsenden Menschen gelegt wurde.

Nach der Versetzung des Vaters nach Bayreuth absolvierte er das dortige Gymnasium bis zum Abitur. Erst jetzt war der junge Mensch in der Lage, sich durch Humor gegen die Öde des Schulbetriebes zu wehren. Die Teilnahme am Bayreuther Musikleben, vor allem die Erlaubnis, die Festspielproben anzuhören — sein Vater war mit Cosima Wagner befreundet —, halfen ihm dabei. In dieser Zeit entstand der Wunsch, Dirigent zu werden. Er studierte zunächst bei Max Reger und Arthur Nikisch in Leipzig, aber seine Berufsabsicht wurde ihm durch den ersten Weltkrieg, den er in aller Härte erfuhr, unmöglich gemacht. Die Musik jedoch begleitete ihn durch sein ganzes Leben; er blieb ein aktiv Musizierender, dem Bach und Bruckner sowie die Slawen nahestanden, und wurde Komponist lyrischer Gedichte.

Nach dem Kriege entschloß sich Hans Rutz zum Studium der Germanistik in Erlangen, das er mit dem Staatsexamen abschloß. Während dieser Zeit lernte er zwei seiner späteren Kolleginnen an der Waldorfschule als Mitstudentinnen kennen: Sophie Porzelt und Martha Haebler. Ebenso fiel in diese Zeit die Bekanntschaft mit Konrad Sandkühler und Robert Killian. Der letztere bewog ihn 1922, von Nürnberg, wo er als Studienrat tätig war, an die Waldorfschule nach Stuttgart zu kommen. Schon seine junge Frau — 1916 heiratete er das Mädchen, mit dem ihn die Kinderfreundschaft verband — hatte ihn auf die Waldorfschule aufmerksam gemacht.

Das erste Gespräch mit Rudolf Steiner ist höchst aufschlußreich für beide Gesprächspartner. Es verlief etwa wie folgt. Nachdem Rudolf Steiner das Gespräch eingeleitet hatte, sagte Hans Rutz: „Das sage ich Ihnen aber gleich von vornherein, ich bin kein Anthroposoph; ich muß meine volle geistige Freiheit haben."

R. Steiner: „Was heißt Anthroposoph sein? Wir haben doch keine Dogmen!" Nach einer Pause ergriff Hans Rutz wieder das Wort und unternahm einen Angriff gegen die Anthroposophie: „Das Buch ‚Wie erlangt man Erkenntnisse der höheren Welten?' ist für mich ein zweiter Sündenfall, ein verbotenes Essen vom Baum der Erkenntnis, ein Sakrileg."

Rudolf Steiner antwortete ohne jede Emotion: „Das ist bei Ihnen ein christlicher Instinkt."

H. Rutz: „Das kann schon sein, daß das bei mir ein religiöser Instinkt ist."

R. Steiner: „Nein, nicht ein religiöser, sondern ein christlicher Instinkt, denn in den Religionen des Orients wird diese Aktivität vom Menschen gefordert."

Hans Rutz ritt noch weitere Attacken, bis schließlich Rudolf Steiner lächelnd zu ihm sagte: „Warum sind Sie eigentlich dann gekommen?" Die Überlegenheit Rudolf Steiners beeindruckte Hans Rutz so tief, daß er seinen anfänglichen Widerstand überwand, nicht zuletzt auch deshalb, weil er durch diese Haltung die menschliche Größe seines Gesprächspartners erkannte. Nachdem Hans Rutz mitgeteilt hatte, daß er als Studienreferendar, und vor seiner Bekanntschaft mit Rudolf Steiner, eine Zulassungsarbeit über die Beziehungen der Steinerschen zur Goetheschen Pädagogik der drei Ehrfurchten geschrieben habe, horchte dieser auf und sagte: „Ich kenne Sie halt noch ein bißchen wenig!" Daraufhin erwiderte Hans Rutz: „Wir können es ja einmal miteinander probieren! Sie, Herr Doktor, probieren, ob Sie mich brauchen können, und ich probiere, ob ich hier mitarbeiten kann."

R. Steiner: „Wie lange würden Sie sich denn eine solche Probezeit vorstellen?"

H. Rutz: „Aber doch mindestens ein Jahr!"

Diese Antwort gab für Rudolf Steiner den Ausschlag, und er sagte: „Damit bin ich einverstanden."

Bemerkenswert ist auch Rudolf Steiners Haltung bei der Frage der Mitgliedschaft in der Anthroposophischen Gesellschaft. Als Hans Rutz von seinen Kollegen gedrängt wurde, Mitglied zu werden, sich aber nicht ohne weiteres dazu entschließen konnte, fragte er Rudolf Steiner um Rat. Seine Antwort lautete: „Wenn Sie Ihre Arbeit hier in der Schule so gewissenhaft wie möglich tun, leisten Sie der Sache einen größeren Dienst, als wenn Sie Mitglied werden."

Daraufhin war für Hans Rutz der Eintritt in die Anthroposophische Gesellschaft eine Selbstverständlichkeit.

Es folgten nun die Jahre der gründlichen und begeisterten Einarbeitung in die Pädagogik und eine lebenslange Wirksamkeit als Waldorflehrer, der in den ersten Jahren auch eine Vortragstätigkeit parallel lief. Hans Rutz führte vier Klassenzüge, wirkte lange Zeit am Lehrerseminar und die letzten Jahre als pädagogischer Berater im Auftrag des Bundes der Waldorfschulen. Neben seiner Tätigkeit als Klassen- und Sprachlehrer erteilte er nach dem zweiten Weltkrieg in der wiedereröffneten Waldorfschule den von Rudolf Steiner eingerichteten Religionsunterricht. Diese Aufgabe lag ihm besonders am Herzen. Oft bereitete er sich für eine Religionsstunde vier bis fünf Stunden lang vor. In der Oberstufe gab er einen zu selbständigem Denken anregenden Unterricht, in dem das Gralsthema, das ihn sein Leben lang beschäftigte, im Vordergrund stand.

In den Weihnachtsspielen der Lehrerschaft trat er als Adam, Gottvater, Joseph, Guter Wirt und Herodes auf. Nachdem ihn Rudolf Steiner in der Rolle des Herodes gesehen hatte, durfte er am „Dramatischen Kurs" in Dornach teilnehmen. Davon erzählte er bis in sein hohes Alter. Sein Lebensweg endete nach zwölf mal sieben Jahren, zwei Monate nach dem 84. Geburtstag, am 2. Juni 1973.

Einige charakteristische Einzelheiten seien noch hervorgehoben. Da ist z. B. die Zehn-Jahresfeier der Waldorfschule im Stadtgarten. Hans Rutz führte sein „Ritterspiel" auf, das er im Hinblick auf die pädagogische Situation in der Klasse gedichtet und das seine Frau liebevoll ausgestaltet hatte — eine von den Zuschauern mit Begeisterung erlebte

Aufführung. Da ist die Spieler-Gruppe der ehemaligen Schüler, mit der Hans Rutz jahrelang schauspielerisch arbeitete. Die Aufführungen des „Pathelin" oder des „Revisors" sind in bleibender Erinnerung.

Diese Arbeit fand ein jähes Ende durch die politische Entwicklung. Hans Rutz war ein mutiger Gegner, der in Elternabenden öffentlich vom Eintritt in die Hitler-Jugend abriet, was 1937 seine sofortige Entlassung zur Folge hatte, ein Jahr vor der behördlichen Schließung der Schule.

Wie er sich zur damaligen Regierung stellte, zeigt der Brief eines jüdischen Jugendfreundes. Besagter Freund war gezwungen, den gelben Juden-Stern öffentlich zu tragen. Er berichtet das Folgende: ... „Nie werde ich vergessen, wie Hans Rutz mit mir zusammen zwei Stunden lang auf der Kulmbacher Straße auf und ab wanderte, die Blicke der uns Begegnenden nicht sehend. So lieb mir alle anderen Erinnerungen an diesen wahrhaft liebenswerten, durch und durch rechtlichen Menschen sind, jene Erinnerung überstrahlt alle! Seine Anhänglichkeit scheute nicht das Licht der Öffentlichkeit. So harmlos das klingt, so wenig harmlos ist es in Wirklichkeit gewesen ..."

Freundschaftliche Verbindungen mit früheren Schülern bestanden noch bis in die späte Lebenszeit. Einer von ihnen schrieb zum 83. Geburtstag: „ ... Sie galten und gelten immer noch als besonders streng; dabei haben die Leute, die so etwas sagen, gar nicht gemerkt, mit welcher Strenge Sie sich selbst gegenüber gestanden haben, unentwegt, um mit solcher gestaltenden Kraft in der Klasse tätig werden zu können: Ich-gestaltend an uns! Und so habe ich nie die Strenge empfunden — und welch empfindliches Kerlchen war ich doch — sondern das, wovon Goethe sagte: ,Die Liebe herrscht nicht, aber sie bildet; und das ist mehr.' Und als diesen Bildner meiner selbst zu *mir* verehre ich Sie und liebe ich Sie — je älter ich werde, umso bewußter, klarer, eindeutiger! ..."

Hans Rutz studierte bis zu den letzten Lebenstagen das Werk Rudolf Steiners. Ein Wort, das er nicht lange vor seinem Tode aussprach, läßt erkennen, wie er, der nicht leicht am Leben trug, von Zukunftswillen beseelt war: „Wenn man sieht, was in unserer Zeit vorgeht, fühlt man die Verpflichtung, bald wiederzukommen, um für die wahren Menschheitsziele zu kämpfen."

Marianne Rutz

Wir lernten Hans Rutz seit 1924 auf den pädagogischen Tagungen kennen, wenn er lebensvoll aus seiner Klasse berichtete, die Malereien seiner Schüler zeigte, die in der Geschichts-, in der Geographieepoche entstanden waren. Die anthroposophische Menschenkunde war für ihn zum Übungsfeld geworden. Seine behutsamen Schilderungen der vier Temperamente oder einzelner Kinder, von feinem Humor durchzogen, haben auf Studenten und junge Lehrer bleibend gewirkt; hier sahen wir lebendig verkörpert die neue Gestalt des Lehrers, der durch acht Jahre seine Klasse in allen wesentlichen Fächern führt. Über den Aufbau des zweistündigen morgendlichen Hauptunterrichts einer dreiwöchigen Unterrichtsperiode in dem sogenannten Epochenunterricht, über die Einbeziehung des künstlerischen Elements in jede Darstellung haben viele von uns alles von ihm gelernt. Dazu kam die musikalische Stimmung, die immer um ihn war. Viele sind durch seine Einführungen und durch sein Klavierspiel zu Anton Bruckner geführt worden. In allen Waldorfkollegien gab es Lehrer, die während der Seminarzeit in Stuttgart in seiner Familie mitgelebt und mitmusiziert hatten und die begeistert davon erzählten. Dieser musikalisch schöpferische Mann war gegen sich von einer eisernen Strenge in der Genauigkeit seiner Unterrichtsvorbereitung. Da war alles sorgfältig aufgebaut, vom Morgenspruch über den rhythmischen Teil, der Wiederholung vom Vortag, der Neudarstellung bis zu dem Erzählstoff am Abschluß des Hauptunterrichts. Das hat bei seinen Schülern ins Leben hinein fortgewirkt.

Ernst Weißert

Die Einführungen in die Unterrichtsmethodik und -didaktik, die Hans Rutz uns gegeben hat, waren eindrucksvolle Erlebnisse. Er vermittelte uns das *Was* und *Wie* des Unterrichtens in besonderer Art. Sein Aufbau war vorbildlich klar, nie abstrakt, musikalisch bewegt, wie komponiert, alles stimmte zusammen, jede Stunde entfaltete eine neue Harmonie. Wir Seminaristen nahmen diese geistgetragene Stimmung dankbar auf, und wir begeisterten uns für die Menschenkunde. Es fehlte nie an humorvollen, ich möchte sagen, klassischen Bemerkungen, wenn Hans Rutz von eigenen Erfahrungen als Lehrer berichtete. Nach Ausführungen, die übermäßig gefühlsbetont waren und jeglicher Begründung ermangelten, korrigierte er, rückte das Beispiel zurecht und sagte: „Bitte, exakte Phantasie!". Dann, Disziplin betreffend: „Sie müssen ein pädagogischer Poseidon sein können! Die Klasse kann ruhig einmal toben, aber dann erheben Sie den Dreizack und zeigen gebieterisch damit nach unten, und sofort muß das tobende Meer sich glätten." — Wir schätzten besonders seine Kritik unserer Lehrproben. Diese Kritik war streng, aber immer aus der Sache heraus gegeben und niemals die Persönlichkeit verletzend.

Gert Guembel

305

BETTINA MELLINGER

Bettina Mellinger wurde am 11. Mai 1885 in Mannheim als Jüngste von drei Schwestern geboren. Als sie im 6. Lebensjahr stand, siedelte der Vater nach Stuttgart über. Dieser Umzug war für das Schicksal der Schwestern von großer Bedeutung. Der Vater eignete sich nicht so sehr zum Beruf eines Kaufmanns, sondern ihm lagen Interessen nahe, die sich auf Historisches und Geistiges richteten. So kam es, daß er 1904 seine Töchter auf eine Zeitungsannonce aufmerksam machte, die einen Vortrag von Rudolf Steiner ankündigte. Die Älteste, Julia Charlotte Mellinger, erlebte an diesem Tage die Lebenswende zur Anthroposophie. Der Vater wurde später Mitglied der Anthroposophischen Gesellschaft; er starb zwei Tage nach Rudolf Steiners Tod mit 72 Jahren. Bettina Mellinger hielt sich noch viele Jahre von der Anthroposophie zurück. Es lag ihr nicht, sogleich mitzumachen, was in der Familie Interesse fand.

In Stuttgart besuchte sie das Königin-Olga-Stift und trat in das Seminar des Katharinenstiftes ein. Dort begegnete ihr Ida Uhland, die später nach Berlin ging und im Kreise von Erich Schwebsch und Ernst Bindel wiederzufinden ist.

Bettina Mellinger studierte Deutsch und Englisch in Heidelberg, München und Tübingen. Kurz hintereinander legte sie die beiden Staatsexamina ab und unterrichtete an den höheren Schulen in Heidenheim und Aalen. In Heidenheim schloß sie sich 1918 dem Kreis um Alfred Meebold an und ließ sich durch diesen verehrten Mentor in die anthroposophische Weltanschauung einführen. 1922 riet ihr die älteste Schwester, bei Rudolf Steiner wegen eines Lehrauftrags an der Waldorfschule anzufragen. Sie war 37 Jahre alt. Rudolf Steiner begrüßte ihre Anmeldung und erklärte, es sei wichtig, daß ein Lehrer an die Schule komme, der in Württemberg Studium und Examen absolviert habe. So wurde sie nach den Jahren der Vorbereitung nun zu ihrer Lebensaufgabe geführt.

Als erstes ist hier die Begegnung mit dem Schularzt Eugen Kolisko zu nennen. Dieser stand damals auf der Höhe seiner Wirksamkeit. Es mag wohl kaum eine Lehrerin an der Waldorfschule gegeben haben, die solchen Wert darauf legte, daß nicht nur einige, sondern daß jedes Kind ihrer Klasse mit dem Schularzt besprochen wurde. Sie suchte daraus Anregungen für die pädagogische Führung der Kinder. Alsbald aber entwickelte sie im Umkreis des Arztzimmers eine soziale Tätigkeit, die das Talent verriet, umsichtig und unauffällig zu organisieren: Da war die Waldorfkinderspeisung, die täglich 80 Kinder versorgte; da war das Arztzimmer, das Zuschüsse für den medizinischen Bedarf brauchte; da waren die Ferienkinder-Kolonien im Welzheimer Wald und an der Nordsee, in Tirol und in der Schweiz. Wenn die Kinder in die Ferien abfuhren, stand sie am Bahnhof und prüfte alles nach Liste und Plan. Sie empfing sie bei der Rückkehr und ließ sich berichten. Dann regte sie die Arbeit im Mütterkreis an, in dem nützliche Dinge für den Schulbazar hergestellt wurden. Sie kümmerte sich um die Einrichtung eines Schülerhortes für kleinere und ältere Kinder. Das alles brauchte Spenden, — Bettina Mellinger brachte sie bei. Es war ihr Herzensangelegenheit, in dieser Weise mit dem Schularzt zusammen die helfende Tätigkeit immer weiter auszudehnen.

Von den Kollegen war ihr Caroline von Heydebrand nah verbunden. Bettina Mellinger sah in ihr ein leuchtendes Vorbild und fühlte sich von ihrer Freundschaft beschenkt. Andererseits konnte sie der Freundin im Alltag manchen Dienst tun, der dankbar angenommen wurde.

Im Unterricht war sie voller pädagogischer Einfälle. Darüber findet sich folgender Erlebnisbericht bei Albert Steffen:

„Ich erinnere mich, wie sie uns . . . zu den verschiedenen Fenstern schickte und hinausschauen ließ. Hierauf mußten wir erzählen, was wir gesehen hatten: Den Fluß, die Berge, das Feld und die vielen Häuser der Stadt. Jedes Kind durfte eine Entdeckung machen und mitteilen. Alle konnten sagen, in welcher Richtung die eigene Wohnung lag, auch wenn sie diese nicht sehen konnten. — Am nächsten Tage aber war das, was wir derart mit dem äußeren oder inneren Auge gemerkt hatten, auf der Diele ausgebreitet zwischen Lehrerpult und Kinderbänken, auf einem gewaltigen Bogen weißen Papiers, farbig ausgeführt und trotz der Verkleinerung für uns Kinder erkennbar: der blaue Strom, das braune Gebirge, die grüne Ebene und die rote Stadt. — Der Blick nach Osten, Süden, Westen, Norden war uns aufgetan. — Und was ist diese schwarze Linie? fragte die Lehrerin. Die Eisenbahn! Und jene violette Fläche? Das Meer! Denkt euch, schloß sie jetzt, ein Drache wäre über die Welt gefahren. Er habe alles, was er von oben geschaut, auf dieses Blatt gemalt und sei damit zum Fenster hereingeflogen, schaut es an! — Und als wir dies kapiert hatten, wurde die Karte an die Wand genagelt. — Die Folge war, daß ich niemals die Vorstellung gehabt habe, die den Kindern so leicht eingepflanzt und so schwer wieder ausgerottet wird, daß man nach Norden zu in die Höhe und nach Süden in die Tiefe fährt."

Mag es der Dichter selbst erlebt haben, jedenfalls hat sich diese Szene in Mellingers Unterricht so abgespielt und wird von Albert Steffen in der „Lebensgeschichte eines jungen Menschen" (1928) geschildert. Der Dichter könnte aber auch die Lehrerin angeregt haben. Gleichviel, ihr pädagogisches Vorgehen hat viele Nachfolger gefunden.

Folgenreich wurde eine Begebenheit, bei der Rudolf Steiner eingriff und die Lehrerin sich auf eine harte Probe gestellt sah. Sie hatte in ihrer Klasse ein Kind von äußerst wildem Wesen. Zudem war es meistens von unten bis oben beschmutzt, weil es in allen Winkeln herumkroch. Zu einer Beteiligung am Unterricht war das Mädchen jahrelang durch nichts zu bewegen. Bettina Mellinger bemerkte auch, daß es niemals weinte. Als sie die Eltern besuchte, fand sie die trostlosesten Zustände vor. Sie schenkte dem Kind eine Puppe, die jedoch bald mit abgeschnittenem Kopf in der Ecke lag. Da kam sie eines Abends, als das Mädchen schlafen ging, zu ihm ans Bett und schenkte ihm die „Madonna mit dem blauen Gewand" von Fra Lippo Lippi. Dabei beobachtete sie zum ersten Mal, wie das Kind mit starren Augen für einen Moment Konzentration, Ruhe und Seelenstille einhalten konnte. Nun erwartete sie Rudolf Steiner in Stuttgart, um seinen Rat zu hören, aber als er die Klasse betrat, war das Mädchen nicht anwesend. Es fehlte nämlich öfters und mußte auch an diesem Tage geholt werden. Als es, noch ungewaschen, Rudolf Steiner vorgestellt wurde, schaute er es liebevoll an und nahm es in den Arm, worauf es in Tränen ausbrach. Rudolf Steiner fragte erstaunt: „Weint sie öfters?" „Nein, eben nicht." Er gab einige Verordnungen, und der Unterricht ging weiter. In dem Verhalten des Mädchens änderte sich aber nichts, bis ein dramatischer Zwischenfall eintrat. Es war Gesangstunde, und das Kind wurde im Klassenzimmer eingeschlossen, weil es nicht mitsingen konnte und die Fachlehrer die Störung nicht mehr ertrugen. Da sahen die Mitschüler im Singsaal, wie das Kind, mit den Händen sich am Sims haltend, zum Fenster im ersten Stock heraushing. Jäh erschrocken stürzte Bettina Mellinger in den Raum und holte sie herein. Das Mädchen verhielt sich dann wieder ganz gutartig. Sie kannte die Gefahr nicht und schien nur zur Hälfte ein menschliches Wesen zu sein. Nun kam sie in die Hilfsklasse zu Dr. Schubert. Als Rudolf Steiner wiederum den Unterricht besuchte, fragte er als erstes: „Wo ist unser Sorgenkind?" „In der Hilfsklasse, ich konnte es mir selber und den Fachlehrern gegenüber nicht mehr verantworten." Darauf Rudolf Steiner: „Dieses Kind gehört zu Ihnen und in Ihre Klasse!" Bettina Mellinger hat das unruhige Mädchen oft an der Hand führen und mit ihm auf und ab gehen müssen, während sie unterrichtete. Nachdem sie diese Aufgabe bewältigt hatte, machte die Disziplin der übrigen Klasse keine Schwierigkeiten mehr. Im weiteren Gespräch mit Rudolf Steiner wurde deutlich, daß es sich um einen außerhalb der Ordnung liegenden pädagogischen Fall handle; es müsse mit pädagogischen und medizinischen Heilmitteln etwas nachgeholt werden, was sonst die Geister der Form für den Menschen tun in Bezug auf sein geistiges Wesen. In diesem Ereignis lebte für Bettina Mellinger der neue pädagogische Enthusiasmus auf. Aus dem Kind ist ein ordentlicher Mensch geworden, die Lehrerin aber hatte ihre Formkraft gefunden.

Bettina Mellingers aufrechte Gangart verriet einen bezeichnenden Wesenszug: sie machte keinen Kompromiß mit der Unwahrheit, vor allem wenn es galt, einen Fehler bei sich selbst einzugestehen. Sie war für die Kinder, deren Eltern sie alle kannte und auf deren Milieu sie ihre wache Aufmerksamkeit richtete, eine schützende Hülle und die geliebte Autorität. Daher konnte sie Pflichterfüllung von den Schülern erreichen, aus Liebe zu dem Lehrer. Das wiederum hatte zur Folge, daß die Kinder ihrer Lehrerin eine treue Anhänglichkeit bezeugten. Gegenüber den in der Öffentlichkeit wirkenden Kollegen trat sie gar nicht oder nur wenig hervor. Man muß ihre Lebensarbeit in den Herzen ihrer Schüler wiederfinden, in die sie eingeschrieben ist.

Nach der Schulschließung 1938 war sie vorübergehend in England. Dort gründete sie mit Miss Benell die Wynstones School. Während des Krieges unterrichtete sie in der Dorfschule in Unterlengenhardt, was sie mit Befriedigung erfüllte. 1946 kehrte sie an die Stuttgarter Schule zurück und führte eine Klasse, bis sie 1952 nach Murrhardt in das Altersheim ging. Noch einmal gab sie sich neuen Aufgaben hin während der fünfzehn Monate, die sie dort war. Eine Gruppe studierte mit ihr „Die Philosophie der Freiheit"; sie war der Mittelpunkt des Unterrichts für die Hauslehrlinge, die ihr praktisches Jahr absolvierten; sie richtete eine Spielergruppe ein, die Szenen aus Maria Stuart aufführte; die Weihnachtsspiele wurden einstudiert, und zur Nikolausfeier bereitete sie 70 Paketchen für die Hausbewohner vor.

Der Abschluß war wie das ganze Leben erfüllt von hingebender Tätigkeit für andere. Lehrend, bildend, Freude bereitend wirkte sie bis zuletzt. Von der Marburger Waldorfschule wurde sie noch eingeladen, zu hospitieren und zu beraten. Eine Lehrerin schrieb: „Kritisieren fiel ihr furchtbar schwer. Sie war ein Genie darin, bei anderen das Positive zu entdecken." Auf einem Elternabend sprach sie von ihrem Lehrer Rudolf Steiner, von seiner Größe und ihrer Verehrung für ihn.

Es geschah mit schlichten Worten, die einen tiefen Eindruck hinterließen.

Was Bettina Mellinger als ihre Eigenheit fühlte, war von einer inneren Bescheidenheit umhüllt und mit einem ergebenen Liebeswillen verwoben. Sie war immer bereit, von ihrem Selbstgefühl etwas hinzugeben, ja, ein ursprünglicher Opfertrieb lebte in ihr. Dadurch hatte sie als Lehrerin die Fähigkeit, Keime in anderen entstehen zu lassen und das Werdende zu fördern. Sie war deshalb auch so geeignet zur kollegialen und zuverlässigen Zusammenarbeit: Eher selbst verschwinden als den anderen in seinem Wert und Selbstgefühl zu beeinträchtigen. Daher rührte ihre Befähigung zu den sozialen Tätigkeiten, die sie voller Energie neben ihren Schulpflichten übernahm. Sie besaß seelische Züge, die urbildhaft verkörpert sind in jener Gestalt, die als Astrid durch die Mysteriendramen geht: „die Leidbeladenen, die Glück Erflehenden" erquickend aus „der Seele Opfertrieb". Einer ihrer jüngeren Kollegen konnte sagen: „Durch Bettina Mellingers Seele blickten wir unmittelbar in die frühere Waldorfschule hinein."

Im August 1953 sagte sie zu einem Besucher: „Ich werde mich schwer vom Leibe lösen", wissend, daß jetzt bald der Augenblick gekommen sei, der am 24. Oktober eintrat.

Das letzte Erlebnis, war die Einweihung des neuen Stuttgarter Schulhauses. Am 12. September schrieb sie darüber: „Die neu erstandene Schule hat mich tief bewegt. Überall gehen meine verstorbenen Kollegen mit; wo ich ging und stand, waren sie da. Es war ein Jubel in mir, und ich hatte dauernd das Gefühl, daß ich schon in meiner neuen Inkarnation lebe und alle meine lieben Kollegen wieder um mich sind und Dr. Steiner bei uns ist." Für einen Augenblick blitzte die Zukunft in ihrem Erinnerungsspiegel auf. Das Vorgefühl einer gemeinsamen Initiative ist ihr Vermächtnis.

Gisbert Husemann

Das Leben hat mich zu enger gemeinsamer Arbeit mit Bettina Mellinger verbunden, denn wir konnten von 1922 bis 1937 Parallelklassen führen. Was an ihrem Wesen so stark berührte, war die innere Bescheidenheit, die Wahrhaftigkeit gegen sich selbst und gegen andere und eine warmherzige Menschlichkeit. Bezeichnend für ihre Seelenhaltung ist eine Bemerkung, die sie in einem der letzten Briefe über ihr Verhältnis zu einem Menschen machte, mit dem sie das Schicksal zusammengeführt hatte. Sie gibt darin dem Schmerz Ausdruck, daß ihr dieser Mensch ein Fremder geblieben sei, und fährt fort: „Natürlich liegt es an mir, daß ich seine Welt nicht erreichen kann, aber vielleicht kommt es noch —".

Sie besaß die seltene Lebenskunst, niemals die Grenzen dessen zu überschreiten, was ihr möglich war. Bei der Führung ihrer Klassen wirkte sich ihre Mütterlichkeit segensvoll aus, mit der sie sich der schwachen Kinder annahm. Ihre Schüler haben sie geliebt und lieben sie heute noch. Da entstehen wirkliche Freundschaftsverhältnisse, sagte sie selbst darüber. Einem unserer Freunde ist es begegnet, daß ihm ein Taxifahrer begeistert von Fräulein Mellinger erzählte und von ihr wie von einer Mutter sprach. Sie war sozial von Natur, aus der Kraft ihres Herzens.

Es war uns vergönnt, Bettina Mellinger wenige Tage vor ihrer Erkrankung in Murrhardt zu besuchen und mit ihr und ihrer Schwester Stunden zu verleben, über denen der milde Glanz einer gelösten Heiterkeit lag. Sie hatte nicht nur Todesahnungen, sondern sie drängte geradezu hin zur Schwelle. Schon im August schrieb sie von ihrer Sehnsucht nach der anderen Welt: „Bei mir wird die Sehnsucht immer dringender . . . Aber wenn wir noch ein bißchen hier aushalten müssen, dann dürfen wir dankbar sein, wenn es in Gesundheit geschieht." Das Schicksal hat ihr diesen Wunsch erfüllt. Ein langes Krankenlager blieb ihr erspart, und der Tod kam zu ihr als Freund. Wie es ihrer harmonischen Persönlichkeit entsprach, offenbarte ihr Sterben das reine Bild des Todes: ein langsames Ausatmen, ein friedvolles Einschlafen.

Hans Rutz

Am 15. Oktober 1953 kam Bettina Mellinger von einer Autobusfahrt zu einem unserer neu entstandenen Kinderheime zurück. An diesem Abend ging sie nicht mehr von Haus Hohenstein zur Zweigarbeit nach Murrhardt. In der Nacht konstatierte der Arzt einen Schlaganfall, und am Morgen lag ein Zug großer Entschlossenheit auf ihrem reglosen Gesicht. In den neun Tagen, die sie noch durchatmete, umgeben von der Liebe und Sorge ihrer Freunde und einstigen Schüler, war nur noch ein gelegentliches Murmeln und Lächeln wahrzunehmen, dann und wann auch die Geste des Deutens, als riefe sie vom Pult herunter wie zur Zeit ihres Wirkens.

Zweieinhalb Tage und drei Nächte brannten die Kerzen in der Kapelle des Hohenstein und saßen die Weggenossen wachend bei der irdischen Hülle. Der entschlossene Zug auf ihrem Gesicht war verschwunden, lauschend neigte es sich zur Seite, verklärt nach einem Leben, das von Arbeit, Treue und Liebeskräften erfüllt war.

In jener Woche, als Bettina Mellinger starb, hatte sie nicht in Murrhardt, sondern in Chartres sein wollen. Ein äußeres Geschehnis verhinderte die Fahrt. So galten ihre letzten Wünsche den großen Platonikern des Mittelalters, und in dieser Sehnsucht breitete ihre Seele die Flügel aus. Nicht auf Erden, in den Spuren der Vergangenheit, konnte sie das Gesuchte finden, sondern im Reich des Lebendigen und der Wiederkehr wird es ihr begegnen.

M. J. Krück von Poturzyn

ANNA FRIEDA NAEGELIN

In der Lehrerkonferenz vom 10. Mai 1922 sagte Rudolf Steiner: „Wir denken als neue Lehrer zu engagieren: Fräulein Mellinger, Fräulein Bernhardi, Fräulein Naegelin..." Schon am 15. Juni 1922 übernahm Frieda Naegelin die Klasse, die bis dahin Elisabeth von Grunelius geführt hatte. Damals wurde der Schuljahresbeginn stufenweise von Herbst auf Ostern verlegt; daher begann das Schuljahr 1922/23 nach den Pfingstferien, nachdem die Lehrer vom Wiener West-Ost-Kongreß zurückgekehrt waren.

Die Klasse, die Frieda Naegelin dann fünf Jahre lang führte, war eine der guten alten Waldorf-Astoria-Klassen, denn „Prominenten"-Kinder gab es so gut wie nicht, sie fanden sich alle in der Parallel-Klasse. Eine Ausnahme war die Tochter des amerikanischen Universitätsprofessors und späteren Vorsitzenden der Anthroposophischen Gesellschaft in Amerika. Für den Vater mag es ein Vertrauensentschluß gewesen sein, die einzige Tochter über den Ozean zu Fräulein Naegelin zu schicken, um sie mit Tabakarbeiter- und Lohnkutscherkindern erziehen zu lassen.

Fräulein Naegelin, Mitglied der Anthroposophischen Gesellschaft seit 1916, war eine jener Lehrerpersönlichkeiten, die — wie ihre gleichzeitig berufenen Kolleginnen — wenig von sich reden machten und sich ganz auf die pädagogische Arbeit konzentrierten. „Hervorgetreten" ist sie nur als Pagi im Dreikönigsspiel 1923, mit einem Aufsatz in dem Mitteilungsblatt „Die Freie Waldorfschule", dem Vorläufer der Zeitschrift „Erziehungskunst", und wenn ich mich recht entsinne, mit einem Referat auf einer Erziehungstagung. Rudolf Steiner besuchte unsere Klasse einmal während einer Deutschstunde, als Fräulein Naegelin an der Wandtafel mit einem nach rechts blickenden Profil den Blick in die Zukunft anschaulich machte. Jahrzehnte später erzählte sie mit innerem Stolz, daß Dr. Steiner hinterher gesagt habe: In dieser Klasse werde pädagogisch gut gearbeitet, während in der Parallelklasse doziert würde. Frieda Naegelin muß mehrere wichtige Begegnungen mit Rudolf Steiner gehabt haben, war aber — im Gegensatz zu ihrer Freundin Martha Haebler — nicht zu bewegen, Aufzeichnungen darüber zu machen oder auch nur davon zu erzählen.

Im Frühjahr 1926 heiratete Frieda Naegelin den holländischen Waldorflehrer Jan van't Hoff, dem sie aber erst nach Holland folgte, nachdem sie Ostern 1927 ihre achte Klasse zu Ende geführt hatte. Durch den Abgang der meisten Arbeiterkinder schrumpfte die Klasse so sehr, daß sie mit dem neunten Schuljahr in die beiden Parallelklassen aufgeteilt wurde. Die Klassengemeinschaft verlor ihre Identität, und daher war Frau van't Hoff bei ihren späteren Besuchen in Stuttgart bald zum Fremdling geworden. Ihr Schwabengemüt konnte in Holland nie recht heimisch werden; sie hat viel Schmerzliches durchgemacht. Die letzten Monate ihres Lebens verbrachte sie, von Krankheit gequält, im Altersheim der Christengemeinschaft in Zeist. Noch bei meinem letzten Besuch im Jahre 1969 blickte sie dankbar auf den Höhepunkt ihres Lebens zurück: die fünf Jahre an der Stuttgarter Waldorfschule.

Von der Gediegenheit ihrer pädagogischen Arbeit zeugt der genannte Aufsatz, in dem sie die „vorbereitende Stimmung zum Naturgeschichtsunterricht" folgendermaßen charakterisiert: „In vergangenen Daseinsformen war der Mensch mit der Erde verbunden. Er ist es auch heute, wo die Materie seines Leibes von der ihrigen gesondert ist bis zum Tode, wie der Tropfen vom Meer. — Aber in alle Zukunft hinein einigt sich ihr nur, wer in sich selbst die Keime des Sonnenhaften entdeckt, pflegt und von Stufe zu Stufe zur Ausgestaltung bringt; denn aus Sonnenkräften formt sich der Menschengeist und schafft aus ihnen seine höchsten Wirkensziele in einer neuen Moral, die durch befreiende Liebe und liebende Freiheit die Materie des eigenen und die des Erdenleibes erlöst. — Durchdrungen von diesen Gedanken, versuchen wir im Unterricht das Stoffliche so zu vermitteln, daß eine Stimmung in den Kinderseelen erwacht, die sie vor materialistischem Denken und Empfinden schützt."

Hans Berlin

GERTRUD BERNHARDI

Gertrud Bernhardi wurde am 31. Juli 1885 in Leipzig geboren. Der Vater war Architekt und hatte als Königlich Sächsischer Landbaumeister eine Dienstwohnung in der alten Pleißenburg. Dort verbrachte Gertrud mit ihrem älteren Bruder und zwei jüngeren Schwestern die ersten Lebensjahre. Die zu Wohnzwecken umgebaute Pleißenburg beherbergte damals auch die Kunstakademie, an der sich schon der junge Goethe als Schüler von Oeser ausgebildet hatte. Von der Wohnung aus konnten die Kinder den weitläufigen Burghof überblicken, auf dem die Soldaten ihre Exerzierübungen machten.

Gertruds Schulzeit begann in Dresden, wo der Vater seit 1889 als Baurat wirkte. Einige Jahre später wurde ihm die Leitung des herzoglichen Bauamtes Sachsen-Altenburg übertragen, worauf die Familie nach Altenburg verzog. Dort besuchten die Töchter das Karolinum, die höhere Mädchenschule, an der ein reges, von der Landesuniversität Jena impulsiertes Leben herrschte. Sie fühlten sich wohl in dieser Schule und in der malerischen thüringischen Residenz mit ihrem charakteristischen Schloß, das mitten in der Stadt auf einem Felsen steht. Gertrud lernte gern und leicht. Als ihre zeichnerische Begabung hervortrat, rieten die Lehrer zur Ausbildung in der Malerei, aber die Eltern lehnten den Vorschlag ab. So entschloß sich Gertrud am Ende ihrer Schulzeit für den Lehrberuf. Die erzieherische Tätigkeit hatte sie von jeher angezogen.

Zunächst absolvierte sie einen Turnlehrerinnen-Kursus und trat dann in das Lehrerinnen-Seminar ein, das sogenannte Gouvernanten-Institut Droyssig bei Zeitz in Sachsen, wo sie 1905 die Schlußprüfung bestand. Seitdem unterrichtete sie in Leipziger Volksschulen und zwar auf allen Klassenstufen. Als im Jahre 1910 fremdsprachliche Kurse für begabte Volksschüler eingeführt wurden, ergriff sie diese Aufgabe. Sie vertiefte ihre Sprachkenntnisse durch einen halbjährigen Aufenthalt in Frankreich und trieb englische Studien. An der Leipziger Kunstakademie belegte sie Malkurse und nutzte außerdem die vielseitigen Bildungsmöglichkeiten der Universitätsstadt, um ihre pädagogische Arbeit besser leisten zu können.

Im Jahre 1918 veranstaltete der „Nationale Frauendienst"dramatische Spiele, welche die Bevölkerung von der Not der Kriegszeit ab-

lenken sollten. Er berief den Schauspieler Gottfried Haaß-Berkow, der das Paradeis- und Christgeburtspiel von Oberufer und das Spiel um Theophilus mit Laien einstudierte. Gertrud beteiligte sich und fand durch die Begegnung mit Haaß-Berkow zur Anthroposophie.

Sie war 33 Jahre alt und für die Aufnahme des Neuen vorbereitet. Seit langem hatte sie sich mit den Reformproblemen der Pädagogik befaßt und selbst die Gründe und Zusammenhänge studiert, aus denen die Kämpfe um eine Neugestaltung der Schule hervorgingen. Im Rückblick auf diese Lebensphase schreibt sie: „Während ich versuchte, die verschiedenen Reformvorschläge praktisch zu erproben und für mich einen gangbaren Weg zu finden, lernte ich die Geisteswissenschaft Rudolf Steiners kennen. Ich fand hier die tiefsten psychologischen Aufschlüsse über die Natur und Entwicklung des Kindes, die pädagogischen Folgerungen aber so umfassend und klärend, daß ich mich eingehend damit beschäftigten mußte und der Wunsch daraus entsprang, auf dieser Grundlage an der Freien Waldorfschule in Stuttgart arbeiten zu können."

Nachdem sie alles erreichbare Studienmaterial durchgearbeitet hatte, ließ sie sich im Sommer 1922 vom sächsischen Schuldienst beurlauben, um an der Stuttgarter Schule zu hospitieren. Da sie langjährige Unterrichtserfahrung hatte, wurde sie sogleich in die praktische Schularbeit einbezogen. Als das Urlaubsjahr abgelaufen war, gab sie ihre staatliche Anstellung auf, und Rudolf Steiner entschied sich für ihre Mitarbeit im Stuttgarter Kollegium. Die Jahre, die sie unter seiner Leitung tätig war, betrachtete sie als den Gipfel ihres Lebens; sie bilden die Mitte ihrer Biographie. Gertrud war in Dornach anwesend, als das Goetheanum während der Silvesternacht 1922/23 in Flammen aufging, und an den Tagen, als sich die Mitglieder der Anthroposophischen Gesellschaft versammelten, um Rudolf Steiner das letzte Geleit zu geben.

Bis 1937 wirkte sie als Klassenlehrerin an der Stuttgarter Schule. Dann übernahm sie eine Tätigkeit als Hauslehrerin. Als ihr Vater 1940 in Leipzig starb, kehrte sie in die Heimat zurück, um die Mutter zu betreuen. Sie trat auch wieder in den städtischen Schuldienst ein, wo sie im Sinne der Waldorfpädagogik zu unterrichten versuchte. Die Neuordnung des sächsischen Schulwesens im Jahre 1948 nahm sie zum Anlaß, eine Denkschrift über Waldorfpädagogik beim Unterrichtsministerium einzureichen und den Antrag zu stellen, eine Waldorfschule in Leipzig einzurichten, was natürlich abgelehnt wurde.

Nach ihrer Entlassung aus dem Schuldienst richtete sie Malkurse für Kinder und Erwachsene ein. Sie pflegte die Beziehung zu dem Kollegium in Stuttgart, das ihre geistige Heimat geworden war, und besuchte die pädagogischen Sommertagungen, so an ihrem 80. Geburtstag und zum letzten Male 1968. Dann ließen ihre Kräfte nach, und sie mußte das Reisen aufgeben. Nach längerer Krankheit überschritt sie am 7. Februar 1975 im 90. Lebensjahr die Schwelle des Todes.

Therese Bernhardi

FRITZ GRAF VON BOTHMER

Fritz Graf von Bothmer wurde am 21. Dezember 1883 in München geboren. Die Vorfahren waren Offiziere, der Vater Hauptmann im Generalstab. Die Laufbahn brachte Versetzungen mit sich, die Familie zog von München nach Nürnberg und später nach Berlin. Die Ferien verbrachte Fritz immer auf Schloß Bothmer, dem Familiengut in Mecklenburg. Als der Vater zum Oberst befördert und wieder nach München versetzt wurde, besuchte der Knabe mit seinen beiden älteren Schwestern die Luisenschule. In München kam auch sein Bruder zur Welt.

Mit vierzehn Jahren trat Fritz in die königliche Pagerie ein, damals eine selbstverständliche Form standesgemäßer Erziehung des Adels. Der Junge ging nicht gerne dorthin. Drill und Etikette waren an der Tagesordnung, und sein so anders geartetes Wesen hatte einen schweren Stand im Kreis der Kameraden. An den Sonntagen durfte er nach Hause, aber dort gab es kein freudiges Ausspannen, denn der Vater lag schwer krank. Angenehmer waren die Besuche bei der Großmutter, Jedoch entbehrte er das väterliche Element. In der Pagerie wurden jährlich mit den jungen Leuten Reisen im In- und Ausland unternommen, und so lernte Fritz Deutschland, Belgien und Italien kennen. Nach Ablauf der vorgeschriebenen Dienstjahre wurde er Fähnrich im Leibregiment. Der junge Offizier war ernst und gewissenhaft im Dienst und behandelte seine Soldaten wie ein Vater. An seiner Aufgabe interessierte ihn besonders die pädagogische Seite, und seine Erzieherbegabung zeigte sich beim Ausbilden der Rekruten. Er war eine sich selber führende Persönlichkeit, rauchte und trank nicht, was in seinem Millieu schwer durchzuhalten war. 1904 wurde er zum Leutnant befördert. Damals lernte er auch durch den Zuspruch der Mutter die Anthroposophie kennen.

Noch im ersten Jahrzehnt dieses Jahrhunderts hatte ich die erste Begegnung mit Fritz von Bothmer in München. Bei den Vorträgen Rudolf Steiners, die in den Prinzensälen des Cafe Luitpold stattfanden, fiel eine in Haltung und Gesinnung aufrechte Erscheinung auf. Es war der Leutnant im Leibregiment Graf Bothmer. Jahrelang gingen wir wortlos aneinander vorbei. Erst der Weltkrieg führte uns in Péronne an der Somme überraschend zusammen. Dort war ich mit Hanns

Strauss, der später unser Kollege an der Waldorfschule wurde, als Sanitäter eingesetzt, als eines Tages an der Spitze seiner Kompanie, hoch zu Roß, Graf Bothmer mit seiner Truppe in Ruhestellung einrückte. Die Beziehung, die nun entstand, vertiefte sich bald zu einer freundschaftlichen Verbundenheit für das ganze Leben.

Nach dem Ausgang des Krieges mußte sich Graf Bothmer eine neue Lebensstellung suchen. Er absolvierte eine Handelsschule und wollte eine Buchhandlung aufmachen. Als aber die Reichswehr gegründet wurde, überkam ihn wieder die Freude an der Menschenführung, und er stellte sich als Hauptmann zur Verfügung. Nach verschiedenen Garnisonswechseln gelangte er schließlich nach Lindau. Der Kasernenbetrieb sagte dem ehemaligen Frontoffizier jedoch nicht zu. Da beschloß er, in einem der Lietzschen Landerziehungsheime mitzuarbeiten. Doch die Verhandlungen scheiterten, weil Fritz von Bothmer kein Universitätsstudium hatte.

Zu dieser Zeit suchte Rudolf Steiner nach einem Turnlehrer für die Waldorfschule. Ich schlug ihm Graf Bothmer vor und hatte den Eindruck, daß er mit Befriedigung zustimmte. So wurde Ostern 1921 der Freund nach Stuttgart gebeten. Allerdings wußte er nicht, welcher Auftrag ihm zugedacht war. Zunächst gab es ein Hindernis, weil er durch einen Manöverbefehl in Lindau festgehalten wurde. Doch ein heftiger Schneesturm führte zur Absage des Manövers, und Graf Bothmer reiste nach Stuttgart. Als er erfuhr, daß ihm der Turnunterricht angetragen werden sollte, war er höchst überrascht. Rudolf Steiner gab ihm eine Bedenkzeit von wenigen Wochen. Nach Ablauf der Frist erschien Graf Bothmer vor Dr. Steiner mit der Frage: „Aber wie soll ich mich denn darauf vorbereiten?" Die Antwort Dr. Steiners lautete: „Freuen Sie sich!" So kam der ehemalige Offizier als Turnlehrer an die Freie Waldorfschule.

Mit Begeisterung und Ausdauer übernahm Bothmer seine neue Aufgabe. Es war für ihn nicht leicht, mit den wenigen Hinweisen Dr. Steiners etwas Neues aufzubauen. Aber es gelang allmählich, Weg und Ziel selbständig zu finden. Dabei kam ihm die beglückende Erinnerung an die Kunsteindrücke zu Hilfe, die er auf einer Reise nach Griechenland aufgenommen hatte. Im Anschauen der künstlerischen Gesetzmäßigkeit griechischer Plastik und Architektur fühlte sich unser Freund wie beheimatet. Diese Erlebnisse flossen jetzt mit der neuen Aufgabe zusammen. Mit künstlerischem Sinn wuchs die Bothmersche Gymnastik heran. Ein weites Betätigungsfeld an der Schule, ja, für die ganze pädagogische Bewegung schuf er sich durch seine Arbeit. Später gehörte Graf Bothmer zum Kollegium der Religionslehrer und beteiligte sich an den damit verbundenen Kulthandlungen für die Schüler.

Wenn Rudolf Steiner die Waldorfschule besuchte, kam er auch in den Turnunterricht. Bothmer erzählte, daß er genau zuschaute, aber nicht in den Unterricht eingriff, alles gelten ließ und zum Abschluß ein freundlich ermunterndes Wort sprach. Als die Schüler einmal auf der hohen waagrechten Leiter freihändig gehen mußten, war Rudolf Steiner durchaus einverstanden. Er sagte: „Ja, das fördert die moralische Haltung der Kinder." Dann zeigte er selbst eine Übung an der steilen Leiter: die Holme mit den Händen und beiden Knien umfassend, zog und schob er sich aufwärts. „Die Beine sollen die gleiche Bewegung machen wie die Arme", sagte er, während er im Gehrock an der Leiter hing. — Zum Bild von Bothmers Wirksamkeit gehört auch seine Verkörperung des Blauen Königs im Oberuferer Dreikönigsspiel. Kraft und Würde dieser Gestalt sind unvergessen.

Das Heraufkommen des Nationalsozialismus traf unsere Waldorfschule schwer. Graf Bothmer hatte in Selbstüberwindung und auf dringende Bitte des Kollegiums den behördlich angeordneten Posten eines „Leiters" der Schule übernommen. Es war ein mühevoller und zugleich gefährlicher Auftrag. Bewundernswert bleibt es, in welch aufrechter Menschlichkeit und Männlichkeit er bemüht war, diese heikle und undankbare Aufgabe auszuführen. Als dann zu Ostern 1938 die Schule auf ministerielle Anordnung geschlossen werden mußte, hatte er bei der Schluß- und Abschiedsfeier vor den Eltern, Schülern und Freunden zu sprechen. Seine bekenntnishaften Worte waren so erfüllt von seinem Menschentum und vollkommen in der Formulierung, daß alle Anwesenden diese Stunde als ein unvergeßliches Vermächtnis erlebten. Wir hatten den Eindruck, daß unter Beteiligung aller Kollegen durch Graf Bothmer die Substanz der Schule wie ein unangetasteter Keim den geistigen Mächten wieder übergeben worden sei, von denen Rudolf Steiner sie beim Gründungsakt empfangen hatte. So vollzog sich ein geistiges Geschehen von historischer Bedeutung. Kraftvoll stand Karl Schubert Graf Bothmer zur Seite. Er verglich das Geistesleben der Schule mit einem Strome, der plötzlich von der Oberfläche verschwindet, um mit unverminderter, ja verstärkter Kraft eines Tages wieder hervorzubrechen. Diese prophetischen Worte gingen im Herbst 1945 mit der Wiedereröffnung der Stuttgarter Waldorfschule in Erfüllung.

Ein Jahr nach dem Verbot der Waldorfschule zeigten sich erste Symptome der schweren Erkrankung Graf Bothmers. Er suchte ein Sanatorium in Salzburg auf, aber es blieb wenig Hoffnung auf die Erhaltung seines Lebens. Als das Ende nahte, erkundigte er sich nach seinen Freunden. Er hatte den Wunsch, mir noch einmal zu begegnen. Sofort fuhr ich in Begleitung meiner Frau nach Salzburg. Der Abschied von dem Freunde hatte etwas tief Erschütterndes und zugleich auch Erhebendes. Ein ritterlicher Mensch, ein Sterbender und schon ein geistig Auferstehender teilte, jenseits der Erdenschwere, seine Seele in Warmherzigkeit mit. Er trug uns auf, einen innigen Dank all denen zu sagen, die ihm helfend und verständnisvoll im Leben begegnet waren. Beim Abschiednehmen waren seine letzten Worte: „Wenn es denn sein muß, — dann fröhlich, fröhlich!"

Max Wolffhügel

Ich saß im Konferenzzimmer der Waldorfschule. Es war spät abends, und alle Kollegen hatten ihre Arbeit beendet und waren heimgegangen. So saß ich allein, vertieft in die Vorbereitung meiner Geschichtsstunde des nächsten Tages.

Da öffnete sich die Tür, und Graf Bothmer trat herein. „So spät noch an der Arbeit", sagte er, „die andern sind schon lange fortgegangen." „Ja," sagte ich, „ich habe noch nicht alles beisammen, was ich für morgen brauche." „Morgen", sagte er, „es ist schon morgen".

Und dann sagte er nachdenklich: „Was für ein anderer Mensch Sie doch sind, als ich bin. Bei Ihnen wird alles Gedanke, und bei mir geht alles in die Glieder. Ich glaube", sagte er, „ich muß ein Saturnmensch sein, denn bei mir geht alles so langsam. Es braucht lange Zeit, bis ich zu Resultaten komme, und wenn sie endlich da sind, sind es nicht Gedanken, sondern kosmische Bilder, die ich verehrend betrachte. Und wenn ich so in Verehrung mich diesen Bildern hingebe, dann drängt sich mir, was ich so fühle, in die Gebärde und gießt sich in die Glieder. Sehen Sie, so zum Beispiel":

Und er kniete nieder, bog den Oberkörper rückwärts und streckte die Arme vorwärts, den einen mehr, den andern weniger, beide nach vorne und oben.

„Sehen Sie diese Geste? Das ist die Figuration der Gänge in der großen Pyramide und der Weg der Seelen, die sich vom Leibe lösen."

Da kniete er wie ein ägyptischer Priester, Ehrfurcht im Antlitz und sagte: „Ich habe keine Gedanken."

Und ich ging auf ihn zu und nahm seine Hände und richtete ihn auf und sagte: „Danke, lieber Graf, danke." Er ging, und ich setzte meine Arbeit fort.

Walter Johannes Stein

325

Indem ich versuche, mich an die Gymnastikstunden und an unseren Lehrer Graf Bothmer zu erinnern, muß ich mich am Schreibtisch zuerst einmal aufrichten; denn so begann und endete jede dieser Stunden: mit der einfachsten und wichtigsten Übung, der aufrechten Grundhaltung. Rechts von Graf Bothmer standen die Buben in einem offenen Rechteck, links die Mädchen.

Man sah auf die hohe Gestalt des Lehrers hin, auf seine straffe und doch gelöste Haltung. In seiner Sprache und im Blick lebten eine besondere Richtkraft. Er sprach langsam, kaum ein Wort zuviel, suchte sogar manchmal das passende, aber dann saßen seine Worte wie Speerwürfe, doch voller Liebe. Ebenso traf der Blick. Die Sprache hatte einen kräftigen Klang, so daß man beim Hören meinen konnte, der eigene Brustkorb würde mitschwingen. Interessant war es, von der Seite her zu beobachten, wie er den Kopf geradeaus im Gleichgewicht trug. Sein Gang hatte etwas Federndes, Frohbeschwingtes. Der Enthusiasmus und die Gleichgewichtskräfte des Lehrers durchdrangen den Unterricht.

Empört konnte er sein, wenn er „Drückebergerei" bemerkte: so als einige, weil es einmal nach Regen aussah, den Sportnachmittag versäumten. Hochaufgerichtet kam es ruckweise aus seinem Munde: „Entweder es ist Sportnachmittag, oder es ist nicht Sportnachmittag. Und wenn Sportnachmittag ist, dann wird gekommen, und wenn es . . . Spitzbuben regnet!"

Am Anfang der Mittelklassen begleitete ein Vers, von Graf Bothmer melodisch und im Takt gesprochen, die Übungen: „Wir haben uns ein Haus gebaut . . ." begann es. In die Höhe und in die Weite streckte und dehnte man dazu das eigene Leibeshaus.

In den Oberklassen empfand man die Verwandtschaft dieses Unterrichtes zur Geometrie. Die Kräfte des umgebenden Raumes fühlte man auf sich einwirken, und man antwortete mit dem Willen durch die Bewegung. Ein Herausgliedern seiner selbst und ein kräftiges Sich-Verbinden mit der räumlichen Umwelt, zwischen diesen Polen schwangen die Übungen. Ein anderes Erlebnis war die Empfindung der Schwerkraft im Leibe. Kaum war sie durch den „Fall in den Punkt" bewußt gemacht, wurde sie durch eine einrollende Bewegung, in der sich die Gegenkraft staute, und durch ein kräftiges Emporschnellen überwunden. Dies alles wirkte wie ein verstärktes gesundes Erwachen. Nach der Stunde war man nicht bloß frischer und wärmer geworden als sonst nach körperlicher Betätigung, sondern der größte Gewinn war das Aufwachen des eigenen Inneren am Widerstand des Leibes. Was sich jetzt begrifflich aussprechen läßt, war nach solchen Gymnastikstunden als Gefühl immer vorhanden. So ist es Graf Bothmer gelungen, die Gymnastik zu einem wahren Erziehungsmittel zu machen: Die Bildung des Leibes und das Erwecken des Bewußtseins waren in den Übungen verbunden.

Rudolf Braumiller

MARGARETE DÄHNHARDT

Als im vierten Schuljahr neue Parallelklassen eingerichtet wurden, trat Margarete Dähnhardt in das Lehrerkollegium ein. Sie gehörte zu den ersten, die den Weg von der Kunsteurythmie zur Heileurythmie gingen, nachdem Rudolf Steiner 1921 die Grundlagen entwickelt hatte. Außer ihrem Eurythmieunterricht gab sie Heileurythmie, was eine enge Zusammenarbeit mit dem Schularzt Dr. Kolisko begründete.

Frau Dähnhardt war unsere Eurythmielehrerin von der ersten bis zur achten Klasse. Wir fühlten uns wohl bei ihr, weil sie uns mit sicherer Hand führen konnte. Wenn sie zum Beispiel beim dreiteiligen Schreiten den Bewegungsablauf beobachtete, erkannte sie sogleich, woran es dem einzelnen fehlte, denn sie hatte sich durch Studium und Anschauung die Fähigkeit zu vertiefter Wahrnehmung erworben. Es gelangen ihr pädagogische Kunstgriffe, die wie eine Therapie wirkten. Einmal kurierte sie ein zappeliges Brüderpaar, indem sie es veranlaßte, eine eurythmische Humoreske auszuarbeiten, die in der Monatsfeier gezeigt wurde. Die beiden führten, an der Rampe aufgestellt, die starren, lebhaften Bewegungen des Hampelmanns aus, der an der Schnur gezogen wird. Die Nummer hatte nicht nur einen großen Heiterkeitserfolg, sondern auch die erhoffte pädagogische Wirkung.

Als wir älter wurden, erläuterte uns Frau Dähnhardt die holzgeschnitzten Eurythmiefiguren und beantwortete unsere Fragen nach den Gesetzmäßigkeiten der neuen Bewegungskunst. Sogar Arbeitsgemeinschaften über eurythmische Formenlehre kamen zustande, an denen auch Schüler anderer Klassen teilnahmen. So wurden wir im Lauf der Zeit mit dem Wesen Eurythmie bekannt und befreundeten uns mit ihm für unser ganzes Leben.

Die Erinnerung an Frau Dähnhardt bewahrt das Bild einer stattlichen Erscheinung mit fließenden Gewändern. Mütterliche Wärme und ätherische Fülle breiteten sich um sie aus. Wir spürten, daß ihre Wahrnehmung durch die schmalen Hände bis in die Fingerspitzen hineinströmte, und tauchten willig in den Fluß der eurythmischen Bewegung ein.

Die ehemaligen Schüler empfinden herzliche Dankbarkeit für die Gründlichkeit, Klarheit und Geduld, die ihren Unterricht auszeichnete, und für den künstlerischen Schwung, den sie auch dem Zögernden mitteilen konnte.   *Fritz Burgstaller*

Wenn Margarete Dähnhardt die Kinder zur Heileurythmie erwartete, wirkte die heitere, mütterliche Art schon heilend, mit der sie ihre Patienten begrüßte. Meist faßte sie größere Gruppen zu ähnlichen Übungen zusammen, so daß viele Kinder den Segen der Heileurythmie empfingen. Häufig übten auch verschiedene Gruppen gleichzeitig im selben Raum, was in der Regel während der Pausen geschah. Aus dieser Arbeit erwuchsen intime menschenkundliche Einsichten, die Frau Dähnhardt in den Kinderbesprechungen der Lehrerkonferenz vortrug. Dadurch knüpfte sich auch ein Band des Vertrauens zu den jüngeren Kollegen, denen sie über die Anfängerschwierigkeiten hinweghalf und den Mut stärkte.

Als der zweite Weltkrieg zu Ende ging, nahm Frau Dähnhardt gemeinsam mit Karl Ege in Laufenburg am Oberrhein eine pädagogische Tätigkeit auf. Dort war durch Initiative der Familie Maier-Smits eine Oase anthroposophischen Lebens entstanden. Mit Freude und Schwung unterrichtete Frau Dähnhardt eine Kinderschar in Französisch, Englisch und Musik, während Karl Ege Hauptunterricht gab. Lory Maier-Smits, die erste Eurythmistin, betreute mit einer anderen Künstlerin den Eurythmieunterricht. Im kollegialen Miteinander bildete sich der Keim einer Waldorfschule. Die Kinder und Jugendlichen lebten den Rhythmus der Jahreszeiten in festlichen Ereignissen mit, die etwas vom Charakter der Monatsfeier hatten. So wurde für sie die Zeitspanne bis zum Wiederbeginn der Stuttgarter Waldorfschule überbrückt.

Höhepunkte der anthroposophischen Arbeit waren die Begegnungen mit den Gästen des Hauses Maier-Smits, zu denen Professor Sabaschnikoff und seine Schwester, die Malerin Margarita Woloschin, Rechtsanwalt Krück und seine Frau, die Schriftstellerin M. J. Krück von Poturzyn, zählten. Im gemeinschaftlichen Erkenntnisringen entsprang die Kraft, die durch ein dunkles Zeitschicksal hindurchtrug und das pädagogische Tun befeuerte.

Irmela Beck

ELISABETH HOFMANN

Als ich im Herbst 1926 in die dritte Klasse der Stuttgarter Waldorfschule eintrat, war die Klassenlehrerin Fräulein Hofmann — nach
ihrer Eheschließung Frau Busch — schon mehrere Monate krank. Obwohl sie noch bis Ostern fehlte, empfand ich im Zusammenhalt der
Klassengemeinschaft ihre geistige Anwesenheit. Ich erlebte eine Ge-
schlossenheit und Ordnung, die ich in der Rückschau mit einem wohl-
gestimmten Instrument vergleichen möchte, das auch in Abwesenheit
des Meisters seine Stimmung hält. Da ich Fräulein Hofmann nicht
kannte, war für mich ihre Rückkehr nach den Osterferien ein langer-
wartetes Ereignis und zugleich die Bestätigung einer Persönlichkeits-
ausstrahlung, die ich während ihrer Abwesenheit durch den Klassen-
geist erfahren hatte.

Zu diesem Erlebnis gehört ein Zweites, nämlich die in meiner Klasse
noch ganz lebendige Erinnerung an die Unterrichtbesuche Rudolf
Steiners. Davon wurde häufig erzählt. Eine zweite „Geistesgegenwart",
die von der Klasse durchgetragen worden ist.

Unvergeßlich ist mir der Eindruck geblieben, wie Fräulein Hofmann
nach der langen Krankheitszeit zum erstenmal unser Klassenzimmer
betrat. Alle waren in freudiger Spannung, die aus Liebe und Verehrung gespeist war. Sie ging zu ihrem erhöhten Pult in einer Haltung,
die ich heute nur als priesterlich bezeichnen kann. Ebenso erinnere
ich ihre Zuwendung zur Klasse in Gebärde und Blick, durch die wir
uns unmittelbar erfaßt fühlten. Dieses Erlebnis wiederholte sich bis
zum Ende der achten Klasse an jedem Schulmorgen und hat tief nach-
gewirkt. Aus ihrem Wesenskern strömte eine starke Autorität aus,
die beim Schüler innere Ordnung und Erwartungsstille erzeugte. Diese
Wirkung war bei der Zartheit ihrer Konstitution und der Zurückhaltung, die sie immer wahrte, höchst erstaunlich. So ordnete sich auch
alles, was sie vor unseren Augen anfaßte. Wie sie an die sauber gehal-
tene Tafel in sorgfältiger Schrift die Texte für das Epochenheft an-
schrieb, im Chemie- und Physikunterricht am Experimentiertisch in
beinahe feierlicher Art die Versuche ausführte oder sich während
des Unterrichts in einem eigens für sie aufgestellten Becken die Hände
wusch, solche Gesten hatten etwas Faszinierendes für uns. Trotz dieser
Geformtheit und der Ehrfurcht, die wir Fräulein Hofmann entgegen-

brachten, herrschte keine kühle Distanz. Wir fühlten uns ihren Intentionen verbunden und, von einer geistigen Fürsorge betreut, in einer merkwürdigen Nähe zu ihr.

Wenn sie in der Sonntagshandlung am Altar stand, ging eine segnende Wirkung von ihr aus, die frei von jeglichem Pathos und ohne die geringste Spur eines Sentiments, sich mit Klarheit und Helligkeit den Kindern mitteilte, so daß wir auch an den Feriensonntagen freiwillig zur Handlung kamen. Mit Caroline von Heydebrand und Clara Michels gehörte Elisabeth Hofmann zu den Lehrerinnen, die den Altardienst versahen.

Fräulein Hofmann führte ihre Schüler, auch wenn sich knabenhafter Übermut austoben mußte, locker und straff zugleich. Sie wurde von allen geliebt und nur selten einmal gefürchtet — in der Besorgnis, vor ihr nicht bestehen zu können. Meist sprach sie mit leiser Stimme. Der Klang hatte etwas Durchsichtiges und Inniges, aber aus begründetem Anlaß konnte sie ihre Stimme auch zu beträchtlicher Lautstärke erheben. Erscheinung und Wesen bildeten eine Einheit. Der zarte Gliederbau, das hellblonde Haar, die blasse Hautfarbe, die klarblauen Augen entsprachen der Helligkeit und Festigkeit ihres Wesens.

Im Rückblick auf die Lebensbegegnung mit der Persönlichkeit von Elisabeth Hofmann erhebt sich die Frage: Wer war dieser Mensch, der in so tiefgreifender Weise das Leben seiner Schüler geprägt hat? Es gehört zu ihrem Wesensbild, daß sie persönlich kaum hervorgetreten ist und auch keine schriftlichen Arbeiten hinterlassen hat, auf die sich eine Charakteristik stützen könnte. Es scheint auch bezeichnend, daß bisher noch nicht über ihr Leben und Wirken berichtet worden ist. So lassen sich nur einige Hauptlinien ihrer Biographie erkennen. Von der Jugendbewegung führte sie der Weg zur Anthroposophie. Germanische Kulturimpulse lebten in ihr und verbanden sich durch Anthroposophie mit dem christlichen Strom. Die Darstellung der nordischen Götterwelt und des Christuslebens bildeten dann auch Höhepunkte ihres Unterrichts. In der Zusammenführung dieser Welten stand sie in dem von Rudolf Steiner berufenen Kollegium Ernst Uehli nahe, dem sie auch ihre Klasse beim Übergang in die Oberstufe übergab.

Nach der erzwungenen Schließung der Waldorfschule lebte sie wie in der Verbannung im Schwarzwald, wo sie einer öffentlichen Volksschule zugewiesen war. Dort fand ich sie bei einem Besuch während des Krieges in tiefer Depression. Aber nach dem Kriege suchte sie von ihrem Alterssitz Murrhardt aus den Anschluß an die sozialen Initiativen unserer Zeit, indem sie sich Literatur verschaffte und trotz ihrer gebrechlichen Gesundheit zu Tagungen fuhr, um an den Veranstaltungen ihrer ehemaligen Schüler teilzunehmen. So war sie bis zum Tode mit ihrem Interesse und ihrer Sorge der Zukunft zugewandt.

Das innerste Motiv ihres Lebens war die Beziehung zu ihrem Lehrer Rudolf Steiner. Während der letzten Lebenswochen trat diese schicksalhafte Verbundenheit in ihren Erinnerungsgesprächen immer stärker hervor. Sie war auch das Element, aus dem sie in der Beherrschung ihrer zarten Konstitution ein Leben der geistigen Konsequenz und freien Selbstbestimmung zu führen vermochte.

Lothar Vogel

DAS FÜNFTE JAHR
1923/24

Der Aufbau der Schule und des Kollegiums kam im Wesentlichen zum Abschluß, die letzte größere Lehrergruppe wurde aufgenommen. Dagmar Tilliß, Clara Michels, Martha Haebler, Elisabeth Christern, Martin Tittmann, Felicia Schwebsch, Elly Wilke, Anna Wolffhügel, Hanns Strauss, Ernst Lehrs und Olga Leinhas traten in das Kollegium ein.

Violetta Plincke wurde nach England beurlaubt, um an der Schule in Kings Langley mitzuarbeiten.

DAGMAR TILLISS

Nach den Osterferien 1925 kam ich in die Stuttgarter Waldorfschule. An der Hand meiner Eltern betrat ich zaghaft den Eurythmiesaal der großen Hofbaracke, wo die Klassenlehrer ihre neuen Schüler in Empfang nehmen. Ursprünglich sollte ich in die Parallelklasse zu Fräulein Dr. von Heydebrand, aber als mein Name aufgerufen wurde und ich vortrat, empfing mich Fräulein Tilliß. Wie alle Lehrerinnen war sie in diesem Frühjahr nach Rudolf Steiners Tod schwarz gekleidet. Sie schaute mir ernst entgegen, begrüßte mich und legte ihren Arm um meine Schulter. So führte sie mich ins Zimmer der Klasse 3 b und stellte mich meinen Mitschülern vor.

Unsere Lehrerin war stets pünktlich: Zehn Minuten vor Unterrichtsbeginn stand sie an der Klassentür oder hielt sich im Klassenzimmer auf. Lächelnd reichte sie jedem die Hand. Manchmal begegnete ich ihr schon auf dem Schulweg. Sie ging etwas schwerfällig und langsam, denn sie war leidend, wie ich von meiner Mutter erfuhr. Auf dem gemeinsamen Weg sprach sie nur wenig, fragte nach dem Ergehen der Eltern oder etwas über den Unterricht. Ihre Stimme klang hell, oft auch leise gepreßt. Ich glaube, sie fehlte kaum, ich habe sie als immer gegenwärtig im Gedächtnis.

Beim Beginn des Unterrichts stand sie ganz ernst und gesammelt vor uns. Das prächtige blonde Haar trug sie zum Knoten aufgesteckt. Sie war unauffällig gekleidet und bevorzugte matte Farben. Die Gedichte, die sie mit uns rezitierte, haben mich durch das Leben begleitet. Sie hatte eine glückliche Hand bei der Auswahl. Alles, was sie tat, war sorgfältig überlegt und mit Liebe getan. In schöner klarer Schrift schrieb sie die Texte an die Wandtafel, die wir in unsere Hefte übertrugen. Mit künstlerischem Geschick malte sie im Pflanzen- und Tierkundeunterricht große farbige Bilder an die Tafel. Besondere Aufmerksamkeit widmete sie dem Malen mit Wasserfarben. Bevor wir versuchten, unsere Bilder durchsichtig zu malen, erzählte sie uns von den Taten und Leiden der Farben. Später wurde bekannt, daß sich Fräulein Tilliß im Malen weiterübte und ausdrucksstarke Bilder schuf.

Wir lebten in der Tilliß-Klasse in einer gedeihlichen Arbeitsstimmung, die sich spürbar verdichtete, wenn es auf Michaeli und auf Weihnachten zuging. Die Erinnerung daran läßt ein Gefühl der Wärme und Geborgenheit aufsteigen. Leider war es uns nie vergönnt, in der Monatsfeier zu zeigen, was wir in ihrem Unterricht geübt hatten. Innerhalb des Klassenzimmers durften wir zu Weihnachten oder anderen Festeszeiten kleine Spiele aufführen, an denen alle Kinder beteiligt waren. Die Hauptrollen erhielten Mitschüler, die nach der achten Klasse abgingen, meist die Kinder der Arbeiter und Angestellten.

Schwierigkeiten traten auf, als Schüler in die sechste, siebte und achte Klasse aufgenommen wurden, die in der Staatsschule nicht gut getan hatten. Ein Element brach in die Klasse ein, das uns untereinander entfremdete. Auch gab es immer Kinder in der Klassengemeinschaft, die nach heutigen Maßstäben eine Sonderschule besuchen würden. Mit Kraft und Liebe hielt Fräulein Tilliß diese so verschieden geartete Kinderschar zusammen.

Eine schöne Einrichtung schuf sie durch das Arbeitsheft, das jeder führen durfte, wie er wollte. Wir trugen Gedichte oder Teile des Unterrichtsstoffes mit Zeichnungen ein, und manche schrieben ihre Gedanken und Erlebnisse dazu oder sogar ihre Zukunftsträume, was die Lehrerin verständnisvoll zur Kenntnis nahm. Wir fühlten uns wohl und traten als die „gut geführte, ordentliche Tilliß-Klasse" in die Oberstufe ein.

Im Winter 1938/39, als die Schule bereits verboten war, suchte ich Fräulein Tilliß in Königsfeld auf. Sie war dort in einer Kinderheilstätte tätig und nahm mich herzlich auf. Nun lernte ich sie von einer ganz neuen Seite kennen. Es gab lange Abendgespräche, in denen sie von ihren Eltern erzählte: der Vater war ein hoher preußischer Offizier, die Mutter Russin. Halb entschuldigend, halb stolz nannte sich die Tochter ein Soldatenkind. Als ich von meinem Besuch des Freiburger Münsters berichtete, vertraute sie mir an, daß sie sich mit den Gestalten der katholischen Heiligen beschäftige.

Nach dem Kriege bin ich ihr noch einige Male begegnet, zuletzt im Jahre 1956. Ein Leiden machte ihr das Leben beschwerlich, aber ihre Augen hatten den früheren Glanz. Sie war dem Studium der Werke Rudolf Steiners und der Malerei hingegeben. Ihr Wunsch, nach Freiburg überzusiedeln, ging noch in Erfüllung. Dort ist sie im achtzigsten Lebensjahr verstorben.

Dagmar Tilliß wahrte immer Distanz. Scherzhaft wurde sie manchmal „die alte Äbtissin" genannt. Nur zu ihrer Kollegin Helene Rommel hatte sie eine freundschaftliche Beziehung. Als Halbrussin verbarg sie ihr Wesen gleichsam hinter einem östlichen Schleier. Redend oder schreibend ist sie nie hervorgetreten. Offenbar gehörte sie zu den Individualitäten, die nicht erkannt zu werden wünschen. Aber Rudolf

Steiner wird von ihrer Bedeutung gewußt haben, als er sie an die Schule berief. Eine stille, rätselhafte Erscheinung.

Christa Stäbler

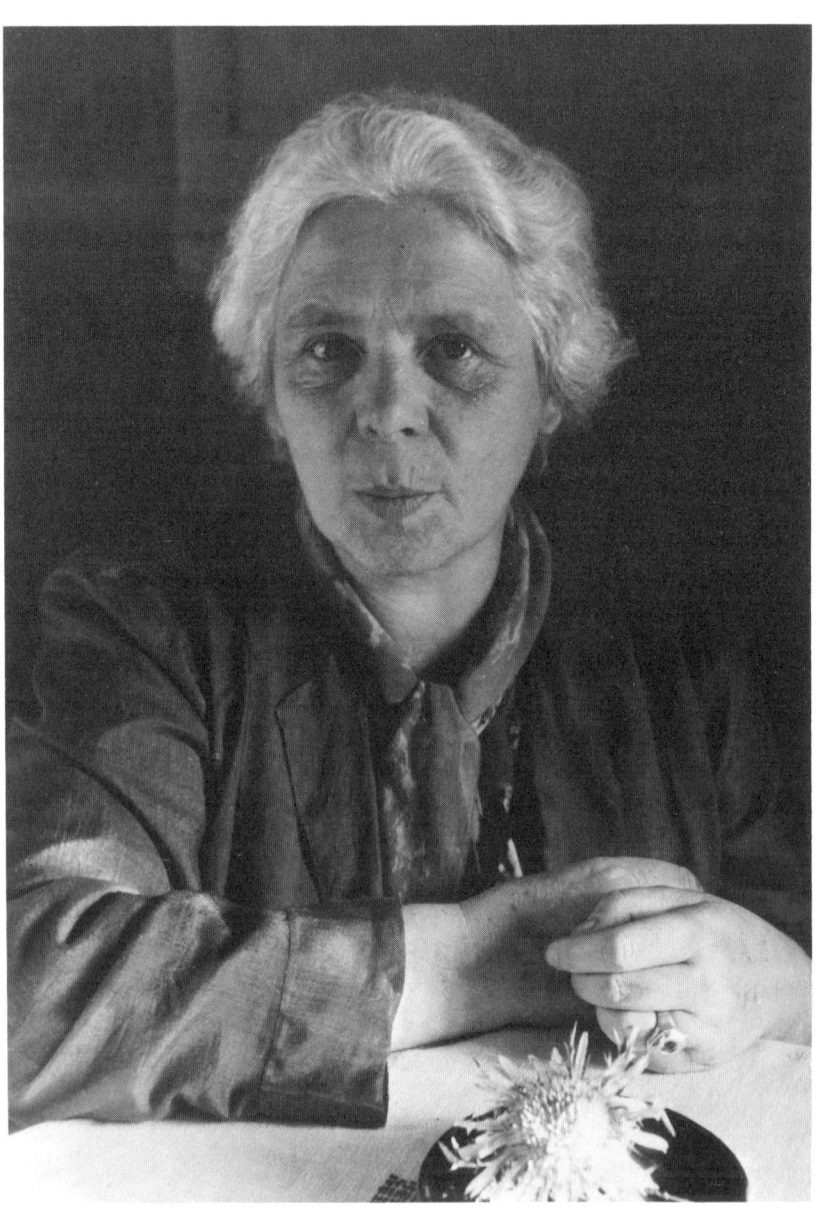

MARTHA HAEBLER

Das Leben von Martha Haebler, das am 26. Oktober 1966 nach einem sechswöchigen schweren Krankenlager endete, umspannte das biblische Maß von siebzig Jahren. Es begann am 10. November 1896 in Rehau nördlich des Fichtelgebirges in Oberfranken. Im Vorfeld der granitnen Bergzüge, die Jean Pauls Heimat waren, wuchs die Fabrikantentochter mit zwei Schwestern und einem Bruder auf. Dem Zauber der fränkischen Landschaft, den sie auf ihren Wanderungen entdeckte, blieb sie lebenslang verbunden. Bis in die letzten Jahre fuhr sie nach Hof, wohin die Familie übersiedelte, als die Kinder schulpflichtig wurden. Auf den Straßen von Hof spielten die Haebler-Mädchen ihre Kinderspiele und zogen eine neue Gefährtin an, die Martha Haeblers Jugendfreundin und später ihre Kollegin wurde: Sophie Porzelt. Martha Haebler war zur Freundschaft geboren. Immer gab es Freundeskreise um sie, sprühende Geselligkeit und geistvolle, manchmal fast unbändige Heiterkeit.

Vierzehnjährig kam sie nach Leipzig, um die Schule des Reformpädagogen Gaudig zu besuchen. In dieser modernen „Arbeitsschule" zielte alles auf die Selbsttätigkeit des Schülers, der sich zur freien Persönlichkeit ausbilden sollte. Was Gaudig als „freie geistige Schularbeit" vorschwebte, hat Martha Haebler in der Waldorfschule gefunden. Noch vor dem Ausbruch des ersten Weltkrieges traf sie mit Pastor Ruhtenberg, dem künftigen Kollegen an der Stuttgarter Schule, und seiner Frau Nora zusammen. Die achtzehnjährige Martha Haebler war eine enthusiastische Musikliebhaberin und talentierte Klavierspielerin geworden. Sie hatte einen ausgeprägten Sinn für differenzierte Klangfarben und lebhafte Freude an rhythmischer Bewegtheit. Der Anschlag war fest und weich, locker und bestimmt. Unter ihren Händen klang die Melodie in den zartesten Schattierungen auf, wenn sie Chopin oder Debussy spielte. Mit der gleichen Könnerschaft, mit der sie in die Tasten griff, handhabte sie die Ausdrucksmittel der Sprache. Ihre Sätze haben Wurfkraft, die Diktion ist perlend, oft brillant und geradezu federnd vor innerer Spannung. Wer ihre Aufsätze in der Zeitschrift „Erziehungskunst" liest, die „aus der Praxis für die Praxis" geschrieben sind, wird immer neu beschenkt und erfrischt.

Die Liebe zur Sprache und die mitgebrachte Musikalität führten Martha Haebler zum Studium der deutschen und französischen Literatur, das sie historisch vertiefte. In Leipzig, München und Erlangen traf sie bedeutende Lehrer: den Philologen Saran, den Literaturgeschichtler Strich, den Kunsthistoriker Wölfflin. Sie promovierte mit einer Arbeit über „Klopstocks Anschauungen vom Wesen der Dichtung". Dann fand sie während ihrer Studienjahre die Freunde fürs Leben, unter ihnen den geistverwandten Hans Rutz; gleichzeitig begann die Lektüre anthroposophischer Schriften, und Ostern 1923 folgte die Begegnung mit Rudolf Steiner. Sie hatte ihre geistige Heimat entdeckt. Das Zusammentreffen mit Rudolf Steiner erscheint dem Betrachter wie der geheime Zielpunkt ihres Lebens, um das sich alle Ereignisse gruppieren. Sie hat den Vorgang in einer autobiographischen Skizze geschildert.

Während ihres Referendarjahres in Erlangen fuhr sie Ostern 1923 nach Stuttgart, um an der pädagogischen Tagung teilzunehmen, an der Rudolf Steiner die Vorträge über „Pädagogik und Kunst", „Pädagogik und Moral" hielt. Martha Haebler stand im 27. Lebensjahr, als sie Rudolf Steiner begegnete. Sie spricht von dem „inneren Aufbruch", der nun begann.

Ein halbes Jahr später, während der ersten Tagung der neugegründeten deutschen Landesgesellschaft, im September 1923, wurde sie Rudolf Steiner vorgestellt. Das erste Gespräch fand im Gustav-Siegle-Haus statt, als sich der Saal nach dem Vortrag Rudolf Steiners geleert hatte. Rudolf Steiner fragte, wie sie zur Anthroposophie gekommen sei und die Waldorfschule kennengelernt habe. Plötzlich sagte er: „Sind Sie Deutsche? Sie sind Deutsche?" Wurde er auf eine slawische Komponente ihres Wesens aufmerksam? Er äußerte den Wunsch, ihre Doktorarbeit zu lesen. Martha Haebler wehrte ab: „Das kann ich nicht empfehlen." Plötzlich schloß Rudolf Steiner für einige Zeit die Augen, um sich ganz auf das Wesen seines Gegenüber einzustellen, und erklärte, daß er einen Lehrer für die Anfang Oktober neu einzurichtende Klasse 5 c brauche. Eigentlich habe er eine männliche Lehrkraft gesucht, aber niemanden gefunden. „Würden Sie eine solche Aufgabe übernehmen wollen?" So wurde Martha Haebler Waldorflehrerin, und Rudolf Steiner ermutigte die von ihm Berufene: „Sie haben das Zeug dazu, das haben nicht alle, die Waldorflehrer werden möchten."

Die Begegnung mit Rudolf Steiner, die tief wurzelnde Beziehung zu dem Lehrer, dessen Geistesschülerin sie geworden ist, war das Ereignis im „verhangenen Allerheiligsten" ihres Wesens, das sie als größtes Lebensgeschenk gehütet hat.

Im Oktober 1923, als Rudolf Steiner die Vorträge hielt, denen er den Titel geben wollte „Der Streit des Michael mit dem Drachen, dargestellt für die Waldorfschul-Lehrerschaft", führte er persönlich die neue Lehrerin in ihre schwere Aufgabe ein. Aus den beiden überfüllten 5. Klassen wurden insgesamt fünfunddreißig Kinder ausgesondert. Dann gingen Rudolf Steiner und Martha Haebler, hinter ihnen die Kinderschar in Zweier-Reihen, über den Schulhof zu dem neuen Klassenraum. Man stelle sich die Szene vor: die schlanke, straffe Gestalt des schwarz gekleideten Rudolf Steiner mit dem „klingenden Schritt", wie Erich Schwebsch einmal gesagt hat, neben ihm die gedrungene Erscheinung Martha Haeblers mit dem charakteristischen wiegenden Gang, hinter ihnen die Fünftkläßler. Martha Haebler öffnete die Tür, um Rudolf Steiner vorangehen zu lassen, was er aber keineswegs duldete. Dann tröstete er die weinenden Kinder, die ihren Lehrern entrissen waren, ging von Bank zu Bank, gab jedem die Hand und versicherte ihnen in einer längeren Ansprache, daß er eine „sehr liebe Lehrerin" für sie gefunden habe, „eine sehr liebe Lehrerin". Darauf begann Martha Haebler in seiner Gegenwart mit dem Unterricht, sprach den Morgenspruch und, von ihm veranlaßt, das Vaterunser. Dann griff sie ein heikles Kapitel der Sprachlehre auf und entwickelte die Zeichensetzung aus der Sprachmelodie. Dabei fiel das Wort Akzent, was Rudolf Steiner veranlaßte, in bildhafter Weise die sprachgeschichtliche Herkunft des Wortes zu erläutern. Es besteht kein Zweifel, daß damals schon die Anmut und Artistik im pädagogischen Zugriff sich bei Martha Haebler ankündigten, die später ihre Meisterschaft in der Klassenführung ausmachten.

Während die Waldorfschule geschlossen war, unterrichtete sie an öffentlichen Schulen, kehrte aber mit der Neueröffnung der Schule im Jahre 1945 in ihre Tätigkeit als Klassenlehrerin zurück. Ein Unfall im Oktober 1947 machte sie für längere Zeit arbeitsunfähig. Sie hat dann noch bis 1961 als Sprachlehrerin gewirkt, als eine Sprachmeisterin des Französischen. Dem Genius dieser Sprache war ihr Wesen verwandt durch Form und Charme, durch Klarheit und Grazie — ihr Wesen, das von ansteckender Heiterkeit und herzhafter Wärme überquellen konnte.

Martha Haebler ist geworden, was Rudolf Steiner in der Lehrerkonferenz ausgesprochen hat, eine „tüchtige Klassenlehrerin". Sie gehört zu den Bevorzugten, die er selbst berufen und persönlich eingeführt hat bis zu dem gemeinsamen Gang in das Klassenzimmer. Martha Haebler hat sich erfüllt mit den drei Kräften der Erziehungskunst: der Phantasiefähigkeit, dem Mut zur Wahrheit, dem Gefühl für seelische Verantwortlichkeit.

Johannes Tautz

Schon mehrere Jahre vor ihrer Berufung an die Waldorfschule hat mich das Schicksal mit Martha Haebler zusammengeführt, als sie an der Universität Erlangen Geschichte, romanische Philologie und Germanistik studierte. Es war kein Zufall, daß der Erlanger Germanist Professor Saran sie vertraut machte mit der Typenlehre des Münchners Ottmar Rutz, der für die schaffenden und nachschaffenden Künstler in Dichtung und Musik drei Grundtypen der seelisch-geistigen und leiblichen Gesamtkonstitution festgestellt hat. Mit der ihr eigenen Lebhaftigkeit hat Martha Haebler diese auch von Professor Sievers vertretene Typenlehre aufgenommen und sich praktisch angeeignet. Beim Wiedergeben und Anhören musikalischer Kunstwerke sich bis ins Körperliche, bis in die Spannung der Leibesmuskeln, richtig einzustellen auf den Typus des jeweiligen Komponisten, erfordert eine außerordentliche künstlerische Feinfühligkeit. Martha Haebler besaß diese Sensibilität. Die Erfüllung aber ihrer künstlerischen Natur fand sie in der Ausübung der Waldorfpädagogik. Hier konnte sie ihre Musikalität in das Pädagogische verwandeln.

Wie alle künstlerischen Naturen besaß Martha Haebler die Fähigkeit, sich etwas von ihrer Kindlichkeit bis ins Alter zu bewahren; zu einem großen Teil beruhte darauf der Zauber ihrer Persönlichkeit. Das künstlerische Element in ihr offenbarte sich in Feinsinnigkeit und Humor. Wahre Musik und echter Humor kommen beide aus dem Herzen, und Martha Haebler hatte ein warmes Herz, in dem zu heiterer Harmonie zusammenklang, was von ihrem ganzen Wesen ausstrahlte.

Wenn ein uns nahestehender Mensch gestorben ist, dann ist unsere erste Empfindung ein ehrfürchtiger Schauer vor der schweigenden Majestät des Todes. Meistens mischt sich in diese Empfindung ein Schuldgefühl gegenüber dem Verstorbenen aus dem Bewußtsein, daß wir nicht wach und liebevoll genug hingehört haben auf die Melodie Gottes, die in dem Verstorbenen und durch ihn erklang, während er lebte. Hans Carossa spricht das aus in der Strophe:

> Was einer ist, was einer war,
> Beim Scheiden wird es offenbar.
> Wir hörens nicht, wenn Gottes Weise summt.
> Wir schaudern erst, wenn sie verstummt.

Aber dabei wollen wir nicht stehen bleiben. Wir wollen wach und aufmerksam hinhören auf die beglückende Melodie, die harmonische Heiterkeit von Martha Haeblers Wesen, die aus der überirdischen Welt leise herübertönen zu uns.

Hans Rutz

344

Bei der angestrebten paritätischen Zusammensetzung des Kollegiums nach weiblichen und männlichen Mitgliedern wurde für die neu zu eröffnende Klasse 5 c ein Lehrer gesucht. Aber Rudolf Steiner entschloß sich für Martha Haebler und erklärte scherzend: „Sie wird schon ihren Mann stellen." Fünfzehn Jahre wirkte sie dann als Klassenlehrerin. Ihre von Musikalität durchdrungene, warmherzige Menschlichkeit, der gewissenhafte Fleiß in der Vorbereitung, ein unbestechliches Urteil im Künstlerischen und Moralischen gaben den Schülern, was sie zur Entfaltung ihrer Kräfte brauchten. Bis zur Schließung der Schule im Jahre 1938 hat sie zwei Klassenzüge geführt.

Martha Haebler trug immer etwas von dem Glanz der Gründungszeit unserer Schule an sich. Er leuchtet auf in den „Erinnerungen an Dr. Rudolf Steiner", ihrem Abschiedsgeschenk an die Schule und ihrem Dank an den großen Lehrer. Darin schreibt sie:

„Bevor ich Rudolf Steiner zum ersten Mal sah, hatte ich keinerlei Vorstellung von seinem Äußeren, da ich noch keine Photographie von ihm in die Hand bekommen hatte. Es war zu Beginn der pädagogischen Ostertagung 1923 in Stuttgart, der Tagung, von der Rudolf Steiner hinterher sagte, daß sie brillant gewesen sei. Ich ging einige Schritte auf dem unteren Korridor des großen Hauses der Schule, beobachtete die Ankömmlinge, die wohl wie ich in freudiger Spannung erschienen waren. Plötzlich: Das ist Rudolf Steiner und kein anderer. Er kam über den Schulhof im Gespräch mit einem Waldorflehrer, ich schaute ihm ins Antlitz, stand wie angewurzelt und sah nur noch seine Augen. So etwas hatte ich noch nie gesehen, das war mir bis dahin auch unvorstellbar. — Der Saal war nun überfüllt, und in all den Tagen hatte ich das paradoxe Erlebnis: der übervolle Saal war leer, bis Rudolf Steiner eintrat. Rudolf Steiner hörte alle Vorträge an; seine eigenen öffentlichen Vorträge fanden im Gustav-Siegle-Haus statt. Für mich, die ich soeben mein Referendarjahr in Erlangen absolvierte und in einem Vierteljahr das zweite Staatsexamen abzulegen hatte, stand schon während dieser begeisternden Tagung fest, daß es nur *einen* Ort gab, der meinen jugendlichen Wünschen und Sehnsüchten nicht nur entsprach, sondern weit darüber hinaus mir neue Ziele und Möglichkeiten in unerhörter Fülle wies. Und dieser innere Aufbruch geschah mir in dem Augenblick, da das Erlanger Humanistische Gymnasium alles versuchte, um meinen pädagogischen Idealismus zugrunde zu richten."

Die Dankbarkeit und Liebe der ehemaligen Schüler, Kollegen und Freunde geleiten Martha Haebler in bleibender Verbundenheit und in der Hoffnung, daß auch sie ihnen Geleiter bleiben möge.

Sophie Porzelt

ELISABETH CHRISTERN

Das liebevoll-ehrfürchtige Gedächtnis, das wir den Lehrern bewahren, die Rudolf Steiner an die Waldorfschule berufen hat, bedeutet für uns Nachgeborene noch mehr als nur der getreue Aufblick zu den Menschen, durch die sich Waldorfpädagogik verwirklichen ließ. Wir erblicken in diesen Freunden fortwirkende Beispiele dafür, welche Lehrer wir für die Schule des werdenden Menschen zu suchen haben.

Als für Ostern 1923 eine neue Handarbeitslehrerin gefunden werden mußte, legte Hedwig Hauck verschiedene Bewerbungen vor. Von Elisabeth Christern zeigte sie Rudolf Steiner einige Bilder, worauf er sie kommen ließ. In ihrer Bescheidenheit sagte Elisabeth Christern zunächst nur, daß sie keine eigentliche Berufsausbildung besitze und sich deshalb auch nicht bewerben könne. Diese Zurückhaltung war und blieb ein Grundzug ihres vornehmen Wesens. Aber Rudolf Steiner erwählte sie mit den Worten: „Sie sind schon die Richtige, durch Ihr ganzes Wesen!" Ihm lag mehr daran, den Menschen zu finden, der mit seiner Wesensausstrahlung in den Kindern die tieferen Schicksalsanstöße zu bewirken vermag, als den Fachmann auf einem bestimmten Arbeitsgebiet.

Aus dieser Berufung durch Rudolf Steiner gewann Elisabeth Christern die Sicherheit des Wirkens unter den Kindern und in der Gemeinschaft der Lehrer. Aus der Vollmacht der Herzenskräfte und im Fleiß des eigenen weiteren Lernens und Strebens — als Mensch wie als Handarbeitslehrerin — wurde sie für die Kinder vieler Generationen eine geliebte Lehrerin. Ihre Weltoffenheit und die weitreichenden Freundschafts- und Verwandtschaftsbeziehungen, die sie pflegte, zogen die Kinder an. Sie liebten ihre immer aufrechte Lehrerin, ihre zarte, aber im Moralischen unerschütterliche Bestimmtheit, ihr offenes Ohr und weites Herz für alle Sorgen, ihre Geordnetheit, die keine Nachlässigkeit und nichts Halbfertiges duldete, ihren feinen unversieglichen Humor.

Auch die Kollegen schätzten die Wirkung der lächelnden Distanz ihres Wesens, das die Schwierigkeiten des Alltags und alle Schicksalsfragen aus der Wahrhaftigkeit des geistigen Strebens zu lösen versuchte. In den Jahren nach der Neubegründung der Schule 1945 fragte sie in der Konferenz der Lehrer immer wieder nach den Gesichtspunkten, die ein Durchschauen der Zeitereignisse ermöglichen; ohne die verborgenen Tendenzen unserer Zeit zu erfassen, schien es ihr auch im Handarbeitsunterricht nicht möglich zu sein, Kinder für die Zukunft zu erziehen.

Durch Herkunft und Familienbesitz war Elisabeth Christern in der Lage, nicht nur im pädagogischen Bereich selbstlos zu schenken und zu helfen. Den Grundstock der Sammlung für den Kindergartenbau verdanken wir ihr, und noch über den Tod hinaus hat sie die Schule und andere Einrichtungen mit Schenkungen bedacht. Die Hände der Sterbenden bewegten sich noch, als stricke sie an einer der zahllosen Kinderarbeiten, an denen sie Fehler korrigierte und den Ansatz zur Weiterarbeit gab. So kann ihr Wesensbild ihre Schüler und Freunde aufrufen, unermüdlich das Mißlungene auszubessern und immer freudig tätig zu sein.

Helmut von Kügelgen

MARTIN TITTMANN

„Pädagogik ist, im Grunde genommen, aus Menschenerkenntnis resultierende Liebe zum Menschen. Mindestens kann sie nur darauf aufgebaut sein." Dieses Wort Rudolf Steiners war der Leitstern für den Waldorflehrer Martin Tittmann, der nach vierzigjähriger Wirksamkeit im 80. Lebensjahr am Himmelfahrtstage verstorben ist.

„Ein Weg zur Waldorfschule" — so nannte Martin Tittmann den Lebensbericht, den er ehemaligen Schülern seines ersten Klassenzuges vor einigen Jahren gegeben hat. Der Weg, der ihn um die Lebensmitte zur Stuttgarter Waldorfschule geführt hat, begann am 10. September 1888 in Leipzig. Der Vater, von Beruf Lehrer, war ein ernster, pflichtstrenger Mann, der nur selten lächelte. Er stammte aus dem Erzgebirge, die Mutter aus einer anhaltischen Kleinstadt. Ihr heiter-fröhliches Gemüt besänftigte den zornmütigen Mann und hellte sein Wesen auf. Nach dem frühen Tod eines älteren Bruders blieb Martin das einzige Kind seiner Eltern. Ängstlich und scheu, melancholisch gestimmt, körperlich zart, liebe- und anlehnungsbedürftig — so hat er sich selbst geschildert. Aber *eine* Gewißheit besaß dieser Knabe. Wenn ihn die Ängste preßten, wußte er, daß ihm nichts widerfahren könne:

„Vorgestellte Welt zerriß mir
Wie ein Vorhang — und ich schaute
In die lichterfüllte Mitte."

Früh erwachte seine Aufmerksamkeit für die Sprache und die Unterschiede der Mundarten, die er in seinem Umkreis hörte. Im ersten Schuljahr bekam er zu Weihnachten ein Märchenbuch geschenkt. Im Lichte des Christbaums erprobte das Kind seine neuerworbene Lesekunst an den Grimmschen Märchen. Der Eifer half über alle Schwierigkeiten hinweg, bis Martin auf das Wort „behend" stieß. Das Wort war ihm unbekannt, und er betonte die erste Silbe, weil es ihm von der gleichen Art wie „stehend" oder „gehend" schien. Voller Staunen sprach er die Laute vor sich hin und suchte ihnen den geheimen Sinn abzulauschen. „Behen" schien ihm etwas Behutsames zu bezeichnen, als müsse man auf Zehen gehen, fast ohne den Boden zu berühren. Das zarte „B" schien es deutlich anzuzeigen. Eine schmerzliche Enttäuschung

folgte und prägte dieses erste Erlebnis eigener Sprachforschung dem Gedächtnis ein, als das Kind die Erklärung bekam: das rätselhafte Wort heiße behend und bedeute schnell, fix.

Die Schulerfahrungen in Leipzig erscheinen in der Rückschau als das Gegenbild wahrer Pädagogik. Das Kind entbehrte das liebevolle Wahrnehmen seines Wesens, das sich stufenweise entfalten will. Der Heranwachsende fand nicht die freundschaftliche Teilnahme an den Regungen der Individualität, die ihre Selbstverwirklichung sucht. Es fehlte fast ganz die Berührung mit den Werken großer Kunst, die dem Jugendlichen auf dem Wege der Menschwerdung weiterhelfen. Alles Entscheidende geschieht als ein „Trotzdem". Aus diesem „Trotzdem" stammt die Erziehungskunst, die Martin Tittmann später ausgebildet hat.

Den Lehrern blieb das reiche Innenleben des Knaben verborgen. Fünfzehnjährig begann er mit den ersten dichterischen Versuchen. Sie wuchsen aus einem hellfühlenden Mitleben und Mitleiden dessen, was das rein gestimmte Seeleninstrument auffangen konnte. Damals verlor er den Vater und fand den Menschen, der ihm später in den fünfzig Jahren ehelicher Gemeinschaft zur „Mitgehilfin" wurde.

Erste Berufspläne tauchten auf. Der Knabe hatte Pfarrer werden wollen. Als er einem jungen Mathematiklehrer begegnete, wollte er Mathematik studieren. Dann folgte die Wendung zu Tolstoij, der durch seine religiös-sozialreformatorischen Schriften dem wahrheit- und tatendurstigen Herzen zuerst geistige Nahrung gab. Der Eindruck dieses geistigen Riesen war so mächtig, daß sich der jugendliche Tittmann entschloß, alles zurückzulassen und Tolstoij aufzusuchen. In sein Tagebuch trug er ein, daß er für Deutschland ein Tolstoij werden wolle. Es ist, als ob die Stimme des Menschheitsgewissens im Anfang des neuen Jahrhunderts aus ihm sprechen würde.

Mit 18 Jahren berauschte er sich an Nietzsches Zarathustra. Die Erleuchtung und Verfinsterung dieses tragischen Geistes erschütterten ihn so, daß er in eine Protesthaltung gegen alles geriet, was ihm bisher als unantastbar galt. Der Weg von Tolstoij zu Nietzsche kennzeichnet die geistige Spannweite des jugendlichen Tittmann.

Durch die Begegnung mit den großen Zeitgenossen und in stürmischen Jugendfreundschaften vertiefte sich das Selbsterleben. Der Stürmer und Dränger tastet nach der Führung durch seinen Genius. Aus den Jugendgedichten spricht die Gewißheit des „Ein und Alles", der selbsterfahrenen Geistwirklichkeit des ewigen Ich.

Es mag erstaunen, daß der Zwanzigjährige in Heidelberg Mathematik zu studieren begann. Auf diesem Wege suchte er den Zugang zu dem

Reich der Wahrheit, in das er wachen Geistes eindringen wollte. Dem zweijährigen Mathematikstudium folgte in München und Leipzig ein Studium der Germanistik, das nach vier Jahren mit der Prüfung für das Lehramt in Deutsch, Französisch und Geschichte abgeschlossen wurde. Die geplante Dissertation über Mörike konnte Martin Tittmann wegen der Kriegsereignisse nicht ausführen.

Den Weltkrieg erlebte er an der Ost- und Westfront zunächst als eine Zeit außergewöhnlicher Lebensprüfungen. Im Vernichtungsfeuer der Materialschlachten, im Erfahren der Todesnähe lernte er zu sagen: „Nicht wie ich will, sondern wie Du willst!" Dann überkam ihn plötzlich die Gewißheit: „Von innen her kannst du zu Gott gelangen!" Die Schicksalsprüfungen der Kriegsjahre — gleichsam in die Öffentlichkeit verlegte Mysterienprüfungen unseres Zeitalters — führten ihn an das Tor der Anthroposophie. Er stieß auf Morgensterns Vermächtnis, die Rudolf Steiner gewidmete Gedichtsammlung „Wir fanden einen Pfad". Einige Monate vorher hatte er in einer Zeitschrift einen Bericht über Rudolf Steiners Forschungen gelesen. Aber erst die Morgenstern-Gedichte veranlaßten ihn, mit dem Studium der anthroposophischen Grundschriften zu beginnen. Martin Tittmann war 30 Jahre alt, als er mit Christian Morgenstern sagen konnte: Ich habe den Pfad gefunden. Es war der Erkenntnispfad, den Rudolf Steiner in die höheren Welten gebahnt hat und den Martin Tittmann in unablässiger Selbstbildung gegangen ist.

Nach dem Kriege begann die pädagogische Tätigkeit, die er mehr als 40 Jahre ausgeübt hat. Gleichzeitig arbeitete er sich in die anthroposophische Geisteswissenschaft ein. 1921 nahm er an dem Hochschulkurs „Anthroposophie und Wissenschaft" in Darmstadt teil, den Rudolf Steiner mit dem Vortrag über „Naturerkennen und Geisterkennen" einleitete. Martin Tittmann wurde aktives Mitglied der Anthroposophischen Gesellschaft in Leipzig und wirkte in einer pädagogischen Arbeitsgruppe mit. Die Leiterin war Gertrud Bernhardi, die Pfingsten 1922 in das Kollegium der Stuttgarter Waldorfschule eintrat. Danach bewarb sich Martin Tittmann um die Mitarbeit an der Waldorfschule, weil er gehört hatte, daß Sprachlehrer fehlten. Oktober 1922 stellte er sich Rudolf Steiner vor, der ihn Weihnachten 1922 nach Stuttgart berief. Aber weil die Behörde den Studienrat erst zum Ende des Schuljahres beurlaubte, konnte Martin Tittmann nicht früher als Ostern 1923 nach Stuttgart übersiedeln. Er begann als Lehrer für Französich, Latein und Griechisch. 1927 wurde er Klassenlehrer und später Lehrer des Freien Religionsunterrichtes. Nach der Schließung der Stuttgarter Schule war er an der Dresdner Rudolf Steiner-Schule tätig. Von

1945 bis 1956 führte er wieder Klassen an der Mutterschule und erteilte bis 1962 Religionsunterricht.

Als Martin Tittmann von Rudolf Steiner an die Waldorfschule berufen wurde, hatte er die Lebensmitte erreicht. Jetzt reiften im Zusammenleben mit den Klassen die Früchte seiner Sprachstudien. Die grammatischen Phänomene und ihre Behandlung im Unterricht beschäftigten Martin Tittmann von Jugend auf, insbesondere fesselte ihn die Frage, „wie sich diese Phänomene aus dem Wesen des Menschen verstehen lassen, und wie sie dem aufwachsenden Menschenwesen seinem Entwicklungsgang entsprechend nahezubringen seien". Vor 700, 800 Jahren war die Grammatik die unterste in der Stufenfolge der sieben Freien Künste. Wie die Musik galt sie im vollen Sinne als Kunst. Damals wollte die Freie Kunst Grammatik die Menschen anleiten, gut und schön, mit Könnerschaft, das heißt künstlerisch zu reden und zu schreiben. Aber heute ist die Grammatik zur Sammlung trockener Regeln geworden, zur lästigen, hemmenden Fessel. Was einst künstlerisches Leben war, ist zur Formel erstarrt. Der Kenner der Sprachgeheimnisse, Rudolf Steiner, hat diese Erstarrung aufgelöst und gezeigt, wie sich im grammatischen Bereich die Geheimnisse des menschlichen Wesens entdecken lassen. Solchen Hinweisen ist Martin Tittmann gefolgt. Er hat die deutsche Grammatik der Latinität entrissen und ihr den Rang wiedergeben wollen, den sie einst innehatte. Seine „Deutsche Sprachlehre" ist für alle Waldorflehrer und Liebhaber der Sprache ein unentbehrlicher Helfer geworden. Neue Einsichten und eine Fülle von Anregungen bringen seine Studien zur „Lautwesenskunde". Sie schöpft aus dem Wissen, daß alle Laute ursprünglich Wesen kosmischer Herkunft sind, die den Leib gestalten und an seiner Form abzulesen sind. Martin Tittmann übte sich darin, den Himmelsursprung der Laute zu erfassen, denn er war ein Schüler in der „Lehr- und Lebensschule des Alpha und Omega", von der Albert Steffen gesprochen hat.

Aus der Liebe zum Wort entstanden seine Sprachforschungen, seine Zeugnissprüche, die Spiele zur Sprachlehre, die dramatischen Arbeiten für die Schulbühne, als Abschlußspiele für seine Klassen geschaffen, und seine lyrische Dichtung, die in dem Band „Sieh der Stunde hohes Staunen" gesammelt ist. So hat er begonnen, einen schöpferischen Dank an Rudolf Steiner abzustatten. Dieser Dank lebt weiter in den Herzen seiner Schüler, Kollegen und Freunde.

Martin Tittmann besaß die Kraft des Erstaunens, das Grundgefühl der Andacht, Urantrieb der Wahrheitsuche, wie er sich schon in der kindlichen Sprachforschung ankündigte. Er hat das Vermögen hellfühlenden Mitlebens und Mitleidens ausgebildet, das ihn die Schranken der

Selbstbefangenheit durchbrechen ließ. Er war fähig, die Stimme des Gewissens zu vernehmen, in der sich ausspricht, was über Natur und Verstand erhebt und zur höheren Erkenntnis führt. Diese Grundkräfte, auf die sich die neue Persönlichkeit aufbaut, hat Martin Tittmann in sich regsam gemacht. Wer sie zu entfalten beginnt, baut an dem Gefährt, in dem der Auferstandene in die Menschheit einziehen kann.

Johannes Tautz

FELICIA SCHWEBSCH

Die vertraute Freundin durfte mit dreiundachtzig Jahren den Erdenplan verlassen. Viele Jahre hatte sie sich auf diesen Schritt vorbereitet,
eigentlich schon seit sie als junges Mädchen zusammen mit ihrer Mutter
Rudolf Steiner in Berlin hörte. Anthroposophische Erkenntnisse, besonders über das Leben nach dem Tode, waren wie der cantus firmus
ihrer ganzen Existenz. Sie war in ihren hohen Jahren des irdischen
Lebens müde — zumal so viele Genossen wie Herbert Hahn, Martin
Tittmann, Marianne Tittmann ihr vorangegangen waren. Die letzte
Woche im Krankenhaus brachte Prüfungen und Schmerzen. Die neun-
zehn Jahre, die sie Erich Schwebsch überlebte, verbrachte sie im Organismus der Waldorfschule, in die sie übergesiedelt war. Damals zählte
sie vierundsechzig Jahre. Sie begann mit neuer Intensität zu unterrichten, neben dem ihr so lieben Lateinunterricht wieder Deutsch und Geschichte, besonders für die Abschlußklassen. Es war eine heilige Wit-
wenzeit, deren Ernst uns erst bei ihrem Erdenabschied ganz aufging:
sie sorgte für Kinder und Enkel und übte treue Freundschaft, die
z. T. in die Berliner Studentenjahre vor dem ersten Weltkrieg zurück-
ging oder in den ersten Nachkriegsjahren entstanden war. Hingänge
der lange Vertrauten begleitete sie mit Selbstverständlichkeit, Aufmerksamkeit und Andacht. Auch die jüngeren Freundschaften be-
glückten sie — und doch war über dem allen Erich Schwebschs
Tod ein Hauch von Einsamkeit, von Angeschlossenheit an die andere
Welt gebreitet.

Sie verließ das Schulgebäude selten; einmal zu einer Dampferreise
um das ganze Mittelmeer. Sie sah zum ersten Mal die Stätten, die ihr
vom Gymnasium, aus ihrem Studium, aus dem Unterricht vertraut
waren. Einmal fuhr sie mit einer zwölften Klasse zu den römischen
Ruinen in die Provence; wiederholt kam sie zu Aufenthalten bei ihrer
Schwester, der Bildhauerin Renée Sintenis, mit der sie eng verbunden
war, nach Berlin. Auch nachdem sie den Klassenunterricht aufgegeben
hatte, gab sie bis in die letzten Tage Lateinunterricht. Mit ihren Schülern war sie sachlich, selbstverständlich und ernst verbunden.

Wir schauen auf die Lebensstationen zurück: Die ersten Lebensjahre verbrachte sie in Neuruppin. Sie wuchs in einer Juristen-
familie mit der Schwester und einem Bruder auf, der am Anfang des

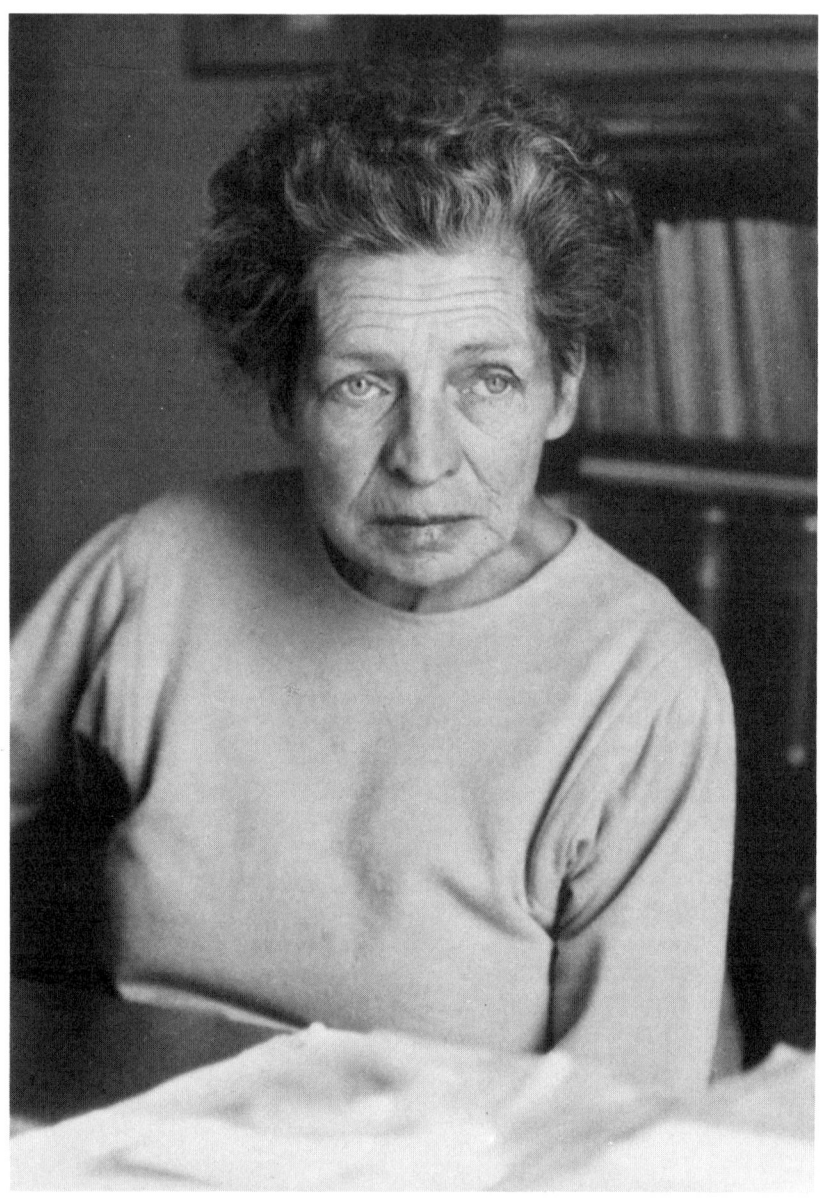

Weltkrieges fiel. Sie war ein zartes Kind, dem wegen seines schwachen Herzens nur kurze Lebenszeit vorausgesagt wurde. Der Vater scheint die Bildungswelt bestimmt zu haben, von der Mutter stammen die seelischen Valeurs; sie gehörte zur Gemeinde Richard Wagners. Ihr Spiel, das die Tochter, unter dem Flügel sitzend, aufnahm, bestimmte die Kultur des Hauses. Ein Jahr ihrer Schulzeit verbrachte sie in Stuttgart. Dann folgten die Berliner Gymnasial- und Studienjahre. Rudolf Steiner gab ihr nach einem persönlichen Gespräch die Druckbogen von „Die geistige Führung des Menschen und der Menschheit", sie sollte einmal diese drei umgearbeiteten Vorträge aufnehmen und für ihre geistige Arbeit prüfen. Das muß 1911 gewesen sein. Sie hatte sich dem Akademischen Richard-Wagner-Verein angeschlossen, der mit Professor Sternfeld sich wöchentlich im Dorotheen-Gymnasium traf und die Musikdramen erarbeitete. Hier schloß sie Freundschaft mit Erich Schwebsch, Ernst Bindel und mit Ida Uhland, die sie aus der Stuttgarter Zeit vom Katharinen-Stift kannte. Schon vor dem Krieg machte sie ihr Staatsexamen; sie schrieb eine Doktorarbeit über die Politik des römischen Reiches unter Septimius Severus und Caracalla. Erste Schülerberichte kennen wir aus der Kriegszeit; sie unterrichtete an einem bekannten Berliner Mädchengymnasium. Die schlanke Gestalt mit dem hellblonden Haar und den hellblauen Augen war ungemein beliebt; es gibt manche Anekdote von ihrem faszinierenden Lateinunterricht, von ihrem so sachlichen und doch so humorvollen Umgangston.

1917 vollzog Friedrich Rittelmeyer die Kriegstrauung, Erich Schwebsch hatte gerade Urlaub. Seit 1918 scheint sie ihm regelmäßig Schriften von Steiner — auf seinen Wunsch — ins Feld geschickt zu haben. „Die Philosophie der Freiheit" schickte er zuerst zurück, das sei nichts für ihn. Die Goethe-Schriften Steiners brachten den Durchbruch. Nachdem beide viel im Rittelmeyerkreis verkehrt hatten, kam es 1920 zum ersten Gespräch mit Rudolf Steiner in der Waldorfschule. 1921 war der Umzug nach Stuttgart. Aus den Konferenznachschriften geht hervor, welche Bedeutung Rudolf Steiner der Mitarbeit von Erich Schwebsch beimaß, der pionierhaft den Kunstunterricht an der Oberstufe zu übernehmen hatte.

Während das „Latein-Motiv" bei Felicia Schwebsch sich durch das ganze Leben hindurchzieht, hat sich das „Wagner-Motiv" für beide wesentlich metamorphosiert: Anton Bruckner war ganz in den Mittelpunkt ihres Sinnens und Forschens getreten. Es ist, als ob die durch Rudolf Steiner neu angeregte Beschäftigung mit Goethe Hilfestellung geleistet hätte. Schwebschs Bruckner-Buch war damals berühmt; es ist aus ihrer Gemeinsamkeit entstanden. Und das setzte sich dann bei der Arbeit über „Die Kunst der Fuge" fort. Die Stuttgarter Zeit ist ausgezeichnet durch eine reiche Geselligkeit, so mit den Musikern Felix Petyrek, Walter Rehberg, Carl Leonhardt.

Der Bau eines Wohnhauses auf dem Gelände der Waldorfschule neben dem Eurythmeum war wie der äußere Höhepunkt. Die politischen Verhältnisse nach 1933, das Verbot der Anthroposophischen Gesellschaft im November 1935, die Bedrohung und Schließung der Schule, später der Verlust des Hauses, die Zerstörung des entfremdeten Waldorfschulgebäudes — diese Lebenserfahrungen hat Felicia Schwebsch mit Gelassenheit getragen.

Im Zurückblicken ergibt sich der Eindruck: es war auch nach 1945, als Schwebsch so schöpferisch am Wiedererstehen der Anthroposophischen Gesellschaft und der Waldorfschule arbeitete und für die sich ausbreitende Schulbewegung tätig war, als ob sie sein Hinaustreten still behütete. So hat sie auch seine Krankheit und sein unerwartetes Hinscheiden wach begleitet.

Bei ihrem Weggang nun, im Gefühl des Verlustes, stand besonders ihre Wirksamkeit nach 1953 vor der Seele: z. B. ihre Leitsatzarbeit im Rudolf-Steiner-Haus, ihr Interesse für die Entwicklung der anthroposophischen Bewegung, ihr Wachen über die Angelegenheiten der Waldorfschule, ihre gänzlich unsentimentale Verbundenheit mit ihren Schülern, die immer wieder in Erstaunen setzte und wie etwas Zukünftiges anrührte, die gelassene Treue in ihrer Freundschaft.

Was lehrt uns dieses vielseitige Leben in seinen künstlerischen Interessensphären, seinen wissenschaftlichen Studien, dem persönlichen Umgang mit bedeutenden Zeitgenossen, der jahrzehntelangen pädagogischen Arbeit, neben all den Pflichten des Familienlebens, die so selbstverständlich getragen wurden? Man denkt manchmal: diese Inkarnation mit solch verschiedenen Einschlägen ist wesentlich bestimmt durch die frühe Begegnung mit Rudolf Steiner, die offenbar im ersten Jahrzehnt des Jahrhunderts stattgefunden hat. Leben und Hingang von Felicia Schwebsch gehören zur Geschichte und zum Wesen der anthroposophischen Bewegung.

Ernst Weißert

Felicia Schwebsch war eine der wenigen jungen Menschen, die noch innerhalb der deutschen Sektion der Theosophischen Gesellschaft vor dem ersten Weltkrieg ihren Weg gradlinig und konsequent zu Rudolf Steiner gefunden hatte. Bereits ihre Mutter gehörte zu den ersten Mitgliedern, die in Berlin und anderen Orten an den Vorträgen Rudolf

Steiners teilnahmen. Daß die Tochter auf den Namen Felicia getauft wurde, lange vor den Aufführungen der Mysteriendramen in München, offenbart etwas vom Schicksalsgeheimnis ihres Lebens. Felicia Balde, die Gestalt aus den Mysteriendramen, die als einfallsreiche Märchenerzählerin auf den Geschichtsprofessor Capesius eine so tiefgreifende Wirkung auszuüben vermag, erscheint wie ein Schutzgeist dieser bedeutenden Frauenseele.

Felicia Schwebsch begann, wohl auf Weisung Rudolf Steiners, das Universitätsstudium der Geschichte und Germanistik. Sie gehörte zu der ersten Frauengeneration, die ein Hochschulstudium aufnahm. Durch sie fand Erich Schwebsch seinen eigenen, selbständigen Weg zur Anthroposophie.

Bald nach der Begründung der ersten Waldorfschule kam sie mit Erich Schwebsch in das Urkollegium nach Stuttgart. Während ihm der Kunstunterricht in den Oberklassen übertragen wurde, erteilte sie, ebenfalls in der Oberstufe lehrend, Unterricht in den Fächern Deutsch und Geschichte.

Eine herbe, ganz unsentimentale Mütterlichkeit war ihr eigen, mit der sie dem Hauswesen vorstand und ihre Schüler pädagogisch förderte. Gerne gehen die Erinnerungen an das im Kriege zerstörte Haus zurück, in dessen großem Besuchszimmer zwei Flügel standen. Wie oft waren da Gäste zugegen, wenn Erich Schwebsch Motive aus der Kunst der Fuge erklingen ließ, wenn er Wagners Opernwerke interpretierte und uns Zugang in die symphonische Welt Bruckners gewährte.

Solange es ihre Kräfte erlaubten, kam sie jedes Jahr zur Pfingstzeit nach Dornach, wo im Goetheanum die Urne von Erich Schwebsch steht. Zu Pfingsten war es ja, als er, kaum vierundsechzig Jahre alt, die Erdenwelt verließ. Ihre Besuche in unserem Haus waren uns eine Herzensfreude durch ihren Humor, mit dem sie Jung und Alt erheiterte. Sie war als Hausgast einfühlsam und hilfsbereit. Die Weisheit ihres Alters offenbarte sich in der Selbstlosigkeit ihrer aus innerstem Wesen wirkenden Mütterlichkeit. Die Züge ihres markanten, oft männlich erscheinenden Antlitzes verrieten einen starken Erkenntniswillen, aber verhehlten auch nicht manches Leid und manche Entsagung, die ihr das Schicksal mit Mut zu ertragen auferlegte.

Friedrich Hiebel

ELLY WILKE

Elly Wilke gehörte zu den Persönlichkeiten, die ohne Rücksicht auf entgegenstehende Schwierigkeiten ihr Lebensideal zu erfüllen streben. Der Schwierigkeiten fand sie genug auf ihrem Weg, aber sie hat sie gemeistert und ihr Ziel erreicht, Kinder und Erwachsene in Eurythmie und auch in Musik zu unterrichten. Dabei hatte sie das Glück, von Rudolf Steiner selbst noch unterwiesen und in ihren Absichten bestärkt zu werden.

In Berlin geboren, war sie dort an der richtigen Stelle, um ihr Streben nach umfassender Bildung zu befriedigen. Schon während der Schulzeit wurde sie durch Prämien ausgezeichnet. Naturwissenschaft, Geschichte, Literatur und vor allem Musik pflegte sie intensiv, um Lehrerin zu werden. Aber ihre Eltern waren der Meinung, dafür sei ihre Gesundheit zu zart, und erlaubten kein Studium. Deshalb besuchte sie eine Handelsschule und war zunächst kaufmännisch tätig. Mit 21 Jahren lernte sie in einem Gespräch während eines Konzertes die Anthroposophie kennen und sah ihren Lebensweg vorgezeichnet. Sie hörte Vorträge, machte einen Einführungskurs mit, besuchte Eurythmie-Aufführungen, und das wurde entscheidend für sie. Sie löste sich aus allen beruflichen Bindungen ihrer kaufmännischen Tätigkeit und setzte das geschaute Lebensideal in die Tat um. Zwar überwarf sie sich deshalb mit ihren Eltern, vor allem dem Stiefvater, aber das konnte sie nicht mehr hindern. Musikunterricht an einem Konservatorium verschaffte ihr den nötigen Lebensunterhalt, die übrige Zeit aber war dem Studium der Anthroposophie und der Eurythmie gewidmet. Nachdem sie Rudolf Steiner und Marie Steiner kennengelernt hatte, wurde es ihr 1922 ermöglicht, in Dornach weiterzustudieren und ihre pädagogischen und zugleich künstlerischen Intentionen zu verwirklichen. So erlebte sie das Schicksalsjahr der Anthroposophie 1922 selbst mit, den Brand des ersten Goetheanums und Rudolf Steiners unerschütterliche Haltung. Sie trat bei Aufführungen auf, ging mit der Eurythmie-Truppe auf Reisen und wurde im April 1923 von Rudolf Steiner als Lehrerin für Eurythmie an die Freie Waldorfschule Stuttgart und als Lehrerin für Musiktheorie an die dortige Eurythmie-Schule berufen. Ihr früher Wunsch, Lehrerin zu werden, hatte sich auf persönlichere und modernere Art erfüllt.

Zwölf Jahre, von April 1923 bis März 1935, war sie in Stuttgart tätig. Sie nahm ihren Beruf sehr ernst und faßte die Schüler streng an, aber auch humorvoll und mit Verständnis für die Nöte und Bedürfnisse der Jugend. Obwohl sie klein und zierlich, ja sogar etwas verwachsen war, spürten die Schüler ihre innere Bedeutung und brachten ihr nicht nur den Respekt der Disziplin, sondern auch Ehrfurcht entgegen. Eine Begebenheit möge ihre Haltung charakterisieren: Ein Schüler, der in der Eurythmiestunde so etwa das Gegenteil eines Musterschülers war, hatte eines Tages sein „inhaltsreiches" Tagebuch im Umkleideraum des Eurythmiesaales liegen lassen. Elly Wilke hatte es gefunden und brachte es dem beklommenen Jungen mit den Worten: „Ich gebe dir mein Wort, daß ich nichts darin gelesen habe." Von dem Tag an machte der Junge im Unterricht mit und holte das Versäumte durch Privatstunden nach.

Elly Wilke nahm sich auch außerhalb der Schulstunden immer Zeit für Schüler und Kollegen zu fruchtbarer Zwiesprache und Tätigkeit. Sie hielt Vorträge und machte Musik; ich selbst erinnere mich gerne an manche Stunden des Musizierens und des Gedankenaustausches. Besonders gewinnreich war ihre Freundschaft und Zusammenarbeit mit Eugen Kolisko. Dies war vielleicht einer der Gründe, der sie veranlaßte, 1936 ebenfalls nach England zu gehen, als Walter Johannes Stein und Eugen Kolisko dorthin gegangen waren. Allerdings hatte sie schon immer eine Liebe zu England und betrachtete es als ihre Wahlheimat. Dort war sie ganz auf sich gestellt und entfaltete eine reiche Tätigkeit. Mit Eugen Kolisko konnte sie zu ihrem großen Schmerz nicht mehr lange zusammenarbeiten, da er so unerwartet aus dem Leben gerissen wurde.

Sie leitete von 1936 bis 1954 in London die von ihr gegründete Eurythmieschule, gab Privatkurse in Kindereurythmie und in Edinburgh von 1948 an Musikunterricht in einer eigenen kleinen Musikschule. 1954 kehrte sie wieder nach Deutschland zurück und war hauptsächlich am heilpädagogischen Seminar in Eckwälden tätig. Ihre letzten zwei Lebensjahre waren überschattet von einer schweren Krankheit, die mit einer starken Herzschwäche begann und Störungen in den Gehirnfunktionen mit sich brachte, so daß sie nicht mehr arbeiten konnte. Am 23. März 1961, in dem Monat, in dem sich häufig schicksalhafte Wendungen für sie gezeigt hatten, ging ihr Leben zu Ende. Zweiundvierzig Jahre lang führte sie ein erfülltes Dasein für die Anthroposophie und die Eurythmie und blieb mit unerschütterlichem Mut trotz vieler Widerstände ihrem Ziel treu. Sie hat kräftig gehalten, was sich Rudolf Steiner von ihr erwartete. *Konrad Sandkühler*

ANNA WOLFFHÜGEL-ABEGG

Wenige Wochen nach ihrem 92. Geburtstag hat sich Anna Wolffhügel-Abegg vom Leibe gelöst. 22 Jahre war sie durch einen Schlaganfall so schwer gelähmt, daß sie nicht mehr sprechen, kaum lesen und nur Hauptwörter schreiben konnte.

In Klein-Laufenburg, wo der Rhein zwischen Stromschnellen einen stürmischen Verlauf nimmt, begann im Jahre 1884 ihr ereignisreiches Leben. Der Vater, ein gebürtiger Schweizer, war Ingenieur und zudem Erfinder neuer Weberschiffchen. Er reiste geschäftlich durch ganz Europa, nach Ägypten und der Türkei und brachte als Andenken Teppiche und Trachten nach Hause. Die Mutter stammte aus einer süddeutschen Familie. Zusammen mit einem älteren Bruder wuchs Anna heran und besuchte in Zürich die Schule. Sprachaufenthalte in England und in der französischen Schweiz schlossen sich an. Während einer Ferienzeit in Lugano lernten sich die Eltern Abegg und Wolffhügel kennen. Anna war noch im Mädchenalter, als sie mit Max Wolffhügel zum ersten Mal zusammentraf.

Angeregt durch ihren Malerfreund, ging sie 1906 nach München, um sich an der damals berühmten Debschitz-Schule im Zeichnen auszubilden; im Sommer des Jahres folgte noch ein gemeinsamer Studienaufenthalt in Worpswede.

Nun traten in rascher Folge die lebensbestimmenden Ereignisse ein. Durch die Braut von Hanns Strauß, dem späteren Waldorflehrer, veranlaßt, hörte sie die Vorträge Rudolf Steiners. Anna Abegg war begeistert. Die geistige Erfüllung, die sie von der Jugendbewegung erhofft hatte, fand sie in der Anthroposophie.

Die eheliche Verbindung mit Max Wolffhügel im Herbst 1907 begründete eine lebenslange Zusammenarbeit. Auf ihre Anregung hin entschloß er sich zu einem Vortragsbesuch Rudolf Steiners, was seinem Leben eine neue Richtung gab. Das persönliche Gespräch mit dem Geisteslehrer, das beide nach ihrem Eintritt in die Anthroposophische Gesellschaft 1911 erbaten, brachte Gewißheit über den inneren Weg. Nun war die Richtung erkannt, die sie bis zu ihrem Lebensende einhielt.

Als im Frühjahr 1914 Rudolf Steiner die Mitglieder der Anthroposophischen Gesellschaft aufrief, am Bau des Goetheanums mitzuarbeiten, folgten Max und Anna Wolffhügel und zogen mit ihren Kindern

nach Dornach. Unter der Anleitung Rudolf Steiners schnitzten sie an den Sockeln, Säulen, Kapitälen und Architraven des in Holz ausgeführten Doppelkuppel-Baues, bis der Krieg ausbrach und Max Wolffhügel als Krankenpfleger einrückte.

Die Kriegsjahre verlebte Anna Wolffhügel mit den Kindern in Freiburg. Neue Aufgaben stellten sich, als Max Wolffhügel 1918 aus dem Felde heimkehrte. Da der Freiburger Zweig verwaist war, übernahmen beide die Leitung und impulsierten die Arbeit, indem sie sich für die neue Bewegungskunst der Eurythmie einsetzten. Anna Wolffhügel, die ständige Beraterin ihres Mannes, reiste nach Dornach, um Rudolf Steiners Mitwirkung an der Freiburger Zweigarbeit zu erbitten. Bereitwillig sagte er Vorträge zu und war mit Marie Steiner zwei Tage lang Gast im Hause Wolffhügel. Bei dieser Gelegenheit lernte er auch die Pflegetochter Else Klink kennen, die später Leiterin des Stuttgarter Eurythmeums wurde.

Ein neuer Lebensabschnitt fing mit der Übersiedlung nach Stuttgart an. Ein Jahr nach Eröffnung der Waldorfschule erhielt Max Wolffhügel die Einladung, als Werklehrer in das Kollegium einzutreten. Daß er sein anfängliches Zögern überwand, ist dem Zuspruch seiner Frau zu verdanken. „Sie wußte", bekennt er im Rückblick, „mit Rudolf Steiner und Emil Molt besser um mich und meine Lebensmöglichkeiten Bescheid."

Auf Anraten Rudolf Steiners wartete Anna Wolffhügel mit der schon lange angestrebten Eurythmie-Ausbildung, bis ihr jüngstes drittes Kind sieben Jahre alt geworden war. Zunächst hatte sie, von ihm aufgefordert, im Gartenbau-Unterricht mitgeholfen, den Max Wolffhügel im Anfang übernehmen mußte. Nach Abschluß ihrer Ausbildung unterrichtete sie dann sieben Jahre als Eurythmielehrerin an der Waldorfschule. Diese Zeit hat sie wohl als Höhepunkt ihrer an Aktivitäten reichen Biographie erlebt. Damals wurde auch nach ihren Entwürfen das eigene Wohnhaus gebaut, dessen Farbgebung den Besuchern ebenso unvergeßlich ist wie die Gepflegtheit des umliegenden Gartens. Von ihr angeregt, entfaltete sich eine geistvolle Geselligkeit: Konzerte und Dichterlesungen wechselten mit heiteren Festlichkeiten und dramatischen Aufführungen in dem gastlichen Haus. Nachdem sie sich aus der Arbeit an der Schule zurückgezogen hatte, blieb sie durch die Schulpensionäre und privaten Eurythmieunterricht mit dem pädagogischen Leben verbunden.

Dann brach das Unglück herein: die Waldorfschule wurde verboten, das Haus im Kriege zerbombt, und die Familie zog aufs Land. Aber sobald der Krieg zu Ende und die zerstörte Wohnung in mühseliger

Arbeit hergerichtet war, begann für Anna Wolffhügel nochmals eine neue Phase des Wirkens. Sie machte sich mit der therapeutischen Eurythmie vertraut und war jahrelang als Heil- und Kunsteurythmistin tätig.

1952 begleitete sie Max Wolffhügel auf einer Reise zu den englischen Waldorfschulen, die seine Anregungen für den Unterricht im Malen, Zeichnen und Plastizieren erbeten hatten. Dabei stellte sie nicht nur als Dolmetscherin die Kontakte her, sondern inspirierte auch neue Malaufgaben.

Kurze Zeit vor ihrem Schlaganfall malte sie das Sternenquartett neu, das lange vor dem Krieg entstanden war und viele Freunde gefunden hatte. Ihren künstlerischen Tätigkeitsdrang konnte die Krankheit behindern, aber nicht unterbinden. Sie beschäftigte sich mit malendem Zeichnen und mit Weben und stellte sogar kleine Gobelins her.

Zweieinhalb Jahre nach dem Tode ihres Mannes suchte sie aus eigenem Entschluß das Altersheim auf, in dem sie das letzte Jahrzehnt ihres langen Lebens verbrachte.

Anna Wolffhügel konnte auf einen ungewöhnlichen Lebenslauf zurückblicken. Aufgeschlossen für alle modernen Strömungen, war sie nach München gelangt, als Rudolf Steiner dort die neue Kunstentwicklung seit 1907 inaugurierte. Sie tauchte während der festlichen Wochen der Uraufführungen in die Welt der Mysteriendramen ein und lebte im Kreise der Künstler mit, die am Bau des ersten Goetheanums arbeiteten. Sie nahm die Formensprache dieses einzigartigen Kunstwerkes auf und empfing den Impuls, die Eurythmie zu ihrer Aufgabe zu machen. In dieser Zeit bildete sich das unbestechliche, treffsichere Urteilsvermögen aus, das sie in den künstlerischen Fragen besaß. Dann hatte sie als Mitarbeiterin ihres Mannes, des ersten Werklehrers, die Anfänge der Waldorfschule begleitet und war noch zu Lebzeiten Rudolf Steiners in das Kollegium eingetreten. Die Lebensprüfungen, die nicht ausblieben, bestand sie mit Mut und Willenskraft. Sie kannte kein Zögern, wenn es galt, Entscheidungen zu fällen, keine Furcht, ihre Überzeugung auch in den Jahren der politischen Unfreiheit nach 1933 zu vertreten und gefährdete Menschen zu schützen. Sie lebte mit den Zukunftsaufgaben, die sie erkannt hatte, seit sie Rudolf Steiner begegnet war, und sie trug die daraus geschöpfte Kraft über die Todesschwelle künftigen Verwandlungen entgegen.

Johannes Tautz

HANNS STRAUSS

Hanns Strauss wurde 1883 in Gunzenhausen, einem fränkischen Provinzstädtchen nahe Ansbach, als zweiter von Zwillingen geboren. Die Verhältnisse waren eng. Der Vater arbeitete als Posamentier, webte Borden und Litzen für die Trachten, verzierte Knöpfe, stickte mit Perlen und Pailletten. Außerdem existierte ein Kurzwarenlädchen. Als die Buben ein halbes Jahr alt waren, starb der Vater. Die Mutter war eine evangelisch-gläubige, energische Frau mit festen Erziehungsgrundsätzen. So schien es ihr gottgewollt, daß der erstgeborene Sohn etwas „Besseres" werden sollte; Hanns, dem jüngeren, bliebe dann der Laden vorbehalten. Ihre Vorstellungen hinderten sie offenbar daran, die Verschiedenartigkeit in den Begabungen ihrer Söhne wahrzunehmen. Sie liebte wohl beide, aber es entstand die merkwürdige Situation, daß der ältere unter großen Mühen tun mußte, was der jüngere nicht durfte: die Mittelschule besuchen, Geige spielen, lernen usw. Hanns litt unter den Verhältnissen und verließ deshalb schon mit dreizehn Jahren das elterliche Haus. Ein jüdischer Freund, der beratend der Mutter zur Seite stand, riet alttestamentarisch: „Laß ihn ziehen und segne ihn." Hanns Strauss suchte sich eine Lehrstelle bei einem Weber in Ansbach. Er wohnte bei dem Meister und wurde, wenn nicht genügend Webaufträge vorhanden waren, mit kunsthandwerklichen Arbeiten betraut.

Von Ansbach führte der Weg nach Nürnberg auf die Kunstgewerbeschule. Dort erhungerte er sich Semester auf Semester. Die Folge war eine Lungentuberkulose, die ihn vom Militärdienst befreite. Bald fand er Verbindung zu Friedrich Rittelmeyer, und durch Michael Bauer, in dessen Haus er aus und ein ging, kam er zur Anthroposophie.

1907 mit 24 Jahren wurde Hanns Strauss in München Mitglied der Theosophischen Gesellschaft. Er war damit betraut, die Ausschmückung des Saales für den Theosophischen Kongreß mitzubesorgen. Rudolf Steiner hatte die Dekoration des Kongreßsaales entworfen. Es tauchten hier zum ersten Mal die Motive auf, die den Kapitälen der Säulen des ersten Goetheanum zugrunde liegen.

Hanns Strauss besuchte in München die Kunstakademie und war Assistent von Professor Hertrich, einem Landschaftsmaler. Außerdem machte er Entwürfe für die Deutschen Werkstätten. Er gehörte in München zu dem Kreise um Sophie Stinde, verkehrte im „Fruchtkorb",

dem Mittagstisch und Treffpunkt der Theosophen, und war befreundet mit der alten Gräfin Kalkreuth, der Witwe des bekannten Malers. Auch gehörte er zu dem Trupp junger Leute, die Rudolf Steiner mitbetreuten, wenn dieser in München war: sie schleppten die Koffer bei der Ankunft und Abfahrt und standen bei den Vorträgen als Türhüter Wache. Für Rudolf Steiner taten sie alles, so erzählte er aus dieser Zeit; aber dem „Schwof von Damen", der Rudolf Steiner auf den Vortragsreisen begleitete, haben diese Rauhbeine wohl oftmals übel mitgespielt. Da blieb mancher Koffer auf dem Bahnsteig stehen oder wurde durch eine Pfütze gezogen.

1910 heiratete er Marie Dresler. Sie war Kunstgewerblerin und besuchte wie viele der Freunde die Debschitz-Schule, die damals als führend für die Moderne galt. Nun begann für Hanns Strauss eine Zeit des Aufatmens aus puritanischer Beschränkung: Studienreisen zu den Kunstwerken Italiens und ein längerer Aufenthalt im Atelier eines Freundes in Rom.

Freundschaften fürs Leben wurden geschlossen: mit Max und Anna Wolffhügel, Fritz Graf von Bothmer, Wilhelm von Heydebrand, Ernst Aisenpreis, Alexander Strakosch und Maria Strakosch-Giesler. Eine Berührung mit dem Kreis um Kandinsky und Gabriele Münther fand damals statt. In der Wohnung in der Clemensstraße übernachteten, wenn sie zu Vorträgen Rudolf Steiners kamen, Karl Schubert, Ernst Uehli, Rudolf Treichler und viele andere. Die Fotos aus dieser Zeit zeigen Hanns Strauss zart und romantisch mit einem Nietzsche-Bart, genau wie in den ersten Stuttgarter Jahren. Die Freunde Wolffhügel und Strauss, obwohl nicht aus der Jugendbewegung kommend, nahmen Gesangstunde; sie sangen alte Marienlieder zur Gitarre. Der reine strahlende Tenor Wolffhügels im „Psallite . . .", dem Gesang des Roten Königs vor der Anbetung, oder der warme Bariton von Strauss als Gallus und als Paradeis-Teufel in den Weihnachtsspielen werden manchem ehemaligen Schüler noch im Ohr klingen.

Im Herbst 1913 legte Rudolf Steiner in Dornach den Grundstein zum ersten Goetheanum. Die Zelte in München wurden abgebrochen, Hanns Strauss ging mit seiner Frau nach Dornach. Mit aller Intensität stürzte er sich in die Arbeit am Bau. So gestaltete er u. a. den Betonfuß der großen Freitreppe nach dem kleinen Wachsmodell, schnitzte an den Sockeln und Kapitälen der Säulen. Die dräuende Wolke des bevorstehenden Krieges trieb das Arbeitstempo voran. Wenige Tage vor Kriegsausbruch fielen die Arbeitsgerüste der großen Kuppel. Die Freunde, Angehörige verschiedener Nationen, nahmen, bevor sie schieden, den gewaltigen Eindruck von den Bildern der Kulturepochen und den Formen der Evolutionsgesetzmäßigkeiten, wie sie im ersten Goetheanum gestaltet waren, mit. Die Tragik des Zeitalters verlangte, daß sie an verschiedenen Fronten, zum Teil gegeneinander kämpfen mußten.

Hanns Strauss meldete sich als Sanitäter. Beim Abschied erhielt er von Rudolf Steiner Mantren für die schwere Aufgabe. Es folgten Jahre härtesten Einsatzes in Feldlazaretten des Westens, in unmittelbarer Frontnähe, die die Freunde Wolffhügel und Strauss gemeinsam durchstanden. Strauss kam ohne Verwundung durch den Krieg, obwohl er ab 1916 als Melder bei der Infanterie eingesetzt war.

Völlig entkräftet kehrte er heim und beschloß, Landwirt zu werden. Ein Intermezzo der Selbstfindung. Das alte Leben war vorbei. Er sang nicht mehr, er malte nicht mehr. Wenn er einen Pinsel in die Hand nahm, „hatte ich eine Koppel mit angeschossenen Pferden vor Augen" ... das Bild der verwundeten Kreatur. Vier Jahre betrieb er einen Hof am Ammersee, nahe Breitbrunn, dem Wohnort Christian Morgensterns. In diesen Jahren lebte dort Michael Bauer, betreut von Margareta Morgenstern. Viele alte und neue Freunde waren bei Straussens im „Rottbad" zu Gast: Uehli mit den Söhnen Ernst und Walter, Wolffhügel mit Else Klink und den Kindern, Joseph und Franz Dreidax.

Graf Bothmer und Wolffhügel waren es, die Hanns Strauss 1923 an die Waldorfschule holten. Strauss war prädestiniert zum Pädagogen. Sein in der Lebensschule gestählter Wille, gepaart mit der Wärme seines Wesens, vermochte Willensimpulse im jungen Menschen zu wecken.

Zunächst gab er Turnen sowie Malen und Zeichnen, zuletzt Gartenbau. Er betreute den Malunterricht in den Klassen von Christoph Boy, Clara Michels u. a. und unterrichtete im neu eröffneten Lehrerseminar. Mit Wolffhügel zusammen hatte er die künstlerische Jury der Waldorf-Spielzeug-Fabrik. Für die innerhalb des „Kommenden Tags" geplanten Arbeiter-Bildungskurse setzte er sich intensiv ein. Seinem warmen, kraftvoll-männlichen Wesen, das immer auf volles Vertrauen des anderen baute, danken viele Schüler der Oberstufe mit großer Anhänglichkeit. Sein Haus, in dem Caroline von Heydebrand, Karl Schubert und Robert Killian mit ihren Familien wohnten (später auch Else Moll) hatte eine offene Tür. Viele kamen mit ihren Fragen, mancher wird sich noch an den Mittagstisch und die Stunden dort erinnern. In den Ferien war Hanns Strauss meist zu Hause. Er brauchte die Ruhe und fand wieder zu eigener künstlerischer Arbeit.

Die Probleme und Differenzen innerhalb der Führung der Anthroposophischen Gesellschaft, die nach dem Tode Rudolf Steiners auch in die Schulbelange hineinragten, schmerzten Strauss zutiefst und drängten ihn in eine mönchisch-kontemplative Zurückgezogenheit. Sachliche Auseinandersetzungen mit Freunden und Kollegen befruchteten indes die Arbeit. Bothmer entwickelte seine gymnastischen Übungen aus geometrischen Gesetzmäßigkeiten, aus den Grundkräften der Leichte und Schwere. Strauss ging einen anderen Weg: sein Ansatz lag mehr bei der fließenden Dynamik der Bewegung. Mit Wolffhügel, der Handwerk, Malen, Zeichnen und Plastizieren gab — später kam Erika Zoeppritz hinzu — vertrat er das künstlerische Schaffen der „alten" Schule. Auch hier waren die Wege verschieden: Wolffhügel kam vom Naturalistisch-Illustrativen, Strauss suchte den Ansatz innerlich meditativ.

Nach der Schließung der Schule beschäftigten ihn die kindliche Zeichnung, die „Rätselspuren" des ersten Jahrsiebts. Schon Anfang der dreißiger Jahre hatte er begonnen, Material zu sammeln. Seine unmittelbare Beziehung zum Medium der Linie als einer Spur der Bewegung findet sich in seinen Skizzenbüchern für gymnastische Übungen. Hier ist Artverwandtes zu den Schwüngen der frühkindlichen Zeichnung.

In seinem 58. Lebensjahr überraschte ihn ein schwerer Schlaganfall und warf ihn zu Boden. Die Freunde Eberhard Schickler und Karl Schubert kämpften gemeinsam um sein Leben. Schickler half als Arzt, Schubert appellierte an sein innerstes Wesen: „Hannes, halt di fest, geh net fort, bleib bei uns . . ." Er war ein Gezeichneter, doch rang er durch eisernes Training seinem Körper das Letzte ab. Er schnitzte mit der noch beweglichen linken Hand eine Weihnachtskrippe, malte und beschäftigte sich weiter mit den Kinderzeichnungen. Nach dem summarischen Sammeln aus der Begeisterung begann er nun die Phänomene herauszuarbeiten. Seine Untersuchungen verdichteten sich zu skizzenhaft-aphoristischen Aufzeichnungen.

In den Jahren, die ihm noch bis zu seinem Tode blieben, gelang es ihm, all das, was er bisher an Kraft und Initiative nach außen hatte ausleben können, nach innen zu nehmen und umzugestalten. So wurde aus einem dynamisch Energiegeladenen ein in sich ruhend Hinhorchender.

Die Neueröffnung der Schule 1945 konnte er kaum erwarten. Die frühkindliche Zeichnung als Illustration der Menschenkunde Rudolf Steiners in die Seminararbeit einzugliedern war ihm Aufgabe und innerstes Anliegen.

Auf dem Wege zur Schule stürzte er auf der Straße. Ein neuerliches Gehirnbluten war nicht mehr anzuhalten. Die Verhältnisse zwangen dazu, ihn in die geschlossene Abteilung des Bürgerhospitals einzuweisen. Dort starb er am 20. Oktober 1946 im Wachsaal, nachdem er zehn Tage ohne Bewußtsein gelegen hatte. Die Mittagstrahlen der Sonne eines letzten leuchtenden Herbstsonntages schienen durch die vergitterten Fenster auf die rotkarierten Federbetten der Patienten: eine van Gogh-Stimmung.

Michaela Strauss

DAS SECHSTE JAHR
1924/25

Die letzten von Rudolf Steiner berufenen Lehrer waren Verene Gilde-meister und Erich Gabert. Maria Röschl wurde nach Dornach beurlaubt und übernahm die Leitung der Jugendsektion der Hochschule am Goethe-anum. Karl Ege und Ernst Bindel, deren Mitarbeit das Kollegium für das siebte Schuljahr erbeten hatte, wurden noch von Rudolf Steiner auf dem Krankenlager als Waldorflehrer bestätigt.

VERENE GILDEMEISTER

Verene Gildemeister war, nachdem sie im Frühjahr 1890 ihr Lehrerinnenexamen bestanden hatte, mehrere Jahre als Lehrerin und Erzieherin in Familien tätig. Schon bald nach ihrem Examen hatte sie
Latein studiert und in kurzer Zeit das ganze Pensum eines humanistischen Gymnasiums absolviert. Nachdem sie auch das Griechische und
Mathematische bewältigt und in Hamburg Anfang des Jahrhunderts
das Abitur bestanden hatte, studierte sie an der Berliner Universität
alte Sprachen und Philosophie. Ihre Begabung war vielseitig: sie war
nicht nur in hohem Maße sprachbegabt, sondern auch grundmusikalisch
und auf mathematischem Gebiet so befähigt, daß ihr Lehrer sie fragte,
warum sie nicht Mathematik als Studienfach wählen wolle. Nach Beendigung des Universitätsstudiums unterrichtete sie alte Sprachen am
Hamburger Frauengymnasium, einer privaten Schule, die nach dem
ersten Weltkrieg schließen mußte.

Im Jahre 1912 wurde sie Mitglied der Anthroposophischen Gesellschaft. Ihre tiefreligiöse Natur fand in der herrschenden Kirche keine
Befriedigung. Diese gab ihr später die Christengemeinschaft, der sie
bis zu ihrem Lebensende treu war.

Im Frühjahr 1924 berief sie Dr. Steiner an die Stuttgarter Waldorfschule. In der Rückschau auf diese Begegnung sagte sie: die eineinhalb-
stündige Aussprache mit Dr. Steiner in Dornach sei die glücklichste
Stunde ihres Lebens gewesen. Bis zur Schließung der Schule im Jahre
1938 unterrichtete sie dort Latein und Griechisch an der Oberstufe.
Im Januar 1939 zog sie zu ihrer Schwester nach Tübingen, wo sie bis
zu ihrem Tode eine segensreiche Tätigkeit als Privatlehrerin für Studenten und Schüler entfaltete. Zu ihren Unterrichtsfächern gehörten
auch die neueren Sprachen. Sie war eine begeisterte Lehrerin und erklärte noch im letzten Lebensjahr: das Unterrichten ist mein ganzes
Glück! Am Tage ihrer plötzlichen schweren Erkrankung arbeitete sie
mit einem Schüler das Lukasevangelium auf Griechisch. So ist sie aus
vollem Wirken nach kurzem Leiden in die geistige Heimat hinübergegangen, um den Ertrag ihres Lebens zu ernten und sich für neue
Aufgaben vorzubereiten. Der Priester sagte bei ihrer Bestattung: „Sie
war eine Dienerin des Wortes."

In der Michaelizeit war sie geboren, in der Johannizeit beendete sie
ihr reiches Leben.   *Elisabeth Gildemeister*

375

ERICH GABERT

Zwei Bilder haben sich der Erinnerung tief eingeprägt. Das erste Bild: Am 1. Oktober 1956 spricht Erich Gabert in Stuttgart vor der Gesamtkonferenz der Waldorflehrer zur Frage der „Weiterentwicklung der Waldorfpädagogik". Kräftig und liebevoll zeichnet er die Urgestalt der Waldorfschule, die sechs Schuljahre unter der Leitung Rudolf Steiners. Nur aus der ehrfürchtigen Erkenntnis, daß Rudolf Steiner diese Pädagogik auf Einweihungswegen gefunden hat, könne die Entschlußkraft zu ihrer wahren Fortentwicklung gewonnen werden. Nur wenn ihre Ideen zu Idealen würden, könnten sie neue, in die Zukunft weisende Lebenskräfte für die Schulen erzeugen und vor der doppelten Gefahr der Dogmatisierung und der intellektuellen Willkür bewahren. Er weist die Lehrerschaft auf die Stunde der Begründung ihrer Pädagogik und den geistigen Auftrag hin und schließt mit dem Vermächtnis des letzten Briefes Rudolf Steiners an die Waldorflehrer. Das andere Bild: Wenige Monate vor seinem Tode, am 15. Februar 1968, hält Erich Gabert seine letzte Ansprache bei der Einweihung des Festsaales der Waldorfschule am Kräherwald. Noch eindringlicher stellt er das Urbild der Schule hin und warnt vor den „dunklen Schatten" und „saugenden Leerräumen" in der sich ausbreitenden Schulbewegung. Er appelliert an die Imaginationskraft des Lehrers, an die Gemeinschaft begründende Aufgabe der Kollegien und endet wieder mit dem Hinweis auf den letzten Brief Rudolf Steiners.

Verpflichtung zu einem Wächteramt und historisches Gewissen für die Schulbewegung klingen aus diesen Worten Erich Gaberts.

In der kraftvollen Landschaft Mecklenburgs mit ihren seenreichen, unter einem weiten Himmel schwingenden Sand-, Wiesen- und Waldflächen wurde Erich Gabert am 28. März 1890 geboren. Er wuchs als Jüngster in einer kinderreichen Pastorenfamilie auf. Das väterliche Element der Erziehung mußte er früh entbehren. Er war dreijährig, als der Vater starb. Mit dem kargen Verdienst durch Pensionäre mußte die Mutter den Haushalt bestreiten.

Der Lebensweg des jüngsten Sohnes war vorbestimmt: Besuch des Gymnasiums in Schwerin, Studium der Geschichte und Literatur in Rostock und Leipzig. Als Schüler Lamprechts gewann der Student entscheidende Einblicke in die Strömungen der Geschichtswissenschaft seiner Zeit. Die Studienjahre vor dem ersten Weltkrieg waren außerdem erfüllt von den Idealen der Jugendbewegung, der Hohen-Meißner-Jugend. Auch die Impulse einer grundlegenden Neugestaltung der Schule lebten in dem Kreis der Jugendfreunde. Erich Gabert schloß sich dem damals bekannten Sera-Kreis in Jena an, einer Gruppe studentischer Jugend um den Verleger Eugen Diederichs. Viele von ihnen sind in den ersten Kriegsmonaten gefallen. In diesem Kreise begegnete er auch seiner späteren Frau Dorothea Czapski. Als Kriegsfreiwilliger zog er 1914 ins Feld. In Polen wurde er 1915 schwer verwundet, und nur die damals erstmalig durchgeführte Operation einer Nervennaht rettete ihn vor lebenslanger Lähmung. Nach seiner Entlassung aus dem Kriegsdienst und nach Gründung seiner Familie trat er zunächst in Rüstringen bei Wilhelmshaven in den Schuldienst ein. Noch einmal nahm er seine Studien zum Abschluß der Promotion auf. Kurze Zeit war er als Lehrer an einem Landerziehungsheim tätig, kehrte aber unbefriedigt an das Gymnasium in Rüstringen zurück. Dort lernte er Ernst Bindel, den Freund der späteren Stuttgarter Zeit, kennen, und durch ihn erfuhr er die lebensentscheidende Begegnung mit der Anthroposophie. Er hörte von der 1919 in Stuttgart gegründeten Freien Waldorfschule und drängte, sie kennenzulernen. Ostern 1924 war er auf der Ostertagung der Waldorfschule, bei der Rudolf Steiner seine letzten pädagogischen Vorträge in Deutschland hielt über „Die Methodik des Lehrens und die Lebensbedingungen des Erziehens". Er hatte ein erstes Gespräch mit Rudolf Steiner, der ihn in der Konferenz vom 29. April zunächst als Klassenlehrer an die Schule berief. Erfüllt von der glückhaften Nachricht, brachte er Ernst Bindel das Telegramm in den Unterricht hinein. An vier Konferenzen mit Rudolf Steiner konnte er noch teilnehmen und wurde so unter den Waldorflehrern der letzte, den dieser selbst berufen hat.

Erich Gabert stand in der Lebensmitte, als er in das Kollegium der Waldorfschule eintrat. Zwei Jahrsiebente, von 1924 bis zur Schließung der Schule 1938, durfte er als Lehrer an der Mutterschule tätig sein. Dann folgte ein Jahrsiebt der Zurückgezogenheit: eine Zeitlang war er Gast an Waldorfschulen in England und Nordamerika und lebte während des zweiten Weltkrieges in Stuttgart, lehrend und lernend sich vorbereitend. Das Ende des Krieges riß ihn in den Strudel der sich überstürzenden Ereignisse. Aus französischer Gefangenschaft zurückgekehrt, beteiligte er sich sogleich trotz seiner durch Hunger und Entbehrung stark angegriffenen Gesundheit tatkräftig an dem Wiederaufbau der Stuttgarter Schule und der Schulbewegung. Drei Jahrsiebente pädagogischer Wirksamkeit blieben ihm noch. In diese Zeitspanne fällt seine impulsierende Mitarbeit an der Gründung der zweiten Stuttgarter Waldorfschule am Kräherwald, am Aufbau des Lehrerseminars und der neu eingerichteten Studentenkurse.

Im eigenen Familienkreis blieben ihm schwere Sorgen und Belastungen nicht erspart. Der ältere der beiden Söhne fiel 1942 in Rußland. In seinem letzten Brief aus dem Felde, der nach der Todesnachricht eintraf, sprach er wie in bewußtem Abschied den Dank aus an die Eltern für alle Liebe und Fürsorge und einen besonderen Dank dafür, daß er die Waldorfschule hatte besuchen dürfen. — Die frühe Erkrankung seiner Frau forderte von Erich Gabert, durch mehr als drei Jahrzehnte die Aufgabe einer täglichen Pflege und inneren Hilfe zu übernehmen.

Erich Gabert ist der Chronist unserer Schulbewegung gewesen, der zuverlässige Diener am Wort Rudolf Steiners, an den Wortlauten der pädagogischen Vorträge. In unermüdlichem Fleiß und nie nachlassender Begeisterung stellte er die Äußerungen Rudolf Steiners zu den verschiedenen Fachgebieten zusammen. So entstanden seit 1938 die Sammlungen für den Geschichts-, Deutsch-, Grammatik-, Fremdsprachen- und Religions-Unterricht, eine unschätzbare Hilfe für die sich einarbeitenden Kollegen.

Dann hat sich Erich Gabert in jahrelanger Arbeit um eine authentische Ausgabe der Konferenzen mit Rudolf Steiner bemüht. Vielleicht ermessen nur wenige die Umsicht, von der seine Suche nach Aufzeichnungen der älteren Kollegen begleitet war. Er führte zahllose Gespräche mit Karl Schubert, dem wir die Konferenz-Stenogramme verdanken. Groß war die Freude, wenn nach langer Korrespondenz eine neue Entdeckung ans Licht gekommen war und im Abwägen eines jeden Wortes der Nachschriften die endgültige Fassung gefunden wurde. In vieljähriger Zusammenarbeit mit Rudolf Niederhäuser kam die Ausgabe der Konferenzen zustande, dazu der hilfreiche Ergänzungsband der „Einleitungen und Hinweise".

Der übende Umgang mit dem Wort Rudolf Steiners trug seine Früchte in den pädagogischen Schriften Erich Gaberts, die aus mündlichen Darstellungen langsam gereift sind. Sie erschließen dem, der sie aufmerksam liest, ihre fortwirkende Keimkraft und spiegeln einen Wesenszug des Verfassers wider: sie sind mehr, als der äußere Anschein zeigt.

Der Erstling aus dem Jahre 1930, „Autorität und Freiheit in den Entwicklungsjahren", geht die „pädagogische Schicksalsfrage unserer Zeit" an. Die Schrift ist unveraltet. Wer das Urphänomen einer Entwicklungsstufe und ihre pädagogische Behandlung exakt und behutsam zu zeichnen versteht, der charakterisiert auch prophetisch ihre Abirrungen. Für den Lehrer Erich Gabert ist diese Studie kennzeichnend. Es war seine Gabe, in den jungen Menschen der Entwicklungsjahre das Verborgene zu erspüren und es vertrauensvoll zur Entfaltung zu bringen. „Das Werdende im Kinde horcht auf das Werdende im Lehrer, das Fertige sagt ihm nichts. Und soviel er selber strebend sich bemüht, wie er an sich selber arbeitet, soviel kann er auch am Kinde arbeiten, kann er es lehren und erziehen. Hier laufen Erziehung und Selbsterziehung völlig in eins zusammen."

Aus der Arbeit an der Parzival-Epoche entstand die zweite Schrift „Das mütterliche und das väterliche Element in der Erziehung". Von der einseitigen Doppelerziehung Parzivals durch die Mutter Herzeloyde und durch Gurnemanz ausgehend, entfaltet Erich Gabert überraschende Perspektiven der mütterlichen und väterlichen Aufgabe in der Erziehung. Die geisteswissenschaftliche Erkenntnis der aus der Vergangenheit in die Zukunft schreitenden Ich-Wesenheit läßt beide Elemente als die notwendigen Hilfen zur Selbstverwirklichung des jungen Menschen in seinen Willens-, Gemüts- und Urteilskräften erscheinen. Es ersteht das Urbild der Waldorfschule in ihren Stufen vom Kindergarten bis zum krönenden Abschluß als ein einheitlicher Lebensorganismus, in dem beide Kräfte in immer neuer Metamorphose zusammenwirken.

Die dritte Schrift über „Die Strafe in der Selbsterziehung und in der Erziehung des Kindes" führt in den innersten Kreis des pädagogischen Bemühens von Erich Gabert: die moralisch-religiöse Aufgabe der Erziehung. Die Frage der Selbsterziehung des Lehrers steht als erste voran. Eine weisheitsvolle Regie der geistigen Welt führt den in Schuld gefallenen Menschen durch Gewissensnot und Erweckung, durch Schmerz und „Schicksalsstrafe", durch Läuterungszeit und Sühnewillen zur Wiedergutmachung seiner Taten. Erst nach der Leistung der Selbsterziehung erhellt sich dem Lehrer die Aufgabe der moralischen Erziehung in den verschiedenen Altersstufen und bei jedem einzelnen Kind. Wie liebevoll geht der Verfasser den moralischen Schwächen und Nöten des Kindes nach, enthüllt und durchleuchtet sie! Pädagogische Seelsorge wird aufgerufen, den Stolz und den Trotz, die Schüchternheit und Eigenliebe, die Furcht und die Scham des Kindes und jungen Menschen zu überwinden. Etwas von dem heilenden und befreienden Seelengespräch zwischen Parzival und Trevrizent, dem Kern und Mittelstück der Wolframschen Dichtung, lebt in dieser Darstellung.

Die reifste Frucht seiner Lebensarbeit als Geschichtslehrer an der Waldorfschule ist Erich Gaberts „Einführung in die Geschichtsauffassung Rudolf Steiners". Jahrzehnte hat er an der umfassenden Thematik dieses Buches gearbeitet: „Die Weltgeschichte und das Menschen-Ich".

Vielleicht hat der Lehrer, der seinen Geschichtsstoff in anfeuernder Darstellung für die verschiedenen Altersstufen gestalten muß, die besten Voraussetzungen, den Bewußtseinswandel der Geschichtsepochen in ihren vielschichtigen Hintergründen lebendig zu erfassen. Gerade dies ist die Leistung des Buches. Seinen Ausgang nimmt es von den Strömungen der Geschichtswissenschaft in den Jahrzehnten um 1900. Dieser meisterhafte Griff ermöglicht, den Ansatz Rudolf Steiners zur Vertiefung des Geschichtsbildes in der gleichen Epoche aufzuzeigen. Zugleich ist es der Zeitpunkt, in dem Erich Gabert seine historischen Studien begann. Die weitgespannte Darstellung arbeitet die Grundfragen der Geschichte heraus: die Frage nach ihren treibenden Kräften, nach ihrer Erkennbarkeit, nach Sinn und Ziel und nach der Mitwirkung jedes einzelnen Menschen. Die Geschichte bleibt nicht Vergangenheit, das Ich ergreift sich selbst in seinem Darinnenstehen im Strom der Geschichte, indem es die Vergangenheit im Rückblick erkennt und im Vorblick sich zur Mitarbeit entschließt. Ein solches Geschichtsbild konnte Erich Gabert gewinnen auf dem Übungsfeld der Geisteswissenschaft, ihres Menschenbildes und ihrer Christologie.

Bevor die Stuttgarter Schule im Herbst 1945 ihre Tore wieder öffnen konnte, begann schon die Ausbildung der künftigen Lehrer. Von 1928 bis 1938 hatte die Schule Kurse zur Einführung in die Pädagogik Rudolf Steiners eingerichtet. Nun war bei dem schnellen Wachstum der Schulbewegung die Ausbildung neuer Lehrer das dringendste Erfordernis. Erich Gabert war mit voller Intensität beim Aufbau der Kurse beteiligt. Seine Aufsätze „Lehrerbildung im Sinne der Pädagogik Rudolf Steiners" sind die Frucht einer zehnjährigen Arbeit. Zwei Grundeinsichten haben sich ihm ergeben: Nie von programmatischen Ideen ausgehen und stets die Lehrerbildung aus dem Urbild der Menschenkunde sich entwickeln lassen. „Es kann die Erfahrung gemacht werden: gerade dadurch, daß ich Lehrer bin und es immer mehr zu werden suche, ist mir der Weg geöffnet, Mensch zu sein und es immer mehr zu werden. — Aber auch das Umgekehrte gilt: nur wenn ich unablässig versuche, in der Weiterentwicklung des Menschlichen in mir vorwärts zu kommen, kann ich hoffen, auch wirklich Lehrer und Erzieher zu werden. — Darin, daß so das doppelte Ideal des Lehrer-Werdens und des Mensch-Werdens zu einem einzigen werden kann, könnte wohl das höchste Ziel der Weiterbildung des Lehrers gesehen werden."

Das letzte Kapitel im Schaffen Erich Gaberts sind seine Aufsätze über die Mysterien des Altertums und das kultische Element im Leben Rudolf Steiners. Das Urmotiv der Anthroposophie, das in der Eröffnungsansprache bei Begründung der ersten Waldorfschule aufgeklungen ist: das Motiv der „lebendig werdenden Wissenschaft, der lebendig werdenden Kunst, der lebendig werdenden Religion" und ihrer zeitgemäßen Erneuerung, es beschäftigte ihn bis zuletzt. Mit der ihm eigenen Emsigkeit und Entdeckerfreude trug er alle Aussagen Rudolf Steiners über die vorchristlichen Kulte zusammen und ordnete sie zu einem Ganzen. Sorgsam ging er den kultischen Handlungen im Lebensgang Rudolf Steiners nach, den Stiftungsereignissen als den aus Geisterkenntnis geschöpften Tathandlungen. Diese Studien krönen das Geistsuchen Erich Gaberts.

In den letzten Gesprächen ging es um sein Verhältnis zu Rudolf Steiner. Er schaute in ehrfurchtsvoller Liebe zu dem Geisteslehrer auf, dem er sich als Geistesschüler verbunden hatte. Das felsenfeste Vertrauen in die zukünftige Führung der anthroposophischen Bewegung durch Rudolf Steiner erfüllte ihn. Mit der Schicksalsfrage: Wer bin ich? ging er über die Schwelle.

Paul Höll

Die Motive, die Erich Gabert veranlaßten, die Gründung einer zweiten Waldorfschule in Stuttgart immer wieder zu durchdenken, im Kollegium und Schulvereinsvorstand zu besprechen und dann zu vollziehen, spiegeln charakteristische Seiten seines Wesens.

Es begann damit, daß in den Jahren nach dem zweiten Weltkrieg der Andrang der Schüler in die Mutterschule übermäßig groß war. Die Aufnahmesprechstunde wurde von Erich Gabert betreut. 1200 Kinder waren in den notdürftig hergerichteten Räumen untergebracht, aber genau die gleiche Anzahl stand auf den Wartelisten. Diese Tatsache belastete sein Gewissen. Ein weiteres Motiv kam hinzu, das aus der Zusammenarbeit Erich Gaberts mit Emil Kühn im Vorstand des Schulvereins entstand, der diese Gründungspläne nach Kräften unterstützte. Beide Persönlichkeiten bewegte die Frage, wie allen Jugendlichen nach dem 14. Jahr der Lebensraum geboten werden könne, der ihnen eine freie Entfaltung der Persönlichkeit ermöglicht, ohne sie schon in diesem Alter durch eine Berufsausbildung einseitig zu prägen. Solche Überlegungen führten zu ersten Versuchen in der Mutterschule, geeigneten Schülern der Oberstufe neben einem reduzierten Unterricht eine Lehre in einem befreundeten Handwerksbetrieb anzubieten. Die dabei gewonnenen Erfahrungen wurden später beim Aufbau der Oberstufe der zweiten Schule verwendet. Behutsam die Schritte abwägend und an den Entwicklungsstufen des jungen Menschen orientierend, wurde, mit der 9. Klasse beginnend, an einer Differenzierung in einen sprachlichen und einen handwerklichen Zug gearbeitet. Der leitende Gedanke war, verstärktes Arbeiten mit der Hand als Bildungsmittel in die Oberstufe der Schule einzubeziehen. Gleichzeitig gliederte Emil Kühn der Lehrlingsausbildung in der Möbelfabrik Behr künstlerischen und allgemeinbildenden Unterricht ein. Hier wirkte Erich Gabert beratend mit, und der Gedankenaustausch zwischen den in Schule und Fabrik Unterrichtenden kam beiden Arbeiten zugute.

In der zu 90% zerstörten Stadt begann im Sommer 1946 die Suche nach einem geeigneten Gelände, das für den Anfang genügend Räume bot und den Ausbau einer vollen Schule erlaubte. Obwohl die Suche beide Männer kreuz und quer durch die ganze Stadt führte, dauerte es fast zwei Jahre, bis ein geeignetes Objekt gefunden war. Erst die Währungsreform entschied zwischen den beiden Bewerbern: die Musikhochschule, der das Gelände schon zugesprochen war, verlor den Mut, und es wurde uns Gründungswilligen zur Miete überlassen.

Es gehört zu den die Schulgründung entscheidenden Tathandlungen, daß Erich Gabert und Emil Kühn in diesem Augenblick den Mut aufbrachten, dem Kollegium und dem Schulvereinsvorstand der Mutterschule zuzureden — sozusagen mit dem Kopfgeld von 40.— DM in der Tasche —, das Gelände am Kräherwald zu mieten. Der Opferwille der Eltern gab den Ausschlag. Sie brachten die für Reparaturen und Umbau erforderlichen Gelder auf und verpflichteten sich zu einem monatlichen Beitrag, der den laufenden Betrieb knapp deckte.

Mit sechs Klassen, 240 Kindern, deren Eltern und zwölf Lehrern feierte die Schule am 18. Oktober 1948 ihre Eröffnung. Sie wuchs rasch, und schon nach fünf Jahren war die zwölfklassige Waldorfschule mit allen zum Lehrplan gehörenden Fächern aufgebaut. Das Tempo dieses Wachstums erforderte intensive Arbeit nach außen: neue Räume mußten erstellt und die nötige Einrichtung beschafft werden; es forderte große Anstrengungen nach innen: die neu eintretenden Kollegen waren einzuarbeiten und die Elternschaft mit den Grundzügen der Waldorfpädagogik vertraut zu machen. Mit dem Aufbau prägte sich das Gesicht der Schule aus: die Formen der Differenzierung wurden ausgearbeitet, zur Gestaltung der Jahresfeste trugen die eigenen Weihnachtsspiele und ein Marionettentheater bei, die Exkursionen der Oberklassen, die das Erleben von Kunstwerken mit Einblicken in die moderne Arbeitswelt verbanden, bekamen ein bestimmtes Gepräge.

Die mehr nach außen gerichtete Arbeit wurde in zunehmendem

Maße von Kollegen und Freunden aus dem Schulverein getragen. Die Arbeit an dem Kern einer Waldorfschule, dem Menschenbild der Anthroposophie, war das innerste Anliegen Erich Gaberts. Er wollte das Bewußtsein für die Tatsache erwecken, daß der Lebenslauf des Menschen nur ein Teil seiner karmischen Gesamtbiographie ist, und Anregungen geben, dieser Erkenntnis gemäß zu handeln. Das tat er in Gesprächen mit Kollegen, die ihn um Rat fragten, in der Vorbereitung der pädagogischen Konferenzen, in der Seminararbeit und auf den internen Lehrertagungen und nicht zuletzt in Vorträgen vor den Eltern und Freunden der Schule.

Erich Gabert blieb der Schule verbunden, auch nachdem er nicht mehr unterrichtete. Er arbeitete noch viele Jahre in den pädagogischen Konferenzen mit und interessierte sich für alles, was in der Schule vorging. Mit Liebe und mit Interesse begleitete er die Fortschritte des Festsaalbaues. In den Besprechungen zwischen dem Architekten und dem Kollegium hat er an der Planung noch aktiv mitgearbeitet, und der 77jährige war mindestens einmal täglich auf der Baustelle anzutreffen. Dabei war ihm keine Leiter zu steil und zu hoch, um in die Tiefen der Fundamentgruben oder später in die Höhe des Dachgebälks zu gelangen. Seiner Initiative verdankt der Saalbau das in Bronze gegossene Relief des Bildhauers Raoul Ratnowsky.

Erich Gabert hielt in der internen Einweihungsfeier am 15. Februar 1968 noch die erste Ansprache in diesem Saal; sie war ein halbes Jahr vor seinem Tode zugleich seine letzte. Er würdigte das Zusammenklingen von Plastik und Saalform als Ausdruck eines aktiven Gleichgewichts, das in jeder allein und im Zusammenklang beider sich manifestiere. Er sprach wie in einem Vermächtnis aus, was er als die notwendige Arbeit am Kern der Schule betrachtete: in klarem und liebevollem Verständnis mit dem Kindeswesen sich beschäftigten; über sich selbst hinauswachsen, am anderen erwachen, in eine überpersönliche Geistgemeinschaft hineinstreben aus dem Entschluß zur Zusammenarbeit; das Bewußtsein von der Fruchtbarkeit der Anthroposophie und ihres Menschenbildes im Herzen tragen.

In diesen drei Motiven ist zusammengefaßt, was der geistige Vater, Gründer und Baumeister der Freien Waldorfschule am Kräherwald denen ans Herz legte, die die Arbeit an dieser Schule weiterzuführen haben.

Fritz Koegel

Im Sommer 1945 fanden in den Stuttgarter Räumen der Weleda anthroposophische Einführungskurse statt. Sie wurden auf Bitten ehemaliger Waldorfschüler eingerichtet, die im Kriege die Wirksamkeit der Waldorfschule an sich erfahren hatten. Ein Kurs war pädagogischen Fragen gewidmet und wurde nach einigen Wochen von Dr. Gabert übernommen. Die Teilnehmer wußten, daß er gerade aus der Gefangenschaft zurückgekehrt war und eine schwere Hungerzeit durchgemacht hatte. Doch davon war wenig zu spüren. Voller Energie wirkte er dahin, daß Räume in der Waldorfschule an der Uhlandshöhe gerichtet und die pädagogischen Kurse dorthin verlegt wurden. In den folgenden Monaten konnte er täglich gesehen werden, wie er über das Gelände ging, die Wiederaufbauarbeiten prüfend, den weiteren Ausbau bedenkend und vorantreibend.

Ebenso war Erich Gabert am inneren Aufbau des Seminars beteiligt. Allein oder gemeinsam mit anderen erfahrenen Waldorflehrern hielt er Seminarkurse, beriet in Einzelgesprächen die jungen Lehrer. Bei der Seminararbeit war für die angehenden Pädagogen besonders eindrucksvoll, wie er auf ein klares Erfassen drängte und zugleich voller Geduld und Güte anhörte, was die Lernenden vortrugen, wenn es nur selbständigem Bemühen entsprang.

Seelische Regsamkeit, persönliche, willensgetragene, phantasievolle Auseinandersetzung mit dem Unterrichtsstoff, das suchte Erich Gabert bei den zukünftigen Lehrern anzuregen. Er übte mit ihnen, die Stunden zu gliedern, den Stoff frei zum Bild zu gestalten. Alles zielte dahin, daß der Lehrer aus seiner Persönlichkeit heraus den Unterrichtsstoff so gestalten lerne, daß er nicht ein Fremdkörper sei, sondern, von Lehrern und Schülern gleichermaßen geliebt, in seiner geistigen Aussage erfahren werden könne. Bei der Arbeit an der Menschenkunde erfuhr der junge Lehrer dann, wie alle Anregungen für die Unterrichtsgestaltung aus ihr gewonnen waren. Das weckte belebende Begeisterung und Sicherheit.

Erich Gabert lehrte die jungen Lehrer, Ehrfurcht und Dankbarkeit in den Kindern zu wecken als die Kräfte, aus denen der höhere Mensch erwachen kann. So ist wohl auch Dankbarkeit die Grundempfindung aller derjenigen, die Erich Gabert im Leben begegnet sind und die von ihm lernen durften.

Ursula Preuß

Im Juni seines letzten Lebensjahres hat Erich Gabert bei der Religionslehrertagung am Goetheanum, an der auch Vertreter der Christengemeinschaft teilnahmen, über die Kulthandlungen des Freien Religionsunterrichts an. den Waldorfschulen gesprochen. Es geschah aus dem Willen, zu einem lebendigen Erkennen dessen vorzudringen, was die innere Verwandtschaft wie auch die Verschiedenheit der kultischen Handlungen innerhalb der pädagogischen und der religiösen Bewegung ausmacht. Und es geschah aus dem Wissen, daß beide Bewegungen in ihren Bereichen denselben spirituellen Zielen zustreben.

Erich Gabert hatte einen langen Weg zurückgelegt, um von einem Bekenntnis-Christentum zu einem Erkenntnis-Christentum vorzudringen. „Wie erlangt man Erkenntnisse der höheren Welten?" war das erste Buch Rudolf Steiners, das ihm die Tore zur Geisteswissenschaft aufschloß. Er wollte wahrmachen, was Rudolf Steiner noch vor Gründung der Waldorfschule über diese Darstellung des Erkenntnisweges gesagt hat: „Solch eine Sache ist das Fundament für die mitteleuropäische Pädagogik" (29. Juni 1919). Auf diesem Grund baute Gabert seine Tätigkeit in der pädagogischen Bewegung und in der Anthroposophischen Gesellschaft auf.

Schon im Kollegium der ersten Waldorfschule hatte er eine Studienarbeit an der „Allgemeinen Menschenkunde" angeregt, als die Krisenjahre begannen. Es war ein Urmotiv seines Lebens, die menschenkundlichen Grundlagen der Erziehung herauszuarbeiten. Diese Erkenntnisbemühung hat er in der Zusammenarbeit mit jüngeren Lehrern bis in die letzten Lebensjahre fortgesetzt. Die Arbeitsgruppe wurde ihm zum Feld der Ich-Begegnung. Hier konnten die Erfahrungen aus dem täglichen Umgang mit den Kindern ausgesprochen werden; hier wurde das Urbild des Menschen an die pädagogische Realität herangerückt; hier leuchteten die Einsichten auf, die das Handeln des Erziehers befeuern.

Was sich Gabert im Bereich der Menschenkunde erarbeitet hatte, konnte er auch in der „Geistesgeschichtlichen Gruppe" fruchtbar machen, die Emil Bock Anfang der fünfziger Jahre begründet hat. Nun war er aufgefordert, vor den Mitgliedern der Anthroposophischen Gesellschaft seine historischen Einsichten vorzutragen. Was er dann viele Jahre hindurch dargestellt hat, stammte aus einem Geschichtsbewußtsein, das reif geworden war, zum inneren Drama der Menschheitsentwicklung erkennend vorzudringen.

Wer die Arbeitsschritte von Erich Gabert seit 1945 begleitet hat, konnte die Kraft der Selbstverwandlung wahrnehmen, die im Wesen unseres Freundes wirksam war. Sein Lebensgang legt Zeugnis ab vom Durchbruch der Entelechie. So geht er uns voran als Rufer zu strenger Selbstbildung am Werke der Menschenbildung.

Johannes Tautz

386

KARL EGE

Bald nach seinem 74. Geburtstag ging Karl Ege über die Schwelle des Todes, einer der Pioniere anthroposophischen Wirkens in der Welt. Mit diesem Impuls identifizierte er sein Wesen in allen Lebenslagen. Ege stammte aus dem oberschwäbischen Volkstum, das er nie verleugnet hat. Mit sieben Jahren wurde er Vollwaise und kam in die Obhut einer einfachen Frau. Schon das Jugendschicksal zeigt, wie das Vorgegebene gesprengt wird, um einem Neuen Einlaß zu gewähren. Seine Lebenswege führten ihn, der die Absicht hatte, Priester zu werden, zur Ausbildung als Lehrer. Der Pädagoge erwachte in ihm; er wollte dem heranwachsenden Menschen die Wunder der Welt nahebringen, die er schon als Kind in ihrer Größe empfunden hatte. Aber die berufliche Ausbildung wurde durch den Weltkrieg unterbrochen; 1917 meldete er sich als Freiwilliger. Als die Angriffe mit Giftgas begannen, erlitt er eine solche Schädigung der Lungen, daß er als Neunzehnjähriger die Sterbesakramente empfing.

Das bisherige Leben schien abgeschlossen. Jedoch wie durch ein Wunder genas er, und eine neue Phase begann mit dem Kennenlernen der Anthroposophie. Er hörte Rudolf Steiner 1922 auf der Jugendtagung in Stuttgart sprechen und fand 1923 den Anschluß an den Tübinger Pädagogischen Arbeitskreis. Alles hatte bei Karl Ege nun eine neue Richtung bekommen, und der Wunsch beseelte ihn, die geistgemäße Orientierung, die er sich erarbeitete, fruchtbar zu machen. Wie eine Lebenserfüllung empfand er, daß er Anfang 1925 an die Waldorfschule berufen wurde. Im März — noch vor Rudolf Steiners Tod — trat er in das Kollegium ein.

Ege wurde Klassenlehrer. Dann erhielt er den Auftrag, Freien Religionsunterricht zu erteilen. Er unternahm Vortragsreisen und wirkte für den „Verein für ein freies Schulwesen". Diese Zeit vielversprechender Zukunftserwartungen fand mit dem Verbot der Waldorfschule ihren Abschluß.

Aber Eges Aktivität ging im Verborgenen weiter. Er überbrückte die Jahre der erzwungenen Unterbrechung durch neue Tätigkeiten. Er unterrichtete beispielsweise in der Odenwald-Schulgemeinde, in der die Lehrer, unbehelligt von politischem Zwang, wirken konnten. Auch studierte er einige Semester Physik, um sich an wissenschaftlich-physi-

kalischen Arbeiten beteiligen zu können. Eines dieser Vorhaben war im Forschungsinstitut des „Kommenden Tags" begonnen worden. In diesem Zusammenhang kam er in einen größeren Kreis anthroposophischer Freunde, die am Oberrhein wohnten. Er half sofort, wie es seinem Wesen gemäß war, die durch das Verbot anthroposophischer Arbeit eingetretene Stagnation zu überwinden. Niemals ließ er nach, das Verantwortungsbewußtsein eines jeden für die Anthroposophie zu stärken und zu pflegen. Sein Bemühen war, die verborgenen Fähigkeiten der Menschen aufzuspüren und zu entfalten. Dabei half ihm ein angeborener Humor. Das unmittelbare, konzentrierte Interesse am Mitmenschen war einer seiner markanten Wesenszüge.

Als der Krieg zuende war, sammelte er die Kinder und Jugendlichen aus dem befreundeten Umkreis und begann mit ihnen eine freie Schularbeit. Zugleich fanden sich durch seine Aktivität die Erwachsenen zu anthroposophischer Arbeit zusammen. Mit der sich ausbreitenden Schulbewegung traten neue Aufgaben an ihn heran. Dann brachte ihm die Öffnung der Schweizer Grenze einen schöpferischen Kontakt mit dem Gotheanum.

In dieser Situation erreichte ihn der Ruf, an der Rudolf Steiner-Schule in New York mitzuarbeiten. Er folgte ihm, geleitet von der Überzeugung, daß der Kulturimpuls der Anthroposophie und der aus ihr entwickelten Waldorfpädagogik vom Zentrum an die Peripherie gelangen müsse. Über zwanzig Jahre konnte er noch an den Schulen in den verschiedenen Teilen Amerikas und in der dortigen Anthroposophischen Gesellschaft eine impulsierende Wirksamkeit entfalten.

Bis zuletzt war er von einem unermüdlichen Streben nach neuen Erkenntnissen erfüllt, einem Streben, dessen Intensität mit dem Alter, trotz Krankheit und schwerer Augenschädigung, nur zunahm. Eine Tagebucheintragung aus der letzten Zeit seines Lebens mag davon Zeugnis ablegen: „Wenn ich mein Leben überblicke, so ist es ein ständiges Lernen-Wollen. Und jetzt, am Ende dieser Inkarnation, erfüllt mich noch stärker als je in meinem Leben der Drang: Lernen! Lernen! Lernen! Nicht lernen für mich und um meinetwillen, sondern um ausgerüstet zu sein, ein wahrer Mensch und Helfer zu sein. Heute ist die Frage nicht mehr: Sein oder Nicht-Sein, sondern: Werden oder Nicht-Werden."

Olga Smits

Als Karl Ege in den Jahren nach dem Ersten Weltkrieg von der Waldorfschule, vom Wirken Rudolf Steiners und der Dreigliederungsbewegung erfuhr, war er Lehrer in seiner oberschwäbischen Heimat.

Bald hatte er sein Lebensziel gefunden. Seit 1923 konnte er sich in dem Tübinger Pädagogischen Arbeitskreis in das Studium der Menschenkunde Rudolf Steiners vertiefen. Im September 1924 siedelte er mit den Freunden nach Jena über. Durch die Kriegserfahrungen und seine Unterrichtspraxis war er damals schon eine reife, geschlossene Persönlichkeit. Er bestimmte mit Gerbert Grohmann, Friedrich Kübler, Wilhelm Dörfler die Arbeit der ganzen Gruppe. Als erster wurde er aus dem Freundeskreis zur Waldorflehrertätigkeit berufen. Uns steht noch in Erinnerung, wie er von seinem Besuch in Stuttgart Anfang 1925 berichtete. Karl Schubert hatte ihn in ein Café eingeladen und im Namen der Stuttgarter Lehrer um seine Mitarbeit gefragt. Rudolf Steiner bestätigte auf dem Krankenlager die Berufung.

Ege wurde von den schon seit mehreren Jahren arbeitenden Kollegen freundlich empfangen. Caroline von Heydebrand, Christoph Boy, Rudolf Treichler haben den jungen Klassenlehrer eingearbeitet. Er unterrichtete mit Ernst und Intensität, mit starker Plastik der Sprache, mit Lebendigkeit und Kraft. Wir haben einige Jahre später bei ihm hospitieren dürfen, er war ein souveräner Klassenlehrer geworden. Zur Unterrichtstätigkeit kam seine Mitarbeit in der Freien Anthroposophischen Gesellschaft. Dort widmete er sich besonders der Naturwissenschaft Goethes; die „Metamorphose der Pflanzen", überhaupt das Pflanzenstudium hat ihn immer beschäftigt. Enge Beziehungen hatte er zum Schulgründer Emil Molt, in dessen Haus er viel verkehrte. Nach Molts frühem Tod richtete Berta Molt die Bitte an ihn, das hinterlassene Manuskript der Lebensbeschreibung zu sichten und für den Druck vorzubereiten. Drei Kapitel sind damals erschienen. Dann ergriff Ege die schwierigen Aufgaben, die durch das Verbot der Waldorfschule und die Auflösung des über ganz Deutschland verbreiteten „Vereins für ein freies Schulwesen" entstanden.

Im Herbst 1945 begann eine neue Phase der pädagogischen Bewegung. Ege beteiligte sich nun an den Gründungsarbeiten neu entstehender Schulen, besonders der Ulmer Schule, mit deren Initiatoren er seit Jahrzehnten verbunden war. In der Stuttgarter Waldorfschule gab er Gastepochen, vor allem in den Oberklassen auf den Gebieten seiner naturwissenschaftlichen Studien, und in der Basler Rudolf Steiner-Schule übernahm er für längere Zeit die Vertretung eines erkrankten Lehrers. Als der Plan, nach den Vereinigten Staaten zu gehen, bei ihm auftrat, besprach er ihn auch mit seinem früheren Seminarleiter, dem damaligen Kultusminister Theodor Bäuerle.

Ege hatte den Impuls, nach dem Völkergeschehen des zweiten Weltkrieges in dem zur Führung berufenen Land für die Erziehungskunst

Rudolf Steiners zu wirken Er ist den amerikanischen Freunden ein treuer und starker Helfer geworden. Die Ausbreitung der Waldorfschulbewegung vom Osten der USA nach Californien und Hawaii, nach dem Mittelwesten, nach Canada, nach Mexico ist ihm mit zu verdanken.

Ege rang um die Fertigstellung eines pädagogischen Werkes, in dem er seine Schulerfahrungen zusammenfassen wollte. Krankheit verhinderte den Abschluß der Arbeit. Er wird in unserer Erinnerung bleiben als ein Repräsentant der anthroposophischen Pädagogik. Er hat unser Jugendideal verwirklicht, daß ein Waldorflehrer sich in reiferen Jahren mit seinem vollen Können aus den bisherigen Arbeitsbereichen herauslösen soll, um die Erziehungskunst „missionarisch" in ein neues Gebiet und einen neuen Menschenkreis zu tragen.

Ernst Weißert

Wer Karl Ege während der letzten Jahre seines Lebens nahe stand, wußte, daß ihm ein Unternehmen am Herzen lag, von dem er gerne sprach oder hörte bis zu den letzten Tagen: die Farm School in Harlemville/New York. Es war, als hätte er seine Lebenssubstanz in dieses Werk hineingegossen, welches den Einsichten zu verdanken ist, die er schon vor Jahren schriftlich niedergelegt hatte. Er bezeichnete eine solche Farm School-Gemeinschaft als „ein Bedürfnis unserer Zeit." Sie sollte einen Ausgleich schaffen zu dem einseitigen Leben in den Großstädten; sie sollte jungen Menschen neue Arbeitserfahrungen und Ausbildungsmöglichkeiten bieten, um ihnen zu helfen, mit den sozialen Anforderungen der Zukunft fertig zu werden. Im Grunde sollte ein dreigegliederter Organismus entstehen, sich bildend aus dem Zusammenwirken erzieherischer, landwirtschaftlicher und künstlerischer Tätigkeiten, die in den Erkenntnissen Rudolf Steiners wurzeln: eine Tagesschule und ein Landschulheim für Stadtkinder, ein vielseitiger Farmbetrieb und Werkstätten für künstlerische und praktische Arbeiten. Die pädagogischen Möglichkeiten eines solchen Zusammenwirkens waren, so dachte er, noch kaum ausgeschöpft.

Diese Vorstellung einer „kulturellen Insel" — von Rudolf Steiner 1924 angedeutet — hat Ege ausgearbeitet, während er den Verfall der Zivilisation im Nachkriegseuropa und in der westlichen Welt fortschreiten sah. Es bedurfte der Anstrengung vieler Menschen und außergewöhnlicher Umstände, bis der Plan nach sieben Jahren durch den Kauf der Farm in Harlemville ausgeführt werden konnte. Mit Hingabe und Kraft formte Ege an den Einzelheiten beim Aufbau der Farm School. Als er einmal am Hauptunterricht einer Klasse von der New Yorker Rudolf Steiner-Schule teilnahm, belebte er das Gespräch über

Humus, indem er entwickelte, wie — nach Goethes Worten — die Natur den Tod erfunden hat, um viel Leben zu haben. Oder er führte in den Sonntagmorgenzusammenkünften den Gedanken aus, der zu einem Leitmotiv in seinem Leben geworden war, wie wir die göttliche Realität durch die Sinneswahrnehmung von Licht, Ton, Wolke, Regen, Erde oder Sonne lesen lernen, wenn wir die zunächst undurchsichtigen Elemente in das Licht spirituellen Verständnisses heben. So wies er auf die Erkenntnisnot unserer Zeit und die Hauptaufgabe des Lehrers hin. Wenn er das Wesen der Farm School zu beschreiben suchte, kam er oft auf die Wendung zurück: Wir wollen „eine Stätte der Menschwerdung" errichten.

In diesem Sinne der Menschwerdung hat er auch gelebt. In einem Knotenpunkt seiner Entwicklung — den Jahren einer aufgezwungenen Ruhe nach der schweren Gasvergiftung im Ersten Weltkrieg — hatte er erkannt, daß sein Weg, das Göttliche zu suchen, über die Sinneswahrnehmung gehen muß. Wer aber die verborgene Sprache der Natur und des menschlichen Schicksals lesen will, muß ein künstlerisches Wissen erwerben: die Fähigkeit, durch die sinnenfällige Erscheinung zu dem geistigen Zusammenhang vorzudringen. Der Ruf nach einem neuen Weg des Wissens führte ihn nicht zu dem ursprünglich erstrebten Priesterberuf, sondern zum Lehrertum, zu Rudolf Steiner und im letzten Abschnitt seines Lebens nach dem Westen.

Was er in der Rudolf Steiner-Schule New York bewirken konnte, haben seine Kollegen gewürdigt: „Karl Ege, dessen Beiträge zu den erzieherischen Idealen und der praktischen Organisierung unserer Schule eine einmalige Stellung einnehmen — nicht nur in der Geschichte der Schule, sondern auch in ihrer lebendigen Gegenwart —, trat im Herbst 1948 dem Kollegium bei und diente in ihm bis zu seiner Pensionierung 1964 ... Unternehmend, jugendlich, tatkräftig und zu allem Neuen bereit, nahm er die Aufforderung der Schule an, hier seine erzieherische Arbeit forzuführen und das New Yorker Kollegium mit seiner großen Erfahrung und seiner unerschöpflichen Phantasie zu beschenken. Zur Zeit seiner Ankunft in New York befand sich die Schule in einer kritischen Phase des Wachstums. Es fiel ihm die Aufgabe zu, eine führende Rolle bei der Klärung grundlegender Fragen zu übernehmen, welche die Verantwortung des Kollegiums und der ganzen Schule betrafen. Er schrieb ein Memorandum, das die Grundlage zu einer weitreichenden Umgestaltung der Schule bildete. Diese Tat hatte zur Folge, daß schöpferische Kräfte frei gelegt und der Fortschritt der Schule und ihrer pädagogischen Ideale gestärkt und gesichert wurden. Er setzte sich stark ein bei dem Aufbau der Oberstufe. Die Klasse, deren Tutorenschaft er übernommen hatte, wurde zur ersten 12. Klasse der Rudolf Steiner-Schule. In den Oberklassen unterrichtete er eine größere Anzahl von Fächern als irgendein anderer Lehrer. Über allem standen seine menschlichen Qualitäten, diese unfaßbaren Ausstrahlungen von Herz und Verstand, die überall liebe Erinnerungen zurücklassen, zu denen man immer wieder zurückkehren möchte."

Neben seiner sechzehnjährigen Mitarbeit an der Rudolf Steiner-Schule wirkte er beratend in der High Mowing School, der Kimberton Farms School und der Waldorf School an der Adelphi Universität, wo er auch an dem Waldorf-Institut lehrte. Nach seiner Pensionierung übernahm er, vom Bund der Waldorfschulen aufgefordert, die pädagogische Beratung deutscher Schulen. Auch nach Neuseeland wurde er eingeladen, um an der Queenswood School mitzuhelfen. In den letzten Jahren beteiligte er sich an den Kursen der Lehrerbildung des Mercy College in Detroit.

Wenn Ege neben solcher Beanspruchung auf dem pädagogischen Gebiet noch Vorträge hielt, Arbeitsgruppen führte, in Council der Anthroposophischen Gesellschaft mitarbeitete und literarisch tätig war, dann schöpfte er die Kraft dazu aus einem sich vertiefenden Studium der Werke Rudolf Steiners.

Im März 1972 riß ihn eine schwere Krankheit aus seinen vielseitigen Tätigkeiten heraus. Die Zeit des Leidens, die er mit innerer Kraft ertrug, führte auf dem Pfad der Verwandlung einer Geistdurchlässigkeit entgegen, die er lebenslang erstrebte. Ein sonnerfüllter Frieden lag auf seinen Gesichtszügen, die jugendlich zart geworden waren, als er, bewußt bis zuletzt, die Schwelle überschritt.

Es gehörte zu Karl Eges Lebenszielen, die er in kompromißloser Anstrengung verfolgte: in der pädagogischen Bewegung für die anthroposophische Vertiefung zu wirken und in der anthroposophischen Arbeit die Tendenz der Verflachung zu überwinden.

Seine Begeisterung und seine Bemühung, dieser Aufgabe zu dienen, erlahmten nie. Die Rückhaltlosigkeit, mit der er manchmal sein Anliegen vertrat, wurde nicht immer verstanden. Doch wirkten die Wahrhaftigkeit und Wärme, die aus seiner Überzeugung sprachen, wie auch die geistige Substanz, die er durch Jahre hindurch geben konnte, als ein starkes Ferment. Er hatte sich einen Pfad gewählt, von dem er nicht abwich. Die Schwierigkeiten, denen er begegnete — eine Reihe ernster Krankheiten und eine stark eingeschränkte Sehkraft miteingerechnet—, wurden für ihn zum Anlaß einer fortschreitenden Vertiefung. Auf diesem Wege war der Auftrag, die Inhalte der ersten

Klasse der Hochschule zu vermitteln, eine dankbar ergriffene Aufgabe, die er bis zu seinem Tode erfüllte.

Heimatlos seit der Kindheit fand er schließlich das irdische Heim, das ihm so lieb wurde, „Ardale", in unmittelbarer Nachbarschaft der Farm School. Doch sein Ziel blieb die Heimat des Geistes, die Heimat der ganzen Menschheit.

Henry Barnes

Karl Ege führte als Klassenlehrer seine Schüler mit pädagogischem Weitblick und voller Wachheit für ihr Seelenwesen. Die Intensität seines Unterrichts hat sich dem Gedächtnis unverlierbar eingeprägt, und die Bildhaftigkeit, die seine Darstellungen auszeichnete, ist zur inneren Lebensorientierung geworden. Er wollte die Kinder seiner Klasse zu einem lebendigen, den ganzen Menschen ergreifenden Weltverständnis bringen. „Dazu ist aber nötig", wie er in einem Aufsatz schrieb, „daß wir dem äußeren Schein der Formen, Farben, Töne von uns aus dieselbe Weite, Tiefe, Reinheit, Innigkeit des Empfindens entgegenbringen, wie sie den Künstler im Augenblick des Schaffens beseelten." Um eine solche Künstlergesinnung hat sich Karl Ege bemüht, und sein Bemühen teilte sich begeisternd den Schülern mit. Später entdeckten sie, daß ihm zum Leitsatz geworden war, was Rudolf Steiner in dem Buche „Wie erlangt man Erkenntnisse der höheren Welten?" geschrieben hat: „Die äußere Welt ist in allen ihren Erscheinungen erfüllt von göttlicher Herrlichkeit; aber man muß das Göttliche erst in seiner Seele selbst erlebt haben, wenn man es in seiner Umgebung finden will."

Wie liebevoll konnte Karl Ege im Unterricht auf jede Pflanze eingehen, wie plastisch wurden seine Tierbeschreibungen! In der Menschenkunde griff er manchmal zu drastischen Mitteln der Darstellung, um die Lebensprozesse anschaulich zu machen. Aber den stärksten Eindruck hinterließ der Geschichtsunterricht. Die Bilder haben ihre Frische nicht verloren und wurden zu Lebensbegleitern, vor allem die Ausmalung der ägyptischen Einweihung und ihrer Prüfungen. Einprägsam hat er geschildert, wie die Neuzeit mit Hammerschlägen eröffnet wurde. Da steht einsam Martin Luther und schlägt seine Thesen an der Kirchentür in Wittenberg an. In aller Frühe, bevor noch ein Mensch auf den Beinen ist, geht er mit kräftigen Schritten durch die Straßen. Der feste Entschluß zur Tat befeuert seinen Gang. Ein Bild des Mutes!

Im Freien Religionsunterricht wies Karl Ege mit Ernst und Kraft auf den inneren Weg. Ausführlich erzählte er die Biographie von Helen Keller, von Margarete Steiff (der Erfinderin der Spielzeug-Tiere), von

Kaspar Hauser. In der Parzival-Geschichte verweilte er lange bei der Beschreibung des Brackenseils, in dessen Inschrift die größten Rätsel „hineingeheimnißt" sind. Das war ein Lieblingswort von ihm, „hineingeheimnißt", und kam in jedem Unterricht vor. Manchmal forderte er die Schüler auf, ihre Fragen vorzubringen. Da wurde davon gesprochen, wieso es Erlebnisse gibt, die eine Erinnerung an frühere Leben oder auch ein Vorgefühl künftiger Leben aufsteigen lassen — oder warum bei der Gefahr des Ertrinkens das Tableau der Rückschau auftauchen kann. So wurde vieles angeregt, was lange nachklang.

Karl Ege half den Schülern, den „geheimnisvollen Weg nach innen" zu gehen, auf dem sie zu „Neuland-Entdeckern" werden konnten. Sein Wirken hat eine Verbundenheit begründet, die den Tod überdauert.

Berta Conrad

ERNST BINDEL

Ernst Bindel war der letzte von Rudolf Steiner auf dem Krankenlager im März 1925 bestätigte Waldorflehrer. Bis zu seinem 74. Lebensjahr stand er voll in der Schule. Der 80jährige Patriarch sprang freudig in Vertretungsstunden ein, oder es stellte sich der Meister — wenn man ihn darum bat — vor eine Klasse, aus seinem reichen, tief innerlich gegründeten Wissen schöpfend; wünschte man sich doch, daß möglichst viele Schüler einen Hauch von dem Geiste dieses bedeutenden Mathematikers zu spüren bekamen. Das Leben in der Schule, für das sein Herz ein halbes Jahrhundert in Liebe geschlagen hatte, war für ihn bis ins hohe Alter ein Quell der Verjüngung — verging doch bis zum Jahre 1973 kaum ein Tag, an dem man ihn nicht auf dem Schulgelände begrüßen konnte.

Aus dem munteren Treiben des Schulhofes der Stuttgarter Waldorfschule ragt wie eine Säule eine hohe, respekteinflößende Gestalt heraus, deren bloße Anwesenheit schon genügt, Ordnung in ihrer Umgebung walten zu lassen. Man spürt von dieser energischen Persönlichkeit eine starke Kraft ausstrahlen. Der stark profilierte Kopf erinnert zuweilen an Goethe, der aufmerksame Blick verrät Güte und Herzenswärme. Im Sprechen, das volle Überzeugungskraft hat, offenbart sich ein Feuergeist. Jede Äußerung ersteht aus dem eigensten Inneren, die Urteilssicherheit ist frappierend, Kompromisse werden nicht geschätzt. Nun huscht ein leises, verschmitztes Lächeln über das Antlitz, eine humorvolle Äußerung entspannt die Atmosphäre, die Sonne kommt zum Durchbruch. So konnte man Ernst Bindel oftmals erleben.

Ernst Bindel nahm seinen Erdenabschied an einem strahlenden, milden Novembertag — ein wundervoller Sonnenuntergang war ihm bereitet für seinen Empfang in der geistigen Heimat. Er streifte sein irdisches Gewand, in das er sich vor 84 Jahren unter schwersten gesundheitlichen Krisen hineingezwängt hatte, leicht und schmerzlos ab. Bei allen Inkarnationsschwierigkeiten war er bis auf seinen letzten Erdentag nie bettlägerig gewesen. Die ersten Lockerungserscheinungen machten sich am Anfang des Jahres 1974 bemerkbar, der Exkarnationsprozeß setzte nach Vollendung von exakt zwölf Jahrsiebten am Geburtstagsmorgen in der Sommerfrische des Südschwarzwaldes ein. Am Vorabend wurde die Bereitschaft zu diesem Schritt ausgesprochen.

In der gewohnten Umgebung des eigenen Hauses flammte der Lebenswille noch einmal auf, bis die Lebenskräfte dann allmählich den Dienst versagten. Ein reiches, die Menschheit beschenkendes Erdenleben hatte sich erschöpft, nachdem es unzählige Keime für die Zukunft gelegt hatte.

Auf Anraten des Schularztes Kolisko legte Ernst Bindel beim Eintritt in die Waldorfschule schriftlich Zeugnis ab von seinen bisherigen Lebensstationen. Das unveränderte Manuskript wurde in seinem 81. Lebensjahr unter dem Titel „Die ersten fünf Jahrsiebte meines Lebens bis zur Berufung an die Freie Waldorfschule, zugleich mein Weg über Richard Wagner zu Rudolf Steiner" veröffentlicht. Er fügte die aufschlußreiche Anmerkung hinzu: „In der anschließenden Bibliographie meiner zahlreichen Bücher und Aufsätze mag man die Fortsetzung meines Wirkens in der Waldorfschule sehen." Das Studium seines Lebenswerkes bietet die Möglichkeit, sich an das Geistwesen dieser Persönlichkeit heranzutasten.

Am Ende des 19. Jahrhunderts, in jener Zeit des flachen, materialistischen Denkens in eine kleinbürgerliche Umgebung hineingeboren, fühlte sich der reich veranlagte Knabe nicht beheimatet. Seine Aufgeschlossenheit und die vielseitigen Interessen führten ihn aber bald in weltoffene, kulturinteressierte Kreise. Das Studium wurde in den Jahren 1909 bis 1913 an den Universitäten Göttingen, Berlin und Halle/ Saale absolviert. In der Atmosphäre des von Leben durchpulsten Berlin der Vorkriegszeit fand er den ihm nötigen Atem- und Lebensraum. Es lag dem Studenten der Mathematik, Physik und Chemie fern, ein trockenes Fachstudium zu treiben — man konnte ihn in Vorlesungen über Philosophie, Medizin, Kunst- und Geisteswissenschaften sehen. Vor allem aber führte ihn seine Begeisterung für die Musikdramen Richard Wagners im Kreise von Professor Sternfeld zu Schicksalsbegegnungen, die seinen späteren Lebensweg bestimmen sollten. Er wurde dort zum ersten Male mit Erich Schwebsch, Felicia Sintenis und Ida Uhland zusammengeführt. Den Höhepunkt des Berliner Aufenthaltes bildete ein durch den Sternfeld-Kreis ermöglichter Besuch der Bayreuther Festspiele im Sommer 1911, am Tage nach Vollendung der ersten drei Lebensjahrsiebte. Eine tiefe Ergriffenheit erfaßte den begeisterungsfähigen Studenten bei der Aufführung des Parsifal, und bis in das hohe Alter empfand er dieses Erlebnis zur Zeit seiner Ich-Geburt als ein gnadenvolles Geschenk. In dem Ausklang „Erlösung dem Erlöser" sah er die Kulmination im künstlerischen Schaffen Richard Wagners — der höchste Gedanke erfuhr hier stärkste Verdichtung.

Durch besondere Schicksalsfügungen im ersten Weltkrieg, dessen blutiges Geschehen er 1916 bei den Kämpfen um Verdun in vorderster Front miterlebte, wurde Ernst Bindel der pädagogischen Tätigkeit zugeführt. Über Erfurt, Rudolstadt, Magdeburg und Calbe (Saale) kam er 1917 in die Jade-Doppelstadt Rüstringen-Wilhelmshaven. Er war dort nicht nur als befähigter Lehrer, sondern auch als freimütiger Verfechter einer kulturellen Erneuerung tätig, indem er eine Art Volkshochschule begründete. In dieser Wirksamkeit begegnete er Persönlichkeiten, die ihn zuerst auf Rudolf Steiner aufmerksam machten. So wurden er und seine Frau 1921 Mitglieder der Anthroposophischen Gesellschaft. Nun setzte eine intensive anthroposophische Erkenntnisarbeit ein. Er organisierte einen Einführungskurs in Anthroposophie und gründete eine Arbeitsgruppe. Am 28. Januar 1922 kam es in Bremen zu einer ersten persönlichen Begegnung mit Rudolf Steiner. Mit seinem Eindringen in die Anthroposophie kam auch die Verbindung zu dem an derselben Schule wirkenden Kollegen Erich Gabert zustande, der ihn aufforderte, mit ihm Ostern 1924 nach Stuttgart zur Erziehungstagung der Waldorfschule zu fahren. Dort hörte er den letzten pädagogischen Vortragszyklus, den Rudolf Steiner in Deutschland hielt, und fand seine Berliner Wagner-Freunde wieder, Erich Schwebsch und Felicia Sintenis-Schwebsch. In dieser geistigen Gemeinschaft fühlten sich die Rüstringer Kollegen beheimatet, und beide äußerten ihren Herzenswunsch, eines Tages als Waldorflehrer unter Rudolf Steiner wirken zu dürfen.

Ernst Bindel kam als eine im Sinne Rudolf Steiners autochthone Persönlichkeit. „Wir können nicht Menschen brauchen, die sich bloß an uns anlehnen, wir brauchen Menschen, die draußen im Leben ihre Sporen verdient haben," hatte Rudolf Steiner 1919 im Gespräch mit den künftigen Waldorflehrern betont.

Ernst Bindel setzte seine volle Schaffenskraft für die Waldorfschule ein und entfaltete als Erziehungskünstler eine wahre Meisterschaft. Ernst Weißert schrieb zum 80. Geburtstag: „ . . . So bemühen sich die Kollegen der nächsten Generation, Bindels einzigartiges Lebenswerk zu umfassen und in seiner Bedeutung zu verstehen . . . Er war ein hervorragender Könner und begnadeter Lehrer. Die Stuttgarter Zeit eröffnete eine sich steigernde, auch heute noch nicht beendete literarische Produktion. Man staunt über die reiche Stilkraft, die zu klassischen Ergebnissen geführt und ihn auf dem Gebiet der Zahl und Musik zu einem bedeutenden zeitgenössischen Schriftsteller gemacht hat. Wir Kollegen schauen besonders auf sein Bild als Lehrer hin . . . Sein Unterricht war voller Feuer und voller Einfälle, intensiv und ökonomisch, voll unendlicher Geduld und voll Schwung. Das war wirklich Erziehungskunst, was all seine Stunden durchzog. Davon sprechen neben den rein wissenschaftlichen Werken auch viele methodisch-didaktische Darstellungen ... Seiner sorgfältigen, hingebungsvollen Arbeit ist alles mitzudanken, was heute im Bund, im Lehrerseminar, in der pädagogischen Forschungsstelle zu Wirkungen auch in der Öffentlichkeit und im Ausland gekommen ist ..."

Das zuerst in Form von Rundbriefen der Mathematisch-Astronomischen Sektion am Goetheanum erschienene Werk „Die geistigen Grundlagen der Zahlen" kann man als das Fundament einer Geistesgeschichte der Zahl ansehen. Dort ertönt die Lebensmelodie Ernst Bindels, die er in Büchern und Aufsätzen immer von neuem variierte. Die Zahl galt ihm als Ausdruck schaffender Geistwesen, die ordnend und gestaltend die Welt durchwirken. Jede nur abstrakte Zahlenbehandlung, das inhaltlose Strukturdenken lagen ihm ganz fern. Er war nie ein kühler Kopfdenker, in seinen Schriften wollte er mathematische Probleme nicht in rechnerischer Nüchternheit verstanden wissen, sondern auch das Gemüt des Lesers ansprechen und begeistern. Eines seiner Hauptanliegen war, die Welt der Zahlen im Hinblick auf den Bewußtseinswandel der Menschheit zu untersuchen.

Der weitgespannte Bogen, der Ernst Bindels Werk umfaßt, reicht von seinem Erstling „Die Ägyptischen Pyramiden als Zeugen vergangener Mysterienweisheit" zu der im 81. Lebensjahr veröffentlichten Kepler-Biographie, deren letztes Kapitel die Antwort enthält auf die unausgesprochene Frage des Pyramidenbuches, die den Verfasser sein ganzes Leben lang bewegte — die Frage nach dem Erbauer der Cheops-Pyramide. Anfang und Ende seines Lebenswerkes schließen sich zusammen. Er verfolgte die Spur von Kepler über Pythagoras zum Pyramidenerbauer, dem Prinzen Hem-On, einem Bruder des Pharao Cheops. Nie hatte Ernst Bindel den Wunsch, sich an die Stätte der Pyramiden zu begeben, dagegen brannte er darauf, sobald er auf die Kolossal-Statue des Hem-On aufmerksam gemacht worden war, zum Pelizäus-Museum nach Hildesheim zu fahren. 80jährig reiste er am frühen Morgen dorthin und kehrte um Mitternacht ohne jede Ermüdungserscheinung befriedigt zurück.

Nach der Enthüllung der in den ägyptischen Kultbauten verborgenen Mysteriengeheimnisse verfolgte Ernst Bindel die Weiterführung dieser schaffenden Zahlenweisheit im Griechentum. Seine Pythagoras-Biographie läßt den großen, in die ägyptischen und babylonischen Mysterien eingeweihten Weisen aus dem 6. vorchristlichen Jahrhundert als Wissenschaftler, Künstler und Ordensgründer erstehen, der zum Inaugurator der neuen apollinischen Kultur wurde. Die Mysterienweisheit sollte in die Kultur und das soziale Leben einfließen, jedoch war die Zeit noch nicht reif dazu.

In einer Fülle von Veröffentlichungen untersuchte Ernst Bindel die Verwandlung des mathematischen Denkens bis in die Neuzeit. Nahezu ein halbes Jahrhundert befaßte er sich mit dem umfangreichen Schrifttum und der Biographie von Johannes Kepler. In den „Harmonien im Reiche der Geometrie" hat er sich die Aufgabe gestellt, das zweite der fünf Bücher aus Keplers „Weltharmonik", dessen antiquierte Darstellung das Eindringen in das Werk erschwert, dem heutigen Leser zugänglich zu machen. Kepler empfand eine starke Affinität zu Pythagoras. Er tauchte ganz unter in das griechische Weisheitsgut, wo er sich mit seinem Wesen verankert fühlte.

Ernst Bindels bedeutendste Leistung ist sein dreibändiges Werk „Die Zahlengrundlagen der Musik im Wandel der Zeiten", das auch in der Fachwelt Anerkennung gefunden hat. Es wurde auf der Brüsseler Weltausstellung zu den auserlesenen Werken gerechnet und fehlt heute aufgrund seiner Entdeckungen und Berechnungen von Frequenz- und Schwingungsproblemen in keiner Rundfunkstation. Überhaupt haben seine Werke in der europäischen und außereuropäischen Kulturwelt ein deutliches Echo gefunden und wurden zum Teil in mehrere Sprachen übersetzt.

Mit der Beantwortung der Frage nach den Trägern der Zahlenmysterien und ihren untergründigen Zusammenhängen im Gang der Menschheitsentwicklung beschloß Ernst Bindel im 81. Lebensjahr sein Werk. Er gab keine Ruhe, bis er seiner schon geschwächten Physis die Vollendung seiner Kepler-Biographie abgerungen hatte. Er hat sich zur Lebensaufgabe gemacht, die von Rudolf Steiner gegebenen Anregungen zur Verwandlung der mathematischen Anschauungsweise aufzugreifen und zu verwirklichen. Unerschütterlich diente er dem Geistesführer durch sein literarisches Werk, das in beispielhafter Art Kunst und Wissenschaft vereinigt.

Ganz in Rosen gebettet während der Tage der Aufbahrung, nahm das sich verjüngende Antlitz den Ausdruck des hingegebenen Lauschens an. Die vom Kräftebereich der Fünfzahl umwobene Rose war in früheren Zeiten Sinnbild einer Seelenhaltung, die von dem keuschen Quintenerleben ausgelöst wird. Ernst Bindels Werk offenbart an vielen Stellen seine innige Beziehung zur Rose. Die Schlußstrophen eines Gedichtes aus der Zeit nach der Begegnung mit Rudolf Steiner vermögen uns die Seelenhaltung und das geistige Streben des Freundes zu vermitteln:

. . .

Wer das Erdenziel erreicht,
Dessen Herz der Rose gleicht:
Lauter seines Blutes Wallen,
Sich in Liebe opfernd Allen.

Drum flocht ahnungsvoller Sinn
In das Kreuz der Rose Glüh'n.
Rosenkreuzes Bruderbund
Machte Christi Wesen kund.

Ellen Schalk

Die ersten fünf Jahrsiebte im Leben Ernst Bindels dienten der Vorbereitung seines großangelegten Wirkens. Wegweisend wurde das Verhältnis zu dem damals heiß umstrittenen Richard Wagner. Mit Begeisterung erlebte der Student an Wagners Lebenswerk gewaltige Übergänge: von der klassischen Musik zu neuen Klangformen, von den mythischen Inhalten zu geschichtlichen Ereignissen, von der Welt des germanischen Heidentums zur Welt des esoterischen Christentums.

Die Verbindung mit der Anthroposophie führte in seinem fünfunddreißigsten Jahr die Lebenswende herbei: die Berufung an die Stuttgarter Waldorfschule. Die sieben Jahrsiebte des zweiten Lebensabschnittes brachten die tieferen Intentionen seines Wirkens zur Entfaltung: das Erkennen der geistigen Zahlenweisheit und Harmonien; die Übersetzung dieser Erkenntnisse in eine für die moderne Zeit verständliche Sprache; die Vermittlung dieser Erkenntnisse an seine Umwelt, an die Schüler in begeisterndem Unterricht, an Kollegen und Studenten in Vorträgen und Tagungen, an Interessenten durch seine Bücher.

Ein großer Teil seiner schriftstellerischen Tätigkeit richtete sich auf die mathematisch-geometrischen Unterrichtsgebiete. Seine Bücher wurden in der Waldorfschulbewegung unentbehrlich. Sie sind aber nicht Lehrbücher im üblichen Sinn, denn der Verfasser griff die pädagogischen Anregungen Rudolf Steiners auf und zeigte zum Lehrinhalt den geistigen Hintergrund, ohne den eine geistgemäße Pädagogik nicht wirksam werden kann.

So entstanden für die Unterstufe „Das Rechnen im Lichte der Anthroposophie", für die Oberstufe „Die Grundlagen der Mathematik im Lichte der Anthroposophie". An den „Logarithmen für Jedermann" haben alle Mathematiker eine klare Darstellung dieses Gebietes. Für das 8. und 9. Schuljahr sind „Die Kegelschnitte" geistig durchsichtig dargestellt. Aus der Beschäftigung mit Keplers Weltharmonie erwuchs das Buch „Harmonien im Reich der Geometrie", aus dem die Lehrer der 7. und 8. Klasse eine Fülle von Anregungen erhalten, um mit den Schülern geometrische Vielecks-Figuren und räumliche Körper zeichnen und kleben zu können.

„Die geistigen Grundlagen der Zahlen" sind für Lehrer, die in die Welt der Zahlen einführen wollen, eine wertvolle Hilfe; darüber hinaus bringen sie jedem Interessenten Aufschlüsse, die nur ein Kenner wie Ernst Bindel geben konnte.

Neben den pädagogischen Büchern entstanden aus wissenschaftlichem Forschen Werke über die ägyptischen Pyramiden, die Zahlengrundlagen der Musik, Pythagoras, Johannes Kepler.

In seinen Darstellungen entfaltete Ernst Bindel einen Kosmos von Zahlenweisheit. Diese Weisheit wurde in der geschichtlichen Entwicklung nur stufenweise durch große Persönlichkeiten vermittelt. Die Anthroposophie versetzte ihn in die Lage, den karmischen Beziehungen dieser Persönlichkeiten nachzuforschen.

Rückblickend auf das erfüllte Leben von zwölf Jahrsiebten läßt sich sagen, daß Ernst Bindel die Sprache der Mysterien der Vergangenheit entziffert, sie in die Sprache des Bewußtseinsseelenzeitalters übertragen und die Inhalte dieses Mysterienwissens in die Herzen der Jugend gelegt hat.

Sigurd Bindel

Bindels Wirken an der Waldorfschule hat für Generationen von Lehrern den Weg zu einem spirituellen Verständnis der Zahl, der Rechnungsarten und der Harmonik eröffnet. Als ebenso kunstsinniger wie begeisterter Lehrer konnte er Generationen von Schülern den Zugang in die geistig lebendige Seite der Mathematik eröffnen. Aber nicht nur Unterricht und schriftstellerische Tätigkeit, sondern auch Vorträge, von denen ich selber als Student nachhaltigste Einflüsse empfing, und die Verwaltung eines großen Schulwesens nahmen ihn voll in Anspruch.

Ich durfte einmal in den 50er Jahren in seinem Unterricht hospitieren und konnte die Sicherheit bewundern, mit der es ihm gelungen war, das leidige physikalische Aufgabenrechnen den Schülern der Oberstufe nahezubringen, so daß auch die Mädchen anspruchsvolle Themen mit Verständnis behandelten. Denkbar ist dies nur auf dem Hintergrund der jahrzehntelangen geistigen Durchdringung aller in Betracht kommenden Elemente.

Von bleibender Bedeutung für die Arbeit der Mathematisch-Astronomischen Sektion am Goetheanum, die ihn unter die wichtigen frühen Mitarbeiter zählt, dürfte die Entschlüsselung von Bau- und Maßgeheimnissen der Cheopspyramide sein. Daß hier die irrationalen Maßverhältnisse des goldenen Schnittes, ja sogar die Zahl π mit überraschender Genauigkeit verwirklicht sind, ist so jenseits aller mystischen Zahlenspekulationen deutlich gemacht, daß es als Vorbild für jeden anthroposophischen Forscher dienen kann. Dann halte ich Bindels Forschungen im harmonikalen und musikalischen Gebiet für unvergängliche Leistungen. Der Aufbau des periodischen Systems der Elemente ist wirkender chemischer Äther, das heißt aber auch Klang- oder Zahlenäther! Wer den inneren Aufbau der Materie geistig verstehen will, wird zu der Arbeit von Bindel und Blickle greifen müssen, die den hier waltenden Gesetzen nachgeht.

Aber nicht nur die Zahlen, die in dem Werk „Die Zahlengrundlagen der Musik im Wandel der Zeit" durch ihn in ihrem harmonikalen Wirken dargestellt wurden, sondern auch die „Harmonien im Reiche der Geometrie" haben Bindel beschäftigt. In die Hand eines jeden Lehrers gehört diese Schrift, die die Keplersche Arbeit über regelmäßige Ebenen und räumliche Figuren weiterführt.

Wer mit Bindel in Berührung kam, konnte seiner selbstlosen Art das geistige Gewicht einer Persönlichkeit abspüren, die wie Kepler durch deutlich fühlbare Fäden mit alt-ägyptischem Einweihungswesen verknüpft erscheint. Wir danken dem Schicksal, das ihn der Mathematisch-Astronomischen Sektion verband, und wissen ihn auch in der Zukunft mit unseren Zielen verbunden.

Georg Unger

GRUNDSTEINLEGUNG DER WALDORFSCHULE

Die Lebensberichte aus dem Kreis der ersten Waldorflehrer machen einen Vorgang sichtbar, der geschichtliche Bedeutung hat: die Grundsteinlegung der ersten Waldorfschule durch Rudolf Steiner. Auf Bitten des Schulgründers Emil Molt hatte er die Schulleitung übernommen, die er bis zu seinem Tode ausübte. Während dieser Zeit von sechs Schuljahren haben etwa 55 Lehrer am Aufbau der Schule mitgearbeitet. Sie waren in zwei Hauptschüben an die Waldorfschule gekommen: mehr als die Hälfte trat bis 1921 ein, die kleinere Gruppe 1923. Dann schien — nach einem Wort Rudolf Steiners — das Reservoir zunächst erschöpft. Für die Phase des Aufbaues bedurfte es des vorwärtsdrängenden, begeisterten Handelns derer, die auch schreibend und redend sich für die neue Pädagogik einsetzen konnten; in der Etappe des Ausbaues wurden die bestätigenden und durchtragenden Kräfte gebraucht.

Die Waldorfschule entstand aus der von Rudolf Steiner inspirierten Bewegung zur Dreigliederung des sozialen Organismus und stellte schon durch ihre Existenz eine sozialrevolutionäre Herausforderung dar. Sie müsse „eine wirkliche Kulturtat sein, um eine Erneuerung unseres Geisteslebens der Gegenwart zu erreichen", erklärte Rudolf Steiner beim Empfang der künftigen Waldorflehrer. Seine Erwartung richtete sich auf einen Kreis, dessen Mitglieder zum großen Teil jüngeren Alters waren; die meisten hatten die Lebensmitte noch nicht erreicht, als sie an die Schule kamen. Rudolf Grosse, der 1922 in die zehnte, damals oberste Klasse der Waldorfschule eintrat, hat in seiner autobiographischen Darstellung „Erlebte Pädagogik" festgehalten, wie der erste Lehrerkreis auf den Schüler wirkte: „Ich habe keine Lehrerschaft je gekannt, die sich so rückhaltlos hingebend ihrer pädagogischen Aufgabe gewidmet hat wie das damalige Kollegium der Waldorfschule. Es wehte der Hauch einer geschichtlichen Mission, ungewollt und ungesucht, in ihrem Wirken. — Ein Waldorflehrer zu sein war auf eine einzigartige Weise mit einem hohen Ansehen verbunden, wie es geistigen Pionieren gebührt, und eine größere Auszeichnung als die, von Rudolf Steiner als Lehrer an die Schule berufen worden zu sein, gab es nicht. — Die so Berufenen waren durchwegs hochbegabte Persönlichkeiten mit außergewöhnlichen Gaben. In der Regel waren sie —

und das ist sehr beachtenswert — vorwiegend junge Menschen, oft nur wenige Jahre älter als die Schüler der obersten Klasse und gerade knapp mit dem Studium fertig geworden, also zwischen Anfang zwanzig bis dreißig. Das, was sie zu Waldorflehrern machte, mußten sie erst aus sich selbst heraus entwickeln."

Die Lehrer, die Rudolf Steiner berief und anleitete, erkannten die Notwendigkeit einer an der anthroposophischen Menschenkunde sich orientierenden Pädagogik und entwickelten die Praxis der Erziehungskunst. Durch ihre Hingabe und ihre Fähigkeiten konnte der Gründungsimpuls, jener die neue Pädagogik entzündende Einschlag der Anthroposophie, wirksam werden. Nach der pädagogischen Bewegung entstanden die medizinische, religiöse, landwirtschaftliche und heilpädagogische Bewegung. Der Schritt in die soziale Wirklichkeit erfolgte erst, nachdem Rudolf Steiner die Anthroposophie als Geisteswissenschaft ausgearbeitet und als künstlerisches Bild dargestellt hatte.

Das neue Erziehungswerk begann mit einem feierlichen Gründungsakt. Was sich am Vormittag des 21. August 1919 zugetragen hat, als Rudolf Steiner zu Beginn des Kurses über „Allgemeine Menschenkunde" die Teilnehmer begrüßte, schildert Herbert Hahn in seinen Lebenserinnerungen „Der Weg, der mich führte": „So wie es nur dem konkret forschenden Geisteswissenschaftler möglich ist, stellte er den Menschen vor uns hin, wie er — auf der Erde stehend, wenn er als wahrer Mensch denkt, fühlt und will — bis zu den Hierarchien hinaufreicht und ‚jene geahnten höheren Wesen' bewegen kann, an seinem irdischen Werk teilzunehmen."

Rudolf Steiner leitete mit einer Besinnung auf die gestellte Aufgabe ein, die er als „eine im höchsten Sinne moralisch-geistige" bezeichnete. „Wir müssen uns bewußt sein bei einer solchen Aufgabe, daß wir nicht arbeiten bloß als hier auf dem physischen Plan lebende Menschen; diese Art, sich Aufgaben zu stellen, hat ja gerade in den letzten Jahrhunderten besonders an Ausdehnung gewonnen, hat fast einzig und allein die Menschen erfüllt. Unter dieser Auffassung der Aufgaben ist dasjenige aus Unterricht und Erziehung geworden, was eben gerade verbessert werden soll durch die Aufgabe, die wir uns stellen. Daher wollen wir uns im Beginne dieser unserer vorbereitenden Tätigkeit zunächst darauf besinnen, wie wir im einzelnen die Verbindung mit den geistigen Mächten, in deren Auftrag und deren Mandat jeder einzelne von uns gewissermaßen wird arbeiten müssen, herstellen ... Wir wollen uns selbst alle betrachten als Menschenwesenheiten, welche das Karma an den Platz gestellt hat, von dem aus nicht etwas Gewöhnliches, sondern etwas geschehen soll, was bei den Mittuenden die Emp-

406

findung eines feierlichen Weltaugenblickes in sich schließt." Nur eine neue Orientierung des Bewußtseins konnte sich den einströmenden Geistimpulsen aufschließen und willenshaft verbinden. Darauf zielte in spiritueller Tathandlung der Gründungsakt, der nicht im üblichen Sinn ein historischer Vorgang ist, sondern ständig sich verjüngendes und wiederholendes Ereignis.

Die ungewöhnliche Aufgabe stellte hohe Anforderungen an die Lehrer und machte eine vielseitige Ausrüstung nötig. Zunächst begann Rudolf Steiner mit einer umfassenden Erkenntnisbildung. In der dreiwöchigen Vorbereitungszeit hielt er täglich drei Kurse: die Vortragsreihen über „Allgemeine Menschenkunde als Grundlage der Pädagogik", über „Erziehungskunst, Methodisch-Didaktisches" und die „Seminarbesprechungen und Lehrplanvorträge". Sie stellen die Grundlage der Waldorfschulpädagogik dar. Schon im Lauf des nächsten halben Jahres schlossen sich zwei naturwissenschaftliche Kurse an, der erste zusammen mit sprachwissenschaftlichen Vorträgen innerhalb der Stuttgarter „Weihnachtstagung" 1919/20 gehalten. Bis 1924 brachten die menschenkundlich-pädagogischen Darstellungen Jahr für Jahr die neuen Einschläge, wie sie der Ausbau der Schule und die Situation des Kollegiums erforderten. Als ein Höhepunkt erscheinen die Herbstvorträge 1923, denen Rudolf Steiner den Titel geben wollte „Der Streit des Michael mit dem Drachen, dargestellt für die Waldorfschul-Lehrerschaft." Sie machen deutlich, daß die anthroposophische Pädagogik dem michaelischen Zeitgeist als Gefährt dienen kann, mit dem er sein Zeitalter heraufführt. Voraussetzung dafür ist ein „Waldorfschullehrer-Bewußtsein", das zu einem „wirklichen Erleben des Geistigen" gelangt.

Seine Aufenthalte in Stuttgart benutzte Rudolf Steiner regelmäßig zu Konferenzen mit den Lehrern. Bis zum Ausbruch seiner Krankheit im September 1924 führte er siebzig solcher Arbeitsbesprechungen. Sie haben dialogischen Charakter und gehen auf die Fragen der Lehrer ein, enthalten aber auch geschlossene Darstellungen, die eine Fülle von Themen behandeln, so die Entwicklung des Lehrplans, seine Stellung als Leiter der Schule, das Verhältnis zur Hochschule am Goetheanum u. a.

Im Zusammenhang mit den Konferenzen stehen Rudolf Steiners Hospitationen in den Klassen und seine Unterrichtsbeispiele. Er gab den Lehrern methodische Ratschläge und lernte die Schüler kennen, an die er beim Anfang und Abschluß des Schuljahres oder bei Monatsfeiern seine Ansprachen richtete.

Als ein Element geistiger Formung sind die mantrischen Sprüche anzusehen, die Rudolf Steiner für Lehrer und Schüler geschaffen hat. Dazu gehören die Morgensprüche, die jeden Hauptunterricht einleiten und die Verbundenheit des Menschen mit dem Weltall ins Bewußtsein heben, oder die meditativen Anregungen, die zur Richtkraft für den Erkenntnisweg des Lehrers und für sein Wirken in der sozialen Sphäre werden können.

Darüber hinaus gibt es Beispiele persönlicher Führung durch Rudolf Steiner. So hat Maria Röschl-Lehrs in dem Erinnerungsbuch „Wir erlebten Rudolf Steiner" von ihren Erfahrungen als Geistesschüler berichtet.

Als die Freie Hochschule für Geisteswissenschaft am Goetheanum begründet wurde, erörterte Rudolf Steiner in der Lehrerkonferenz vom 5. Februar 1924 die Frage der Mitgliedschaft. Er empfahl denen, die eintreten wollten, sich in ihrer Eigenschaft als Waldorflehrer der Hochschule anzuschließen; dann werde „die Freie Waldorfschule in den ganzen Umfang des pädagogisch-anthroposophischen Lebens hineingestellt." Lili Kolisko, Leiterin des biologischen Instituts am Goetheanum, das auf dem Stuttgarter Schulgelände untergebracht war, erhielt den Auftrag, Rudolf Steiners Vorträge für die Mitglieder der Freien Hochschule dem Kollegium zu übermitteln.

Schließlich sind die Ritualien zu nennen, die zu dem seit 1919 eingerichteten Freien Religionsunterricht gehören. Der Lehrerschaft wurden die Texte zu vier kultischen Handlungen anvertraut, die an den Sonntagen und zu den Jahresfesten gehalten werden.

Die letzte Konferenz, die am 3. September 1924 stattfand, schloß Rudolf Steiner mit der Ankündigung, daß er im September oder in der ersten Oktoberwoche Vorträge über „die moralische Seite der Erziehung und des Unterrichts" halten wolle. Dann folgte die Kulmination seiner Vortrags-Tätigkeit und der jähe Abbruch, als das Krankenlager begann, das sechs Monate dauerte. Auch in dieser Zeit begleitete er das Leben der Schule, orientiert durch Berichte und Briefe des Verwaltungsrates, die er mit seinen Antworten versah. Überliefert ist der Ausspruch vom Herumwerfen des Steuers nach der künstlerischen Seite, wenn er wieder arbeitsfähig wäre.

Vierzehn Tage vor seinem Tode schrieb er an das Kollegium:

Goetheanum, 15. März 1925

Meine lieben Lehrkräfte der Freien Waldorfschule!

Es ist mir eine große Entbehrung, so lange nicht unter Euch sein zu können. Und ich muß jetzt wichtige Entscheidungen, an denen ich na-

turgemäß seit dem Bestande der Schule teilgenommen habe, in Euere Hand legen. Es ist eine Zeit der Prüfung durch das Schicksal. Ich bin mit meinen Gedanken unter Euch. Mehr kann ich jetzt nicht, wenn ich nicht riskieren will, die Zeit der physischen Hinderung ins Endlose auszudehnen.

> *Gedankenwirksamkeit eine uns,*
> *Da wir im Raum getrennt sein müssen. —*
> *Was wir schon gemeinsam vollbracht,*
> *Es krafte jetzt durch die Lehrerschaft.*
> *Es ziehe seine Kreise durch Ihren Eigenrat,*
> *Da jener Rat, der so gerne käme,*
> *Die Schwingen frei nicht hat.*

So wollen wir denn die Gemeinsamkeit im Geiste umso inniger erstreben, so lange anderes nicht sein kann. Die Waldorfschule ist zwar ein Kind der Sorge, aber vor allem ist sie auch ein Wahrzeichen für die Fruchtbarkeit der Anthroposophie innerhalb des geistigen Lebens der Menschheit.

Wenn die Lehrerschaft treu im Herzen das Bewußtsein trägt von dieser Fruchtbarkeit, dann werden die guten über dieser Schule waltenden Geister wirksam sein können; und in den Taten der Lehrer wird göttlich-geistige Kraft walten.

Aus solchem Gedenken heraus möchte ich Euch allen die herzlichsten Gedanken und Grüße senden.

Für die Schüler lege ich noch ein kurzes Schreiben bei, das ich bitte, in den Klassen zu verlesen.

> *Allerherzlichst*
> *Rudolf Steiner*

Am 30. März 1925 notierte Walter Johannes Stein in sein Tagebuch: „Um 11 Uhr wurde ich in Stuttgart ans Telefon gerufen. Dr. Wachsmuth sagte: Heute um 10 Uhr ist Dr. Steiner gestorben. Bitte, teilen Sie es überall mit. — Wir telefonierten an die Zweige. Mein Schicksal hatte mich ausersehen, allen den Tod des Lehrers mitzuteilen. Ich konnte es zuerst nicht fassen, Wachsmuth mußte es dreimal am Telefon sagen."

Der Brief Rudolf Steiners wurde sein Vermächtnis an die Lehrerschaft. Aber ein Vermächtnis dieser Art kann nur in fortgesetzter spiritueller Bemühung erworben werden. Das „gemeinsam Vollbrachte" — von der menschenkundlichen Erkenntnis bis zur kultischen Handlung — ist der Wurzelgrund, aus dem die erste Waldorfschule hervorging. Ihr Wachstum begann in einem „bedeutungsvollen Augenblicke der europäischen Menschheitsentwicklung", wie Rudolf Steiner in der Konferenz vom 24. Juli 1920 betonte, als sich aus schicksalhaften Voraussetzungen „ein Kreis gefunden hat, der aus einem mehr oder weniger deutlichen Gefühl heraus sich sagt: es *muß* so gewirkt werden." Die Zusammenarbeit mit Rudolf Steiner schuf eine tragende menschliche Verbundenheit, von der beim Abschluß des Vorbereitungskurses am 6. September 1919 die Rede ist: „Für mich selbst wird diese Waldorfschule ein wahrhaftiges Sorgenkind sein. Und ich werde immer wieder und wieder müssen mit meinen Gedanken sorgend auf diese Waldorfschule zurückkommen. Aber wir können, wenn wir den ganzen Ernst der Lage betrachten, wirklich gut zusammenarbeiten. Halten wir uns namentlich an den Gedanken, der ja unser Herz, unsern Sinn erfüllt: daß mit der geistigen Bewegung der Gegenwart doch ebensogut geistige Mächte des Weltenlaufes verbunden sind. Glauben wir an diese guten Mächte, dann werden sie inspirierend in unserem Dasein sein, und wir werden den Unterricht erteilen können." Diese Schlußworte deuten auf die Bedingungen hin, unter denen das „gemeinsam Vollbrachte" in die Zukunft hineinwachsen kann. Maßgebend ist das Prinzip der geistigen Souveränität, der „Eigenrat", der aus der Verantwortung vor den „guten Mächten" in der Gemeinschaft freier Geister wirksam wird. Das Werk, das mit Rudolf Steiners Hilfe begonnen hat, muß im Zusammenwirken aller Tätigen weitergeführt werden. Zu ihnen gehören auch die Verstorbenen, die den Gefühls- und Willensbereich der Lebenden durchdringen und „besser wissen als die Lebendigen, was sozial zu geschehen hat" (16. Dezember 1917). Ihr Wissen hat das Nur-Persönliche abgestreift und ist so reif geworden, daß es in der sozialen Sphäre schöpferisch gestalten kann.

Das unsichtbare Kollegium lebt in der Kontinuität der Entwicklung und inspiriert den Fortschritt der Arbeit, wenn sich das Gedenken an die verstorbenen Freunde zum Geist-Erinnern vertieft.

Johannes Tautz

NACHWORT

In dem vorliegenden Band sind Lebenszeugnisse von 53 Mitgliedern aus dem Lehrerkreis gesammelt, den Rudolf Steiner zum Aufbau der ersten Waldorfschule berufen hat. Nicht aufgenommen wurden die Lebenden: Elisabeth von Grunelius, Ernst Lehrs, Olga Leinhas. Die Begegnung mit ihm und die Zusammenarbeit an der Schule erlebten alle als das maßgebende Ereignis ihrer Biographie. Sie fanden sich in einen Brennpunkt der geschichtlichen Entwicklung hineingestellt, der zum Höhepunkt des eigenen Lebens wurde.

Den Grundstock dieses Buches bilden die Gedenkhefte, die Gisbert Husemann für Karl Schubert, für Christoph Boy, Caroline von Heydebrand, Fritz Graf von Bothmer und Hedwig Hauck im Rahmen der „Medizinisch-Pädagogischen Konferenz" 1949 und 1950 herausgegeben hat. Weitere Berichte stammen aus den Zeitschriften „Erziehungskunst", „Die Drei", „Blätter für Anthroposophie", aus der Wochenschrift „Das Goetheanum" und seiner Beilage „Was in der Anthroposophischen Gesellschaft vorgeht", aus den „Mitteilungen aus der Anthroposophischen Arbeit in Deutschland", dem Elternrundbrief der Freien Waldorfschule Stuttgart-Uhlandshöhe und aus Buchveröffentlichungen. In den meisten Fällen empfahl sich eine Überarbeitung, schon um Wiederholungen zu vermeiden. Die Hälfte aller Beiträge wurde neu verfaßt.

Die Charakteristiken, die Rudolf Steiner von Walter Johannes Stein, Ernst Uehli, Hermann von Baravalle, Caroline von Heydebrand, Eugen Kolisko und Herbert Hahn gegeben hat, finden sich in seinem Bericht „Meine holländische und englische Reise" in der Wochenschrift „Das Goetheanum" vom 7. Mai 1922.

Die Darstellung von Eugen Kolisko fußt in ihrer geschichtlichen Einleitung auf dem Buch von Erna Lesky, Die Wiener Medizinische Schule im 19. Jahrhundert, Graz und Köln 1965, in ihrem biographischen Teil auf L. Kolisko, Eugen Kolisko, Ein Lebensbild, Manuskriptdruck 1961. Für den Lebensabriß von Walter Johannes Stein wurden seine Tagebücher und Aufzeichnungen aus dem Nachlaß herangezogen.

Der Nachruf für Ernst Uehli ist dem Sammelwerk Albert Steffens „Geistesschulung und Gemeinschaftsbildung", Dornach 1974, entnommen.

Die Abbildungen sind nach Vorlagen aus Privatbesitz und aus dem Archiv der Freien Waldorfschule Stuttgart-Uhlandshöhe reproduziert. Ihre Auswahl und die Zusammenstellung der Lebensdaten besorgte Tilde von Eiff.

Daß der Sammelband in diesem Umfang erscheinen kann, ist nur durch die Mitarbeit vieler Freunde möglich geworden. Für ihre Hilfe, die das Unternehmen so entscheidend gefördert hat, sei auch an dieser Stelle herzlich gedankt.

J. T.

LEBENSDATEN

Hermann von Baravalle
* 27. Mai 1898 in Wien
† 6. Juli 1973 in Wiesneck

Elisabeth Baumann-Dollfus
* 16. Juli 1895 in Basel
† 12. Februar 1947 in Arlesheim

Paul Baumann
* 18. Juli 1887 in Oberrotweil
† 15. Dezember 1964 in Féchy

Gertrud Bernhardi
* 31. Juli 1885 in Leipzig
† 7. Februar 1975 in Leipzig

Ernst Bindel
* 6. August 1890 in Magdeburg
† 16. November 1974 in Stuttgart

Fritz Graf von Bothmer
* 21. Dezember 1883 in München
† 13. November 1941 in Salzburg

Christoph Boy
* 5. November 1887 in Nürnberg
† 8. Oktober 1934 in Stuttgart

Elisabeth Christern
* 21. August 1895 in Lübeck
† 22. August 1966 in Stuttgart

Margarete Dähnhardt
* 30. Mai 1883 in Lübeck
† 13. April 1959 in Laufenburg

Clara Düberg
    * 18. August 1876 in Wismar
    † 22. November 1943 in Berlin

Karl Ege
    * 6. Mai 1899 in Ochsenhausen
    † 19. Mai 1973 in Hillsdale/N.Y.

Carl Albert Friedenreich
    * 24. Mai 1898 in Krefeld
    † 8. September 1969 in Freising

Erich Gabert
    * 28. März 1890 in Dargun
    † 28. Oktober 1968 in Stuttgart

Johannes Geyer
    * 26. Januar 1882 in Hamburg
    † 21. Juli 1964 in Stuttgart

Verene Gildemeister
    * 28. September 1871 in Wandsbek
    † 19. Juni 1958 in Tübingen

Martha Haebler
    * 10. November 1896 in Rehau
    † 26. Oktober 1966 in Stuttgart

Herbert Hahn
    * 5. Mai 1890 in Pernau
    † 20. Juni 1970 in Stuttgart

Maria Hahn-Uhland
    * 8. Dezember 1893 in Marbach
    † 28. Juli 1978 in Bad Imnau

Caroline von Heydebrand
    * 22. Dezember 1886 in Breslau
    † 22. August 1938 in Gerswalde

Hedwig Hauck
  * 24. Juni 1873 in Tübingen
  † 9. Februar 1949 in Stuttgart

Elisabeth Hofmann
  * 16. August 1889 in Heidelberg
  † 16. Juli 1971 in Murrhardt

Robert Killian
  * 3. November 1891 in Barr
  † 20. Juni 1960 in Stuttgart

Hertha Koegel
  * 24. Mai 1881 in Berlin
  † 23. März 1923 in Lüttringhausen

Eugen Kolisko
  * 21. März 1893 in Wien
  † 29. November 1939 in London

Julie Lämmert
  * 23. Juli 1897 in Stuttgart
  † 25. Mai 1959 in Stuttgart

Hannah Lang
  * 6. Januar 1892 in Weilimdorf
  † 16. Oktober 1968 in Stuttgart

Bettina Mellinger
  * 11. Mai 1885 in Mannheim
  † 24. Oktober 1953 in Murrhardt

Clara Michels
  * 8. März 1880 in Herbede
  † 27. März 1944 in Unterlengenhardt

Gertrud Michels
  * 19. April 1881 in Herbede
  † 27. November 1943 in Unterlengenhardt

Leonie von Mirbach
  * 5. August 1890 in Alexandrien
  † 10. März 1973 in Karlshafen

Berta Molt
  * 14. Juli 1876 in Calw
  † 20. August 1939 in Stuttgart

Anna Frieda Naegelin
  * 2. Juli 1894 in Dörzbach
  † 2. Oktober 1971 in Zeist

Friedrich Oehlschlegel
  * 14. März 1891 in Apolda
  † unbekannt

Violetta Plincke
  * 17. Juni 1883 in Petersburg
  † 7. Januar 1968 in London

Edith Röhrle-Ritter
  * 3. Dezember 1893 in Gießen
  † 24. Mai 1965 in Tübingen

Maria Röschl
  * 8. Dezember 1890 in Lancut/Polen
  † 15. Januar 1969 in Eckwälden

Helene Rommel
  * 19. März 1887 in Crailsheim
  † 29. August 1973 in Stuttgart

Wilhelm Ruhtenberg
  * 17. Januar 1888 in Riga
  † 31. August 1954 in Bensberg

Hans Rutz
  * 23. März 1889 in Altdorf
  † 2. Juni 1973 in Stuttgart

Karl Schubert
* 25. November 1889 in Wien
† 3. Februar 1949 in Stuttgart

Erich Schwebsch
* 9. Juli 1889 in Frankfurt/Oder
† 24. Mai 1953 in Freiburg

Felicia Schwebsch
* 25. Februar 1889 in Neu-Ruppin
† 15. Mai 1972 in Stuttgart

Nora Stein-von Baditz
* 6. September 1891 in Farrad/Ungarn
† 8. Juni 1965 in Aherlow/Irland

Walter Johannes Stein
* 6. Februar 1891 in Wien
† 7. Juli 1957 in London

E. A. Karl Stockmeyer
* 7. Juni 1886 in Karlsruhe
† 6. Januar 1963 in Malsch

Alexander Strakosch
* 23. August 1879 in Brünn
† 5. Februar 1958 in Dornach

Hanns Strauss
* 9. August 1883 in Gunzenhausen
† 20. Oktober 1946 in Stuttgart

Dagmar Tilliß
* 4. Februar 1888 in Dresden
† 3. Oktober 1967 in Freiburg

Martin Tittmann
* 10. September 1888 in Leipzig
† 23. Mai 1968 in Stuttgart

Rudolf Treichler
23. Februar 1883 in Wien
† 16. April 1972 in Wiesneck

Ernst Uehli
4. Mai 1875 in Andelfingen/Schweiz
† 16. November 1959 in Küsnacht/Zürich

Elly Wilke
3. August 1897 in Berlin
† 25. März 1961 in Eckwälden

Anna Wolffhügel-Abegg
19. Februar 1884 in Klein Laufenburg
† 28. März 1976 in Stuttgart

Max Wolffhügel
11. Dezember 1880 in Berlin
† 25. Oktober 1963 in Stuttgart

Namensregister

Kursive Namen und Ziffern verweisen auf das Kapitel über die betreffende Persönlichkeit, gerade Ziffern auf eigene Beiträge.